财会人员
实务操作丛书

出纳岗位
技能训练

主　编／蒋泽生
副主编／余万军　肖　莹　邓　伟

中国人民大学出版社
·北京·

前言

会计专业拥有理论与实践教学并重的知识架构，实训教学占有重要的地位。会计专业毕业生从业后的初始岗位一般是出纳岗位。本书从从业者的初始需求出发，以出纳岗位的理论与实训为基本点，在“以能力为本位，以职业实践为主线，以项目课程为主体的模块化专业课程体系”的总设计要求下，通过对出纳岗位的工作任务和职业能力的分析，紧紧围绕出纳岗位执业人员所需的实践知识和职业能力进行了构思并撰写。

本书具有以下特点：

1. 以提高职业能力为主线，突出执业能力的培养

本书突破了以文字叙述经济业务为主的传统模式，构建了体现职业岗位能力的项目操作体系。本书围绕出纳岗位的工作职责，把出纳工作划分为具体的操作项目，由知识点的项目操作（实训项目一～实训项目二）到知识群的项目操作（实训项目三～实训项目六），最后形成知识体的演练操作（实训项目七），从而使学习需求者掌握出纳相关知识，提高其岗位的执业能力。

2. 案例真实，资料仿真，步骤清晰，可操作性强

本书的案例采集于企业出纳岗位上经常发生的典型经济业务，所使用的原始凭证、记账凭证、会计账簿等均为仿真，目的就是让学习需求者在学习中接触、熟悉、使用真实的会计资料，增强感性认知。同时，本书在货币资金业务处理中对发生的经济业务都注明了操作步骤，让学习需求者按照操作步骤完整地处理经济业务，可操作性强，为学习需求者上岗工作奠定了坚实基础。

3. 图表丰富，便于理解，线上、线下实训方便

对出纳岗位上经常发生的经济业务，我们通过制作大量图表，让学习需求者容易理解，便于练习；对重要的知识点，我们制作了二维码，学习需求者通过扫描二维码便可实现线上与线下的实训学习。

本书共分为七个实训项目。实训项目一　出纳岗位职责与工作流程：主要介绍出纳的职责、工作内容与工作的基本依据等。实训项目二　库存现金的验收与保管，银行的开户与销户：主要介绍如何识别假币，保险柜、印鉴的使用，库存现金的保管、银行账户的开户与销户等。实训项目三　库存现金与银行存款的收入和支付：主要介绍库存现金的使用

范围、库存现金收入和支付的核算、银行存款收入和支付的核算等。实训项目四　销售业务中的资金结算：主要介绍销售业务中银行存款的结算、销售业务中其他货币资金的结算等。实训项目五　采购业务中的资金结算：主要介绍采购业务中银行存款的结算、采购业务中其他货币资金的结算等。实训项目六　工资、税费、日常费用的资金结算：主要介绍工资核算中库存现金、银行存款的结算，税费核算中银行存款的结算，日常费用核算中库存现金、银行存款的结算等。实训项目七　结账、对账与盘点：主要介绍结账的要求与方法、库存现金日记账与总账核对、库存现金的盘点与库存现金盘点表的编制、银行存款日记账与银行对账单的核对等相关内容。

本书编写人员及分工如下：全书由蒋泽生制定写作大纲。实训项目一由蒋泽生、王宁洁编写，实训项目二由肖莹、方小兵编写，实训项目三由肖莹、王萍编写，实训项目四由余万军、窦芸辉编写，实训项目五由余万军、王艳芳编写，实训项目六由邓伟、王小冬编写，实训项目七由蒋泽生、周琪编写，柳绪瑞负责全书美工，邓伟、高志霞负责全书的票据和流程图的制作，王艳芳、王小冬、袁茹、熊益参与了票据和流程图的制作，余万军、王艳芳承担了本书的部分排版及校对工作，最后由蒋泽生教授审定。

本书可作为会计专业的配套实训教学用书，也可作为会计培训机构的实训教材，还可作为企业会计出纳岗位上岗培训的教学参考用书。

本书在编写的过程中，得到了众多专家、学者的帮助与指导，得到了天津浩天云会计学院的大力协助，同时得到了中国人民大学出版社编辑的大力支持，在此深表谢意。

由于我们的能力和水平有限，教材中难免存在不足，恳请广大读者批评指正。

编者

2019 年 5 月

目 录

实训项目一　出纳岗位职责与工作流程

实训目的

熟悉出纳岗位的工作职责、依据和流程，为做好出纳工作打下良好的基础。

实训内容

1. 工作依据。
2. 保管工具。
3. 出纳档案保管。
4. 出纳工作交接。

实训要求

1. 熟悉出纳岗位工作流程，熟悉出纳岗位工作依据。
2. 掌握出纳保管工具，熟悉出纳档案管理要求。

一、出纳岗位职责

(一) 出纳的定义

出纳是随着货币及货币兑换业务的出现而产生的，所谓“出”即支出、付出；而“纳”即收入。具体地讲，出纳工作是管理货币资金、票据、有价证券进出的一项管理活动。

(二) 出纳岗位职责

1. 收付职能

出纳最基本的职能是收付职能。企业的经营活动少不了货物价款的收付、往来款项的收付，也少不了各种有价证券以及金融业务往来的办理。这些业务往来的现金、票据和金融证券的收付和办理，以及银行存款收付业务的办理，都必须经过出纳人员之手。

2. 反映职能

出纳需利用统一的货币计量单位，通过其特有的现金与银行存款日记账、有价证券的各种明细分类账，对本单位的货币资金和有价证券进行详细的确认与计量、核算与记录，以便为本单位的经济管理和投资决策提供所需的完整、系统的经济信息。因此，反映职能是出纳工作的主要职能之一。

3. 监督职能

出纳要对企业的各种经济业务，特别是货币资金收付业务的合法性、合理性和有效性进行全过程的监督。

4. 管理职能

出纳还有一个重要的职能是管理职能。对货币资金与有价证券进行保管，对银行存款和各种票据进行管理，对企业资金使用效益进行分析研究，为企业投资决策提供金融信息，甚至直接参与企业的方案评估、投资效益预测分析等，这些都是出纳的管理职能。

(三) 出纳岗位的地位、作用和要求

1. 地位

依法成立的，以经营为目的的企业，必须设置出纳这一岗位。《中华人民共和国会计法》《会计基础工作规范》中对出纳的岗位、职责进行了限制性的规定，如会计人员不得兼任出纳；出纳岗位独立于企业财务会计的任何岗位。出纳岗位的独特性已在立法、制度中予以确定。出纳岗位的设立是对企业资本运营的客观要求，也是规范企业日常管理的关键所在。

2. 作用和要求

出纳工作是整个会计工作中必不可少的一部分。出纳在管理好货币资金的前提下，还应当充分发挥以下几个方面的作用：

(1) 社会性。出纳是企业资金流动的枢纽。

(2) 专业性。出纳是会计工作中的一个重要环节。

（3）政策性。出纳在行使工作职责时，必须符合国家的政策、法规，体现国家政策。出纳岗位在规范市场秩序，约束市场行为，宣传国家的政策、法规方面起着不可低估的作用。

对出纳岗位人员的要求如下：

（1）强化业务学习，提高专业技能。首先，出纳要具备财会专业基本知识，能够熟练处理工作中的常见问题；其次，要有熟练的数字运算能力、识别假币的能力。出纳的数字运算、钱币的收付往往是在业务过程中进行的，按计算结果、业务类型当场收付现金、开出收据，要求快速、准确无误。

（2）坚持原则，遵纪守法。首先，出纳要认真贯彻执行党和国家的财经政策和财经方针，在熟悉并掌握税务知识的基础上，严格执行企业规章制度，认真审核每一张单据，对违纪违法的业务不予受理，如真发票假事件、假发票真事件。出纳要坚持原则，确保“不走人情账、不报人情费”。其次，出纳要严格自律，不得利用职务之便套取现金、挪用公款。

（3）保卫资金安全，保护国家资财安全。对支出性质的单据进行审核，严格按照《人民币银行结算账户管理办法》的规定，必须以真实、合法的商品劳务为前提，按合同约定支付款项。对违反规定的坚决予以拒绝。

（4）规范流程，认真操作。第一，出纳要审核单据，看发票是否合法，报销业务是否与发票内容有关；第二，根据审核无误、领导签批的单据，实施款项的收付；第三，认真整理好每一张单据及银行回单等；第四，依据原始单据，进行账务处理，日清日结登记账簿。做好每一步，整个流程才算结束。出纳人员应从自身做起，规范会计基础工作。内在把好政策、法规、纪律关，外在把好书写、整洁、规范关，为规范会计工作尽自己微薄之力。

二、出纳人员日常工作内容

出纳人员日常工作内容如下：

（1）办理银行存款和现金的收支。

（2）负责支票、汇票、发票、收据的管理。

（3）登记现金日记账和银行存款日记账，并负责保管相关印鉴。

（4）负责报销差旅费的工作。

（5）负责员工工资的发放。

出纳人员日常工作内容，如图1-1所示。

（一）现金收款

现金收款业务流程，如图1-2所示，其中出纳的主要工作如下：

（1）检查收入来源及有关凭证。

（2）清点现金，鉴别真伪。

（3）填写收据，签字并加盖“现金收讫”章。

（4）填制记账凭证。

（5）登记现金日记账。

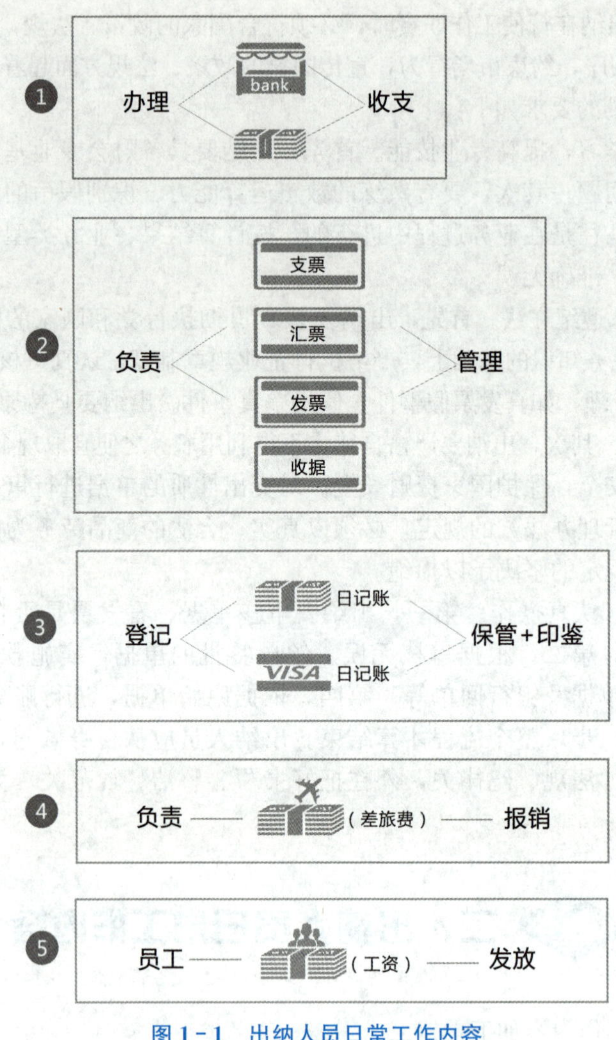

图 1-1　出纳人员日常工作内容

流程图附注：

①收款凭证包括：内部结算审批单、销货订单、销售合同、出库单、对账单等。

②填写现金缴款单：现金缴款单表格内注明的金额，要以每种币值相同的现金为一组，进行数量统计，再将各种币值的现金张数分别填入缴款单的相应栏目内。

流程说明：

出纳登记完库存现金日记账后，整理收款单据交给会计。收款单据应包括：现金缴款单、收据、发票、内部结算单、出库单、对账单等。

（二）现金付款

现金付款业务流程，如图 1-3 所示，其中出纳的主要工作如下：

（1）收款人填制领款申请单后交由相关领导审批。

（2）出纳审核收款人提交的领款申请单，确认无误后，填制记账凭证。

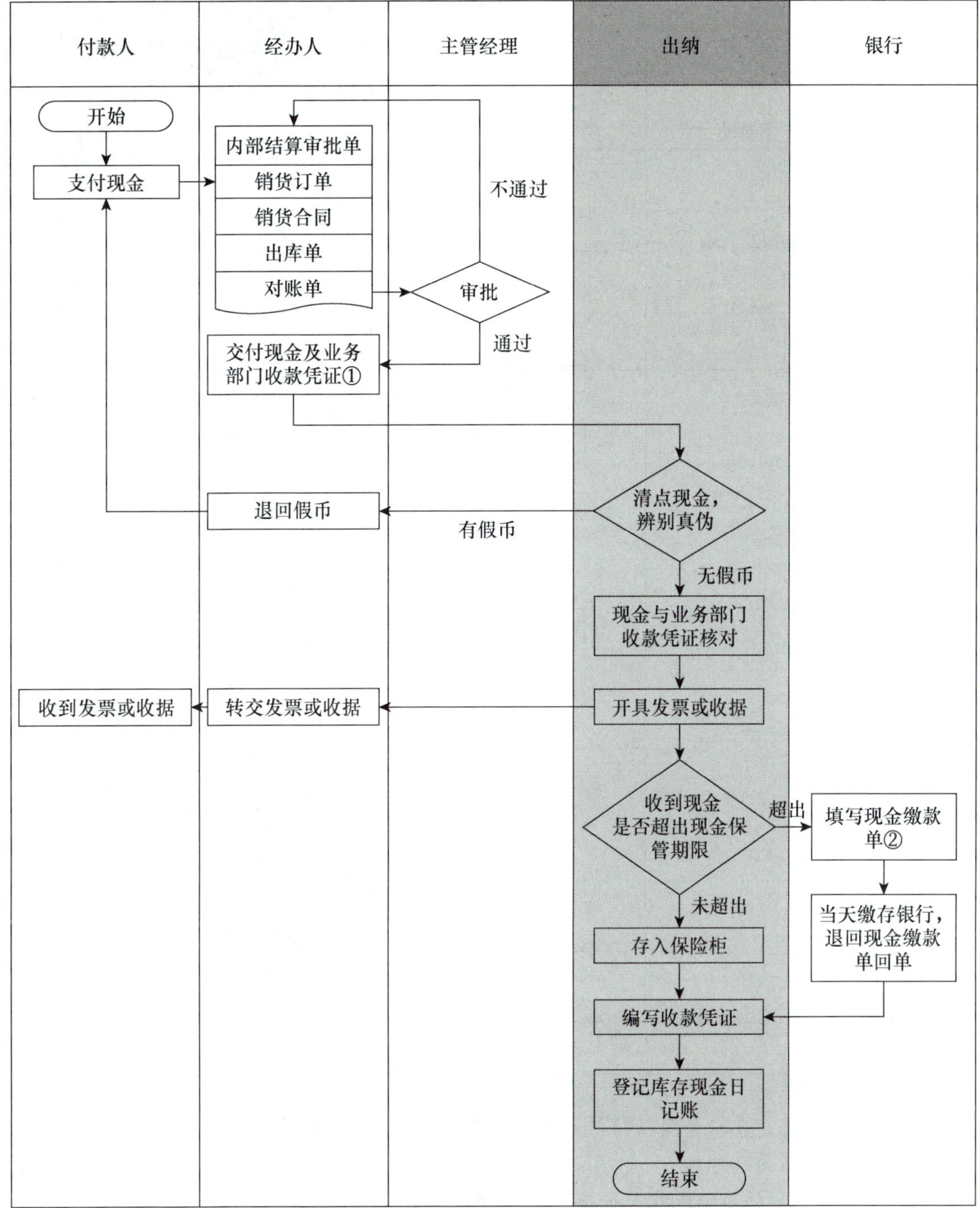

图 1-2　现金收款业务流程图

（3）审核凭证无误后，支付现金，并在领款申请单上加盖“现金付讫”章。

（4）填制记账凭证。

（5）登记现金日记账。

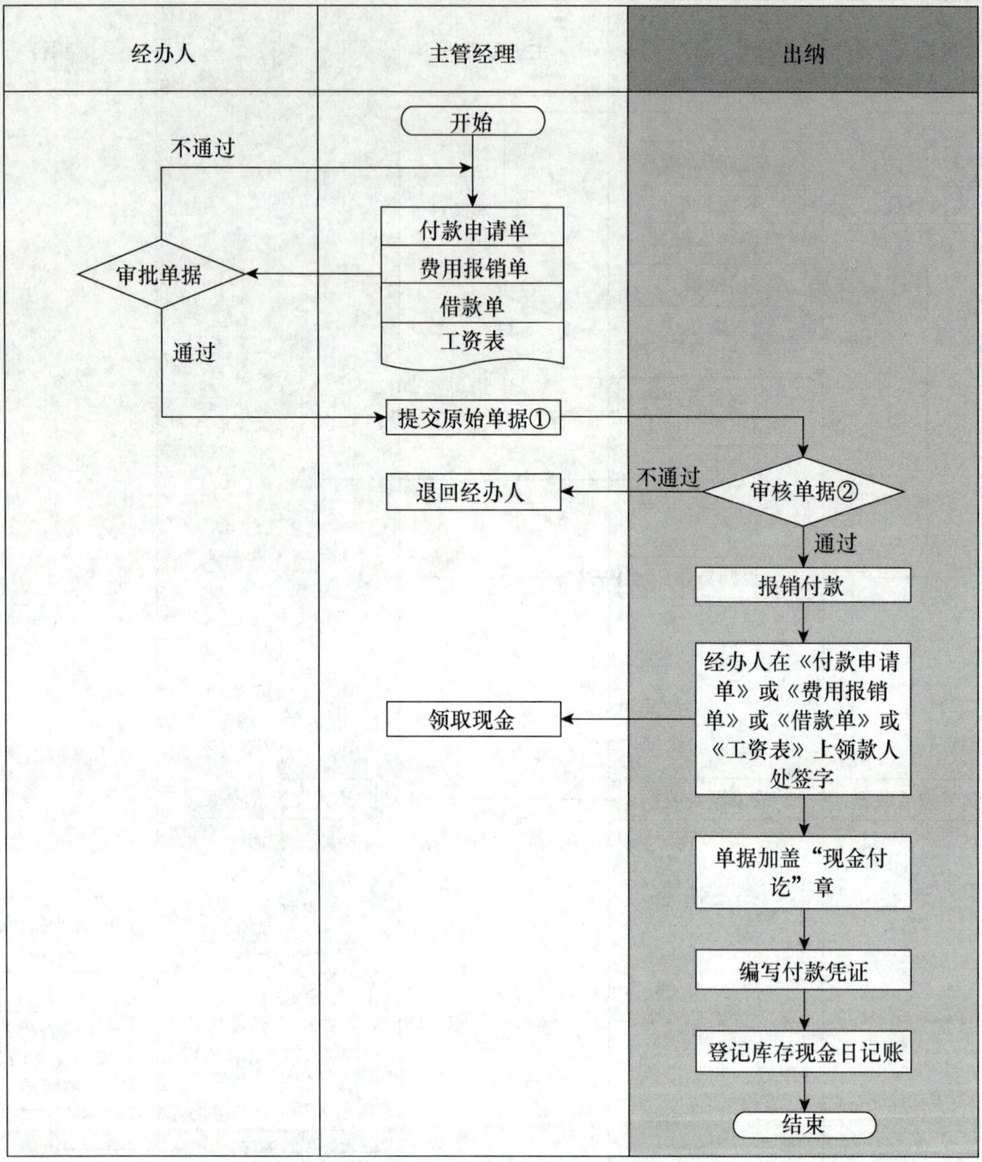

经办人	主管经理	出纳

开始

付款申请单
费用报销单
借款单
工资表

审批单据

不通过

通过

提交原始单据①

审核单据②

不通过

退回经办人

通过

报销付款

经办人在《付款申请单》或《费用报销单》或《借款单》或《工资表》上领款人处签字

领取现金

单据加盖“现金付讫”章

编写付款凭证

登记库存现金日记账

结束

图 1－3　现金付款业务流程图

流程图附注：

①原始单据应包括费用报销单、付款申请单、借款单、工资表。

②单据审核内容包括：

a. 报销单据的审批流程是否符合公司财务开支授权审批表的规定。

b. 报销单据能否证明经济业务真实发生，开具的发票是否真实合规有效，报销所必需的附件是否完整。

c. 有文件规定有报销额度的，需审核本次报销或累计报销是否超过规定的报销额度。

d. 报销单据的摘要和数字填写是否清晰正确，金额计算有无差错，大小写金额是否相等；报销金额不能大于批示金额，不能大于发票、合同上的金额。

e. 原始单据的粘贴是否符合便于装订归档、便于审阅复核的要求。

流程说明：

出纳登记完库存现金日记账后，整理付款单据交与会计。

（三）现金日记账的登记

现金日记账通常由出纳人员根据审核后的现金收、付款凭证，逐日逐笔顺序登记。登记现金日记账的总的要求是：分工明确，专人负责，凭证齐全，内容完整，登记及时，账款相符，数字真实；表达准确，书写工整；摘要清楚，便于查阅；不重记，不漏记，不错记，按期结账，不拖延积压；按规定方法更正错账等。根据复核无误的收、付款记账凭证记账。出纳人员在办理收、付款时，应当对收款凭证和付款凭证进行仔细的复核，并以经过复核无误的收、付款记账凭证和其所附原始凭证作为登记现金日记账的依据。如果原始凭证上注明“代记账凭证”字样，经有关人员签章后，也可以作为记账的依据。

（四）编制库存现金盘点表

盘点库存现金并编制库存现金盘点表步骤如下：

（1）审阅现金日记账，并与现金收付凭证相核对。

（2）实地盘点库存现金。

（3）确定清点日库存现金实存数。根据盘点结果，填制“库存现金盘点表”，计算库存现金实存数，并由参加盘点的人员签字。

（4）将清点日库存现金实存数与现金日记账余额进行核对，如有差异，应查明原因，并作出记录或适当调整。

（五）支票开具

支票是出票人签发的、委托办理支票存款业务的银行在见票时无条件支付确定的金额给收款人或持票人的票据。2007 年 7 月，中国人民银行宣布，支票实现全国范围内互通使用。目前，我国支票主要在同城范围内使用和流通。

支票分为现金支票、转账支票和普通支票。每种类型的支票在支票正面上方有明确标注。标注“现金”字样的支票为现金支票，只能用于支取现金；标注“转账”字样的支票为转账支票，只能用于转账，不得用于提取现金。支票上未标注“现金”或“转账”字样的为普通支票，普通支票既可用于支取现金，又可用于转账。在普通支票左上角标注划有两条平行线的，为划线支票，划线支票只能用于转账，不得用于提取现金。

支票可以背书转让（限在同一票据交换区域内），但用于提取现金的支票不能背书转让。

支票开具业务流程如图 1－4 所示，其中出纳的主要工作如下：

（1）经办人填制付款申请单后交由相关领导审批。

（2）出纳审核经办人提交的付款申请单，确认合规性。

（3）确认合规性后，签发支票（不得签发空头支票，不存在远期支票），并在记账凭证上加盖“银行付讫”章。

（4）编写付款凭证。

（5）登记银行存款日记账。

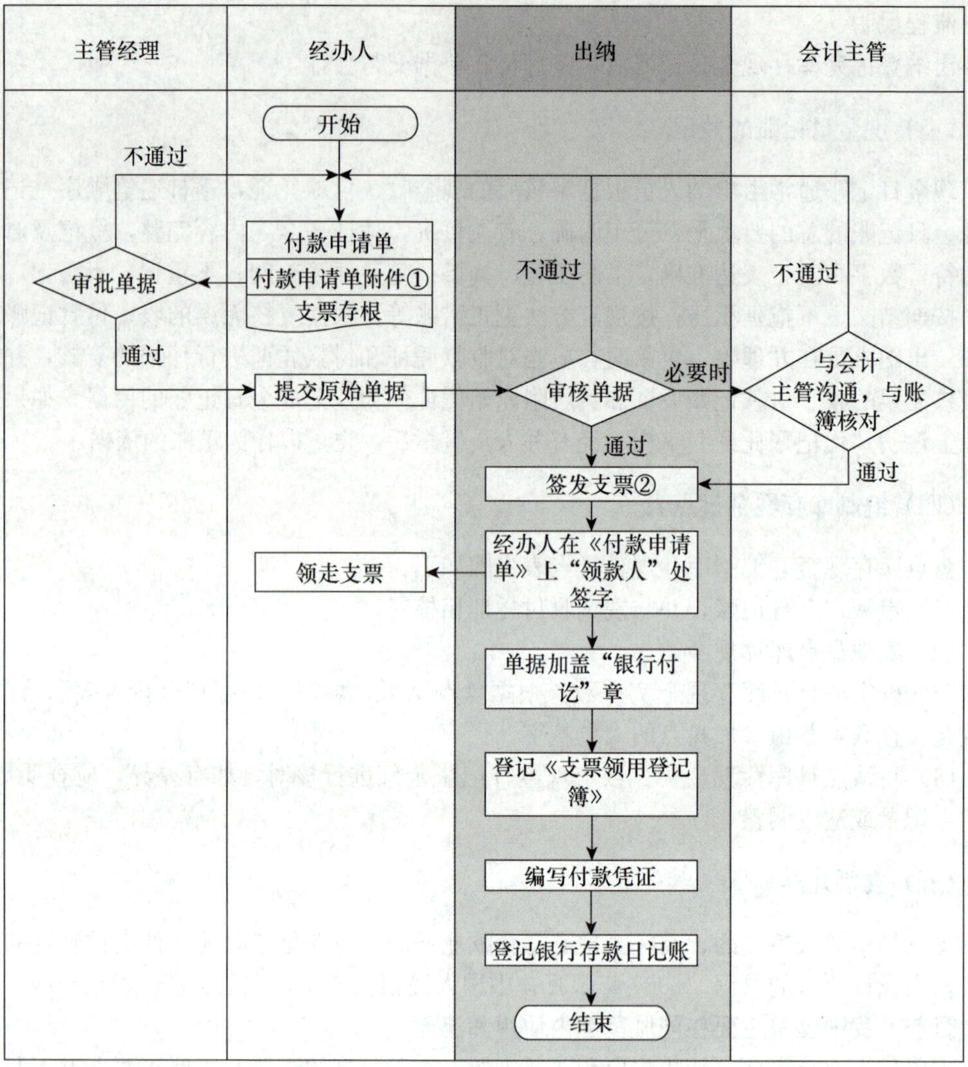

主管经理 | 经办人 | 出纳 | 会计主管

开始

付款申请单

付款申请单附件①

支票存根

审批单据

不通过

通过

提交原始单据

审核单据

不通过

必要时

与会计主管沟通，与账簿核对

不通过

通过

通过

签发支票②

经办人在《付款申请单》上“领款人”处签字

领走支票

单据加盖“银行付讫”章

登记《支票领用登记簿》

编写付款凭证

登记银行存款日记账

结束

图 1－4　支票开具业务流程图

流程图附注：

①付款申请单附件：应包括采购订单、采购合同、入账单、对账单、内部结算审批单等。

②支票签发应该注意的事项：

a. 支票签发时一般填写开出转账支票当天的日期。

b. 填写收款方单位全称。

c. 大写金额在支票的大写区域内，自最左侧起书写；小写金额在最大位数的左一位栏内，填写封位符“￥”。

d. 填写用途要根据实际支付款项的用途填写（如货款、预付款、定金等）。

e. 存根联要登记与付款联内容一致的相关内容。

f. 转账支票正面下方加盖银行预留印鉴（法人章和财务专用章）。

g. 字迹清晰工整，不得涂改；印鉴清楚，不能重叠和覆盖。

流程说明：

《中华人民共和国票据法》（以下简称“票据法”）规定，空白支票是一种未完成的票据，支票上的金额可以由出票人授权补记，未补记前的支票，不得使用。支票上未记载收款人名称的，经出票人授权，可以补记，未记载收款人名称的，不得背书转让和提示付款。除了支票上可以预留支票金额和支票收款人外，其他法律规定必须记载的事项必须予以记载，否则可导致支票无效。出票人将空白支票交给受领人，受领人成为空白支票的持有人，这时持票人就取得了空白支票的补充权。补充权人应当严格按照出票人的授权行使补充权。

（六）支票接收

支票接收业务流程，如图 1－5 所示。

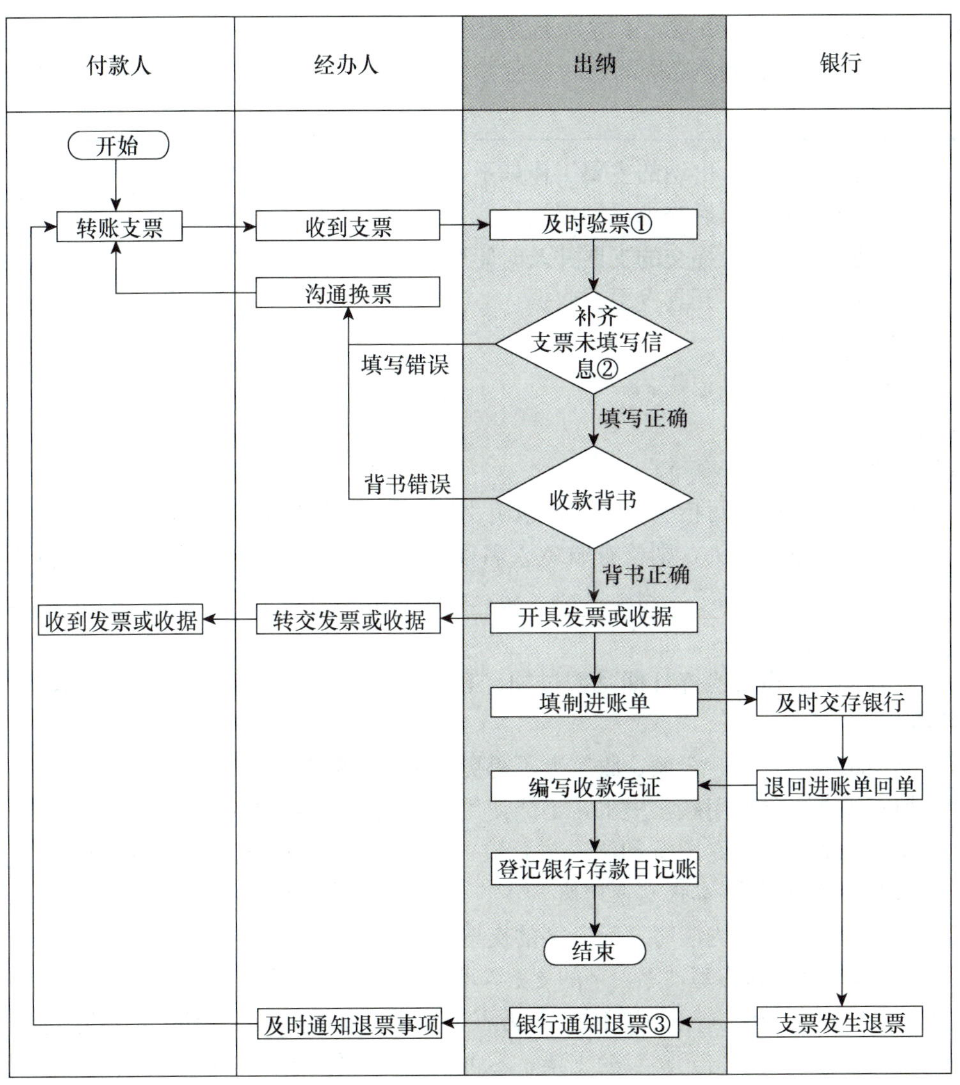

图 1－5　支票接收业务流程图

流程图附注：

①及时验票包括：

a. 纸面：是否平整无折痕。

b. 出票日期：是否在有效期内。

c. 收款人：名称是否正确、完整。

d. 金额：大小写是否对应一致、数额是否准确。

e. 用途：是否与实际相符。

f. 密码：是否已填入。如尚未填入，记存于何处。

g. 印鉴：是否清晰、完整、无重叠、蹭脏。

h. 背书：是否已写有与收款方无关的背书信息。

②补充信息是指收到的转账支票票面上有未填写的信息，需要收款人补充完整。如出票人只写了金额的小写，没有写大写金额，需要收款出纳补充完整。

③银行通知退票的常见情况包括：印鉴不清、密码有误、付款单位的账户余额不足、已过期等。

在支票接收业务中，出纳的主要工作如下：

（1）经办人收到支票后交由出纳审批。

（2）出纳审核经办人提交的支票并及时验票。

（3）确认合规性后，开具发票或收据。

（4）编写收款凭证。

（5）登记银行存款日记账。

流程说明：

（1）支票抬头。

1）检查客户是否有写抬头，若客户没有书写，须与客户协商书写完整。

2）若客户已书写抬头，则检查收款人名称是否正确，如收款人为“广东新供销天润农产品有限公司”错写成“广州新供销天润农产品有限公司”。

（2）其他事项。

1）收到支票时需要检查日期是否过期，有效期限为10天（从开票日期计算）；支票不得折叠。

2）支票填写的日期、金额、收款人不得更改，更改的票据无效。

3）填写支票必须使用碳素墨水，不能使用圆珠笔，支票上的各要素须填写齐全。

4）支票正面盖财务专用章和法人章，缺一不可，印泥为红色，印章必须清晰，不能有残缺，印章模糊只能将本张支票作废。

5）票面大写金额栏内漏写“元”字的支票，不可收受。

6）支票上大写金额多写“零”字的支票，不可收受。金额位数连续有几个零时，应只写一个“零”字。比如50 005元，应写成“伍万零五元整”，而不能写成“伍万零零伍元整”。

7）票面金额填写“拾元整”的支票，不可收受。《票据法》对有关支票金额的写法有特别的要求，10元应写为“壹拾元整”。

8）支票填写应符合票据填写规定。例如，20元的正确写法是“贰拾元”，如果写成

“廿元”，银行会以退票方式处理。

（七）银行存款日记账的登记

银行存款日记账是指专门用来记录银行存款收支业务的一种特种日记账。银行存款日记账必须采用订本式账簿，其账页格式一般采用“收入”（借方）、“支出”（贷方）和“余额”三栏式。银行存款与现金往来时，银行存款收入数额应根据有关现金付款凭证进行登记。每日业务终了时，应计算、登记当日的银行存款收入合计数、银行存款支出合计数，以及账面余额，以便检查监督各项收入和支出款项，避免坐支现金，并便于定期同银行送来的对账单进行核对。

（八）编制银行存款余额调节表

银行存款余额调节表，是在银行对账单余额与企业银行存款账面余额核对的基础上，对未达账项，各自加上对方已收、本单位未收账项数额，减去对方已付、本单位未付账项数额，以调整双方余额使其一致的一种调节方法。

（九）其他相关工作

1. 费用报销

公司经济活动发生的相关费用支付，由会计部门根据原始凭证编制支出传票，办理审核后呈主管及总经理核定后支付。出纳根据会计部门编制、经总经理核准的支出传票，办理现金、票据的支付、登记及移转。除零用金外，所有支出凭证应由会计部门严格审核其内容与金额是否与实际相符，领款人的印鉴是否相符。

2. 管理空白发票

空白发票是指用票单位和个人向税务机关申请印制或者购买而未使用的发票，包括由税务机关统一印制的各类通用发票和带有单位名称的发票。用票人的空白发票要由专人、专柜保管，专人领发，并对所领发发票的种类、数量、字轨和号码等要素进行详细记录。未经许可，不得跨规定的使用区域携带、邮寄、运输空白发票，禁止携带、邮寄或者运输空白发票出入境。

3. 工资核算

执行工资计划，监督工资使用；负责工资核算，提供工资数据；审核工资单据，发放工资与奖金。

三、出纳工作的基本依据

（一）《中华人民共和国会计法》

《中华人民共和国会计法》（以下简称《会计法》）是为了规范会计行为，保证会计资料真实、完整，加强经济管理和财务管理，提高经济效益，维护社会主义市场经济秩序而制定的。《会计法》于1985年1月21日第六届全国人民代表大会常务委员会第九次会议通过；根据1993年12月29日第八届全国人民代表大会常务委员会第五次会议《关于修改〈中华人民共和国会计法〉的决定》修正；1999年10月31日第九届全国人民代表大会常务委员会第十二次会议予以修订；根据2017年11月4日第十二届全国人民代表大会常务委员会第三十次会议《关于修改〈中华人民共和国会计法〉等十一部法律的决定》第二次修正。

出纳工作的基本依据（《会计法》中）：

第十五条　会计账簿登记，必须以经过审核的会计凭证为依据，并符合有关法律、行政法规和国家统一的会计制度的规定。会计账簿包括总账、明细账、日记账和其他辅助性账簿。

会计账簿应当按照连续编号的页码顺序登记。会计账簿记录发生错误或者隔页、缺号、跳行的，应当按照国家统一的会计制度规定的方法更正，并由会计人员和会计机构负责人（会计主管人员）在更正处盖章。

第三十七条　会计机构内部应当建立稽核制度。出纳人员不得兼任稽核、会计档案保管和收入、支出、费用、债权债务账目的登记工作。

（二）《中华人民共和国票据法》

《中华人民共和国票据法》（以下简称《票据法》）对票据行为（包括汇票、本票和支票），保障票据活动中当事人的合法权益，维护社会经济秩序，促进社会主义市场经济的发展做出了规范。《票据法》于1995年5月10日第八届全国人民代表大会常务委员会第十三次会议通过，根据2004年8月28日第十届全国人民代表大会常务委员会第十一次会议《关于修改〈中华人民共和国票据法〉的决定》修正。

出纳工作的基本依据（《票据法》中）：

第七条　票据上的签章，为签名、盖章或者签名加盖章。法人和其他使用票据的单位在票据上的签章，为该法人或者该单位的盖章加其法定代表人或者其授权的代理人的签章。在票据上的签名，应当为该当事人的本名。

第八条　票据金额以中文大写和数字同时记载，二者必须一致，二者不一致的，票据无效。

第九条　票据上的记载事项必须符合本法的规定。票据金额、日期、收款人名称不得更改，更改的票据无效。对票据上的其他记载事项，原记载人可以更改，更改时应当由原记载人签章证明。

第十条　票据的签发、取得和转让，应当遵循诚实信用的原则，具有真实的交易关系和债权债务关系。票据的取得，必须给付对价，即应当给付票据双方当事人认可的相对应的代价。

（三）《中华人民共和国税收征收管理法》

《中华人民共和国税收征收管理法》（以下简称《税收征收管理法》）是为了加强税收征收管理，规范税收征收和缴纳行为，保障国家税收收入，保护纳税人的合法权益，促进经济和社会发展而制定的。《税收征收管理法》于1992年9月4日第七届全国人民代表大会常务委员会第二十七次会议通过，根据1995年2月28日第八届全国人民代表大会常务委员会第十二次会议《关于修改〈中华人民共和国税收征收管理法〉的决定》修正，2001年4月28日第九届全国人民代表大会常务委员会第二十一次会议予以修订，根据2013年

6月29日第十二届全国人民代表大会常务委员会第三次会议《关于修改〈中华人民共和国文物保护法〉等十二部法律的决定》第二次修正，根据2015年4月24日第十二届全国人民代表大会常务委员会第十四次会议《关于修改〈中华人民共和国港口法〉等七部法律的决定》第三次修正。

出纳工作的基本依据（《税收征收管理法》中）：

第四条　法律、行政法规规定负有纳税义务的单位和个人为纳税人。法律、行政法规规定负有代扣代缴、代收代缴税款义务的单位和个人为扣缴义务人。纳税人、扣缴义务人必须依照法律、行政法规的规定缴纳税款、代扣代缴、代收代缴税款。

第十九条　纳税人、扣缴义务人按照有关法律、行政法规和国务院财政、税务主管部门的规定设置账簿，根据合法、有效凭证记账，进行核算。

第二十条　从事生产、经营的纳税人的财务、会计制度或者财务、会计处理办法和会计核算软件，应当报送税务机关备案。纳税人、扣缴义务人的财务、会计制度或者财务、会计处理办法与国务院或者国务院财政、税务主管部门有关税收的规定抵触的，依照国务院或者国务院财政、税务主管部门有关税收的规定计算应纳税款、代扣代缴和代收代缴税款。

第二十一条　税务机关是发票的主管机关，负责发票印制、领购、开具、取得、保管、缴销的管理和监督。单位、个人在购销商品、提供或者接受经营服务以及从事其他经营活动中，应当按照规定开具、使用、取得发票。发票的管理办法由国务院规定。

（四）《中华人民共和国电子签名法》

《中华人民共和国电子签名法》（以下简称《电子签名法》）是为了规范电子签名行为，确立电子签名的法律效力，维护有关各方的合法权益而制定的。《电子签名法》于2004年8月28日第十届全国人民代表大会常务委员会第十一次会议通过，根据2015年4月24日第十二届全国人民代表大会常务委员会第十四次会议《关于修改〈中华人民共和国电力法〉等六部法律的决定》修正。

出纳工作的基本依据（《电子签名法》中）：

第二十七条　电子签名人知悉电子签名制作数据已经失密或者可能已经失密未及时告知有关各方、并终止使用电子签名制作数据，未向电子认证服务提供者提供真实、完整和准确的信息，或者有其他过错，给电子签名依赖方、电子认证服务提供者造成损失的，承担赔偿责任。

第三十一条　电子认证服务提供者不遵守认证业务规则、未妥善保存与认证相关的信息，或者有其他违法行为的，由国务院信息产业主管部门责令限期改正；逾期未改正的，吊销电子认证许可证书，其直接负责的主管人员和其他直接责任人员十年内不得从事电子认证服务。吊销电子认证许可证书的，应当予以公告并通知工商行政管理部门。

第三十二条　伪造、冒用、盗用他人的电子签名，构成犯罪的，依法追究刑事责任；给他人造成损失的，依法承担民事责任。

第三十三条　依照本法负责电子认证服务业监督管理工作的部门的工作人员，不依法履行行政许可、监督管理职责的，依法给予行政处分；构成犯罪的，依法追究刑事责任。

（五）《中华人民共和国发票管理办法》

《中华人民共和国发票管理办法》（以下简称《发票管理办法》）是为了加强发票管理

和财务监督，保障国家税收收入，维护经济秩序，根据《中华人民共和国税收征收管理法》而制定的。《发票管理办法》于 1993 年 12 月 12 日国务院批准、1993 年 12 月 23 日财政部令第 6 号发布，根据 2010 年 12 月 20 日《国务院关于修改〈中华人民共和国发票管理办法〉的决定》修订。

出纳工作的基本依据（《发票管理办法》中）：

第十九条　销售商品、提供服务以及从事其他经营活动的单位和个人，对外发生经营业务收取款项，收款方应当向付款方开具发票；特殊情况下，由付款方向收款方开具发票。发票分为机打发票和定额发票。

第二十条　所有单位和从事生产、经营活动的个人在购买商品、接受服务以及从事其他经营活动支付款项，应当向收款方取得发票。取得发票时，不得要求变更品名和金额。

第二十四条　任何单位和个人应当按照发票管理规定使用发票，不得有下列行为：

1. 转借、转让、介绍他人转让发票、发票监制章和发票防伪专用品；

2. 知道或者应当知道是私自印制、伪造、变造、非法取得或者废止的发票而受让、开具、存放、携带、邮寄、运输；

3. 拆本使用发票；

4. 扩大发票使用范围；

5. 以其他凭证代替发票使用。

（六）《中华人民共和国发票管理办法实施细则》

《中华人民共和国发票管理办法实施细则》（以下简称《发票管理办法实施细则》）对发票的印制、发票的领购、发票的开具和保管、发票的检查、罚则等做出了规范性细则。该实施细则于 2011 年 2 月 14 日国家税务总局令第 25 号公布；根据 2014 年 12 月 27 日国家税务总局令第 37 号《国家税务总局关于修改〈中华人民共和国发票管理办法实施细则〉的决定》和 2018 年 6 月 15 日《国家税务总局关于修改部分税务部门规章的决定》修正。

出纳工作的基本依据（《发票管理办法实施细则》中）：

第二十五条　向消费者个人零售小额商品或者提供零星服务的，是否可免予逐笔开具发票，由省税务机关确定。

第二十六条　填开发票的单位和个人必须在发生经营业务确认营业收入时开具发票。未发生经营业务一律不准开具发票。

第二十七条　开具发票后，如发生销货退回需开红字发票的，必须收回原发票并注明“作废”字样或取得对方有效证明。

开具发票后，如发生销售折让的，必须在收回原发票并注明“作废”字样后重新开具销售发票或取得对方有效证明后开具红字发票。

第二十八条　单位和个人在开具发票时，必须做到按照号码顺序填开，填写项目齐全，内容真实，字迹清楚，全部联次一次打印，内容完全一致，并在发票联和抵扣联加盖发票专用章。

第三十一条　使用发票的单位和个人应当妥善保管发票。发生发票丢失情形时，应当于发现丢失当日书面报告税务机关，并登报声明作废。

（七）《中华人民共和国现金管理暂行条例》

《中华人民共和国现金管理暂行条例》（以下简称《现金管理暂行条例》）是为了改善现金管理，促进商品生产和流通，加强对社会经济活动的监督而制定的。该暂行条例于1988年10月1日起施行，2011年1月8日予以修订。

出纳工作的基本依据（《现金管理暂行条例》中）：

第十二条 开户单位应当建立健全现金账目，逐笔记载现金支付。账目应当日清日结，账款相符。

第十三条 对个体工商户、农村承包经营户发放的贷款，应当以转账方式支付。对确需在集市使用现金购买物资的，经开户银行审核后，可以在贷款金额内支付现金。

第十四条 在开户银行开户的个体工商户、农村承包经营户异地采购所需货款，应当通过银行汇兑方式支付。因采购地点不固定，交通不便必须携带现金的，由开户银行根据实际需要，予以支付现金。

未在开户银行开户的个体工商户、农村承包经营户异地采购所需货款，可以通过银行汇兑方式支付。凡加盖“现金”字样的结算凭证，汇入银行必须保证支付现金。

第十五条 具备条件的银行应当接受开户单位的委托，开展代发工资、转存储蓄业务。

第十六条 为保证开户单位的现金收入及时送存银行，开户银行必须按照规定做好现金收款工作，不得随意缩短收款时间。大中城市和商业比较集中的地区，应当建立非营业时间收款制度。

第十七条 开户银行应当加强柜台审查，定期和不定期地对开户单位现金收支情况进行检查，并按规定向当地人民银行报告现金管理情况。

（八）《会计基础工作规范》

为了加强会计基础工作，建立规范的会计工作秩序，提高会计工作水平，根据《中华人民共和国会计法》的有关规定，制定了《会计基础工作规范》(Standardization of Basic Work of Accounting)。该工作规范于1996年6月17日财政部财会字19号发布。同时废止了1984年4月24日财政部发布的《会计人员工作规则》。

（九）《人民币银行结算账户管理办法》

为规范人民币银行结算账户的开立和使用，加强银行结算账户管理，维护经济金融秩序稳定，中国人民银行制定了《人民币银行结算账户管理办法》。该办法经2002年8月21日第34次行长办公会议通过，自2003年9月1日起施行。

出纳工作的基本依据（《人民币银行结算账户管理办法》中）：

第三条（部分） 银行结算账户按存款人分为单位银行结算账户和个人银行结算账户。

存款人以单位名称开立的银行结算账户为单位银行结算账户。单位银行结算账户按用途分为基本存款账户、一般存款账户、专用存款账户、临时存款账户。

个体工商户凭营业执照以字号或经营者姓名开立的银行结算账户纳入单位银行结算账户管理。

第四条 单位银行结算账户的存款人只能在银行开立一个基本存款账户。

第五条 存款人应在注册地或住所地开立银行结算账户。符合本办法规定可以在异地（跨省、市、县）开立银行结算账户的除外。

第六条 存款人开立基本存款账户、临时存款账户和预算单位开立专用存款账户实行核准制度，经中国人民银行核准后由开户银行核发开户登记证。但存款人因注册验资需要开立的临时存款账户除外。

第七条 存款人可以自主选择银行开立银行结算账户。除国家法律、行政法规和国务院规定外，任何单位和个人不得强令存款人到指定银行开立银行结算账户。

（十）《支付结算办法》

中国人民银行于1997年9月27日制定的《支付结算办法》，是为了规范支付结算工作，对单位、个人在社会经济活动中使用票据、银行卡、汇兑、托收承付、委托收款、信用证等结算方式进行货币给付及其资金清算的行为进行了具体规定。

（十一）《电子商业汇票业务管理办法》

中国人民银行于2009年制定的《电子商业汇票业务管理办法》是为了规范电子商业汇票业务，保障电子商业汇票活动中当事人的合法权益，促进电子商业汇票业务发展。它依据《中华人民共和国中国人民银行法》《中华人民共和国票据法》《中华人民共和国电子签名法》《中华人民共和国物权法》《票据管理实施办法》等有关法律法规制定。

出纳工作的基本依据（《电子商业汇票业务管理办法》中）：

第十九条 电子商业汇票系统应实时接收、处理电子商业汇票信息，并向相关票据当事人的接入机构实时发送该信息；接入机构应实时接收、处理电子商业汇票信息，并向相关票据当事人实时发送该信息。

第二十条 出票人签发电子商业汇票时，应将其交付收款人。电子商业汇票背书，背书人应将电子商业汇票交付被背书人。电子商业汇票质押解除，质权人应将电子商业汇票交付出质人。交付是指票据当事人将电子商业汇票发送给受让人，且受让人签收的行为。

（十二）《会计档案管理办法》

财政部、国家档案局于2015年12月11日制定的《会计档案管理办法》（财政部、国家档案局令第79号，自2016年1月1日起施行）是为了加强会计档案管理，有效保护和利用会计档案而制定的法规。它对加强会计档案管理，统一会计档案管理制度做出了具体规定。

出纳工作的基本依据（《会计档案管理办法》中）：

第十条 单位的会计机构或会计人员所属机构（以下统称“单位会计管理机构”）按照归档范围和归档要求，负责定期将应当归档的会计资料整理立卷，编制会计档案保管清册。

第十一条 当年形成的会计档案，在会计年度终了后，可由单位会计管理机构临时保管一年，再移交单位档案管理机构保管。因工作需要确需推迟移交的，应当经单位档案管理机构同意。单位会计管理机构临时保管会计档案最长不超过三年。临时保管期间，会计档案的保管应当符合国家档案管理的有关规定，且出纳人员不得兼管会计档案。

四、出纳岗位保管的资金与工具

（一）现金、支票、有价证券

出纳人员每日下班前应盘点库存现金，并将当日收入存入银行，同时须从银行另行提取备用现金。根据规定，严禁坐支现金。每日盘点现金，应保证账实相符，严禁设立小金库、账外账，严禁白条抵库等行为。

出纳人员必须妥善保管支票本，严格按照规定的用途使用，不得交付其他会计人员代管。

有价证券明细账要按证券种类分设户头，所记金额应与总账会计一致，当账面金额与证券面值不一致时，应在摘要栏内注明证券的批次、面值和张数。必要时，还可以设置辅助登记簿进行补充登记。

（二）相关印鉴、收付章

企业在领取营业执照以后，应该及时刻制公司的相关印章，需要刻制的印章包括公司公章、财务专用章、法人章、发票专用章和合同专用章。

相关印鉴、收付章

注意：刻制公司的相关印章需要携带公司营业执照原件及复印件、法人身份证原件及复印件、经办人身份证原件及复印件、法人授权书到所在地公安局申请办理，得到批准后，到公安局指定的刻章公司刻制印章。

准备需要用印的印章、印垫、印台或者印泥、对应颜色的印油。准备需要用印的物件，试盖后可蘸色。通常情况下，可参考需用印纸面上的用印位置提示。

出纳使用的印章必须妥善保管，严格按照规定的用途使用，不得将印章随意存放或带出工作单位。用于签发支票的各种预留银行印鉴章不能由出纳一人保管，一般应由主管会计人员或其他指定人员保管，各种印章的保管应与现金的管理相同，以防违法乱纪人员有机可乘，给国家和单位造成不必要的经济损失。

（三）保险柜

各单位都配备有专用保险柜，专门存放现金、各种有价证券、银行票据、印章及其他出纳票据。保险柜只能由出纳员开启使用，非出纳员不得开启保险柜。公司领导需要对出纳员的工作进行检查，如检查库存现金限额、核对实际库存现金数额，或者有其他特殊情况需要开启保险柜时，应按规定的程序经总经理同意，由行政综合部开启。在一般情况下不得任意开启由出纳员掌管使用的保险柜。

（四）网银 U 盾

出纳配备具有基本权限的制单网银 U 盾（设置密码），可随时上网查询账户状况，包括当日及历史交易明细、时点余额等详细信息，并且可以提交办理收付款项的指令。财务负责人或主管会计配备复核权限的 U 盾（设置密码），必须对网上银行收支结算指令进行复核方可完成款项收付。出纳、会计、财务负责人所使用的网银U盾应视作财务印章进行管理，并将其密码与网银密钥分开保管。

（五）计算机

计算机是指各部门/个人日常办公使用的办公设备，使用时还会配有服务器、网络设备、打印机、复印机、扫描仪等专有设备。计算机设备主要有计算机主机（包括机箱内的各种芯片、功能卡、内存、硬盘、软驱、光驱等）、显示器、打印机、外设（键盘、鼠标、音箱）等。

（1）分配到个人或部门使用的设备，个人对设备的安全性和完整性负有责任。员工须爱护、珍惜分配给自己使用的计算机设备。

（2）员工原则上只能使用本部门分配的计算机。非必要时，不能将机器交由他人操作（特别是非本部门人员）。未经当事人同意，不能擅自在他人的计算机上进行任何操作。

（3）员工不得私自拆卸、增加、减少或试用新配件。由此导致的不良后果，一切责任由使用者自负。

（4）员工应按正确方法清洁和保养设备上的污垢，保证设备正常使用。

（5）未经允许，员工不应将不属于公司的计算机整机或配件接入公司网络系统。

（六）税控打印机

税控打印机是我国财税部门主推的发票打印产品，是安装了税控模块的发票打印机。逻辑上税控模块和打印机之间没有直接的数据交换。税控打印机面向使用独立打印机的商业POS用户或用电脑开票的用户，实现税控时使主机外挂的设备集中一些，以便于安装和管理。

（七）金融税控收款机

金融税控收款机即银税一体化税控收款机，它是税控收款机和银行卡支付终端（俗称金融POS）的结合体。与税控打印机不同的是，金融税控收款主机和内部的银行支付终端模块之间有更多信息交换。金融税控收款机的发展理念是共享税控收款机和金融POS的一部分硬件资源（主要是外壳、显示器、电源和打印机），减小设备的占用空间和使用成本。

五、出纳资料归档

出纳档案是会计档案的重要组成部分，是记录出纳业务内容、明确相关经济责任的书面证明，一旦遗失或因保管不善而毁坏，将给出纳员本人和单位带来严重影响。因此，出纳员必须按相关规定对会计资料进行妥善保管，保证会计档案记录的真实、完整、连续和准确。

（一）出纳归档资料的范围

出纳档案指会计凭证、会计账簿和财务报告等会计核算专业材料，同时包括相关的重要凭证等，具体包括以下5类，如图1-6所示。

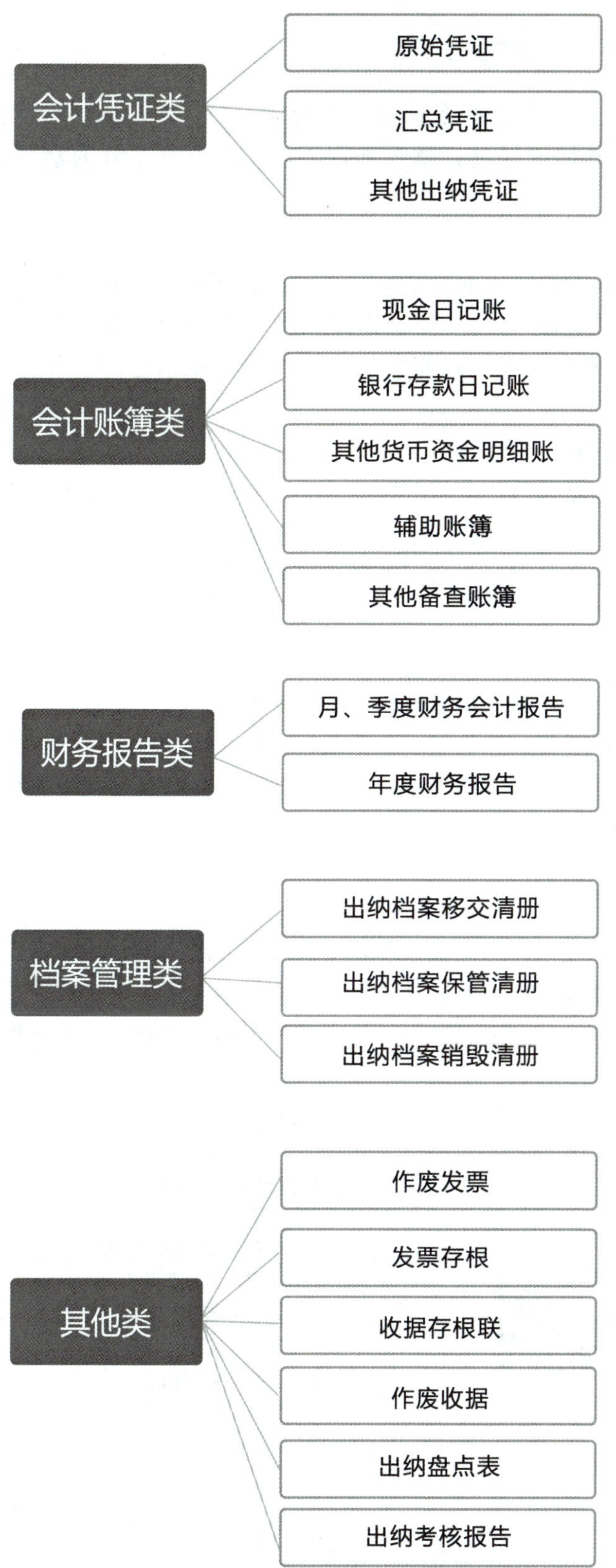

图 1-6　出纳归档资料的分类

（二）出纳归档资料的整理与保管

《会计法》规定，对会计档案管理不善造成毁损、灭失的，应承担法律责任。出纳应对凭证、账簿及其他资料进行整理和保管，其整理程序分为整理、装订、成册 3 个步骤。

1. 保管出纳凭证

出纳凭证包括出纳记账依据的原始凭证及记账凭证。一般来说，出纳在记账后，要将这些凭证传递给记账会计，在年终归档前由记账会计进行整理和保存。出纳人员的任务，主要是做好原始凭证及业务处理阶段的全部会计凭证的整理，并保证这些资料的真实有效。

2. 保管出纳账簿

当企业单位更换新账后，应将旧账归入会计档案。在移交归档前应对旧账进行整理，如编码、扉页内容、目录等项目应根据有关要求填写齐全。若使用活页式或卡片式辅助账应在归档时装订，编齐页码，并与订本账一样加上扉页，注明单位名称、共计页数，记账人员应签章，并加盖公章保存。

3. 保管其他出纳资料

除了账簿凭证以外，其他出纳资料包括各项经费开支计划表、决算表、出纳报告、银行对账单、资金分析报告、作为收付款依据的各种经济合同文件等；其他财务管理的重要凭据包括支票申请单与支票领用登记簿等。出纳对这些资料应分类整理并妥善保管，到年终集中归入会计档案。

（三）会计档案的管理

企业单位对于每年形成的会计档案，应由财务部门按照归档要求，整理立卷，装订成册。各会计人员对本岗位产生的会计核算资料应定期收集、审查核对，按照档案管理要求整理立卷、编制目录、装订成册并由立卷人签章，然后交财务部妥善保管。会计档案管理注意事项，如图 1－7 所示。

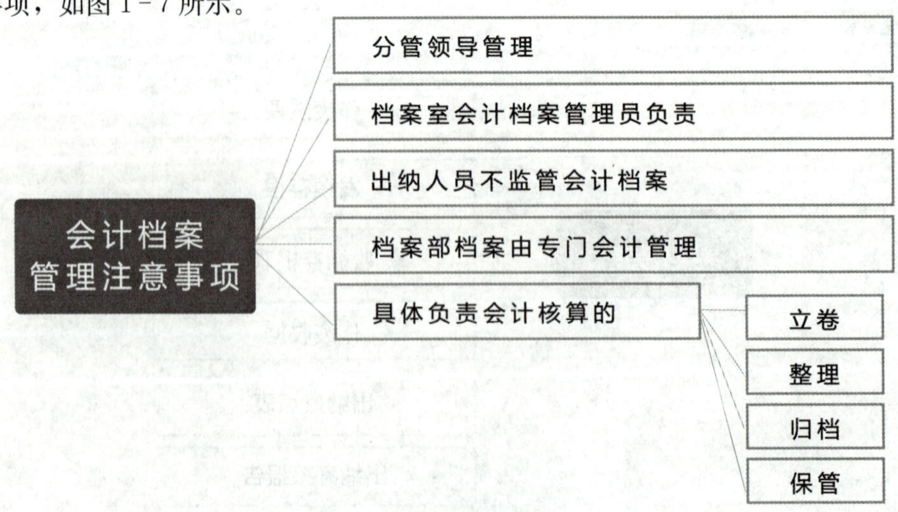

图 1－7 会计档案管理注意事项

会计档案的保管期限分为永久和定期两类。永久保管会计档案一般包括年度财务报告、会计档案保管清册、会计档案销毁档案等，其他为定期保管会计档案，如图 1-8 所示。

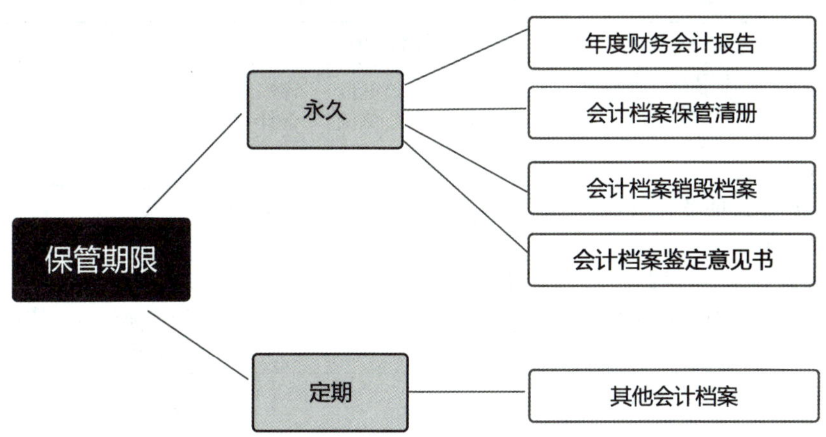

图 1-8　会计档案的保管期限及具体分类

注意：会计档案的保管期限从会计年度终了后的第一天开始算起。

企业和其他组织会计档案保管期限，如表 1-1 所示。

表 1-1　企业和其他组织会计档案保管期限表

序号	档案名称	保管期限	备注
一	会计凭证		
1	原始凭证	30 年	
2	记账凭证	30 年	
二	会计账簿		
3	总账	30 年	
4	明细账	30 年	
5	日记账	30 年	
6	固定资产卡片		固定资产报废清理后保管 5 年
7	其他辅助性账簿	30 年	
三	财务会计报告		
8	月度、季度、半年度财务会计报告	10 年	
9	年度财务会计报告	永久	
四	其他会计资料		
10	银行存款余额调节表	10 年	
11	银行对账单	10 年	
12	纳税申报表	10 年	
13	会计档案移交清册	30 年	
14	会计档案保管清册	永久	
15	会计档案销毁清册	永久	
16	会计档案鉴定意见书	永久	

财政总预算、行政单位、事业单位和税收会计档案保管期限，如表 1-2 所示。

表 1-2　　财政总预算、行政单位、事业单位和税收会计档案保管期限表

序号	档案名称	保管期限			备注
		财政总预算	行政单位事业单位	税收会计	
一	会计凭证				
1	国家金库编送的各种报表及缴库退库凭证	10 年		10 年	
2	各收入机关编送的报表	10 年			
3	行政单位和事业单位的各种会计凭证		30 年		包括原始凭证、记账凭证和传票汇总表
4	财政总预算拨款凭证和其他会计凭证	30 年			包括拨款凭证和其他会计凭证
二	会计账簿				
5	日记账		30 年	30 年	
6	总账	30 年	30 年	30 年	
7	税收日记账（总账）			30 年	
8	明细分类、分户账或登记簿	30 年	30 年	30 年	
9	行政单位和事业单位固定资产卡片				固定资产报废清理后保管 5 年
三	财务会计报告				
10	政府综合财务报告	永久			下级财政、本级部门和单位报送的保管 2 年
11	部门财务报告		永久		所属单位报送的保管 2 年
12	财政总预算	永久			下级财政、本级部门和单位报送的保管 2 年
13	部门决算		永久		所属单位报送的保管 2 年
14	税收年报（决算）			永久	
15	国家金库年报（决算）	10 年			
16	基本建设拨、贷款年报（决算）	10 年			
17	行政单位和事业单位会计月、季度报表		10 年		所属单位报送的保管 2 年
18	税收会计报表			10 年	所属税务机关报送的保管 2 年
四	其他会计资料				
19	银行存款余额调节表	10 年	10 年		
20	银行对账单	10 年	10 年	10 年	
21	会计档案移交清册	30 年	30 年	30 年	
22	会计档案保管清册	永久	永久	永久	
23	会计档案销毁清册	永久	永久	永久	
24	会计档案鉴定意见书	永久	永久	永久	

注：税务机关的税务经费会计档案保管期限，按行政单位会计档案保管期限规定办理。

由表1－1和表1－2可以看出，会计档案保存的时间都较长甚至需要永久保存，因此企业单位对于会计档案的整理和保存必须做到妥善保管、存放有序、便于查找。同时，要进行科学管理，严格执行安全和保密制度，严防损毁、散失和泄密。

（四）出纳归档资料的移交与调阅

出纳归档资料移交分为在年度终了时移交和在会计档案管理人员发生更换时移交两种情况。

年度终了时，财务部门保管的会计档案（出纳档案）应移交给档案管理部门，并编制移交清册或清单。

会计档案管理人员发生更换时，也应该按一定手续编制会计档案移交清册。

移交会计归档资料时一般按照下面的方法办理：

在会计年度终了后，会计档案可暂由本单位财务会计部门保管一年，在这一年内归档资料通常仍由出纳负责保管。一年期满后，应由财务会计部门将档案编造成册移交本单位的档案部门保管，并填写会计档案移交清册表，如表1－3所示。

表1－3　会计档案移交清册表

序号	档案编号	档案名称	册数	应保管期限	已保管期限	备注
移交部门负责人：			接收部门负责人：			
经手人：			经手人：			
监交人：			移交日期：　　年　　月　　日			

会计档案是企业单位经济业务活动的历史记录，它用来提醒企业单位“以史为鉴”，通过会计档案总结经验教训，进行决策分析，避免各种财务责任事故发生。

调阅会计档案的注意事项，如图1－9所示。

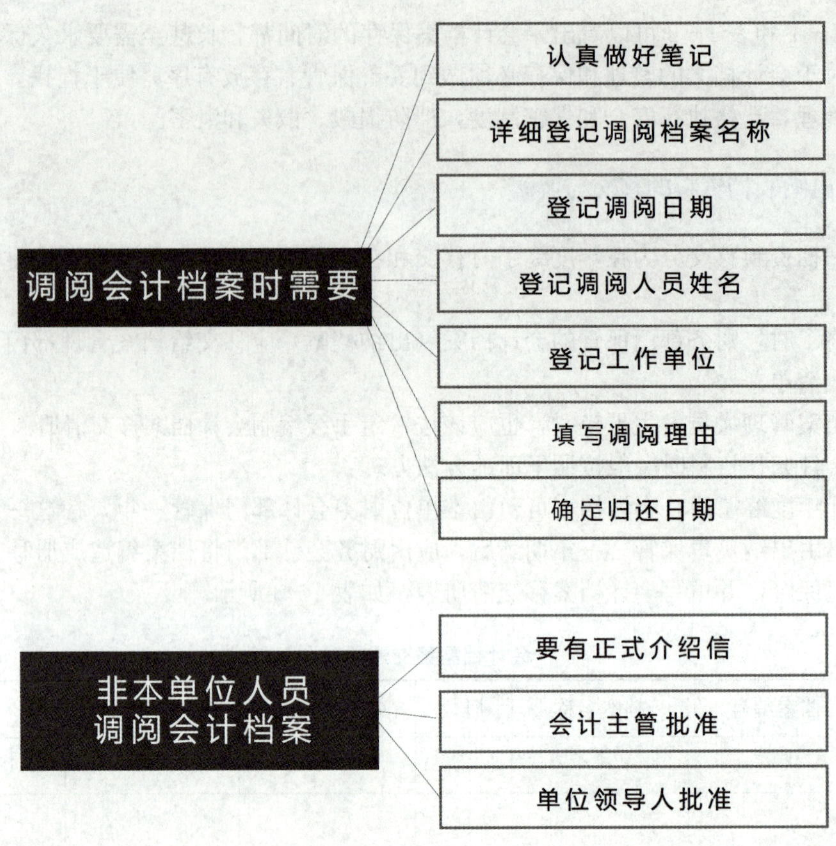

调阅人不得将会计档案携带外出

需要复制会计档案的，要经过单位负责人同意

图 1－9　调阅会计档案的注意事项

六、出纳工作交接

《会计法》规定：会计人员调动工作或者离职，必须与接管人员办清交接手续。一般会计人员办理交接手续，由会计机构负责人（会计主管人员）监交。出纳交接要按照会计人员交接的要求进行。出纳员调动工作或者离职时，与接管人员办清交接手续，是出纳员应尽的职责，也是分清移交人员与接管人员责任的重要手段。办好交接工作，可以使出纳工作前后衔接，防止账目不清、财务混乱。

（一）出纳工作交接书

出纳工作交接要做到两点，一是移交人员与接管人员要办清手续，二是交接过程中要有专人负责监交。交接要求进行财产清理，做到账账核对、账款核对，交接清理后要填写出纳工作交接书，将所有移交的票、款、物编制成详细的移交清册，按册向接交人清点，然后由交、接、监三方签字盖章。

出纳工作交接书

出纳在工作交接时，一般要求编写出纳工作交接书以明确责任，其具体内容如图 1－10 所示。

出纳工作交接书

原出纳员____，因工作调动，财务处已决定将出纳工作移交给____接管。现办理如下交接：

一、交接日期

交接日期为××××年××月××日

二、具体业务的移交

1. 库存现金：××月××日账面余额____元，实存相符。
2. 库存国库券：____元，经核对无误。
3. 银行存款余额____元，经编制“银行存款余额调节表”核对相符。

三、移交的会计凭证、账簿、文件

1. 本年度现金日记账____本。
2. 本年度银行存款日记账____本。
3. 空白现金支票____张（××号至××号）。
4. 空白转账支票____张（××号至××号）。
5. 托收承付登记簿____本。
6. 付款委托书____本。
7. 信汇登记簿____本。
8. 金库暂存物品明细表____份，与实物核对相符。
9. 银行对账单××月至××月份____本；××月份未达账项说明____份。

……

四、印鉴：

1. ____公司财务处转讫印章____枚。
2. ____公司财务处现金收讫印章____枚。
3. ____公司财务处现金付讫印章____枚。

五、交接前后工作责任的划分：××××年××月××日前的出纳责任事项由____负责；××××年××月××日起的出纳工作由____负责。以上移交事项均经交接双方认定无误。

六、本交接书一式三份，双方各执一分，存档一份。

移交人：____（签名盖章）

接管人：____（签名盖章）

监交人：____（签名盖章）

____公司财务处（公章）

年　月　日

图 1－10　出纳工作交接书

（二）交接各方责任

出纳工作交接双方在交接工作时，应按照相关制度明确各方责任。主要有以下几点：

（1）出纳人员进行交接时，一般应由会计主管人员监交，必要时，可请上级领导一同监交。

（2）监交过程中，如果移交人交代不清，或者接交人故意为难，监交人员应及时处理裁决。移交人不作交代或者交代不清的，不得离职，否则，监交人和单位领导人均应负连带责任。

(3) 移交时，交接双方人员一定要当面看清、点数、核对，不得由别人代替。

(4) 交接后，接管的出纳员应及时向开立账户的银行办理更换出纳员印鉴的手续，检查保险柜的使用是否正常、妥善，保管现金、有价证券、贵重物品、公章等的条件和周围环境是否齐全，如不够妥善、安全，要立即采取改善措施。

(5) 接管的出纳人员应继续使用移交的账簿，不得自行另立新账，以保持会计记录的连续性。对于移交的银行存折和未用的支票，应继续使用，不要搁置、浪费，以免单位遭受损失。

(6) 交接后，移交人应对自己经办的已经移交的资料的合法性、真实性承担法律责任，不能因为资料已经移交而推脱责任。

出纳交接的各方责任主要是指原出纳（移交人）和新出纳（交接人）的责任。一般来说，若是在交接后，发现移交人也就是原出纳在交接前经办的出纳业务有违反财务会计制度和财经纪律的，仍应由移交人（原出纳）负责；交接后，移交人（原出纳）之前的未了事项，移交人（原出纳）仍有责任协助交接人（新出纳）办理。

移交人（原出纳）对自己经办的已经移交的资料的合法性、真实性应承担法律责任，不能因为资料移交而推脱责任。

交接人（新出纳）在接手后，必须查询与其工作相关的各项业务内容的完整性和真实性，且对于自己开始接手各项企业单位的经济业务的操作必须承担相应的责任，切不可推卸责任。

七、出纳人员的职业前景

如果你是一个刚进入会计行业的新人，出纳工作是你接触会计工作的最好开端，也是职业发展最重要的基础。财务人员职业发展历程，如图 1-11 所示。

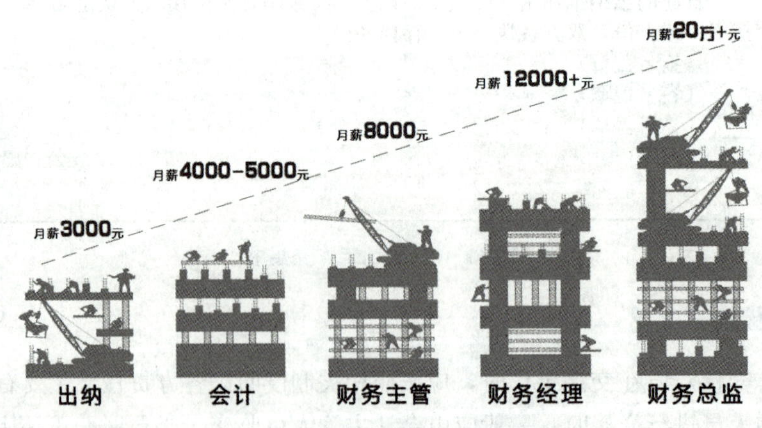

图 1-11 财务人员职业发展历程

在出纳岗位，你会积攒很多工作经验，对整个会计行业也会有一定的了解。当你成功地从出纳岗位走到普通会计岗位时，你应该着手准备初级会计职称、中级会计职称考试。

当你从事会计行业五年左右时，你会晋升到总账会计。此时的你，对公司整体财务比较熟悉，不仅本职工作做得好，而且还具备了一定的管理能力。

再历练两年的时间，你可能已经从总账会计晋升到了财务主管，这时你的工作的重心更偏向于财务管理，如制定公司的会计制度、领导财务部门的工作、协助高层财务领导工作、加强日常财务管理与成本控制等。

当你的工作年限、工作经验、工作能力非常成熟的时候，你将走到财务总监的位置，在这个位置上，你更多考虑的是如何突破传统会计的视野，从财务战略高度考虑公司的发展。

实训项目二　库存现金的验收与保管，银行的开户与销户

实训目的

1. 会识别假币，掌握处理残币和假币的方法。
2. 掌握正确使用和管理保险柜的方法。
3. 了解库存现金的管理规定与要求。

实训内容

1. 验钞。
2. 保险柜的使用方法与要求。
3. 库存现金的保管规定与要求。
4. 凭证与日记账的保管。

实训要求

识别真假币时要按照防伪特征一一对比，不可省略。

一、验钞

（一）假币类型

目前，国内发现的假币种类大致可以分为伪造人民币和变造人民币两种。

（1）伪造人民币，是指不法分子通过机制、拓印、刻印、照相、描绘等手段制作的假人民币。在市场中看到的此种假币以电子扫描分色制版印刷的机制假币数量最多，因此机制伪造假币水平很高，其危害性最大。

（2）变造人民币，是指不法分子将真的人民币通过挖补、剪接、涂改、揭层等各种方法达到以少制多，使原币改变数量和形态，从而达到非法牟利的假货币。

伪造人民币中手工描绘或手工刻版印刷是一种手段落后的造假技术，一般用手工雕刻塑料、木头制版进行印刷，造出来的假币质量非常低劣，因此这种假币比较容易识别。不法分子一般会以文化程度较低的人为非法牟利对象。

不法分子还会利用一些小型印刷设备、机器制造设备，通过复印、照相等手法伪造人民币，这种方法印刷的假币比较粗糙，与真币的主要特征比较明显。

利用现代化制版印刷设备伪造的假币对社会的危害最大。由于其仿真质量较高，比较难识别，辨别时要掌握其特征。

（二）人民币的防伪特征

1. 2015 版 100 元人民币的防伪特征

2015 版 100 元人民币的防伪特征如下所述。

（1）光变镂空开窗安全线。

位于票面正面右侧。垂直票面观察，安全线呈品红色；与票面成一定角度观察，安全线呈绿色；透光观察，可见安全线中正反交替排列的镂空文字“¥100”。

（2）光彩光变数字。

位于票面正面中部。垂直票面观察，数字以金色为主；平视观察，数字以绿色为主。随着观察角度的改变，数字颜色在金色和绿色之间交替变化，并可见到一条亮光带上下滚动。

（3）人像水印。

位于票面正面左侧空白处。透光观察，可见毛泽东头像。

（4）胶印对印图案。

票面正面左下方和背面右下方均有面额数字“100”的局部图案。透光观察，正背面图案组成一个完整的面额数字“100”。

（5）横竖双号码。

票面正面左下方采用横号码，其冠字和前两位数字为暗红色，后六位数字为黑色；右侧竖号码为蓝色。

（6）白水印。

位于票面正面横号码下方。透光观察，可以看到透光性很强的水印面额数字“100”。

（7）雕刻凹印。

票面正面毛泽东头像、国徽、中国人民银行行名、右上角面额数字、盲文及背面人民大会堂等均采用雕刻凹印印刷，用手指触摸有明显的凹凸感。

注意：2015 版 50 元人民币防伪特征与 2015 版 100 元人民币防伪特征基本一致。

2. 2005 版 100 元人民币防伪特征

2005 版 100 元人民币防伪特征如下所述。

（1）胶印微缩文字。

胶印微缩文字在安全线上。安全线，就是我们常说的金属线。真币正面能看到一条完整的金属线。假币的金属线有明显的断续。第五套人民币纸币在各券别票面正面中间偏左，均有一条安全线。100 元纸币的安全线，迎光透视，分别可以看到缩微文字“RMB”和“RMB100”的微小文字，仪器检测均有磁性。

（2）隐形面额数字。

正面右上方有一椭圆图案，将钞票与眼睛近于平行，面对光源旋转 45°或 90°，可看到“100”字样。假币则无须旋转角度就能看到。

（3）凹印手感线。

正面主景图案右侧，有一列自上而下规划排列的线纹，采用凹版印刷，用手指触摸有极强的凹凸感。

（4）胶印对印图案。

真币正面自左 1/4 和背面自右 1/4 的中心处，分别印有半个“孔方”古币的图案，是阴阳互补的对印图案。迎光透视，两幅图案能准确对接，组合成一个完整的古钱币图案。假币几乎无法对接出完整图案或者对接出现间隙。

（5）固定人像水印。

真币正面左侧空白处面向光源时，能看到毛泽东头像的水印，图案清晰，有层次感和立体效果。假币水印模糊，无立体感。

（6）雕刻凹版印刷。

正面主景毛泽东头像、中国人民银行行名、面额数字“100”、面额“壹佰圆”、盲文及背面人民大会堂，用手指触摸有明显的凹凸感。

（7）双色异形横号码。

位于正面左下角，左侧部分为暗红色，右侧部分为黑色。字符由中间向左右两边逐渐变小。

（8）手工雕刻头像。

正面主景毛泽东头像采用手工雕刻凹版印刷工艺，逼真、传神、凹凸感强，易于识别。

（9）光变油墨面额数字。

真币正面左下方的面额数字“100”，采用光变墨印刷。将垂直观察的票面倾斜到一定角度时，100 元纸币的面额数字会由绿变为蓝色。假币无光变效果。

（10）白水印。

位于正面双色异形横号码下方，迎光透视，可以看到透光性极强的水印“100”字样。

假币一般以黄色油墨印制，透光性差。

（11）光洁度高。

真币手感光洁。假币手感粗糙，有涩感，厚薄不匀，容易撕裂。还有的表面涂有蜡状物，手摸打滑。

（12）厚薄均匀。

真币手感厚薄均匀，挺韧耐折，不易撕裂。假币手感厚薄不匀，松软，容易撕裂。

（13）声音清脆。

用力抖动真币，或者手指轻弹，或者两手一张一弛地轻轻对称拉动真币，都能听到清脆响亮的声音。假币声音发闷。

注意：2005 版 50 元人民币防伪特征与 2005 版 100 元人民币防伪特征基本一致。

（三）假币的处理

1. 出纳收到假币应要求更换

出纳收款时如发现假币，应当立即要求交款人予以更换。如果交款人坚持不换，应当要求其共同前往附近的银行，进行鉴别。

2. 银行收到假币应予以没收

出纳在向银行交存现金时，如被银行柜员发现假币，会被当场没收，并向交款人开具没收手续。

为了防止从银行提取的现金中存在假币，应当在现场使用银行提供的验钞设备自行复检验币。发现假币，应立即通知银行工作人员处理。

（四）收到假币的后果

出纳应当具备识别真假币的业务能力。当出纳误收或者误持假币，或者被银行没收，根据会计准则的相关规定和行业惯例，要承担赔偿责任。因此，出纳应该掌握假币特征，准确、及时地识别假币，不给犯罪分子可乘之机，也避免给自己造成损失。

二、保险柜的使用方法与要求

（一）认识保险柜

保险柜是企事业单位存放重要物品的设备，保险柜的结构如图 2－1 所示。随着时代的发展，机械型的保险柜已经逐渐退出历史舞台，取而代之的是现代化的电子保险柜，它的保密效果更好。

通常，企事业单位的保险柜里放置的都是相当重要的物品，比如：重要印鉴、空白发票、现金、空白支票、有价证券等。如果没有出于恶意目的，在不知道密码的情况下，人们仅用正常的方法无法打开保险柜的门。除了特殊行业和用途的保险柜以外（如军事、国安、情报等部门使用的保险柜），就一般民用保险柜而言，如果使用极端方法是可以强行开启的。从这个角度来说，保险柜只是相对安全的特种容器。能够正确认识保险柜的这个

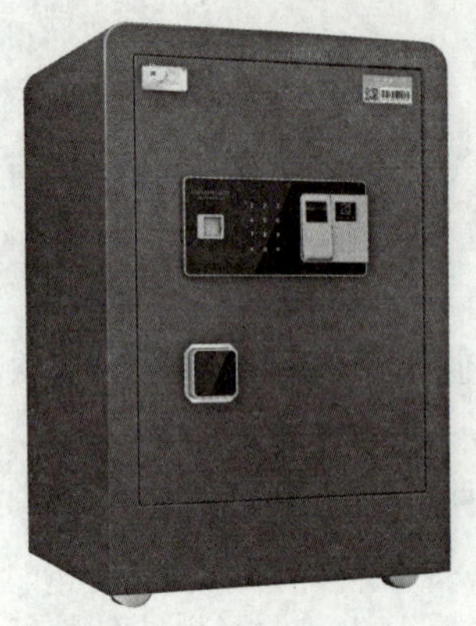

图 2-1 保险柜的结构

特性，就可以在使用过程中根据价值和重要程度有效控制存放物品，尽可能将发生意外后的损失降到最低。

财务制度没有规定保险柜里不允许放现金，但会对存放的金额有要求。《中华人民共和国现金管理暂行条例》（以下简称《现金管理暂行条例》）第九条规定：开户银行应当根据实际需要，核定开户单位 3～5 天的日常零星开支所需的库存现金限额。第十条规定：经核定的库存现金限额，开户单位必须严格遵守。需要增加或者减少库存现金限额的，应当向开户银行提出申请，由开户银行核定。然而，随着银行商业职能的不断强化和行政监管职能的不断弱化，现实中，银行基本未对开户单位的库存现金数额进行检查。为了减少财务风险，单位应当自觉严格遵守条例规定，保险柜并不是绝对的保险。

（二）保险柜的安置

保险柜应当置于财务部门出纳的办公现场，固定于地面或者墙体。保险柜一般不宜置于靠近门口和窗口的区域。保险柜门的朝向，要尽量避开非操作人员视觉区域。置有保险柜的房间，应当按照国家规定采取安防措施。

（三）保险柜的使用

保险柜的使用

单位的重要物品，应当按规定存入保险柜（如现金、支票、发票、印章、证件等）。

开关保险柜时，应当回避他人。

在保险柜内存放的现金额度，必须遵守《现金管理暂行条例》的有关规定，不得超额存放。一般以 3～5 天的日常零星开支所需的库存现金为限额。

（四）密码管理原则

密码应熟记于心，不得书面记载，不得向非保险柜操作人员泄露。

密码应当在本单位的安保部门或者最高负责人处备份，以备不时之需。

（五）钥匙管理原则

保险柜的钥匙，只限出纳负责保管使用。同时，保险柜的钥匙，应当在本单位的安保部门或者最高负责人处备份封存，以备不时之需。

（六）保险柜的维护

保险柜应放置在隐蔽、干燥之处，注意通风、防湿、防潮、防虫和防鼠。保险柜外面要经常擦抹干净，保险柜内财物应保持整洁卫生、存放整齐。一旦保险柜发生故障，应到指定的维修点进行维修，以防泄密或被盗。

（七）保险柜被盗的处理

万一发生保险柜被盗的情况，应当迅速采取以下措施：

（1）保护现场：禁止无关人员进入现场，不要让任何人触动现场的任何物品。

（2）立即报告上级。

（3）立即报警。

（4）不向无关人员泄露相关信息。

（5）回忆可能对破案有所帮助的信息。

（6）协助侦破。

（八）保险柜被盗后的责任

一旦发生了失窃案件，警方首先会讯问出纳。从大量的实践中看，如果出纳不是监守自盗或者玩忽职守，一般来说，发生失窃案件属于被动的刑事案件，在法律上出纳是没有责任的。但是，如果失窃资金的额度超出了相关规定，出纳应当承担赔偿责任。

三、库存现金的管理规定与要求

（一）库存现金管理的基本规定

现金是流动性最强的资产，无需变现即可使用，因而现金是犯罪分子谋取的直接目标。因此各单位应建立健全现金保管制度，防止由于制度不严、工作疏忽给犯罪分子以可乘之机，给单位造成损失。特别是企业出纳人员在保管现金时，应该具有高尚的职业道德，千万不可监守自盗做出违背道德的事。出纳人员要细心、耐心、谨慎，对于现金的每一笔收支要及时登记，在每一份收支凭证上让经办人签字盖章，以明确责任，有据可依。

现金保管除了受主观因素（出纳自身的品质）影响外，还受客观因素影响。客观因素包括现金管理办法、企业单位自身提供的现金保管设施。现金管理办法是现金保管的根本依据，企业单位自身提供的现金保管设施则是现金保管的基本保障，两者相辅相成，对于现金保管来说缺一不可。

出纳人员应按照现金管理办法的要求做好以下几点。

1. 建立现金账

现金日记账，逐日逐笔登记企业单位发生的所有现金收支的经济业务，保证现金日记账的真实性和准确性。

2. 保证现金账目的真实

不能以白条抵库，实实在在付出去的或收回来的现金都要一一记入现金日记账。

3. 经手人的签章

每一笔现金收支经济业务，在原始收付凭证上要有经手人的签章，以明确责任，日后查对。

4. 日清日结

现金应做到日清日结，出纳应在每日下班前做好现金清算，核对现金实际数和现金日记账上的余额，保证账实相符。

（二）库存现金管理的十不准

按照《现金管理暂行条例》及其实施细则的规定，企业、事业单位和机关、团体、部队现金管理应遵守“十不准”：

（1）不准对现金结算给予比转账结算优惠的待遇。

（2）不准用不符合财会制度的凭证（如用白单等）顶替库存现金。

（3）不准用转账凭证套取现金。

（4）不准编造用途套取现金。

（5）不准单位之间互相借用现金。

（6）不准利用账户替其他单位和个人套取现金。

（7）不准将单位的现金收入按个人储蓄方式存入银行。

（8）不准保留账外公款（即小金库、小钱柜）。

（9）不准发行变相货币。

（10）不准以任何票券代替人民币在市场上流通。

（三）现金的清查

为了严格执行现金清查盘点制度，保证现金安全完整，企业单位的库存现金必须与现金账余额保持一致，并且要定期清点盘查，发现问题及时查明原因加以解决。清点盘查库存现金时，要采用科学合理的方法，否则，会滋长违法乱纪的行为。

1. 现金的清查程序

（1）企业单位清点库存现金时，应该由两人或两人以上共同进行。

（2）企业单位清点库存现金时，应将现金逐捆逐把逐张进行盘查清点，不能因为是捆扎好的现金而不进行细数、盘点。

（3）企业单位在清点库存现金时，若发现有残缺或假钞，应提出另放并择日到银行调换或处理。

（4）企业单位在清点库存现金时，应停止收付现金业务，等所有现金清点无误后才可以办理现金收付业务。

（5）企业单位在清点库存现金时，如果出现长短款，必须及时查找原因，找出相关责任人做出赔偿。

2. 现金盘点表

企业单位在进行库存现金盘查时，应根据盘查的实际情况填制现金盘点表，用现金盘点表清晰明了地展现现金盘查情况，相关盘查人员应签字确认。出现现金短款，应追究相关责任人的赔偿责任。

3. 现金长短款时的会计处理

对于待查明原因的现金短缺或长款，一般通过“待处理财产损溢——待处理流动资产损溢”科目进行会计核算，等查明原因后再进行处理。如果发现现金长短款是记账差错或单据丢失造成的，则应更正错误或补办入账；如果属于工作失职的责任事故，则应借记“其他应收款”科目；若属于无法查明的其他原因，经上级部门批准后应记入“管理费用”科目；若为现金长款，又无法查明原因，经上级部门批准转入“营业外收入”科目。

（四）空白支票的保管

企业单位向开户银行领购支票，一般会保留一定数量的空白支票在企业以备使用。支票一旦填写了有关内容，并加盖印章后，即可提取现金或转账。所以，必须加强空白支票的保管。

（1）企业应严格控制签发空白支票，若因特殊情况确需签发不填写金额的空白支票时，必须在支票上写明收款单位、支票用途、支票日期等内容，并在支票的右上角加注“限额元”字样。

（2）在写明上述内容后，由领用支票人在空白支票登记簿上签章。

（3）逾期未用的空白支票应交给签发人。

（4）对于填写错误的支票，必须加盖“作废”戳记，与存根一并保存。

（5）支票遗失时要立即向银行办理挂失手续。

（6）不准将银行账户出租、出借给任何企业或个人办理结算。

（7）明确指定专人妥善保管空白支票，贯彻票、印分管的管理制度，即空白支票和印章应由不同的人分开保管，以形成制约机制。

四、印鉴的使用

（一）印鉴的使用方法

印鉴是用作印于文件上表示鉴定或签署的文具，一般印章会先沾上颜料再印上，有些是印于蜡或火漆上。不沾颜料、印上平面后会呈现凹凸的称为钢印。预留印鉴是由财务专用章和法人章组成的，缺一不可。但是也会有特殊情况，比如，财务专用章加上根据公司决议确定的有效签字人的签字。

每人只能有一个印鉴，不得复制。印鉴的所有者要保存好印鉴，若丢失或被盗，可能引起各种纷争或问题。所以印鉴丢失或被盗窃后，应及时申报。

（二）印鉴使用注意事项

1. 企业的公章不能随意放置

企业的公章不得随意放置，任何人不得随意使用。企业的公章（包括董事长、总经理印鉴，企业章，专用章，部门章）须由专人、专门保管，未经领导批准不得任意委托他人代行职权。任何人不经上级领导批准随意使用的，必须按照公司的规章制度给予其相应的处罚。

2. 公司印章不得随意使用

公司对于公章的使用采用审批制，必须有相关领导的批准方能使用，企业的文件或出据的证明需盖公司的印鉴时，须经分管该项工作的领导批准方能用印。相关领导应仔细了解为什么要加盖公章以及需要加盖公章的文件或公文的具体用途。严禁在空白介绍信或空白白纸上用印，若确因工作需要，须经企业副总经理以上领导签字批准。

印章存放须安全妥当，印章的保管人员必须认真严谨地履行自己的责任，按照规定的流程对任何需要加盖印章的行为进行认真的登记。

3. 公司公文应认真书写，不能有任何的错漏

负责书写公文的负责人必须仔细校对公文材料，经领导审核批准后，凭签发人在稿件上的签字，校对无误后方能用印。

4. 刻制印鉴

公司各职能部门需要刻制印章，凭公司批准成立该机构的文件，经总经理批准后，由行政部门负责刻制，总经理秘书负责保管登记文件。禁止相关人员私自刻制公章，对于私自刻制公章的行为，公司应对其追究法律责任。

5. 印章启用

印章启用前，需向有关单位、部门发出启用印章的通知（附上印模）。各部门、单位应需知道印章已经开始使用，对于没有接到通知的印章，应不予承认，可以拒绝没有接到通知的印章所加盖的内容。

6. 印鉴外带

公司印鉴（含公司公章、合同章、法人章、财务专用章等）原则上不允许携带外出，避免丢失。确因需要外带，必须由总经理在使用记录上签字批准。携带外出需由两人同行，即使用者和陪同者。公章外带仅限当天，如办事过程中需要连续延长两天或两天以上，必须经总经理再次批准同意，事后应由陪同人员确认使用情况。未经总经理再次批准同意私自使用的，将对使用者和陪同者进行处罚，情节严重的应追究其法律责任。

7. 印鉴保管

银行印鉴应由财务部门统一管理。财务专用章应由出纳保管；法人章由会计主管保管。财务部出纳在支票、汇票、电汇手续凭证上需加盖法人代表印章时，会计主管核对无误后方可盖章。未经会计主管核对，私自盖章将做出相应的处罚。如果未核对或核对错误造成严重后果的，则按照奖惩制度给予处罚，触犯法律的移交公安机关处理。

其他人员使用财务专用章时，应按正常批准程序使用。

8. 印鉴使用

任何部门使用印章时，都须先经批准而后使用。未经批准而私自加盖公章，对于需盖章者和印章保管人员，将根据相关的制度进行处罚，情节严重的，将追究其法律责任。

当法人章与对应的公章同时使用时，必须经总经理签字批准。因为法人章和对应的公章同时使用时，将对外产生相应的法律效应，如没有总经理的批准，私自加盖，将会给公司带来极大风险。

总经理外出时，印章文件应由分管副总审批，无分管部门，则印章文件由部门经理审批，依此类推。任何人不能以总经理不在为由，拒绝加盖公章，导致公司的经营活动没有办法有序正常的进行，应根据制度流程，找相关的有权限的领导审批。

五、日记账的建账（订本式）

（一）什么是日记账

日记账是按照经济业务的发生或完成时间的先后顺序逐日逐笔登记的账簿。设置日记账的目的是将经济业务按时间顺序清晰地反映在账簿中。日记账可以用来核算和监督某一类型经济业务或全部经济业务的发生或完成情况，其中，用来记录全部经济业务的日记账称为普通日记账；用来记录某一类型经济业务的日记账称为特种日记账。日记账，应当根据办理完毕的收、付款凭证或者记账凭证，随时按顺序逐笔登记，最少每天登记一次。

（二）什么是建账

新建单位和原有单位在年度开始时，会计人员均应根据制度规定和工作需要设置相关的账簿，即平常所说的“建账”。建账基准日应以公司成立日即营业执照签发日或营业执照变更日为准。由于会计核算以年度、季度、月进行分期核算，实际工作中，一般以公司成立当月月末或下月初为基准日。如果公司设立之日是在月度中的某一天，一般以下一个月份的月初作为建账基准日。

（三）建账的流程

（1）填写日记账扉页上的有关内容。在账簿的“启用账簿及交接表”上，写明单位名称、账簿名称、册数、编号、起止页数、启用日期以及记账人员和会计主管人员姓名，并加盖人名章和单位公章。出纳人员或会计主管人员在本年度调动工作时，应注明交接日期、接办人员和监交人员姓名，并由交接双方签名或盖章，以明确经济责任。

（2）根据上年末库存现金、银行存款账户余额登记日记账的期初余额。

（3）日记账期初余额登账后，将库存现金、银行存款账户的有关余额核对相符。

（4）启用订本式账簿，应从第一页起到最后一页止顺序编定号码，不得跳页、缺号。

（四）启用新账本

新的账本可以在会计用品商店和大型超市等处购买。在开始启用新的账本前，应当先仔细阅读账本的使用说明。

1. 填写新账本的相关内容

（1）现金日记账。

1）使用者名称：填写本单位的名称。

2）账本编号：在新账本开始使用前的最后一本现金日记账的编号下，依序编写新的账本的编号。

3）启用日期：填写新账本开始使用的日期。

4）责任人盖章签名：按栏目提示填写。

（2）银行日记账。

1）使用者名称：填写本单位的名称。

2）开户银行：填写本单位的开户银行名称。

3）账号：填写本单位的开户银行账号。

4）账本编号：在新账本开始使用前的最后一本银行日记账的编号下，顺序编写新的账本的编号。

5）启用日期：填写新账本开始使用的日期。

6）责任人盖章签名：按栏目提示填写。

2. 第一张账页的第一行填写的内容

（1）现金日记账。

1）新成立单位。

a. 日期：填写账本启用日期。

b. 摘要：填写“期初余额”四字。

c. 余额：填写实收现金的金额。

2）年度结转。

a. 日期：填写新年度的账本启用日期。

b. 摘要：填写“上年结转”四字。

c. 余额：填写上年最后一日的余额。

3）年内新增账本。

a. 日期：为新账本开始使用的日期。

b. 摘要：填写“承前页”三字。

c. 余额：填写所承接账本的最后一笔余额。

（2）银行日记账。

1）新成立单位。

a. 日期：填写账本启用日期。

b. 摘要：填写“期初余额”四字。

c. 余额：填写实收银行的金额。

2）年度结转。

a. 日期：填写新年度的账本启用日期。

b. 摘要：填写“上年结转”四字。

c. 余额：填写上年最后一日的余额。

3）年内新增账本。

a. 日期：为新账本开始使用的日期。

b. 摘要：填写“承前页”三字。

c. 余额：填写所承接账本的最后一笔余额。

（五）日记账的填制要求

1. 根据复核无误的收、付款凭证记账

出纳人员在办理收、付款业务时，应当对收款凭证和付款凭证进行仔细的复核，并以经过复核无误的收、付款记账凭证和其所附原始凭证作为登记现金日记账或银行存款日记账的依据。如果原始凭证上注明“代记账凭证”字样，经有关人员签章后，也可作为记账的依据。

2. 所记载的内容必须同会计凭证一致

每一笔账都要记明记账凭证的日期、编号、摘要、金额和对应科目等。经济业务的摘要不能过于简略，应以能够清楚地表述业务内容为度，便于事后查对。日记账应逐笔分行记录，不得将收款凭证和付款凭证合并登记，也不得将收款付款相抵后以差额登记。登记完毕，应当逐项复核，复核无误后在记账凭证上的“账页”一栏内做出“过账”符号“√”，表示已经登记入账。

填制银行存款日记账

3. 逐笔、序时登记日记账

为了及时掌握现金收、付和结余情况，现金日记账必须当日账务当日记录，并于当日结出余额；有些现金收、付业务频繁的单位，还应随时结出余额，以掌握收、支计划的执行情况。

4. 必须连续登记

不得跳行、隔页，不得随便更换账页和撕去账页，现金日记账采用订本式账簿，其账页不得以任何理由撕去，作废的账页也应留在账簿中。在一个会计年度内，账簿尚未用完时，不得以任何借口更换账簿或重抄账页。记账时必须按页次、行次、位次顺序登记，不得跳行或隔页登记，如不慎发生跳行、隔页时，应在空页或空行中间划线加以注销，或注明“此行空白”“此页空白”字样，并由记账人员盖章，以示负责。

5. 文字和数字必须整洁清晰，准确无误

在书写时，不要滥造简化字，不得使用同音异义字，不得写怪字体；摘要文字紧靠左线；数字要写在金额栏内，不得越格错位、参差不齐；文字、数字字体大小适中，紧靠下线书写，上面要留有适当空距，一般应占格宽的二分之一，以备按规定的方法改错。记录金额时，如果没有角分的整数，应分别在角分栏内填写“0”，不得省略不写，或以“—”代替。阿拉伯数字一般可自左向右适当倾斜，以使账簿记录整齐、清晰。为防止字迹模糊，墨迹未干时不要翻动账页。夏天记账时，可在手臂下垫一块软质布或纸板等书写，以防汗浸。

6. 使用钢笔，以蓝、黑色墨水书写

不得使用圆珠笔（银行复写账簿除外）或铅笔书写。按照红字冲账凭证冲销错误记录及会计制度中规定用红字登记的业务可以用红色墨水记账。

7. 每一账页登满后，必须按规定结转下页

为便于计算了解日记账中连续记录的累计数额，并使前后账页的合计数据相互衔接，在每一账页登记完毕结转下页时，应结出当月发生额合计数及余额，写在本页最后一行和下页第一行的有关栏内，并在摘要栏注明“过次页”和“承前页”字样。也可以在本页最后一行用铅笔字结出发生额合计数和余额，核对无误后，用蓝、黑色墨水在下页第一行写出上页的发生额合计数及余额，在摘要栏内写上“承前页”字样，不再在本页最后一行写“过次页”的发生额和余额。

填制现金日记账

8. 现金日记账必须日清日结

现金日记账必须逐日结出余额，每月月末必须按规定结账，现金日记账不得出现贷方余额（或红字余额）。

9. 记录错误时，必须按规定方法更正

为了提供在法律上有证明效力的核算资料，保证日记账的合法性，账簿记录不得随意涂改，严禁刮、擦、挖、补，或使用化学药物清除字迹。发现差错必须根据差错的具体情况采用企业会计准则规定的划线更正、红字更正、补充登记等方法更正。

六、银行账户的开户与销户

（一）银行账户的类型

企业的银行结算账户按用途分为 4 种类型：基本存款账户、一般存款账户、临时存款账户和专用存款账户。

1. 基本存款账户

基本存款账户是指存款人办理日常转账结算和现金收付而开立的银行结算账户，是存款人的主办账户。它是一个公司最“基本”的账户，也是开立银行账户时首先开立的账户，开立一般银行账户，都需要先开立基本存款账户。

（1）适用范围。

1）存款人日常经营活动的资金收付。

2）存款人的工资、奖金支取。

3）现金的支取。

（2）适用对象。

1）企业法人。

2）非法人企业。

3）机关、事业单位。

4）团级（含）以上军队、武警部队及分散执勤的支（分）队。

5）社会团体。

6）民办非企业组织（如不以营利为目的的民办学校、福利院、医院）。

7）异地常设机构。

8）外国驻华机构。

9）个体工商户。

10）居民委员会、村民委员会、社区委员会。

11）单位设立的独立核算的附属机构。

12）其他组织。

由此可见，凡是具有民事权利能力和民事行为能力，并依法独立享有民事权利和承担民事义务的法人和其他组织，均可以开立基本存款账户。同时，有些单位虽然不是法人组织，但具有独立核算资格，有自主办理资金结算的需要，包括非法人企业、外国驻华机构、个体工商户、单位设立的独立核算的附属机构等，也可以开立基本存款账户。

（3）开户方式：核准制。

（4）特别注意：一个单位只能开立一个基本存款账户。

2. 一般存款账户

一般存款账户是存款人在基本存款账户的开户银行或者其他银行另行开立的结算账

户。存款人可以根据自身需要，开立多个一般存款账户。

（1）适用范围。

1）存款人借款转存。

2）借款归还。

3）其他结算的资金收付。

4）现金缴存。

（2）适用对象。

有借款或其他结算需要的单位或组织。开立基本存款账户的存款人都可以开立一般存款账户。

（3）开户方式：备案制。

（4）特别注意：一般存款账户不能提取现金，不能以转账支票办理支付工资。

3. 临时存款账户

临时存款账户是存款人为临时的资金活动需要，并在规定的期限内使用所存资金而开立的银行结算账户。

临时存款账户和基本存款账户一样可以办理银行结算业务和现金的缴存和支取业务。但是临时存款账户在开立账户时有时效限制。根据规定，有设立临时机构、异地临时经营活动注册验资情况的可以申请开立临时存款账户。

（1）适用范围。

临时存款账户用于办理临时机构以及存款人临时经营活动发生的资金收付。

（2）适用对象。

有下列情况的，存款人可以申请开立临时存款账户：

1）设立临时机构，例如设立工程指挥部、筹备领导小组、摄制组等。

2）异地临时经营活动，例如建筑施工及安装单位等异地的临时经营活动。

3）注册验资（注册验资的临时存款账户在验资期间只收不付）。

4）境外、中国港澳台地区机构在中国境内从事经营活动等。

存款人为临时机构的，只能在其驻地开立一个临时存款账户，不得开立其他银行结算账户；存款人在异地从事临时活动的，只能在其临时活动地开立一个临时存款账户；建筑施工及安装单位企业在异地同时承建多个项目的，可以根据建筑施工及安装合同开立不超过项目合同个数的临时存款账户。

（3）开户方式：核准制（因注册验资和增资验资开立的除外）。

（4）特别注意：临时存款账户的有效期最长不得超过 2 年。在临时存款账户 2 年到期以后，如果还需要在当地办理银行结算业务，只能重新开立临时存款账户，无法到期续开。

4. 专用存款账户

专用存款账户是存款人按照法律和行政规章的规定，对专项用途的资金进行管理和使用而开立的银行结算账户。比如国家为建设某个大型工程，涉及移民搬迁，需拨付专项资金，就设有专用存款账户，以便于国家实施监管。

（1）适用范围

1）转账结算。

2）现金收付。

(2) 适用对象。

对下列资金的管理与使用，存款人可以申请开立专用存款账户：

1) 基本建设资金。

2) 更新改造资金。

3) 财政预算外资金。

4) 粮、棉、油收购资金。

5) 证券交易结算资金。

6) 期货交易保证金。

7) 信托基金。

8) 金融机构存放同业资金。

9) 政策性房地产开发资金。

10) 单位银行卡备用金。

11) 住房基金。

12) 社会保障基金。

13) 收入汇缴资金和业务支出资金。

14) 党、团、工会设在单位的组织机构经费。

15) 其他需要专项管理和使用的资金。

收入汇缴资金和业务支出资金，是指基本存款账户存款人附属的非独立核算单位或派出机构发生的收入和支出的资金。

因收入汇缴资金和业务支出资金开立的专用存款账户，应使用隶属单位的名称。

(3) 开户方式：预算单位专用存款账户开户核准制，非验算单位专用存款账户开户备案制。

(4) 特别注意：

1) 单位银行卡账户的资金必须由其基本存款账户转账存入，该账户不得办理现金收付业务。

2) 财政预算外资金、证券交易结算资金、期货交易保证金和信托基金专用存款账户，不得支取现金。

3) 基本建设资金、更新改造资金、政策性房地产开发资金、金融机构存放同业资金账户需要支取现金的，应在开户时报中国人民银行批准。

4) 粮、棉、油收购资金，社保基金，住房基金，党团公会经费等专用存款可支出现金。

5) 收入汇缴账户，只收不付，不得支取现金。业务支出账户，只付不收，可支出现金。

(二) 银行账户的开户

1. 选择银行，开立账户

选择在哪家银行开立账户，一定要考虑各种综合因素，包括开立基本账户的银行网点离公司的距离，不同银行的政策和特色。如有没有优惠政策、银行的服务水平等。

我国银行的类型主要包括国有控股银行、政策性银行和股份制银行等。

(1) 四大国有控股银行：中国银行、中国建设银行、中国工商银行、中国农业银行。

(2) 三家政策性银行：国家开发银行、中国农业发展银行、中国进出口银行。

(3) 股份制银行：交通银行、上海浦东发展银行、招商银行、广发银行、深圳发展银行、兴业银行、浙商银行、中国民生银行、中国光大银行、华夏银行、渤海银行、中信银行、北京银行、上海银行等。

实际上，除了中国进出口银行、国家开发银行、中国农业发展银行这三家是政策性银行外，其余均是商业银行。银行按地方分为国有商业银行和地方商业银行；按地域分为全国性银行和区域性银行；按所有制分为国有控股银行（现在除农行外都已经是股份制银行）和股份制银行；按侧重分为城市银行和农村银行等。政策性银行、商业性银行统一由中国人民银行管理，由中国银行保险监督管理委员会监督开展业务。部分银行行标如图 2－2 所示。

图 2－2　部分银行行标

值得注意的是，并不是所有的银行营业网点都可以开立公司银行账户。有一些银行的分支机构，营业网点较小，没有对公出纳部门，不具备开立公司银行账户的条件。而像省分行这种大型的营业网点，由于很多公司会在此开立银行账户，在办理对公银行业务时，则需要等待较长的时间。

2. 开立银行账户的业务操作流程

在选定开户银行以后，便可以携带新版营业执照（含加载统一社会信用代码的营业执照、改革过渡期内使用的“一照三号”、“一照一号”营业执照）和公司的印章（包括公章和法人章）办理开户手续。

先开立基本存款账户，在基本存款账户开立以后再开立一般银行账户。

开立单位基本存款账户，一般在公司注册地或住所地开立，也可在异地开立。用于日常经营活动的资金收付及奖金、工资、现金的支取。

单位客户在银行首次办理业务，应提交：营业执照（正、副本）原件及复印件，法人、经办人身份证原件及复印件，公章、财务章、法人章，现金 350 元（购买密码器）。开户填表后生成账号，如需要开通网银，资料多备出一套即可。

3～5 个工作日后，由中国人民银行下发“开户许可证”。携带营业执照（正、副本），法人、经办人身份证，公章、财务章、法人章，填写申请表等，申请“机构信用代码证”，申请“单位银行结算卡”。至此，开立基本户工作结束。

签立三方协议。携带税务局打印的三方协议，到银行窗口签立三方协议。签完后送交税务局一份、银行留存一份、公司留存一份。

（1）开立银行账户业务操作流程，如图 2－3 所示。

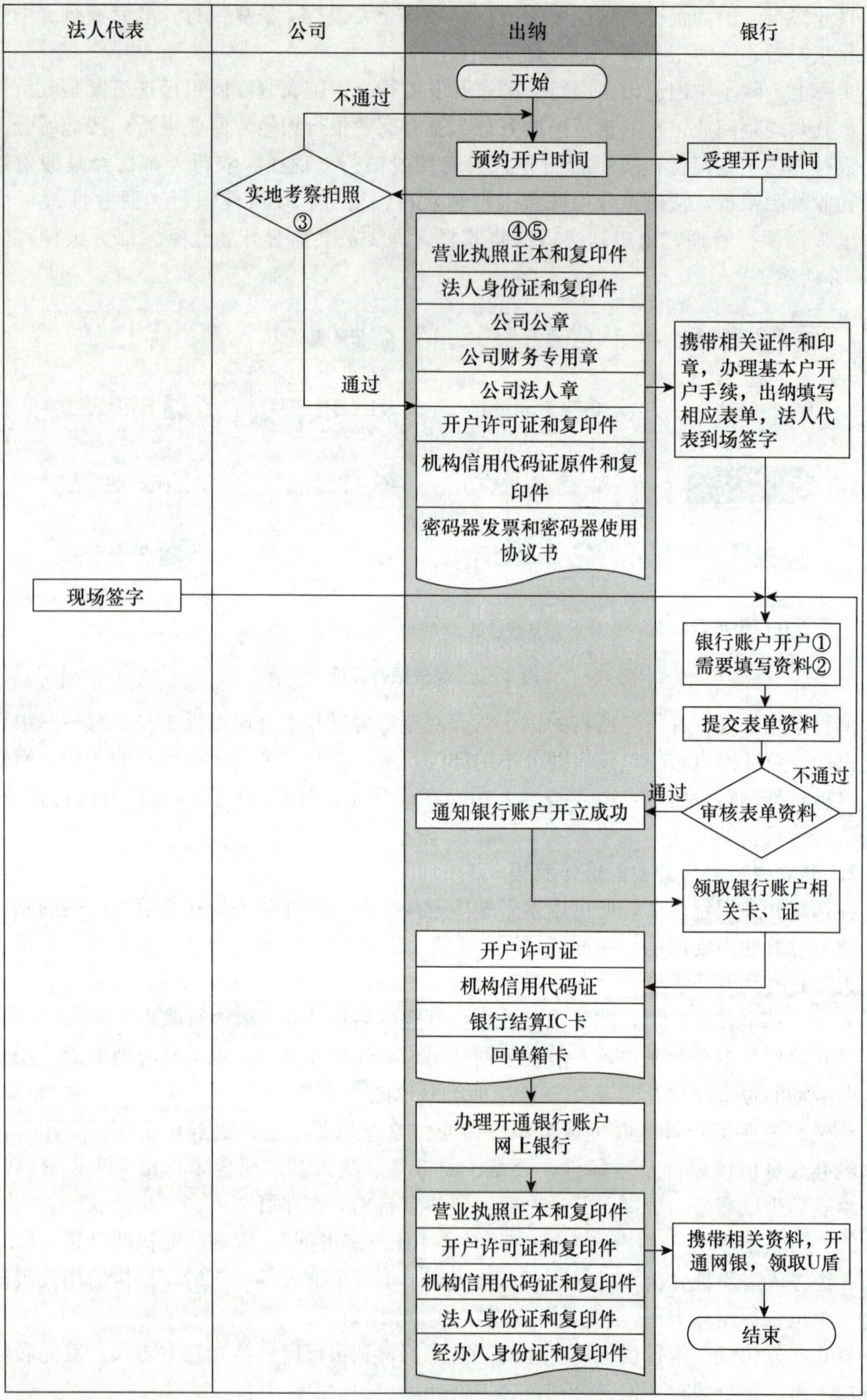

法人代表	公司	出纳	银行

开始

预约开户时间 → 受理开户时间

实地考察拍照③（不通过 → 预约开户时间；通过 → ④⑤）

④⑤
- 营业执照正本和复印件
- 法人身份证和复印件
- 公司公章
- 公司财务专用章
- 公司法人章
- 开户许可证和复印件
- 机构信用代码证原件和复印件
- 密码器发票和密码器使用协议书

携带相关证件和印章，办理基本户开户手续，出纳填写相应表单，法人代表到场签字

现场签字

银行账户开户①需要填写资料②

提交表单资料

审核表单资料（不通过 → 银行账户开户①需要填写资料②；通过 → 通知银行账户开立成功）

通知银行账户开立成功

领取银行账户相关卡、证

- 开户许可证
- 机构信用代码证
- 银行结算IC卡
- 回单箱卡

办理开通银行账户网上银行

- 营业执照正本和复印件
- 开户许可证和复印件
- 机构信用代码证和复印件
- 法人身份证和复印件
- 经办人身份证和复印件

携带相关资料，开通网银，领取U盾

结束

图 2－3　开立银行账户业务操作流程图

流程图附注：

银行账户开立业务办理

①银行账户开立基本存款账户需要填写资料包括以下内容：

a. 法定代表人授权委托书。

b. 支票圈存支付密码器使用申请表。

c. 支票圈存支付密码使用协议书。

d. 网上银行客户服务协议。

e. 对公自助回单服务申请书。

f. 银企对账业务签约申请书。

g. 人民币单位银行结算账户管理协议。

h. 开立单位银行结算账户申请书。

②办理一般存款账户，与办理基本存款账户需填写资料相比不需要填写机构信用代码申请表，而是填写一般存款账户开户申请表。

③银行工作员在注册地址拍照，照片中需要显示企业的牌匾及经营环境。

④开立基本户一般需要携带以下资料：

a. 营业执照原件和复印件。

b. 法人身份证原件和复印件。

c. 如果经办人不是法人，需要携带经办人身份证原件、复印件和法人的授权委托书。

d. 刻制好的单位公章、财务专用章、法人章。

⑤办理一般存款账户准备的证件，比办理基本存款账户需要多准备以下证件：

a. 机构信用代码证原件和复印件。

b. 开户许可证原件和复印件。

c. 密码器发票和密码器使用协议书。

注意：如果是社会团体、民办非企业单位、外地常设机构、社区委员会等这些没有营业执照的组织，在开立银行账户的时候应该出具主管部门的批文或者证明。

在准备好上述资料以后，将资料原件以及加盖好公章的复印件一并交给开户银行，开户银行将对客户提供的相关资料进行核对，然后在现场填写开立账户所需表格，如实填写完后盖上公司的印章，提交给银行。

（2）法定代表人授权委托书。

法定代表人授权委托书应自行填写委托内容，填写好代理期限，然后加盖公司公章，由法定代表人签字并加盖法人章，方可生效。要在代理期限内尽快办理业务，避免过期作废。法定代表人授权委托书内容（样本）如图 2－4 所示。

（3）支票圈存支付密码器使用申请表。

进行银行结算时需要使用支付密码器，在开立账户的时候，应该填写支付密码器使用申请表并且加盖公章、财务专用章和法人章。支票圈存支付密码器使用申请表（样表），如图 2－5 所示。

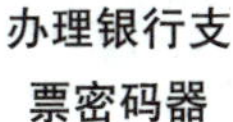

办理银行支票密码器

法定代表人授权委托书

中国工商银行________分行（中心支行）________________支行：

我公司（单位）法定代表人（单位负责人）姓名：__________职务：________身份证号码：________________________联系电话：________________现委托代理人，为我公司所属账号：______________________户名：____________________________________
在授权权限范围内办理银行业务情况如下：

一、受托人信息：

受托人 1 姓名：__________职务：____________身份证号码：____________________

受托人 2 姓名：__________职务：____________身份证号码：____________________

二、委托授权事项及权限

上述受托人为我单位员工，兹授权上述受托人为我单位办理银行相关业务的代理人，其具体代理权限为（以下内容可同时选择，选择时请在对应授权项目前的□中标注“√”，对于不授权的项目请在□中标注“×”）：

□办理银行账户事宜　□开立　□撤销　□变更　□年检

□办理银行预留印鉴　（□公章　□财务专用章　□人名章）变更

□办理银行预留印鉴　（□公章　□财务专用章　□人名章）挂失

□办理企业网上银行　□开通　□关闭　修改（□暂停　□恢复）

□办理银企直联　□开通　□关闭　修改（□暂停　□恢复）

□办理企业电话银行　□开通　□关闭

□办理企业金信通　□开通（电话）__________　□关闭（电话）__________

□办理企业基金　□开通　□修改（新账户____________________）□关闭

□办理企业三方存管　□开通　□修改（新账户____________________）□关闭

□办理结算 IC 卡事宜（□购买　□挂失　□补卡　□增卡）

□其他____________________

三、授权期限

上述各项授权有效期为自签发之日起至________年______月______日止。

四、其他委托授权

预留银行印鉴，若预留个人印章为非法定代表人（单位负责人）印章，请在以下栏目填写。

被授权人 1 姓名：____________身份证（证件）号码____________________

被授权人 2 姓名：____________身份证（证件）号码____________________

五、特别声明

1、上述代理事项可委托一位受托人独立办理，如委托两位受托人则上述代理事项需两位受托人共同办理。

2、受托人在权限内代我方办理的上述事项，我方均予以承认。

3、本授权委托书中出现涂改视为无效。

法定代表人（签章及签字）：　　　　委托单位（公章）：

签发日：　　年　　月　　日

说明：本授权委托书“一”“四”中受托人和被授权人为一人，请在受托人 2 和被授权 的信息栏内注明“无”。

图 2－4　法定代表人授权委托书

中国工商银行

中国工商银行支票圈存支付密码器使用申请表

填表时间：　　年　　月　　日

申请书编号：No.

申请内容：□开通密码器　□增加账号　□一机多户　□一户多机　□变更签名密码器　□变更密钥

申请人填写	申请人基本信息	申请人名称			
		申请人地址			
		基本账户开户行		基本账户许可证号	
		联系人		联系电话	
		法定代表人		证件种类	
		证件号码		证件到期日	
		单位负责人		证件种类	
		证件号码		证件到期日	
		代办人		证件种类	
		证件号码		证件到期日	
	开通和增加账号填写	申请人银行账号		账户性质	□基本□一般□专用 □临时□个人结算账户
	申请一户多机用户填写		申请新增密码器台数(台)	签名支付密码器号码	
	申请变更签名密码器填写		原签名支付密码器号码 变更签名支付密码器原因：		
	申请变更密钥填写		变更签名支付密码器原因：		
	本申请人自愿申请使用支付密码作为办理支票圈存业务依据，并承诺上述填写信息及提供的资料真实、有效，如有伪造、欺诈，愿意承担法律责任。 法人代表或 负责人（签章）			上级主管单位意见： 单位（公章）	
银行填写	开户银行名称：			开户银行机构代码：	
	审核意见： 同意申请人　　　　支付密码器。 经办人： 开户银行业务公章			开通支付密码器机具号码： 以下为变更签名支付密码器机具后填写。 原签名支付密码器机具号码： 新签名支付密码器机具号码：	

2015年版

第二联　申请人留存

图 2－5　支票圈存支付密码器使用申请表

(4) 支票圈存支付密码使用协议书。

在填写申请表之后，经过银行审核无误后，会与企业签订支付密码使用协议，如图 2-6 至图 2-9 所示。企业签名和盖章后，银行会发给企业支付密码器。

中国工商银行

支票圈存支付密码使用协议书

协议编号：No ____________

使用支付密码器类型 □ 开通支付密码器 □ 开通一户多机 □ 加挂账号 □ 开通一机多户

甲方：____________________________

乙方：中国工商银行 ____________________

甲方自愿申请使用支付密码作为办理支票圈存业务依据，为明确双方的权利和义务，经双方协商，签订本协议。

第一条 甲方自愿选择在乙方开立的以下人民币银行结算账户，使用支付密码办理支票圈存业务，并承诺使用支付密码器签发转账支票。

账号：________________ 账户性质：________________

第二条 甲方申请使用支票圈存支付密码器，必须向乙方提交加盖公章（个人应加盖名章或签字）申请书和单位负责人有效身份证并签订本协议。乙方查验无误后，开通支付密码器并注册账号。账号注册后下一工作日甲方支付密码方可生效。

第三条 甲方持非本行购置的支付密码器到乙方设置支付密码器中账号时，应向乙方提交加盖公章（个人应加盖名章或签字）申请书和单位负责人有效身份证并签订本协议。经乙方审核无误,办理支付密码器账号设置手续。

第四条 甲方使用支付密码器“一机多户”的，应向乙方提交加盖公章（个人应加盖名章或签字）申请书和单位负责人有效身份证并签订本协议。经乙方审核无误后，办理支付密码器的注册及账号设置。本协议中“一机多户”是指同一存款人在不同银行的账户使用同一台支付密码器。

第五条 甲方对同一账号下需要使用多个支付密码器的，应向乙方提交加盖公章（个人应加盖名章或签字）申请书和单位负责人有效身份证并签订本协议，同时提供签名支付密码器。乙方审核无误后，办理同账号下的支付密码器增发手续。

第六条 甲方对同一账号下的多个支付密码器重新指定签名支付密码器的，应持拟重新指定签名支付密码器和原签名支付密码器，并向乙方提交加盖公章（个人应加盖名章或签字）申请书和单位负责人有效身份证。由乙方审核无误后办理签名支付密码器重新指定手续，但甲方必须保证签名支付密码器唯一。

1

图 2-6 支票圈存支付密码使用协议书—1

第七条　甲方需要更换乙方配售的支付密码器账号密钥的，应持支付密码器，并向乙方提交加盖公章（个人应加盖名章或签字）申请书和单位负责人有效身份证及本协议书。乙方审核无误后，办理支付密码器密钥变更手续。

甲方更换支付密码器账号密钥后，使用原密钥的支付密码器签发的支票所记载的支付密码，在支票的提示付款期限内仍然有效；从账号密钥更换日起，使用原密钥的支付密码器签发但尚未付款的支付凭证一律无效，银行不予受理。甲方应及时收回支付凭证，否则因此而产生的经济责任由甲方承担。

第八条　甲方申请办理上述业务授权他人办理的，还应提供书面授权书及代办人身份证件。此外，甲方办理以下业务应向乙方提出申请，提供下列资料。

（一）甲方要求停止部分账户使用支付密码的，应提前一天向乙方提出书面申请并出示本协议，乙方审核无误后，将该账号从支付密码器中剔除。

（二）甲方要求变更支付密码器内信息时，应提前一天向乙方提出书面申请并出示本协议，经乙方审核无误后，进行变更。

（三）支付密码器发生故障、遗失以及解除使用支付密码协议的，甲方应根据支付密码器内各账户，逐一向开户银行书面申请支付密码器停用。

其中对已办理支付密码器停用的，自停用之日起30天内，甲方可以申请重新启用；停用30天后，乙方有权对该支付密码器进行作废处理。

（四）甲方使用的支付密码器损坏急需使用新支付密码器的，可对原支付密码器申请挂失，并办理重新申请支付密码器手续（手续比照新申请支付密码器手续）。

第九条　甲乙双方约定使用支付密码器作为支付密码的生成运用方式。甲方委托乙方通过以下支付密码器生成的支付密码作为已圈存支票支付依据之一。

支付密码器机具号码：

支付密码启用日期：　　　　年　　　月　　　日。

第十条　甲方承诺对申请办理支付密码相关事项所提交的申请书内容及有关证明文件真实有效完整。

第十一条　对甲方支付密码器删除账号、变更、停用及挂失之前已签发的支票上记载的支付密码并已圈存的，在支票提示付款期内支付密码仍被核验。

第十二条　办理支票圈存支付业务时，乙方要同时审验甲方签章和支付密码，各审核要素均无误方可付款。

（一）甲方签发支票圈存支付凭证时应在指定的栏位填写支付密码，并按照《票据法》的规定加盖预留银行印鉴，否则由此产生的责任由甲方承担。

（二）甲方不得签发支付密码错误的圈存支付凭证。支付密码有误的，银行视同签章与预留银行印鉴不符处理。

（三）支付密码不得随意更改，更改后的支票银行不予以受理。

2

图 2-7　支票圈存支付密码使用协议书一2

第十三条　甲方应严格按照支付密码器操作说明书正确使用支付密码器。因操作不当而造成的损失，乙方不承担任何责任。

甲方应对支付密码器操作权限进行合理设置，按业务需要和权限设置管理人员和操作人员，管理人员和操作人员不得兼任，否则由此造成的损失由甲方承担。

第十四条　甲方授权使用支付密码器的各级人员应及时更改初始口令，人员变更或察觉可能失密时应立即更换口令，否则由此造成的损失由甲方承担。

第十五条　甲方遗忘或泄露上述密码，必须持有效身份证件及本协议书到支付密码器开通银行办理密码重置手续，办妥手续之前所产生的一切后果由甲方承担。

第十六条　甲方使用支付密码器进行支票圈存业务应依照以下约定：

（一）凭证号码取支票编号的后8位数字，不足8位的，在编号前补“0”。

（二）支票圈存在银行营业时间内进行。

（三）支票圈存的日期计算，从圈存当日开始计算为一天，支票持票人进行支票圈存成功后，乙方系统为支票用户保留支付金额至支票到期日的次日营业终了时，遇节假日顺延，过期自动失效。

（四）对已圈存的资金、且收、付款双方交易已完成的，应视同收款人（或持票人）已收款。

（五）申请圈存的支票必须是合法有效的票据。提入的已圈存的支票按《票据法》对票面要素的有关规定审核，不符合规定的，做退票处理。

（六）对支票的圈存实行时间优先的原则，即按时间顺序办理圈存业务。

（七）圈存的支票已清算支付的，圈存自动取消。

（八）已圈存的支票可以转让，转让后受让人可以再行圈存。

（九）已圈存的支票因特殊原因要求取消圈存的，由出票人或持票人持已圈存的支票和情况说明到支票付款行办理。取消圈存的支票不得再行办理圈存，支票付款行在支票背面加盖“不得再办理圈存”的戳记。

（十）因已圈存的支票过期或用户取消圈存时，由支票付款行审核无误后，按规定给出票人计付支票圈存资金利息。

第十七条　乙方对已圈存且票据要素符合要求的票据应及时支付款项。根据持票人申请内容及时办理相关手续。

第十八条　如遇到自然灾害等不可抗力事件，或其他不可预见的非常情况发生，从而导致影响甲方办理支票圈存业务资金及时运用的，乙方不承担任何责任。

第十九条　乙方应对甲方提供的申请资料和其他信息保密，但法律法规和规章另有规定的除外。

第二十条　甲乙双方在履行本协议的过程中，如发生争议，应协商解决；协商不成的，任何一方均可向当地仲裁机构提请仲裁。

第二十一条　本协议一式两份，甲乙双方各执一份，效力相同。

3

图2-8　支票圈存支付密码使用协议书—3

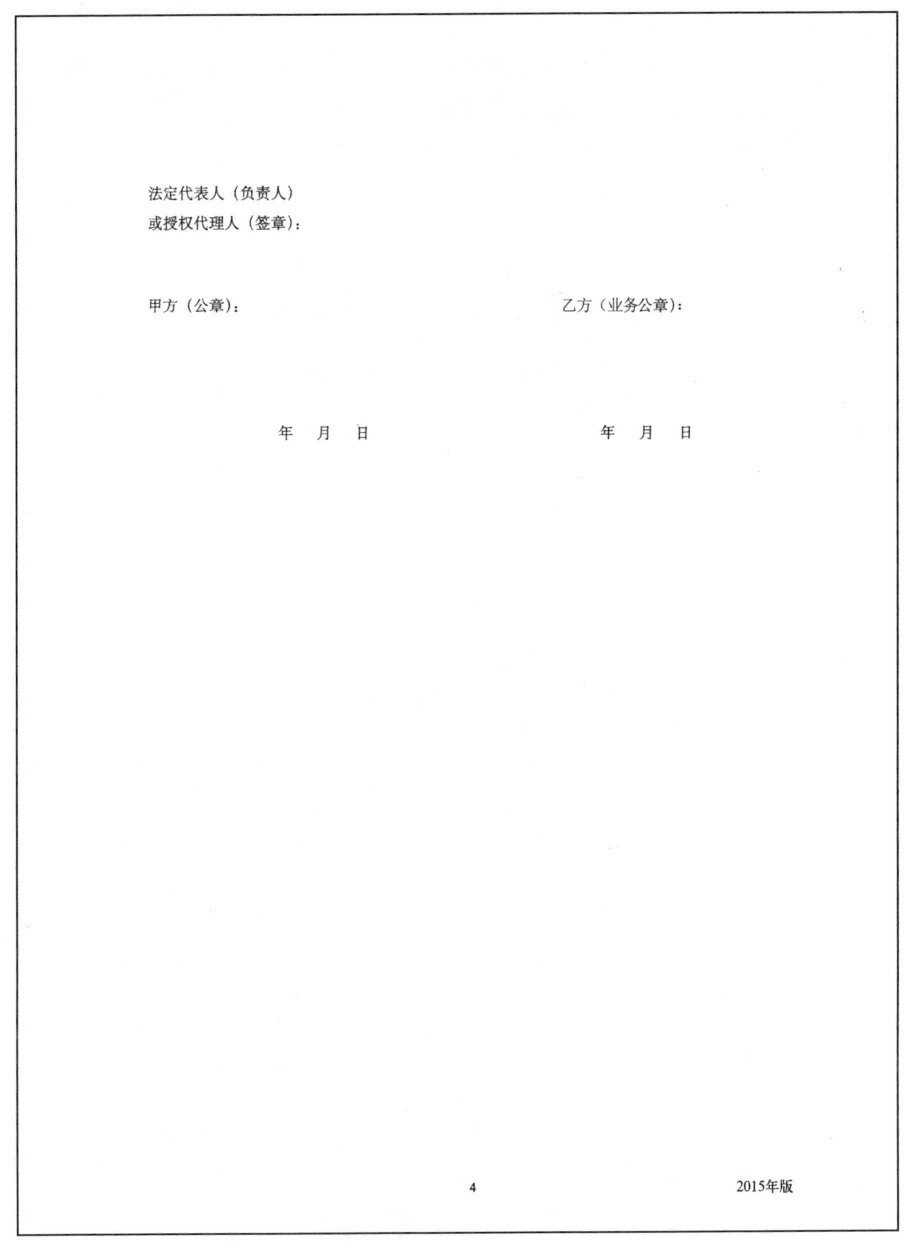
法定代表人（负责人）
或授权代理人（签章）：

甲方（公章）：　　　　乙方（业务公章）：

年　月　日　　　　年　月　日

4　　　　2015年版

图 2－9　支票圈存支付密码使用协议书一4

在领取支付密码器时需携带经办人的身份证，领取人要与支付密码器使用申请表的申请人一致，并且向开户银行缴纳相应金额用以购买支付密码器。支付密码器是办理银行结算的重要工具。

需要注意的是，支付密码器支持多个银行账号，也就是说，在方便管理的情况下，可以只购买一个支付密码器，然后在开立账户时，向该开户银行出具已经持有的支付密码器，在银行输入相应的账户信息以后，就可以多个银行账户使用同一个支付密码器。当然，如果认为这样不好管理，不同的银行账户也可以使用不同的支付密码器。

(5) 网上银行客户服务协议。

网上银行服务可以加快企业资金结算速度，提高结算效率，同时规范双方业务行为。申请网上银行客户服务协议需填写企业网上银行客户服务协议，如图 2-10 至图 2-13 所示。

中国工商银行股份有限公司

企业网上银行客户服务协议

甲方（全称）：中国工商银行________________________

负责人：

地址：

乙方（全称）：

法定代表人：

地址：

鉴于：

1. 乙方向甲方申请使用企业网上银行服务，甲方经审查同意利用 Internet 网络为乙方提供此项服务。

2. 乙方已审阅《中国工商银行网上银行章程》、业务须知、指导手册及有关资料，并已充分了解甲方网上银行业务的各项功能。

双方经协商一致，就网上银行服务相关事宜达成如下协议：

第一条 定义

“企业网上银行”是指中国工商银行向企事业单位客户提供的基于Internet网络或其他公用信息网络的网上银行服务，实现将需求指令自主提交到银行，从而实现支付、查询等业务需求的网上金融服务系统。按操作员是否使用数字证书区分为大众版和专业版，无数字证书用户使用大众版企业网银，实现账户查询业务；有数字证书用户使用专业版企业网银，实现账户转账支付、代发、电票、对账、查询等业务。

“企业客户”是指向中国工商银行申请企业网上银行业务服务，并经中国工商银行审查同意提供此项业务服务的企事业单位。以下简称“客户”。

“数字证书”是指一个经证书认证机构数字签名的包含用户身份信息以及公开密钥信息的电子文件，是银行、企业或个人在网上进行信息交流及商务活动的电子身份证。

第二条 企业网上银行的服务范围

企业网上银行专业版服务主要是向企事业单位客户提供自身银行账户或关联方授权账户的相关信息查询、转账支付等银行业务。企业网上银行大众版服务

第 1 页 共 4 页

图 2-10 企业网上银行客户服务协议—1

中国工商银行股份有限公司

主要是向企事业单位客户提供自身银行账户相关信息查询的银行业务。

第三条　企业网上银行的交易方式

1、企业网上银行专业版采用数字证书认证方式确认操作指令，即以数字证书方式产生的数字签名作为支付的有效印鉴。甲乙双方均认可企业网上银行业务中采用由中国金融认证中心提供的数字证书的合法性、有效性和安全性。企业网上银行大众版采用用户名和密码确认操作指令。

2、甲方根据乙方在其企业网上银行上的操作指令进行相应的交易记录或交易的账务处理，并以此制作纸质凭证。乙方的交易有效证据以甲方出具的纸质凭证为准。

3、下列情况下甲方有权暂停或拒绝乙方的网上银行操作指令，并免于承担任何责任：

1）甲方接收到的指令信息不明确、含有乱码、信息不完整、密码或证书错误等；

2）账户余额不足或信用额度超过规定限额；

3）账户被依法冻结或扣划；

4）不可抗力和其他不可归因于甲方的情况发生；

5）其他乙方违约的情况发生。

第四条　服务费用的收付

乙方在使用甲方的网上企业银行服务后，应按网上银行业务收费标准交纳相应的服务费、手续费等服务费用。服务费用由甲方从乙方帐户中直接扣收，乙方保证在帐户中保留足够余额，否则甲方有权停止提供企业网上银行服务。收费项目和标准按甲方公布的标准执行，如有变更，甲方将通过网站及营业网点等适当方式提前公告。

第五条　甲方的权利和义务

1、根据甲方相关业务操作规定及时为乙方办理企业网上银行的开通手续；

2、负责向乙方提供企业网上银行服务的培训和咨询服务；

3、甲方保证企业网上银行业务的收款入账时间不迟于乙方在甲方柜面办理相应业务的收款入账时间；

4、企业网上银行版本如有更新，甲方负责及时向乙方提供新的版本和对操作人员进行培训；

第 2 页 共 4 页

图 2-11　企业网上银行客户服务协议—2

中国工商银行股份有限公司

5、对乙方提供的资料依法承担保密义务。

第六条 乙方的权利和义务

1、乙方按照甲方要求提供有关资料和信息，并保证向甲方提供的有关信息均为真实、准确、完整，且在有关信息发生变更的情况下及时通知甲方，否则由此产生的后果由乙方负责；

2、乙方应设置专人专岗操作、充分注意内部风险的控制，如因乙方原因造成的损失甲方不承担任何责任，由此给甲方造成损失的，由乙方承担责任；

3、乙方自行妥善保管客户号、用户名、密码和数字证书，并有责任要求网上银行各岗位操作人员对自己的数字证书和密码绝对保密并妥善保管，任何以乙方证书和密码所进行的网上操作均视同为乙方的有效操作行为，由此完成的网上操作指令的结果、网上交易的结果或由此造成的损失，由乙方承担全部责任。非因甲方原因泄露乙方资料产生的风险及损失由乙方承担相应责任；

4、乙方数字证书在有效期内损毁、遗失或密码遗忘、泄露，应及时到营业网点办理更换、挂失或密码重置手续。上述手续办妥前发生的风险和损失由乙方自行承担；

5、乙方应严格按照《中国工商银行用户使用手册》使用网上银行系统，对违反手册业务流程进行操作而引起的后果由乙方承担。

第七条 网上银行服务变更

1、甲方可根据业务发展具体情况在必要的情况下增加或者改变网上银行业务的服务项目或服务范围，甲方将提前15日在甲方网站或营业网点公告，或者以适当的方式书面通知乙方。

2、乙方如需暂停、变更或终止使用甲方网上银行服务，应到网上银行开户地以书面形式向甲方提出申请。甲方在收到乙方的申请之日起，暂停、变更或终止乙方网上银行服务，但在甲方受理乙方暂停、变更或终止甲方网上银行服务申请前乙方所发出的指令仍为有效指令，乙方应承担其交易责任。

3、乙方暂停、变更或终止网上银行服务时，本协议项下的有关费用交纳、违约责任、赔偿责任并不受此影响。同时，争议解决、适用法律等约定应持续有效。

第八条 风险提示

1、因不可抗力原因引起的网上银行业务功能丧失、延迟和数据损坏造成客

第3页共4页

图2-12 企业网上银行客户服务协议—3

户经济损失等，甲方不承担责任。

2、如甲方接收到来自乙方网上银行业务操作指令，而该操作已按照相关业务规则正常使用乙方客户号、用户名、密码、客户身份识别和加密设备下作出，该操作指令应视为乙方合法的委托或指令，甲方无义务另行审查此次网上银行业务操作的实际使用人或其资格或能力状况。

3、乙方应对其电脑设施和相关设备采取合理的病毒及网络安全防范措施。如乙方由于使用网络银行服务过程中而引起的任何客户端的电脑病毒感染、黑客入侵、软件炸弹或类似项目的电脑硬件或软件故障，并且该等情况并非甲方所能合理控制，则相关损失应由乙方负责承担。

4、除甲方已经明确的系统环境外，就甲方所使用或要求乙方使用的相关硬件和计算机软件而言，甲方对其升级或更新、以及与其他硬件或软件之间的兼容性、容错性不作任何承诺或保证。

第九条　违约条款

甲乙双方任何一方违反本协议约定造成对方损失的，应承担赔偿责任。

第十条　法律适用条款

本协议的成立、生效、履行和解释，均适用中华人民共和国法律；法律无明文规定的，可适用通行的交易惯例。

第十一条　争议的解决

因本协议而发生的争议，可由双方协商解决；若协商不成，任何一方可将争议提交天津市仲裁委员会以仲裁方式解决。

第十二条　其他

本协议一式两份，甲方持有两份，乙方持有一份。

本协议自双方签字盖章后生效。

甲方：（公章）　　　　乙方：（公章）

有权签字人：　　　　有权签字人：

年　月　日　　　　年　月　日

第 4 页 共 4 页

图 2－13　企业网上银行客户服务协议一4

（6）对公自助回单服务申请书。

回单自助服务是银行面向对公客户推出的，依托企业自助服务系统，不需要银行工作人员，而是由企业自己动手，通过企业自助服务终端设备实现回单打印、账页打印、余额及明细查询等多种功能的服务产品。对公自助回单服务有效地缩短了客户取、补回单的时间，减少了回单遗失风险。对公自助回单服务申请书，如图 2－14 所示。

中国工商银行

中国工商银行对公自助回单服务申请书

<table>
<tr><td rowspan="9">客户填写栏</td><td>申请单位名称</td><td colspan="2"></td><td>申请签约账号</td><td colspan="2"></td><td>银行扣费账号</td><td></td></tr>
<tr><td>单位经办人</td><td></td><td>联系电话</td><td></td><td>证件类型</td><td></td><td>证件号码</td><td></td></tr>
<tr><td colspan="8">壹 □ 对 公 自 助 终 端</td></tr>
<tr><td>签约编号</td><td colspan="2"></td><td colspan="5">业务类型：签约□ 解约□ 签约信息变更□</td></tr>
<tr><td colspan="8">贰 □ 对 公 自 助 回 单 卡</td></tr>
<tr><td colspan="2">卡号（首次办卡或换卡前原卡号）</td><td colspan="2"></td><td colspan="2">换卡后新卡号</td><td colspan="2"></td></tr>
<tr><td>业务类型</td><td colspan="7">开卡□ 损坏换卡□ 挂失换卡□ 解除挂失□ 密码重置□ 销卡□ 卡锁定□ 卡解锁□</td></tr>
<tr><td>服务费收费设置</td><td colspan="7">不收费□ 包年□ 包月□ 注：上述收费仅含年费，服务价格为银行公示的标准价格。对公自助回单卡工本费、挂失费等按银行公示价格执行。</td></tr>
<tr><td colspan="8">声明：
本单位选择本申请表第　　项，共　　（大写）项服务内容。本单位已阅读、理解并自愿遵守《中国工商银行对公自助回单服务协议》（见背面），知悉相关产品风险事项。
本申请书是《中国工商银行对公自助回单服务协议》的组成部分。本单位保证本申请书填写内容准确、真实、有效，所填内容我单位已确认无误。本单位保证办理相关业务所提供的资料真实、有效。

申请单位（公章及银行预留印章）：

法定代表人签字及盖章（或经办人签字）：　　　　申请日期：　　年　月　日</td></tr>
<tr><td>银行确认栏</td><td colspan="8">银行盖章：　　　　日期：　　年　月　日
经办人：</td></tr>
</table>

第二联 客户留存

填表说明：经办人应为授权委托书中的受委托人

图 2-14　对公自助回单服务申请书

(7) 银企对账业务签约申请表。

为保障企业资金安全，方便进行资金监督管理，企业与银行会定期对账。企业与银行签订的对账协议会约定对账的频率和方式等。网上银行的对账服务能够为企业客户提供其开立在银行的本、外币账户的明细对账单、余额对账单下载、查询及对账结果反馈的服务。银企对账业务签约申请表，如图 2-15 所示。

中国工商银行

银企对账业务签约申请表

□签约　□变更

基本签约信息				
单位名称				
对账联系人	姓名		证件号码	
	证件种类		有效期至	
	联系电话		绑定手机号	
	电子邮箱			
对账单投递地址			邮编	
账号	1		请选择以下任意一种对账方式： □纸质对账 □网银对账 □网站对账 系统默认辅助对账方式： 自助机具对账	
	2			
	3			
	4			
	5			

本人已阅读并了解对账服务协议内容，愿意遵守并履行所涉及的相关规定。

单位公章：　　　　开户银行签章：

单位预留印鉴：

年　月　日

第二联　客户留存

图 2－15　银企对账业务签约申请表

（8）开立单位银行结算账户申请书。

开立单位银行结算账户申请书由两部分组成，一部分由申请开户的企业填写，另一部分由开户银行填写（在企业填写完成并交银行审核通过后由开户银行填写）。开户单位银行结算账户申请书在企业加盖公章和法人章以后，由开户银行和人民银行盖章（需要人民银行核准的账户）。开立单位结算账户申请书，如图 2－16 所示。

中国工商银行　　开立单位银行结算账户申请书

存款人基本信息

存款人名称*					
电话*		地址*			
邮政编码*		存款人类别*		组织机构代码	
法定代表人或单位负责人	□法定代表人　□单位负责人			姓名	
	证件种类	A:□ B:□ C:□ D:□ E:□ F:□ G:□ H:□ I:□		证件号码	
行业分类*		产业分类		注册（住所）地地区代码*	
注册资金币种		注册资金		经营范围	
证明文件种类*		证明文件编号*			
国税登记证号*		地税登记证号*		有否关联企业□ 关联企业信息填列在“关联企业登记表”上	
账户性质		资金性质		有效日期	年　月　日

以下为存款人上级法人或主管单位信息

单位名称		基本存款账户开户许可证核准号		组织机构代码	
法定代表人或单位负责人	□法定代表人　□单位负责人			姓名	
	证件种类	A:□ B:□ C:□ D:□ E:□ F:□ G:□ H:□ I:□		证件号码	

以下栏目由开户银行审核后填写

开户银行名称			开户银行代码		
基本存款账户开户许可证核准号		开户日期	年　月　日	基本存款账户开户地地区代码	
未开立基本存款账户证明编号					
本存款申请开立单位银行结算账户，并承诺所提供的开户资料真实、有效。 存款人（公章） 年　月　日		开户银行审核意见： 经办人：（签章）　银行（签章） 年　月　日		人民银行审核意见： （非核准类账户除外） 经办人（签章）　人民银行（签章） 年　月　日	

第一联　开户单位留存

2015年版

图 2－16　开立单位银行结算账户申请书

银行账户变更业务办理

如果企业是给自己的分支机构，如项目部、营业所等单独开立银行账户，那么除了需要填写开户申请书以外，还需要填写内设机构（部门）名称开立专用存款账户申请表。

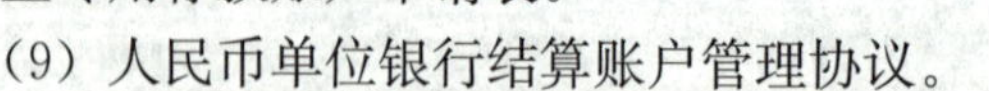

（9）人民币单位银行结算账户管理协议。

在开立单位银行结算账户申请书得到核准通过后，企业会和开户银行签订一个结算协议。该协议为人民币单位银行结算账户管理协议，协议样本如图 2－17 所示。

（10）预留企业的财务印鉴。

企业在填写完上面的申请书和完成协议的签订，并得到银行的核准以后，要按照银行要求，预留企业的财务印鉴，也就是在银行印鉴卡上盖上企业的财务专用章和法人章。以中国工商银行为例，预留印鉴卡如图 2－18 和图 2－19 所示。

人民币单位银行结算账户管理协议

协议编号：

甲方（全称）：______

乙方（全称）：______

甲方自愿在乙方申请开立人民币银行结算账户，甲、乙双方根据《人民币银行结算账户管理办法》规定，签订本协议。

甲方在乙方开立______存款账户，账号：______

第一条　甲、乙双方承诺共同遵守《人民币银行结算账户管理办法》及《支付结算办法》、《现金管理暂行条例》等法规、制度及人民银行天津分行账户管理部门的管理规定。

第二条　甲方如果使用简称，应以公安部门核准的规范化简称（公章名称）为准。乙方以此为依据确立甲方银行账户的开户名称。

第三条　甲方责任：

（一）保证开户资料的真实、完整、合法；

（二）按规定使用银行结算账户；

（三）开户资料变更、撤销等及时通知乙方办理相关手续；

（四）按乙方要求的时间办理账户年检手续；

（五）按规定使用支付结算工具；

（六）按规定承担支付结算业务费用和账户管理费用；

（七）定期与乙方进行账务核对；

（八）撤销账户时交回开户登记（或核准）资料及各种空白重要票据和结算凭证。

第四条　乙方责任：

（一）及时准确办理资金收付业务；

（二）依法保障甲方资金安全；

（三）依法为甲方的银行结算账户信息保密；

（四）定期与甲方核对账务。

第五条　违约责任。甲乙双方如有违反《人民币银行结算账户管理办法》、《支付结算办法》及《现金管理暂行条例》等法律法规制度的，以及违反本协议规定的，违约方要承担相应的违约责任。

第六条　乙方定期通过营业柜台或以邮件方式向甲方发送对账单进行银企对账。采用邮件方式发送，自乙方发出对账单2日起，视为对账信息已经送达。甲方应在自接到对账单的30天内进行账务核对，并将对账结果加盖单位公章（或财务章）返回乙方。超过规定时间乙方未收到甲方回单的，视为甲方已对账相符。

第七条　本协议履行过程中发生争议，可由甲、乙双方协商解决；如协商不能达成一致，可以提请乙方所在地仲裁委员会仲裁或乙方所在地的人民法院裁决；争议裁决期间仍需履行本协议。

第八条　本协议于甲方在乙方开立银行结算账户的存续期间有效，自该银行结算账户撤销之日起，本协议自动终止。

第九条　本协议一式二份，甲、乙双方各执一份。

甲方（公章）：	乙方（业务公章）：
法定代表人（负责人）	负责人
或授权代理人（签章）：	或授权代理人（签章）：
年　月　日	年　月　日

图2-17　人民币单位银行结算账户管理协议

在企业通过银行对外支付或者办理其他业务、购买支票等的时候，都必须有预留的银行印鉴，银行会仔细核对，确认其印鉴与预留印鉴相符，然后才办理该业务。

3. 银行开户许可证

"基本银行账户"开立成功后，填制银行印鉴卡。开立基本银行账户因为需要经过人民银行的审批核准，所以办理完毕，需要等待一周到两周的审核批准时间。

在开立完成银行账户以后，银行会发给企业“开户许可证”，这就像账户的身份证一样。开户许可证只有基本存款账户和临时存款账户才有，一般存款账户没有，银行开户许可证（以基本存款账户为例）如图 2-20 所示。

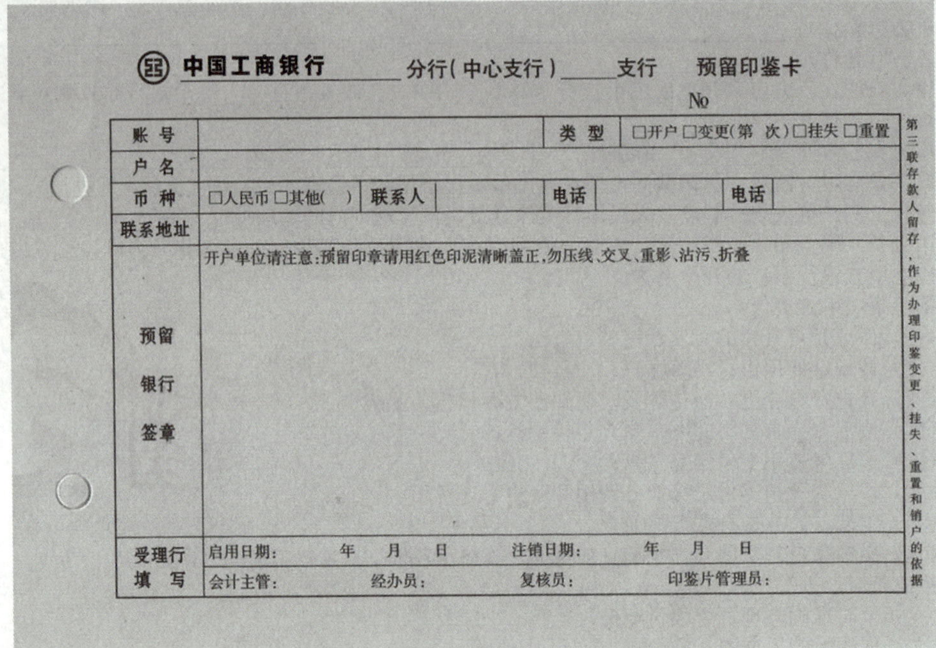

中国工商银行______分行（中心支行）______支行　预留印鉴卡

No

账号				类型	□开户 □变更(第 次) □挂失 □重置
户名					
币种	□人民币 □其他(　)	联系人		电话	电话
联系地址					
预留银行签章	开户单位请注意：预留印章请用红色印泥清晰盖正，勿压线、交叉、重影、沾污、折叠				
受理行填写	启用日期：　年　月　日		注销日期：　年　月　日		
	会计主管：	经办员：	复核员：	印鉴片管理员：	

第三联 存款人留存，作为办理印鉴变更、挂失、重置和销户的依据

图 2-18　预留印鉴卡（正面）

更换印鉴通知书（新开户免填）	声明与承诺
中国工商银行： 我单位定于　年　月　日起启用新印鉴（见背后）原旧印鉴（如下）同日无效，特此通知。	我单位向贵行提供（　）枚章的预留印鉴，均真实有效。贵行凭上述公章或财务章之印鉴及个人鉴章之印鉴即可为单位办理相应业务（开户协议等另有规定的除外）。凡是用与上述有效印鉴样式相符之印鉴办理的业务，均由我单位承担全部法律后果和责任。 单位公章（或个人账户签章）： 法定代表人（负责人） 或授权代理人签名确认 年　月　日
	银行签章：

图 2-19　预留印鉴卡（背面）

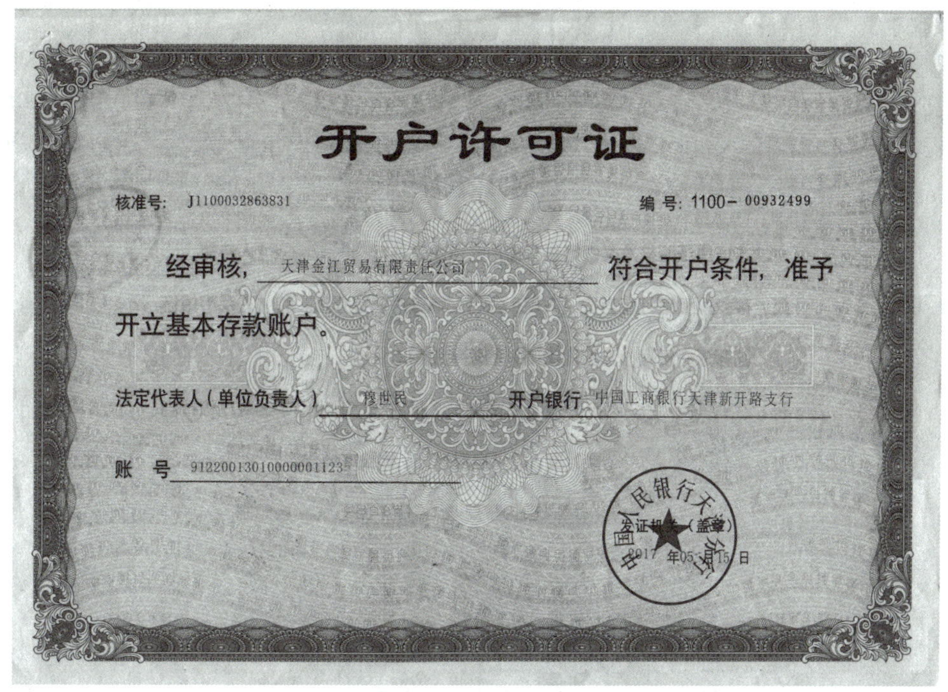

开户许可证

核准号：J1100032863831　　编号：1100-00932499

经审核，天津金江贸易有限责任公司 符合开户条件，准予开立基本存款账户。

法定代表人（单位负责人）穆世民　开户银行 中国工商银行天津新开路支行

账　号 91220013010000001123

发证机关（盖章）

2017 年 05 月 15 日

图 2-20　银行开户许可证

从图 2-20 中可以看出，开户许可证上有中国人民银行的核准号、编号、公司的全称、准予开户的性质、法定代表人的名称、开户银行的名称、银行账户的账号和批准时间。开户许可证是公司非常重要的证件，而且基本存款账户的开户许可证会在开立一般存款账户和专用存款账户及账户年检中使用，所以一定要指定专人妥善保管。

（三）开立网上银行

1. 网上银行的功能

网上银行又称网络银行、在线银行或电子银行，它是各银行在互联网中设立的虚拟柜台。银行利用网络技术，通过互联网向客户提供开户、销户、查询、对账、行内转账、跨行转账、信贷、网上证券、投资理财等传统服务项目，使客户足不出户就能够安全、便捷地管理活期和定期存款、支票、信用卡及个人投资等。

企业网上银行主要针对企业与政府部门等企事业客户。企事业组织可以通过企业网上银行服务实时了解企业财务运作情况，及时在组织内部调配资金，轻松处理大批量的网上支付和工资发放业务，并可处理信用证相关业务。

银行账户申请、撤销网银业务

2. 网上银行的特点

网上银行的特点是客户只要拥有账号和密码，便能在世界各地通过互联网，进入网络银行处理交易，与传统银行业务相比，网上银行的优势体现在以下几点：

（1）大大降低银行经营成本，有效提高银行盈利能力。开办网上银行业务，主要利用公共网络资源，不需设置物理的分支机构或营业网点，减少了人员费用，提高了银行后台系统的效率。

（2）无时空限制，有利于扩大客户群体。网上银行业务打破了传统银行业务的地域、时间限制，具有 3A 特点，即能在任何时候（Anytime）、任何地方（Anywhere）以任何方式（Anyhow）为客户提供金融服务，这既有利于吸引和保留优质客户，又能主动扩大客户群，开辟新的利润来源。

（3）有利于服务创新，向客户提供多种类、个性化服务。通过银行营业网点销售保险、证券和基金等金融产品，往往受到很大限制，主要是由于一般的营业网点难以为客户提供详细的、低成本的信息咨询服务。利用互联网和银行支付系统，容易满足客户咨询、购买和交易多种金融产品的需求，客户除办理银行业务外，还可以很方便地进行网上买卖股票、债券等，网上银行能够为客户提供更加合适的个性化金融服务。

3. 网上银行开通流程

网上银行开通流程（以中国工商银行为例），如图 2－21 所示。

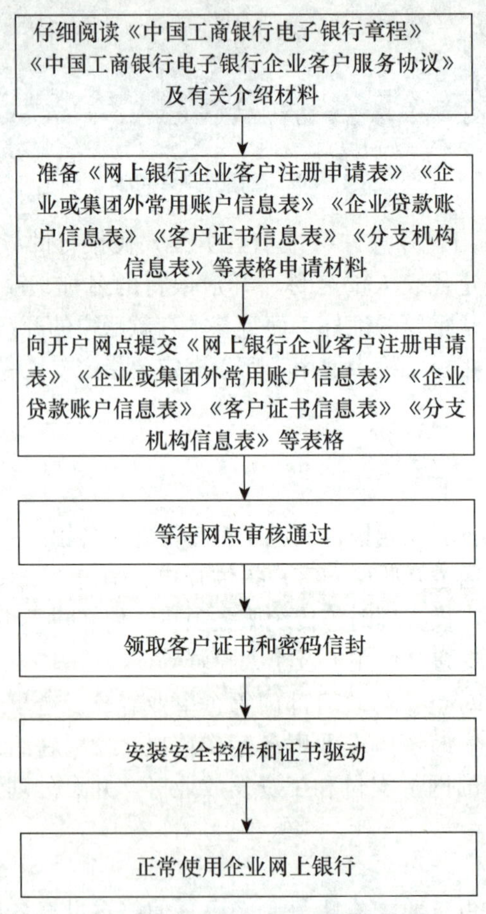

图 2－21　企业网上银行开通流程

企业网上银行业务申请表，如图 2－22 所示。

中国工商银行

企业网上银行（专业版）业务申请表

<table>
<tr><td rowspan="13">客户填写栏</td><td>办理业务</td><td colspan="7">☑网银开通　□网银注销　□网银暂停　□网银恢复　□USBKEY补办
□新增用户　□删除用户　□用户续期　□USBKEY解锁　□其他________</td></tr>
<tr><td rowspan="5">客户基本信息</td><td>单位名称</td><td colspan="2"></td><td>客户号</td><td>2356117</td><td>营业执照号</td><td></td></tr>
<tr><td>单位地址</td><td colspan="2">天津市河西区解放南路47号</td><td>邮编</td><td></td><td>注册资本</td><td></td></tr>
<tr><td>法定代表人</td><td>穆世民</td><td>证件类型</td><td></td><td>证件号码</td><td>联系电话</td><td></td></tr>
<tr><td>经办人1</td><td>陈磊</td><td>证件类型</td><td></td><td>证件号码</td><td>联系电话</td><td></td></tr>
<tr><td>经办人2</td><td></td><td>证件类型</td><td></td><td>证件号码</td><td>联系电话</td><td></td></tr>
<tr><td rowspan="3">操作人员信息</td><td>登录名1</td><td></td><td colspan="5" rowspan="3">提示：
1、登录名只能为大小写英文字符、阿拉伯数字、下划线，且长度为4~20位。
2、如申请操作的人员超过3名时请续表填写。</td></tr>
<tr><td>登录名2</td><td></td></tr>
<tr><td>登录名3</td><td></td></tr>
<tr><td colspan="8">声明：本单位现自愿申请工商银行网上银行业务，保证以上所填写内容完全属实，同意遵守《中国工商银行网上银行业务章程》、《电子银行企业客户服务协议（专业版）》及相关业务规定，并配合银行核对相关信息，对信息失真或因违反规定而造成的损失和后果，本单位愿意承担一切责任。
申请单位（公章　银行预留印鉴）：
（印章：天津金江贸易有限责任公司）（印章：穆世民印）（印章：天津金江贸易有限责任公司 财务专用章）
法定代表人签字及盖章（或经办人签字）：　　　　申请日期：2017 年 01 月 06 日</td></tr>
<tr><td>银行确认栏</td><td colspan="8">银行盖章：　　　　日期：　　年　　月　　日</td></tr>
</table>

事后：　　　复核人：　　　经办人：

第二联　用户留存联

图 2－22　企业网上银行业务申请表

(四) 银行账户的销户

银行账户撤销业务办理

1. 销户的定义

银行账户的撤销（以下简称“销户”），是指企业因为某些原因，向开户银行提出撤销账户的申请。该销户申请经开户银行的审查，并核对其银行存款、贷款账户后，予以办理销户手续。开户银行在 7 日内向当地人民银行申报，并交回销户者的《开户许可证》。

2. 银行账户的销户流程

银行账户的销户流程如图 2－23 所示。

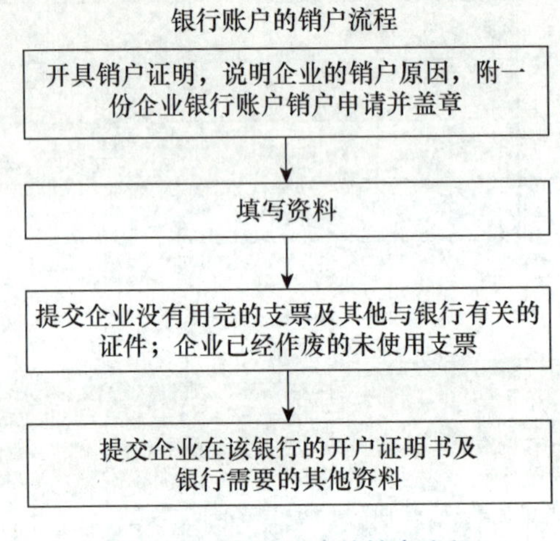

图 2－23　银行账户的销户流程

销户需要的资料：

（1）开户许可证。

（2）销户申请书。

（3）剩余的支票等空白票据。

（4）银行预留印鉴卡。

（5）法人身份证原件及复印件。

（6）经办人身份证原件及复印件，以及法人授权委托书。

（7）公司公章。

（8）工商局出具的“企业注销通知书”、税务部门出具的注销通知书原件及复印件。

如果企业不再营业，可以将剩余的银行存款以现金形式取出；若继续营业，可以选择将剩余的银行存款转入别的账户。在销户程序中，基本存款账户是最后一个撤销的，撤销基本存款账户之前应该先将一般存款账户和专用存款账户撤销，将资金转入基本存款账户，然后再办理销户手续。撤销单位银行账户申请书如图 2－24 所示。

中国工商银行

撤销单位银行账户申请书

申请日期：2017 年 03 月 06 日

账户名称	天津金江贸易有限责任公司		账号	0302011251462087732	
开户银行名称	中国工商银行天津华苑支行		开户银行代码	102110001001	
基本账户核准号		本账户核准号		账户性质	一般户

撤销原因：

☐机构合并　☐机构撤销或解散　☐机构宣告破产或关闭

☐机构注销　☐被吊销营业执照　☐迁址

☑其他：无业务

相关手续：

☑销户前账户余额：0　核对是否相符　☑是　☐否

☑交回凭证：无

开户许可证No：　购证查询卡No：

支票　份，No：　至　；

电汇凭证　份，No：　至　；

结算业务委托书　份，No：　至　；

其他　份，No：　至　；

本存款人承诺在销户时已交回开户许可证、购证查询卡、各种未使用的重要空白票据和结算凭证、印鉴卡片，违反承诺造成的后果和损失由本存款人自行承担。

申请单位： 本存款人申请撤销上述银行结算账户。承诺所提供的证明材料真实有效。 同时撤销网银 （印章：天津金江贸易有限责任公司 公章） 2017 年 03 月 06 日	开户银行审核意见： 全套资料印章已检验通过，开户时无预留印鉴卡，同意销户 经办： 主管： （印章：中国工商银行天津华苑支行 2017.03.06 业务公章） 2017 年 03 月 06 日

中国人民银行审核意见	经办：　人民银行（签章） 年　月　日

2017年2月制版

第二联：客户联

图 2－24　撤销单位银行账户申请书

实训项目三　库存现金与银行存款的收入和支付

实训目的

1. 了解库存现金的使用范围。
2. 掌握库存现金的收入和支付流程。
3. 掌握银行存款的收入和支付流程。

实训内容

1. 库存现金的使用范围。
2. 库存现金的收入。
3. 库存现金的支付。
4. 银行存款的收入。
5. 银行存款的支付。

实训要求

1. 熟练掌握库存现金的使用范围。
2. 能够分清各种涉及的库存现金与银行存款业务。
3. 清楚各种库存现金和银行存款收入和支付的流程。

一、库存现金的使用范围

（一）库存现金的收入范围

库存现金的收入范围包括：

（1）个人购买企业的物品或接受劳务。

（2）个人还款、赔偿款、罚款及备用金退回款。

（3）无法办理转账的销售收入。

（4）不足转账起点的小额收入。

（5）其他必须收取现金的事宜。

（二）库存现金的支出范围

库存现金的支出范围包括：

（1）职工工资、各种工资性津贴。

（2）个人劳务报酬。

（3）根据国家规定颁发给个人的各种奖金。

（4）各种劳保、福利费用及国家规定的对个人的其他现金支出。

（5）收购单位向个人收购农副产品和其他物资的支出。

（6）单位预借给出差人员必须随身携带的差旅费。

（7）结算起点（1 000 元）以下的零星支出。

（8）中国人民银行确定需要现金支付的其他支出。

二、库存现金收入的核算

（一）从银行提取日常备用金

1. 业务操作流程

从银行提取日常备用金业务操作流程，如图 3－1 所示。

从银行提取日常备用金业务流程说明：

（1）出纳人员填写现金支票（现金支票是支票的一种，是专门用于支取现金的）。

（2）出纳人员应认真填写现金支票的有关内容，如用途、金额、收款人名称（开户单位签发现金支票支取现金以自己为收款人），并加盖财务专用章和法人章。

（3）出纳人员持现金支票到开户银行取款，银行一般会有专门的企业对公窗口办理现金提取业务（即银行出纳窗口）。银行经办人员对现金支票进行审核，核对预留印鉴后，即会办理规定的付款手续。在提取款项时，银行经办人员可能会提问，如提取的数额、收款单位等，出纳人员的回答应与现金支票票面上的信息一致。

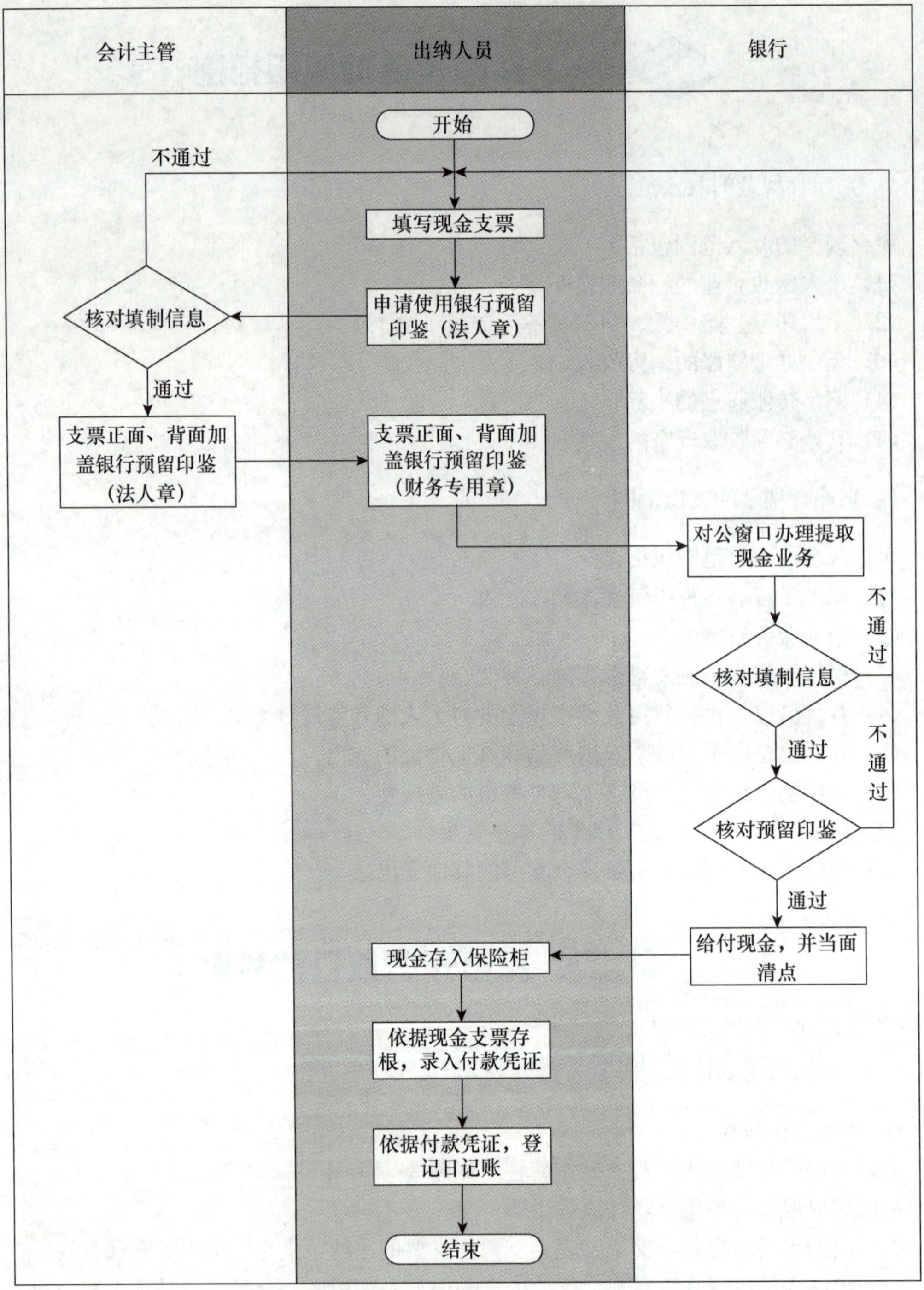

会计主管
出纳人员
银行
开始
填写现金支票
申请使用银行预留印鉴（法人章）
核对填制信息
不通过
通过
支票正面、背面加盖银行预留印鉴（法人章）
支票正面、背面加盖银行预留印鉴（财务专用章）
对公窗口办理提取现金业务
核对填制信息
不通过
通过
核对预留印鉴
不通过
通过
给付现金，并当面清点
现金存入保险柜
依据现金支票存根，录入付款凭证
依据付款凭证，登记日记账
结束

图 3-1　从银行提取日常备用金业务操作流程图

（4）出纳人员收到银行付给的现金时，应当面清点现金数量，清点无误后方能离开柜台。

2. 现金支票的填写

现金支票用于支取现金，它可以由存款人签发，用于到银行为本单位提取现金，也可以签发给其他单位和个人用来办理结算或者委托银行代为支付现金给收款人。现金支票的日期、收款人、金额、用途不得涂改；存根作为企业留存做账使用；收款人填写本单位时，正反面均需加盖本单位银行预留印鉴。

现金支票填开练习

【业务案例 1】从银行提取日常备用金

2018 年 7 月 1 日，天津金江贸易有限责任公司用于日常开销，从银行提取备用金 5 000 元。已经填写的现金支票，如图 3－2 所示。

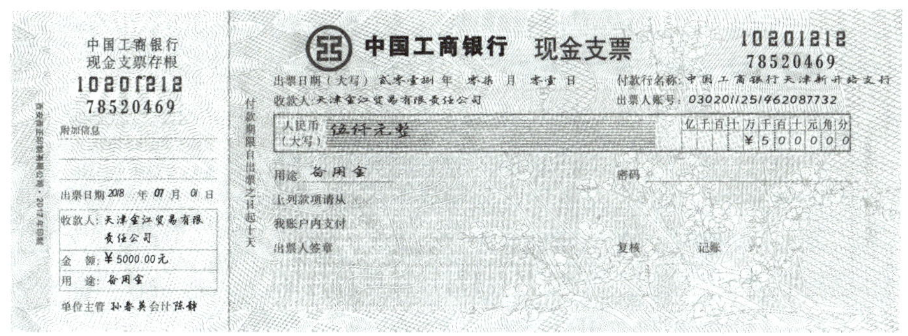

中国工商银行
现金支票存根
10201212
78520469
附加信息
出票日期 2018 年 07 月 01 日
收款人：天津金江贸易有限责任公司
金　额：¥5000.00元
用　途：备用金
单位主管 孙春英 会计 陈静

中国工商银行　现金支票　10201212　78520469
出票日期（大写）贰零壹捌 年 零柒 月 零壹 日　付款行名称：中国工商银行天津新开路支行
收款人：天津金江贸易有限责任公司　出票人账号：0302011251462087732
付款期限自出票之日起十天

人民币（大写）	伍仟元整	亿	千	百	十	万	千	百	十	元	角	分
						¥	5	0	0	0	0	0

用途 备用金　密码
上列款项请从
我账户内支付
出票人签章　复核　记账

图 3－2　现金支票手写

（1）正联填写出票日期（大写）栏：贰零壹捌年零柒月零壹日。

说明：壹月、贰月前“零”字必写，叁月至玖月前“零”字可写可不写。拾月至拾贰月必须写成壹拾月、壹拾壹月、壹拾贰月（前面多写了“零”字也认可，如零壹拾月）。

如 2019 年 8 月 5 日，写为贰零壹玖年捌月零伍日，捌月前不写“零”字。

壹日至玖日前“零”字必写，拾日至拾玖日必须写成壹拾日及壹拾玖日（前面多写了“零”字也认可，如零壹拾伍日）。

如 2019 年 2 月 13 日，写为贰零壹玖年零贰月壹拾叁日。

（2）正联填写收款人栏：天津金江贸易有限责任公司。

说明：现金支票收款人写本公司全称，如现金支票背面“收款人签章”栏内加盖本公司的财务专用章和法人章，之后收款人可凭现金支票直接到开户银行提取现金。

（3）正联填写人民币（大写）栏：伍仟元整。

说明：数字大写写法：零、壹、贰、叁、肆、伍、陆、柒、捌、玖、亿、万、仟、佰、拾。注意：“万”字不带单人旁。

举例：

1）289 546.52 大写为：贰拾捌万玖仟伍佰肆拾陆元伍角贰分。

2）7 560.31 大写为：柒仟伍佰陆拾元零叁角壹分，此时“零”字可写可不写。

3）532.00 大写为：伍佰叁拾贰元整，“整”写为“正”字也可以，不能写为“零角零分”。

4）425.03 大写为：肆佰贰拾伍元零叁分。

5）325.20 大写为：叁佰贰拾伍元贰角，“角”字后面可加“整”字，但不能写为“零分”。

（4）正联填写人民币小写栏：¥5 000.00。

说明：小写金额数字前面应当书写货币币种符号或者货币名称简写和币种符号。币种符号与小写金额数字之间不得留有空白。凡小写数字前写有币种符号的，数字后面不再写货币单位；所有以元为单位（其他货币种类为货币基本单位）的小写数字，除表示单价等情况外，一律填写到角分；无角分的，角位和分位可写“00”，或者用符号“—”代替；有角无分的，分位应当写“0”，不得用符号“—”代替。

（5）正联填写用途栏：备用金。

说明：现金支票的用途有一定限制，一般填写“备用金”“差旅费”“工资”“劳务费”等。

（6）存根联中的附加信息栏。

说明：若无特殊要求，一般附加信息栏不填写内容。

（7）存根联填写出票日期栏：2018 年 07 月 01 日。

说明：存根联的日期使用小写数字填写。

（8）存根联填写收款人栏：天津金江贸易有限责任公司。

说明：存根联中的收款人栏需要填写公司或个人的全称。

（9）存根联填写金额栏：¥5 000.00 元。

说明：存根联金额栏使用小写数字，小写金额前写“¥”，元和角之间写小数点“.”。如果金额没有角、分，仍需在元和角之间写小数点“.”，并在小数点后填写“00”。

（10）存根联填写用途栏：备用金。

说明：存根联用途栏的填写要求和正联一致。

（11）存根联填写单位主管栏：孙春英。

存根联填写会计栏：陈静。

说明：存根联中的单位主管栏和会计栏，一般分别由出票人公司的财务主管和会计人员签名。

3. 现金支票盖章

现金支票盖章所需印鉴是公司财务专用章和法人章，一般由出纳人员保管财务专用章，财务主管保管法人章。现金支票正面和背面都由出票人公司出纳人员和财务主管分别加盖财务专用章和法人章。

（1）现金支票正面，在中下部盖上银行预留印鉴（例如：财务专用章和法人章），缺一不可，印泥为红色，印章必须清晰，如果印章模糊则本张支票作废，只能换一张重新填写、重新盖章。已经正面盖章的现金支票正面，如图 3-3 所示。

中国工商银行
现金支票存根
10201212
78520469
附加信息
出票日期 2018 年 07 月 01 日
收款人：天津金江贸易有限责任公司
金　额：¥5000.00元
用　途：备用金
单位主管 孙春英 会计 陈静

中国工商银行　现金支票　10201212　78520469
出票日期（大写）贰零壹捌 年 零柒 月 零壹 日　付款行名称：中国工商银行天津新开路支行
收款人：天津金江贸易有限责任公司　出票人账号：0302011251462087732
付款期限自出票之日起十天
人民币（大写）伍仟元整　亿 千 百 十 万 千 百 十 元 角 分　¥ 5 0 0 0 0 0
用途 备用金　密码
上列款项请从
我账户内支付
出票人签章　复核　记账
天津金江贸易有限责任公司 财务专用章
穆世民印

图 3-3　现金支票正面（已盖章）

（2）现金支票背面，在收款人签章一栏盖上银行预留印鉴（例如：财务专用章和法人章），缺一不可，印泥为红色，印章必须清晰。已经盖章的现金支票背面，如图 3-4 所示。

西安昌正印制有限公司·2017年印制

附加信息：

天津金江贸易有限责任公司 财务专用章

穆世民印

收款人签章
2018 年 07 月 01 日

（贴粘单处）

身份证件名称：身份证　发证机关：通化市公安局集安分局

号码 22062119680925

根据《中华人民共和国票据法》等法律法规的规定，签发空头支票由中国人民银行处以票面金额 5%但不低于 1000 元的罚款。

图 3-4　现金支票背面盖章（已盖章）

4. 现金支票注意事项

（1）现金支票一般为本单位使用。

（2）签发现金支票首先必须查验银行存款账户是否有足够的余额，签发的支票金额必须在银行存款账户余额以内，不准超出银行存款账户余额签发空头支票。对签发空头支票或印章与预留印鉴不符的支票，银行除退票外并按票面金额处以 5%但不低于 1 000 元的罚款。持票人有权要求出票人赔偿支票金额 2%的赔偿金。对屡次签发的，银行可根据情节给予警告、通报批评，直至停止其向收款人签发支票。

（3）支票付款的有效期限为 10 天。有效期限从支票的签发日算起，日期首尾算一天，到期日如遇到假日顺延，如果最后一天是假日就顺延到最近的一个工作日，如最后一天是周日就顺延到周一。过期支票作废，银行不予受理。签发支票必须填写当日日期，不得签发远期支票。

（4）签发现金支票不得低于银行规定的金额起点，起点以下的用库存现金支付。支票金额起点为 100 元，但结清账户时，可不受其起点限制。

（5）结清销户时，应将未用空白现金支票缴还银行。

5. 填制银行付款凭证

银行付款凭证是根据银行存款付出业务的原始凭证编制、专门用来填列银行付款业务会计分录的记账凭证。提现业务，编制银行付款凭证。

【原始票据 1】现金支票存根，如图 3-5 所示：

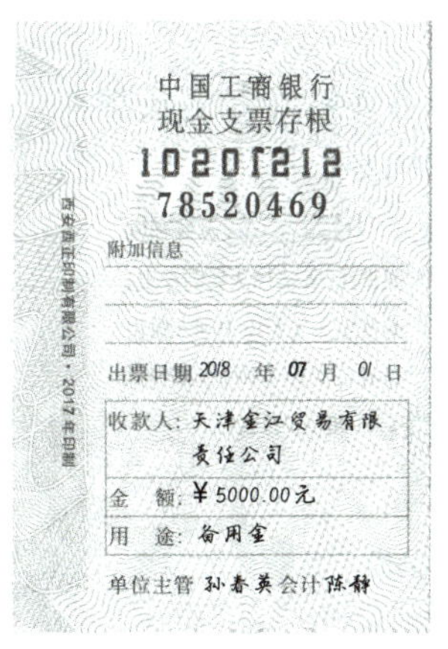
中国工商银行
现金支票存根
10201212
78520469

西安昌正印制有限公司·2017年印制

附加信息

出票日期 2018 年 07 月 01 日

收款人：天津金江贸易有限责任公司

金　额：¥5000.00元

用　途：备用金

单位主管 孙春英 会计 陈静

图 3-5　现金支票存根

已经填制的银行付款凭证，如表 3－1 所示：

表 3－1　　银行付款凭证

银行付款凭证

贷方科目：银行存款——工行天津新开路支行（基本户）　日期 2018 07 01　　　银付字　第 01 号

摘要	借方科目	金额										记账符号
		千	百	十	万	千	百	十	元	角	分	
提取备用金	库存现金					5	0	0	0	0	0	
	合计金额				¥	5	0	0	0	0	0	

附凭证 1 张

会计主管 孙春英　记账 陈静　稽核 孙春英　出纳 陈磊　制单 陈磊

（1）填写贷方科目栏：银行存款——工行天津新开路支行（基本户）。

说明：在借贷记账法下，在银行付款凭证左上角“贷方科目”处，填写“银行存款”及其二级科目。

（2）填写日期栏：2018 07 01。

说明：银行付款凭证上方的“日期”处，填写财会部门受理经济业务事项制证的日期。

（3）填写编号栏：银付字　第 01 号。

说明：银行付款凭证右上角的“　　字　　第　号”处，填写“银付”字和已填制凭证的顺序编号。

（4）填写摘要栏：提取备用金。

说明：“摘要”栏填写能反映经济业务性质和特征的简要说明。

（5）填写借方科目栏：库存现金。

说明：“借方科目”栏填写与现金收入相对应的一级科目及其二级科目。

（6）填写金额栏：5 000.00。

说明：“金额”栏填写经济业务实际发生的数额。

（7）填写合计金额栏：¥5 000.00。

说明：“合计金额”栏填写各发生额的合计数。

（8）填写附凭证张数栏：附凭证 1 张。

说明：银行付款凭证右边“附凭证　张”处需填写所附原始凭证的张数。

（9）填写会计主管栏：孙春英；

填写记账栏：陈静；

填写稽核栏：孙春英；

填写出纳栏：陈磊；

填写制单栏：陈磊。

说明：银行付款凭证下面的“会计主管”“记账”“稽核”“出纳”“制单”分别由相关人员签字或盖章。

（10）填写记账符号栏。

说明：“记账符号”栏则应在已经登记账簿后划“√”符号，表示已经入账，以免发生漏记或重记错误。

6. 登记库存现金日记账

库存现金日记账是用来逐日反映库存现金的收入、付出及结余情况的特种日记账。它是由单位出纳人员根据审核无误的现金收、付款凭证和从银行提现的银付凭证逐笔进行登记的。为了确保账簿的安全、完整，库存现金日记账必须采用订本式账簿。库存现金日记账记录了库存现金收支明细，体现了库存现金当日余额，便于进行核对、检查、监督和交接。

结合本笔业务中的银行付款凭证，登记库存现金日记账。已经登记的库存现金日记账，如表 3-2 所示。

表 3-2　　现金日记账

现金日记账

2018年		凭证		摘要	对方科目	类页	借方											贷方											余额										
月	日	类别	号数				亿	千	百	十	万	千	百	十	元	角	分	亿	千	百	十	万	千	百	十	元	角	分	亿	千	百	十	万	千	百	十	元	角	分
07				期初余额																														1	0	5	0	6	0
07	01	银付	01	提取备用金	银行存款							5	0	0	0	0	0																	6	0	5	0	6	0
				过次页																																			

（1）填写月栏：07；

填写日栏：01。

说明：“月”栏和“日”栏中填入的应为据以登记账簿的会计凭证上的日期，库存现金日记账一般依据收款凭证、付款凭证或记账凭证登记，因此，此处日期为编制收款凭证、付款凭证或记账凭证的日期。不能填写原始凭证上记载的发生或完成该经济业务的日期，也不是实际登记该账簿的日期。

（2）填写凭证类别栏：银付，填写凭证号数栏：01。

说明：“凭证类别”栏中填入据以登账的会计凭证类型，“凭证号数”栏中填入据以登账的会计凭证编号。如，企业采用通用凭证格式，根据记账凭证登记库存现金日记账时，填入“记 01”；企业采用专用凭证格式，根据银行付款凭证登记现金日记账时，填入“银付 01”。

（3）填写摘要栏：提取备用金。

说明：“摘要”栏简要说明入账的经济业务的内容，力求简明扼要。

（4）填写对方科目栏：银行存款。

说明："对方科目"栏应填入会计分录中"库存现金"科目的对方科目，用以反映库存现金增减变化的来龙去脉。在填写对方科目时，应注意以下三点：

第一，对方科目只填总账科目，不需要填明细科目。

第二，当对方科目有多个时，应填入主要对方科目，如销售产品收到现金，则"库存现金"的对方科目有"主营业务收入"和"应交税费"，此时可在对方科目栏中填入"主营业务收入"，在借方金额栏中填入取得的现金总额，而不能将一笔现金增加业务拆分成两个对应科目金额填入两行。

第三，当对方科目有多个且不能从科目上划分出主次时，可在对方科目栏中填入其中金额较大的科目，并在其后加上"等"字。如用现金 800 元购买零星办公用品，其中 300 元由车间负担，500 元由行政管理部门负担，则在现金日记账"对方科目"栏中填入"管理费用等"，在贷方金额栏中填入支付的现金总额 800 元。

（5）填写借方栏：5 000.00；

填写贷方栏：此例为空白。

说明："借方"栏、"贷方"栏应根据相关凭证中记录的"库存现金"科目的借贷方向及金额记入。

（6）填写余额栏：6 050.60。

说明："余额"栏应根据"本行余额＝上行余额＋本行借方－本行贷方"公式计算填入。本例中，上期余额 1 050.60，本期借方发生额 5 000.00，最后计算的本行余额是 6 050.60。

正常情况下库存现金不允许出现贷方余额，因此，现金日记账余额栏前未印有借贷方向，其余额方向默认为借方。若在登记现金日记账的过程中，由于登账顺序等特殊原因出现了贷方余额，则在余额栏用红字登记，表示贷方余额。

（7）每页账页的最后一行在"摘要栏"中填写"过次页"三字，或者加盖"过次页"印章。除第一页以外，其他页的首行，已印有"承前页"三字，在此行的余额栏内填写上页"过次页"栏的余额。

7. 使用库存现金日记账的注意事项

（1）账本是法律凭据，不得随便更换。账页的登记和结算发生错误，可以根据纠错规范进行更正，但不得将账页损毁。

（2）在账目登记年度内，账本由出纳使用和保存。账目的登记年度结束，账本随其他凭证转会计人员做账后，归档保存。

（3）现金日记账属于会计档案的组成部分，出纳不得擅自销毁。对于会计档案的保存期限和销毁程序，法规已有专门规定，企事业单位也会做出具体的规定。

8. 登记银行存款日记账

银行存款日记账是专门用来记录银行存款收支业务的一种特种日记账。银行存款日记账必须采用订本式账簿，其账页格式一般采用"收入"（借方）、"支出"（贷方）和"余额"三栏式。银行存款支出数额应根据相关付款凭证登记。每日业务终了时，应计算、登记当日的银行存款收入合计数、银行存款支出合计数，以及账面结余额，以便检查监督各项收入和支出款项，避免坐支现金的出现，并便于定期同银行送来的对账单核对。

结合本笔业务中的银行付款凭证，登记银行存款日记账。已登记的银行存款日记账，如表 3－3 所示。

表 3－3　　银行存款日记账

银行存款日记账

户名　中国工商银行天津新开路支行（基本户）　　账号　0302011251462087732

2018 年 月	日	凭证号	摘要	对方科目	现金支票号码	转账支票号码	借方	贷方	借或贷	余额
			期初余额						借	2519765 48
07	01	银付01	提取备用金	库存现金	78520469			5000 00	借	2514765 48
			过次页							

（1）填写月栏：07；

填写日栏：01。

说明："月"栏和"日"栏填写要求与库存现金日记账一致。

（2）填写凭证号栏：银付 01。

说明："凭证号"栏中填入据以登账的会计凭证类型及编号。如，企业采用通用凭证格式，根据记账凭证登记银行存款日记账时，填入"记 01"；企业采用专用凭证格式，根据银行收款凭证登记银行存款日记账时，填入"银收 01"。

（3）填写摘要栏：提取备用金。

说明："摘要"栏填写要求与库存现金日记账一致。

（4）填写对方科目栏：库存现金。

说明："对方科目"栏填写要求与库存现金日记账一致。

（5）填写现金支票号码栏：78520469；

填写转账支票号码栏：此例为空白。

说明：按照实际票据情况填写，没有就不填。

（6）填写借方栏：此例为空白；

填写贷方栏：5 000.00。

说明："借方"栏、"贷方"栏应根据相关凭证中记录的"银行存款"科目的借贷方向及金额记入。

（7）填写借或贷栏：借；

填写余额栏：2 514 765.48。

说明："借或贷"栏按本行余额的方向填写。"余额"栏填写要求与库存现金日记账一致。本例中，上期借方余额 2 519 765.48 元，本期贷方发生额 5 000.00 元，最后计算的本行借方余额 2 514 765.48 元。

9. 银行存款日记账注意事项

(1) 账本是法律凭据，不得随便更换。账页的登记和结算发生错误，可以根据纠错规范进行更正，但不得将账页损毁。

(2) 在账目登记年度内，账本由出纳使用和保存。账目的登记年度结束，账本随其他凭证转会计人员做账后，归档保存。

(3) 银行存款日记账属于会计档案的组成部分，出纳不得擅自销毁。对于会计档案的保存期限和销毁程序，法规已有专门规定，企事业单位也会做出具体的规定。

(二) 员工还回借款，出纳收取现金

1. 业务操作流程

员工还回借款，出纳收取现金业务操作流程，如图 3-6 所示。

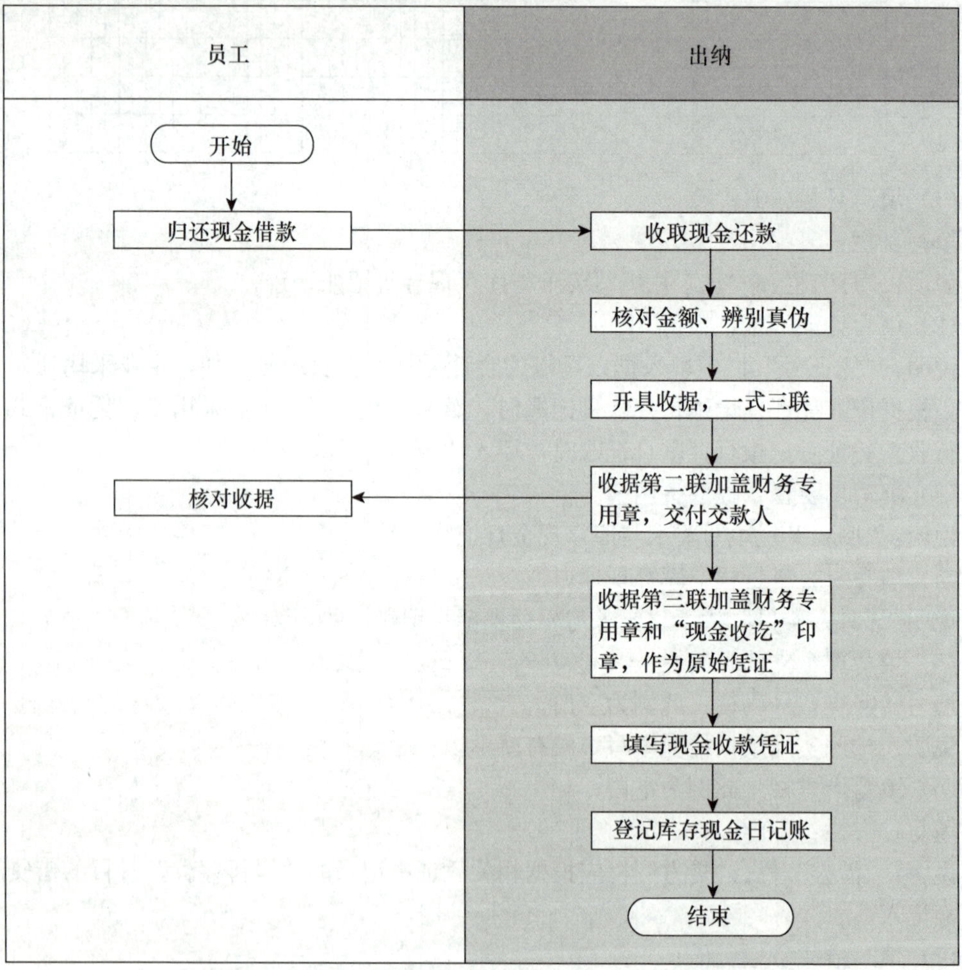

图 3-6 员工还回借款，出纳收取现金业务操作流程图

流程说明：

（1）出纳人员收取现金还款，核对金额、辨别真伪。

（2）出纳人员开具收据，应认真填写收据的有关内容，如日期、金额、交款人名称、收款人名称、收款单位财务章等。

（3）出纳人员在收据第二联（收据）上加盖财务专用章，交付交款人；收据第三联（记账）撕下作为原始凭证，并在其上加盖财务专用章和“现金收讫”印章。

2. 填写收据

收据是企事业单位在经济活动中使用的原始凭证。

收据可以分为内部收据和外部收据。内部收据是单位内部的自制凭据，用于单位内部发生的业务，如材料内部调拨、收取员工押金、退还多余出差借款等。这时的内部自制收据是合法的凭据，可以作为成本费用入账。外部收据又分为税务部门监制、财务部门监制、部队收据三种。单位之间发生业务往来，收款方在收款以后不需要纳税的，收款方就可以开具税务部门监制的收据。行政事业单位发生的行政事业性收费，可以使用财政部门监制的收据。单位与部队之间发生业务往来，按照规定不需要纳税的，可以使用部队监制的收据。

收取现金开具收据

【业务案例 2】员工还回借款，出纳收取现金

2018 年 7 月 1 日，天津金江贸易有限责任公司员工宋雪归还差旅费借款 1 000 元现金。已经填写的收据，如图 3－7 所示。

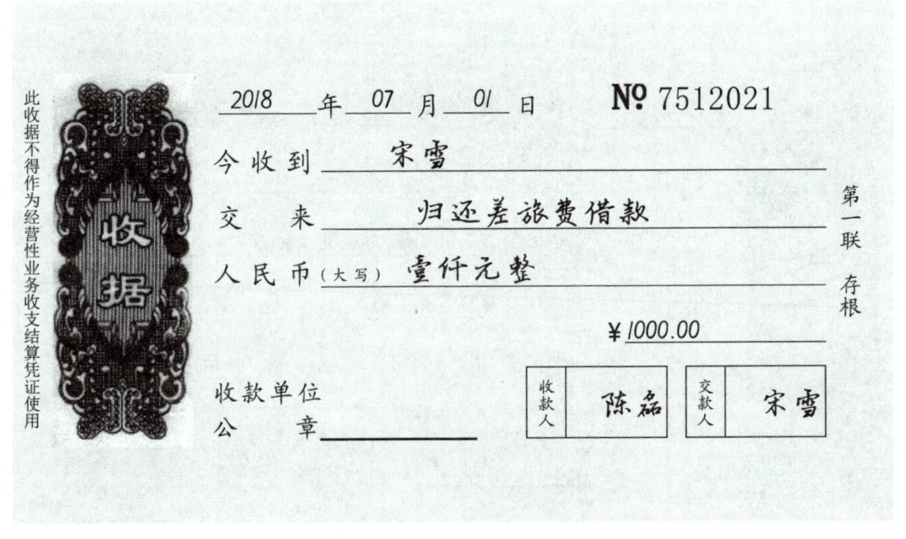

此收据不得作为经营性业务收支结算凭证使用

收据

2018 年 07 月 01 日　　№ 7512021

今收到 宋雪

交　来 归还差旅费借款

人民币（大写）壹仟元整

¥1000.00

收款单位公章

收款人 陈磊　　交款人 宋雪

第一联 存根

图 3－7 收据第一联（存根）

（1）正联填写收据日期（小写）栏：2018 年 07 月 01 日。

说明：按照发生时间编写即可。

（2）正联填写收据编号栏：7512021。

（3）正联填写今收到栏：宋雪。

说明：本例属于内部收据，应填写交款人全称。

（4）正联填写交来栏：归还差旅费借款。

说明：此处填写收取现金的款项来源。

(5) 正联填写人民币（大写）栏：壹仟元整。

说明：参见本书 69 页。

(6) 正联填写人民币小写栏：¥1 000.00。

说明：参见本书 69 页。

(7) 正联填写收款人栏：陈磊。

说明：正联收款人栏需要填写收取现金人员的全称。

(8) 正联填写交款人栏：宋雪。

说明：正联交款人栏需要填写公司或个人的全称。本例属于内部收据，应填写员工个人的全称。

(9) 正联加盖收款单位公章。

说明：有财务章的加盖公司财务专用章，没有财务章的加盖公章。

3. 收据盖章

收据盖章所需印鉴是公司财务专用章和现金收讫章，一般由出纳人员保管财务专用章和现金收讫章。

(1) 收据第一联（存根）不用盖章。

(2) 收据第二联（收据）交付交款人，正面在中下部加盖财务专用章，印泥为红色，印章必须清晰。已经加盖财务专用章的收据第二联（收据），如图 3-8 所示。

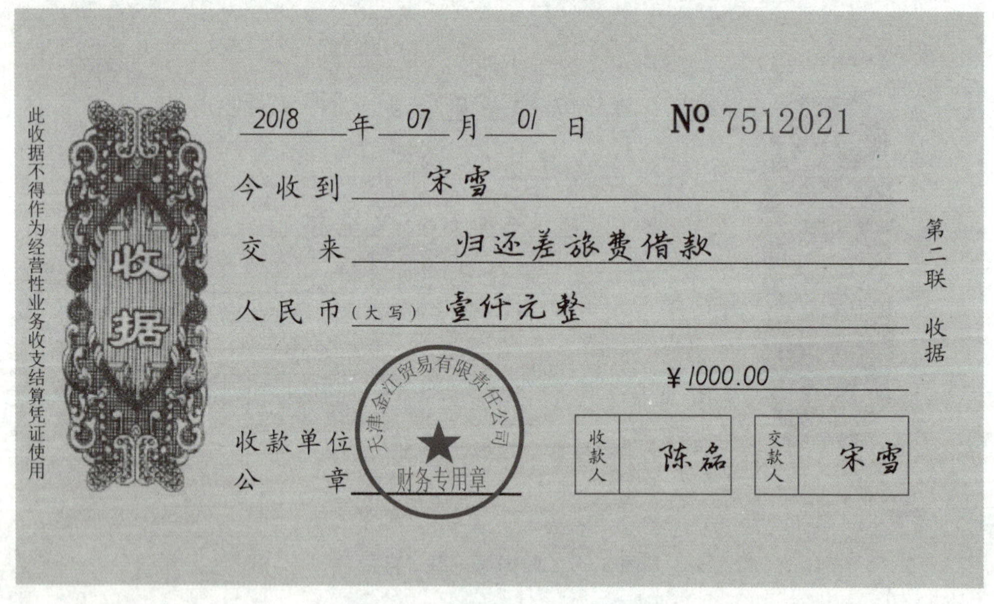

此收据不得作为经营性业务收支结算凭证使用

收据

2018 年 07 月 01 日　　№ 7512021

今收到　宋雪

交　来　归还差旅费借款

人民币（大写）　壹仟元整

¥1000.00

收款单位公章　（天津金江贸易有限责任公司 财务专用章）

收款人　陈磊　　交款人　宋雪

第二联 收据

图 3-8　收据第二联正面盖章

(3) 收据第三联（记账）作为原始凭证，正面在中下部加盖财务专用章，在右上角加盖现金收讫章，印泥为红色，印章必须清晰。已经加盖财务专用章和现金收讫章的收据第三联（记账），如图 3-9 所示。

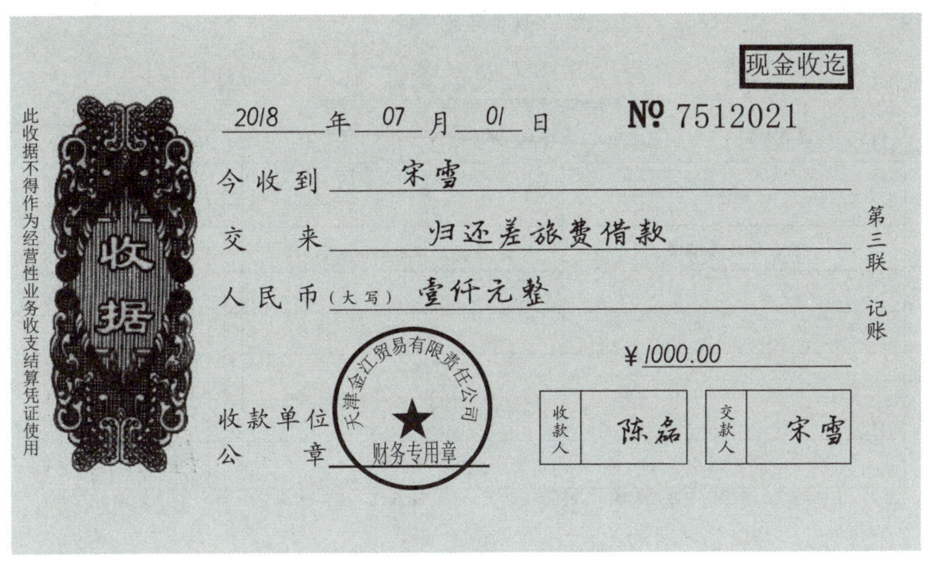

现金收讫

此收据不得作为经营性业务收支结算凭证使用

收据

2018 年 07 月 01 日　　№ 7512021

今收到　宋雪

交　来　归还差旅费借款

人民币（大写）壹仟元整

¥ 1000.00

收款单位公章　天津金江贸易有限责任公司　财务专用章

收款人　陈磊　　交款人　宋雪

第三联　记账

图 3－9　收据第三联正面盖章

（4）收据作废时应当加盖“作废”章，所有联次连同存根一起保存，不得撕毁。已经加盖“作废”章的收据，如图 3－10 所示。

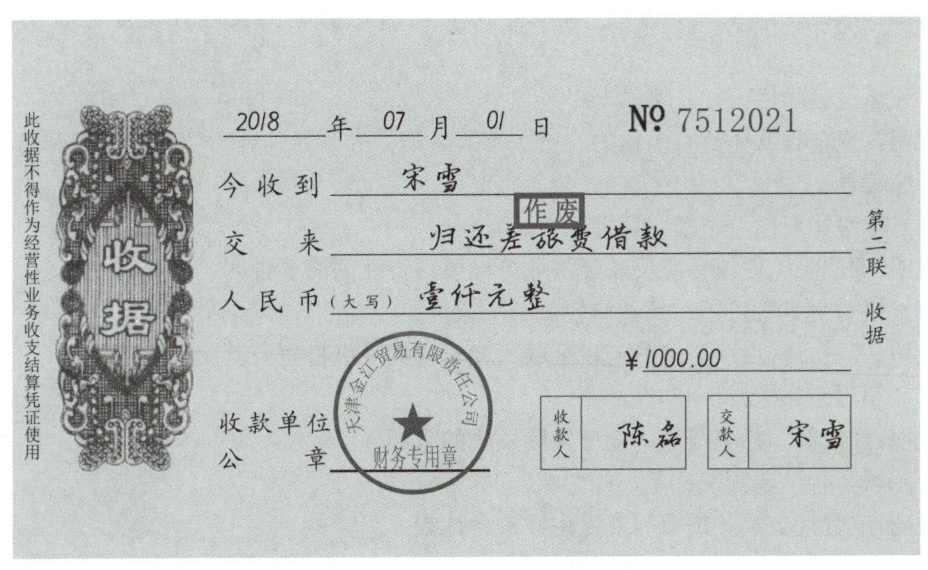

此收据不得作为经营性业务收支结算凭证使用

收据

2018 年 07 月 01 日　　№ 7512021

今收到　宋雪

作废

交　来　归还差旅费借款

人民币（大写）壹仟元整

¥ 1000.00

收款单位公章　天津金江贸易有限责任公司　财务专用章

收款人　陈磊　　交款人　宋雪

第二联　收据

图 3－10　作废收据

4. 填制现金收款凭证

现金收款原始凭证是出纳人员办理现金收入业务的依据。为确保收款凭证的合法、真实和准确，出纳人员在办理每笔现金收入前，都必须首先复核现金收款原始凭证。

【原始票据 2】收据第三联（记账），参见图 3－9。

已经填制的现金收款凭证，如表 3－4 所示。

表 3-4　　　　现金收款凭证

现金收款凭证

借方科目：库存现金　　　　日期　2018 07 01　　　　现收字　第 01 号

摘要	贷方科目	金额										记账符号
		千	百	十	万	千	百	十	元	角	分	
宋雪归还差旅费	其他应收款—宋雪					1	0	0	0	0	0	
	合计金额				¥	1	0	0	0	0	0	

附凭证 1 张

会计主管 孙春英　记账 陈静　稽核 孙春英　出纳 陈磊　制单 陈磊

(1) 填写借方科目栏：库存现金。

说明：在借贷记账法下，在现金收款凭证左上角“借方科目”处，填写“库存现金”科目。

(2) 填写日期栏：2018 07 01。

说明：现金收款凭证上方的“日期”处，填写财会部门受理经济业务事项制证的日期。

(3) 填写编号栏：现收字第 01 号。

说明：现金收款凭证右上角的“　字　第　号”处，填写“现收”字和已填制凭证的顺序编号。

(4) 填写摘要栏：宋雪归还差旅费。

说明：“摘要”栏填写能反映经济业务性质和特征的简要说明。

(5) 填写贷方科目栏：其他应收款——宋雪。

说明：“贷方科目”栏填写与现金收入相对应的一级科目及其二级科目。

(6) 填写金额栏：1 000.00。

说明：“金额”栏填写经济业务实际发生的数额。

(7) 填写合计金额栏：¥1 000.00。

说明：“合计金额”栏填写各发生额的合计数。

(8) 填写附凭证张数栏：附凭证 1 张。

说明：现金收款凭证右边“附凭证　张”处需填写所附原始凭证的张数。

(9) 填写会计主管栏：孙春英；

填写记账栏：陈静；

填写稽核栏：孙春英；

填写出纳栏：陈磊；

填写制单栏：陈磊。

说明：现金收款凭证下面的“会计主管”“记账”“稽核”“出纳”“制单”分别由相关人员签字或盖章。

(10) 填写记账符号栏。

说明："记账符号"栏应在已经登记账簿后划"√"符号，表示已经入账，以免发生漏记或重记错误。

5. 登记库存现金日记账

结合本笔业务中的现金收款凭证，登记库存现金日记账。已登记完的库存现金日记账，如表 3－5 所示。

表 3－5　　现金日记账

现金日记账

2018 年 月	日	凭证 类别	号数	摘要	对方科目	类页	借方（亿千百十万千百十元角分）	贷方（亿千百十万千百十元角分）	余额（亿千百十万千百十元角分）
07				期初余额					105060
07	01	银付	01	提取备用金	银行存款		500000		605060
07	01	现收	01	宋雪归还差旅费	其他应收款		100000		705060
				过次页					

(1) 填写月栏：07；

填写日栏：01。

(2) 填写凭证类别栏：现收；

填写凭证号数栏：01。

(3) 填写摘要栏：宋雪归还差旅费。

(4) 填写对方科目栏：其他应收款。

(5) 填写借方栏：1 000.00。

填写贷方栏：此例为空白。

(6) 填写余额栏：7 050.60。

三、库存现金支付的核算

(一) 库存现金送存银行

1. 业务操作流程

库存现金送存银行业务操作流程，如图 3－11 所示。

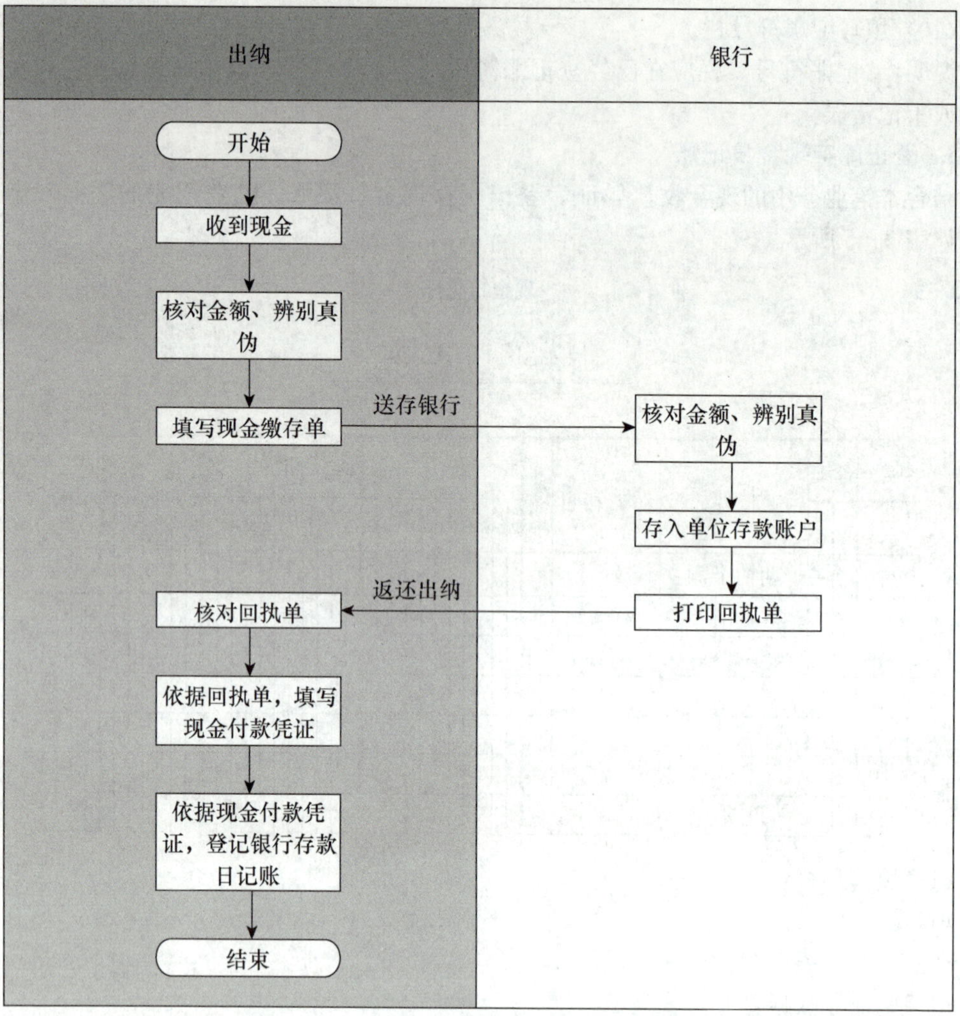

出纳	银行
开始	
收到现金	
核对金额、辨别真伪	
填写现金缴存单 → 送存银行	核对金额、辨别真伪
	存入单位存款账户
核对回执单 ← 返还出纳	打印回执单
依据回执单，填写现金付款凭证	
依据现金付款凭证，登记银行存款日记账	
结束	

图 3－11　库存现金送存银行业务操作流程图

流程说明：

（1）出纳人员收取现金后应清点现金数量，核对金额、辨别真伪。清点现金时，将相同面额的纸币叠放在一起，并用扎钞纸或橡皮筋扎好。

（2）出纳填写现金缴存单。填写时必须要素齐全、内容真实、数字正确、字迹清晰，不潦草、不错漏，做到标准、规范，防止涂改。

（3）出纳将现金及现金缴存单送存至银行。涉及金额较大时，需要公司专人专车送存。

（4）银行柜员收到出纳交付的现金后，应当面辨别真伪、清点现金数量，核对金额。

（5）银行将现金存入单位存款账户并打印回执单及加盖回执戳。

（6）银行将回执单交给出纳，出纳核对回执单打印的存款单位名称、账号以及存款金额是否正确。

（7）出纳依据回执单，填写现金付款凭证。

（8）出纳依据现金付款凭证，登记银行存款日记账。

2. 填写现金缴款单

现金缴款单是单位将现金送存银行账户时（本单位或其他单位的银行账户）填写的凭

证。现金缴款单一般第二联由银行加盖相关印章后退给单位作为回单，第一联作为银行的记账凭证，装订入传票。

填写现金缴款单

【业务案例3】库存现金送存银行

2018年7月1日，天津金江贸易有限责任公司收到销售货物的现金货款986.60元。已经填写的现金缴款单，如图3－12所示。

ICBC 中国工商银行　　　　现金存款凭条

日期：2018年07月01日

存款人	全称	天津金江贸易有限责任公司		
	账号	0302011251462087732	款项来源	销售货款
	开户行	中国工商银行天津新开路支行	交款人	陈磊

金额（大写）玖佰捌拾陆元陆角整	金额（小写）	亿	千	百	十	万	千	百	十	元	角	分
							¥	9	8	6	6	0

票面	张数	十	万	千	百	十	元	票面	张数	千	百	十	元	角	分	备注
壹佰元	9			¥	9	0	0	伍角	1				¥	5	0	
伍拾元	1				¥	5	0	贰角								
贰拾元								壹角	1				¥	1	0	
拾元	3				¥	3	0	伍分								
伍元	1					¥	5	贰分								
贰元								壹分								
壹元	1					¥	1	其他								

第一联　银行核对联

注：此联不作为记账依据

图3－12　现金缴款单（第一联）

(1) 正联填写存款人全称栏：天津金江贸易有限责任公司。

说明：现金缴款单存款人应写为本公司全称。

(2) 正联填写存款人账号栏：0302011251462087732。

(3) 正联填写存款人开户行栏：中国工商银行天津新开路支行。

说明：即为现金缴款单存款人公司的开户银行名称及银行账号。

(4) 正联填写款项来源栏：销售货款。

说明：即为该笔现金的收入来源。

(5) 正联填写交款人栏：陈磊。

说明：即为该笔业务的经办人。

(6) 正联填写金额（大写）栏：玖佰捌拾陆元陆角整。

说明：参见本书69页。

(7) 正联填写金额（小写）栏：¥986.60。

说明：参见本书69页。

(8) 正联填写票面张数栏："壹佰元"9张、"伍拾元"1张、"拾元"3张、"伍元"1张、"壹元"1张、"伍角"1张、"壹角"1张。

说明：按票面价值不等分为"壹佰元""伍拾元""壹元""伍角"等票面，根据总金额清点分票面的张数并登记分票面总金额。

(9) 正联填写备注栏。

说明：若无特殊要求，一般备注栏不填写内容。

3. 填制现金付款凭证

现金付款凭证是根据现金支付业务的原始凭证编制的付款凭证，称为现金付款凭证。出纳人员办理现金支付时应认真、细致地复核原始凭证，以确保付款凭证的合法、真实和准确。

【原始票据 3】 现金缴款单（第二联），如图 3－13 所示。

ICBC 中国工商银行　　现金存款凭条

日期：2018年 07月 01 日

存款人	全称	天津金江贸易有限责任公司		
	账号	0302011251462087732	款项来源	销售货款
	开户行	中国工商银行天津新开路支行	交款人	陈磊
金额（大写）玖佰捌拾陆元陆角整			金额（小写）	¥98660

票面	张数	金额	票面	张数	金额	备注
壹佰元	9	¥900	伍角	1	¥50	
伍拾元	1	¥50	贰角			
贰拾元			壹角	1	¥10	
拾元	3	¥30	伍分			
伍元	1	¥5	贰分			
贰元			壹分			
壹元	1	¥1	其他			

（印章：中国工商银行股份有限公司天津新开路支行 2018.07.01 核算用章（09））

第二联 客户核对联

注：此联不作为记账依据

图 3－13　现金缴款单（第二联）

已经填制的现金付款凭证，如表 3－6 所示。

表 3－6　　现金付款凭证

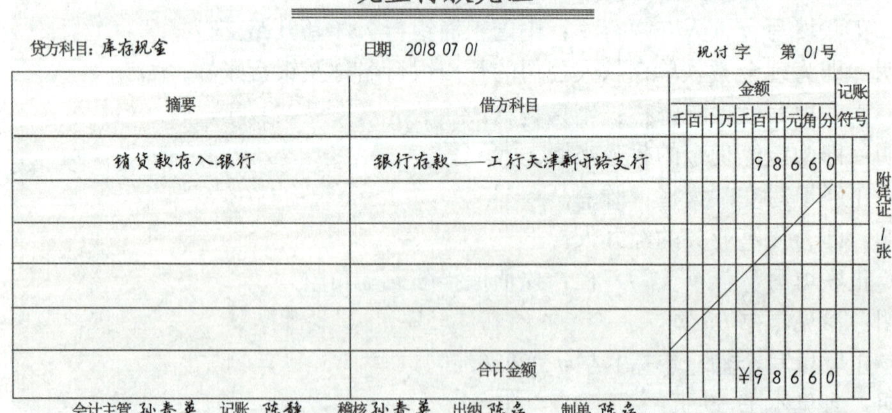
现金付款凭证

贷方科目：库存现金　　日期 2018 07 01　　现付 字 第 01号

摘要	借方科目	金额	记账符号
销货款存入银行	银行存款——工行天津新开路支行	98660	
	合计金额	¥98660	

附凭证 1 张

会计主管 孙春英　记账 陈静　稽核 孙春英　出纳 陈磊　制单 陈磊

（1）填写贷方科目栏：库存现金。

说明：在借贷记账法下，在现金付款凭证左上角“贷方科目”处，填写“库存现金”科目。

（2）填写日期栏：2018 07 01。

说明：现金付款凭证上方的“日期”处，填写财会部门受理经济业务事项制证的日期。

（3）填写编号栏：现付字第 01 号。

说明：现金付款凭证右上角的“　　字　　第　号”处，填写“现付”字和已填制凭证的顺序编号。

（4）填写摘要栏：销货款存入银行。

说明：“摘要”栏填写反映经济业务性质和特征的简要说明。

（5）填写借方科目栏：银行存款——工行天津新开路支行。

说明：“借方科目”栏填写与库存现金相对应的一级科目及其二级科目。

（6）填写金额栏：986.60。

说明：“金额”栏填写经济业务实际发生的数额。

（7）填写合计金额栏：￥986.60。

说明：“合计金额”栏填写各发生额的合计数。

（8）填写附凭证张数栏：附凭证 1 张。

说明：现金付款凭证右边“附凭证　张”处需填写所附原始凭证的张数。

（9）填写会计主管栏：孙春英；

填写记账栏：陈静；

填写稽核栏：孙春英；

填写出纳栏：陈磊；

填写制单栏：陈磊。

说明：现金付款凭证下面的“会计主管”“记账”“稽核”“出纳”“制单”分别由相关人员签字或盖章。

（10）填写记账符号栏。

说明：“记账符号”栏应在已经登记账簿后划“√”符号，表示已经入账，以免发生漏记或重记错误。

4. 登记库存现金日记账

结合本笔业务中的现金付款凭证，登记库存现金日记账。已经登记的库存现金日记账，如表 3－7 所示。

表 3－7　　现金日记账

现金日记账

2018年		凭证		摘要	对方科目	类页	借方											贷方											余额										
月	日	类别	号数				亿	千	百	十	万	千	百	十	元	角	分	亿	千	百	十	万	千	百	十	元	角	分	亿	千	百	十	万	千	百	十	元	角	分
07				期初余额																														1	0	5	0	6	0
07	01	银付	01	提取备用金	银行存款							5	0	0	0	0	0																	6	0	5	0	6	0
07	01	现收	01	宋雪归还差旅费	其他应收款							1	0	0	0	0	0																	7	0	5	0	6	0
07	01	现付	01	销货款存入银行	银行存款																			9	8	6	6	0						6	0	6	4	0	0
				过次页																																			

(1) 填写月栏：07；

填写日栏：01。

(2) 填写凭证类别栏：现付；

填写凭证号数栏：01。

(3) 填写摘要栏：销货款存入银行。

(4) 填写对方科目栏：银行存款。

(5) 填写借方栏：此例为空白；

填写贷方栏：986.60。

(6) 填写余额栏：6 064.00。

5. 登记银行存款日记账

结合本笔业务中的现金付款凭证，登记银行存款日记账。已登记的银行存款日记账，如表 3－8 所示。

表 3－8　　银行存款日记账

银行存款日记账

户名　中国工商银行天津新开路支行（基本户）　　账号　0302011251462087732

2018年 月	日	凭证号	摘要	对方科目	现金支票号码	转账支票号码	借方（亿千百十万千百十元角分）	贷方（亿千百十万千百十元角分）	借或贷	余额（亿千百十万千百十元角分）
			期初余额						借	251976548
07	01	银付01	提取备用金	库存现金	78520469			500000	借	251476548
07	01	现付01	销货款存入银行	库存现金			98660		借	251575208
			过次页							

(1) 填写月栏：07；

填写日栏：01。

(2) 填写凭证号栏：现付 01。

(3) 填写摘要栏：销货款存入银行。

(4) 填写对方科目栏：库存现金。

(5) 填写借方栏：986.60；

填写贷方栏：此例为空白。

(6) 填写借或贷栏：借；

填写余额方栏：2 515 752.08。

(二) 给付员工 1 000 元以内的借款，支付现金

1. 业务操作流程

给付员工 1 000 元以内的借款，支付现金业务操作流程，如图 3－14 所示。

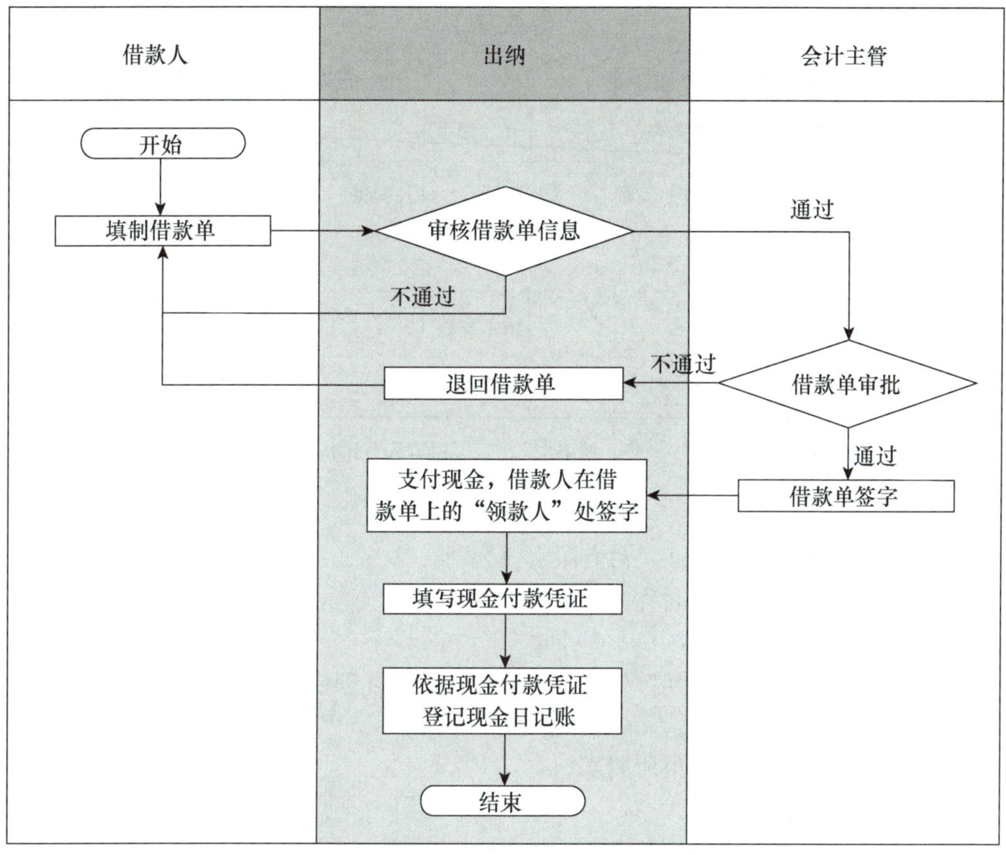

图 3－14　给付员工 1 000 元以内的借款，支付现金业务操作流程图

流程说明：

（1）借款人产生借款需求，填制借款单。

（2）出纳审核借款单的填制是否符合规范，如借款单位、借款事由，“借款金额”大小写是否一致，“还款日期”“批准还款日期”是否填写到日。

（3）审核通过后，出纳将借款单交至会计主管处审核签字。

（4）出纳依据签字后的借款单支付现金给借款人，借款人收到现金后需在借款单上的“领款人”处签字。

（5）出纳依据借款单填制现金付款凭证，并登记现金日记账。

2. 填写借款单

借款单是指因工作或业务需要提前借款办理业务而填写的单据。借款单一式两联，第一联是借款单存根，是借款人的借款单据（签字后由出纳人员支付现金时一并返还）；第二联是借款单（代付款凭证），作为借款人向企业办理借款的借据（企业保管），并作为办理借款的付款凭证。

【业务案例 4】库存现金支付的核算

2018 年 7 月 1 日，天津金江贸易有限责任公司员工李刚借差旅费 1 000 元。已经填写好的借款单，如图 3－15 所示。

借款单

单位：天津金江贸易有限责任公司　　日期：2018 年 07 月 01 日

部门	销售部	经手人	李刚
用款方式	☑ 现金　☐ 支票　☐ 电汇　☐ 其他		
用途	出差预借差旅费		
借款金额（大写）：壹仟元整		借款金额（小写）：¥1000.00	
总经理	宋雪	财务经理	孙春英

核算：孙春英　　会计：陈静　　领款人：李刚

图 3-15　借款单

（1）填写单位栏：天津金江贸易有限责任公司。

说明：单位栏填写本单位名称。

（2）填写日期栏：2018 年 07 月 01 日。

说明：借款单上方的“日期”处，填写填制借款单办理借款的日期。

（3）填写部门栏：销售部。

说明：部门栏填写借款人员所属部门。

（4）填写经手人栏：李刚。

说明：经手人栏填写借款人姓名。

（5）填写用途栏：出差预借差旅费。

说明：用途栏依据实际用途填写。

（6）填写借款金额（大写）栏：壹仟元整。

说明：参见本书 69 页。

（7）填写借款金额（小写）栏：¥1 000.00。

说明：参见本书 69 页。

（8）填写总经理栏：宋雪；

填写财务经理栏：孙春英；

填写核算栏：孙春英；

填写会计栏：陈静；

填写领款人栏：李刚。

说明：借款单中的“总经理”“财务经理”“核算”“会计”“领款人”栏分别由相关人员签字或盖章。

3. 填制现金付款凭证

【原始票据 4】借款单，参见图 3-15。

已经填制的现金付款凭证，如表 3-9 所示。

（1）填写贷方科目栏：库存现金。

（2）填写日期栏：2018 07 01。

表 3－9　　现金付款凭证

现金付款凭证

贷方科目：库存现金　　　　日期 2018 07 01　　　　现付 字　第02号

摘要	借方科目	金额 千	百	十	万	千	百	十	元	角	分	记账符号
李刚预借差旅费	其他应收款——李刚					1	0	0	0	0	0	
	合计金额				¥	1	0	0	0	0	0	

附凭证 1 张

会计主管 孙春英　记账 陈静　稽核 孙春英　出纳 陈磊　制单 陈磊

（3）填写编号栏：现付字第 02 号。

（4）填写摘要栏：李刚预借差旅费。

（5）填写借方科目栏：其他应收款——李刚。

（6）填写金额栏：1 000.00。

（7）填写合计金额栏：¥1 000.00。

（8）填写附凭证张数栏：附凭证 1 张。

（9）填写会计主管栏：孙春英；

填写记账栏：陈静；

填写稽核栏：孙春英；

填写出纳栏：陈磊；

填写制单栏：陈磊。

（10）填写记账符号栏。

说明："记账符号"栏应在已经登记账簿后划"√"符号，表示已经入账，以免发生漏记或重记错误。

4. 登记库存现金日记账

结合本笔业务中的现金付款凭证，登记库存现金日记账。已登记完的库存现金日记账，如表 3－10 所示。

（1）填写月栏：07；

填写日栏：01。

（2）填写凭证类别栏：现付；

填写凭证号数栏：02。

（3）填写摘要栏：李刚预借差旅费。

（4）填写对方科目栏：其他应收款。

（5）填写借方栏：此例为空白；

填写贷方栏：1 000.00。

（6）填写余额栏：5 064.00。

表 3-10　　现金日记账

现金日记账

2018年 月	日	凭证 类别	号数	摘要	对方科目	类页	借方	贷方	余额
07				期初余额					105060
07	01	银付	01	提取备用金	银行存款		500000		605060
07	01	现收	01	宋雪归还差旅费	其他应收款		100000		705060
07	01	现付	01	销货款存入银行	银行存款			98660	606400
07	01	现付	02	李刚预借差旅费	其他应收款			100000	506400
				过次页					

四、银行存款收入的核算

(一) 银行转账支票办理收款

1. 业务操作流程

银行转账支票办理收款业务操作流程，如图 3-16 所示。

流程说明：

(1) 出票：客户根据本单位的情况，签发转账支票，并加盖本单位预留银行印鉴。

(2) 交付票据：出票客户将票据交给收款人。当收到支票的第一时间，出纳应确定支票的完整性与有效性（出票日期、付款行名称、收款人名称、出票人账号等信息是否正确，盖章是否清晰）。

(3) 确定无误后，在支票反面预留处盖上本单位的财务专用章和法人章。盖章需清晰，以防作废。

(4) 填写进账单（该进账单是购买的专用单据）。根据进账单上的要求填写，同时加盖财务专用章和法人章。

(5) 收款人或持票人持转账支票委托本单位的开户银行收款或到出票人开户行提示付款。收款人提示付款时，应做成委托收款背书，在转账支票背面“背书人签章”处签章，注明“委托收款”字样。将进账单与支票一同提交银行，银行审核完毕后，将进账单回单联次返还收款人。

(6) 根据相应票据进行记账处理。

2. 获取转账支票

转账支票是出票人签发的，委托办理支票存款业务的银行在见票时无条件支付确定的金额给收款人或持票人的票据。在银行开立存款账户的单位和个人客户，在同一票据交换

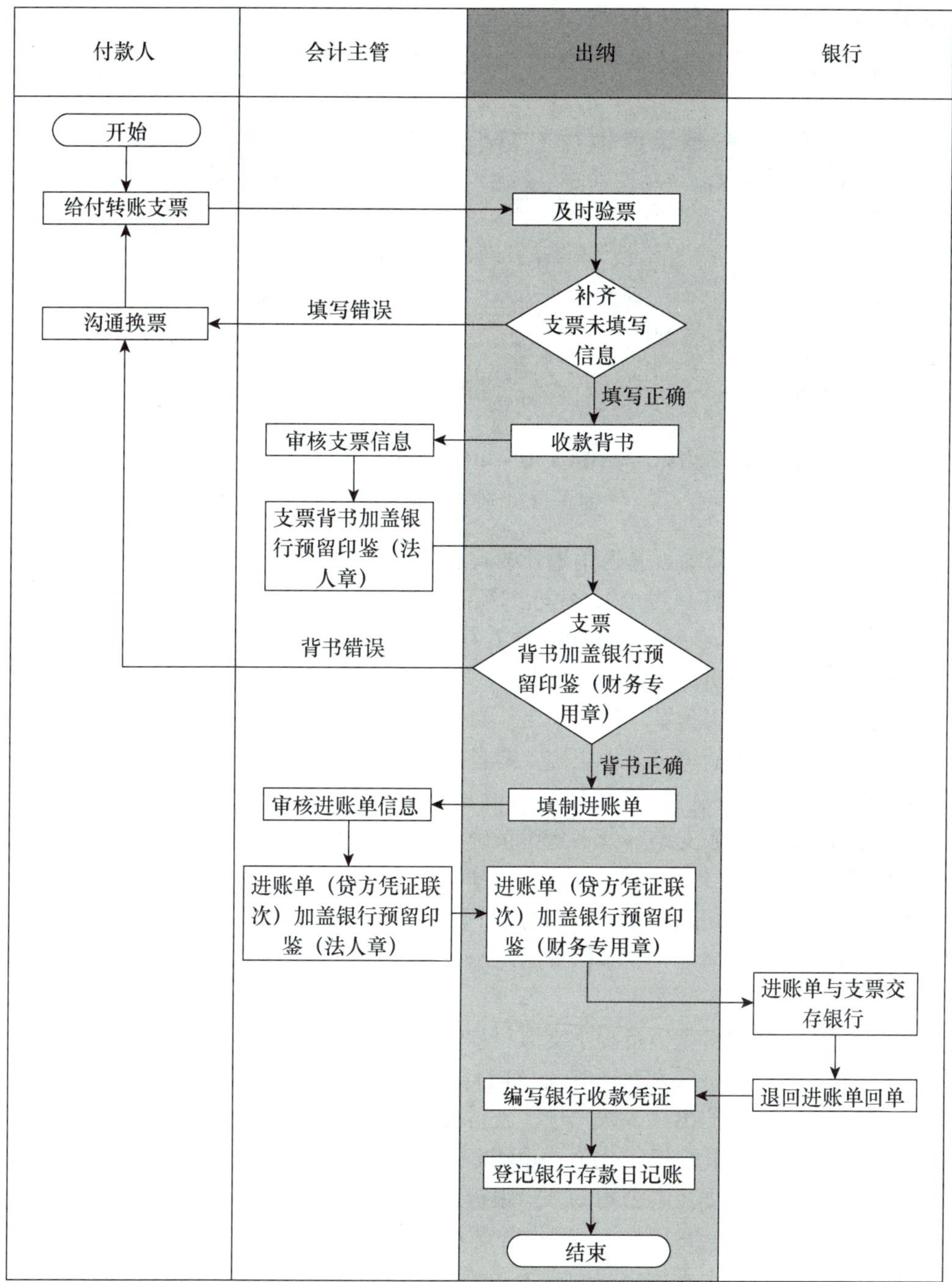

图 3-16　将转账支票存入银行业务操作流程图

区域的各种款项结算，均可以使用转账支票，委托开户银行办理付款手续。转账支票只能用于转账。

【业务案例 5】银行转账支票办理收款

2018 年 7 月 1 日，天津金江贸易有限责任公司收到天津市骏鑫贸易有限公司转账支票一张，金额 8 966 元，到银行办理入账。收到的转账支票，如图 3-17 所示。

收款单位出纳员收到付款单位交来的转账支票后，首先应对转账支票进行审查，以免收进假支票或无效支票。对转账支票的审查应包括以下内容：

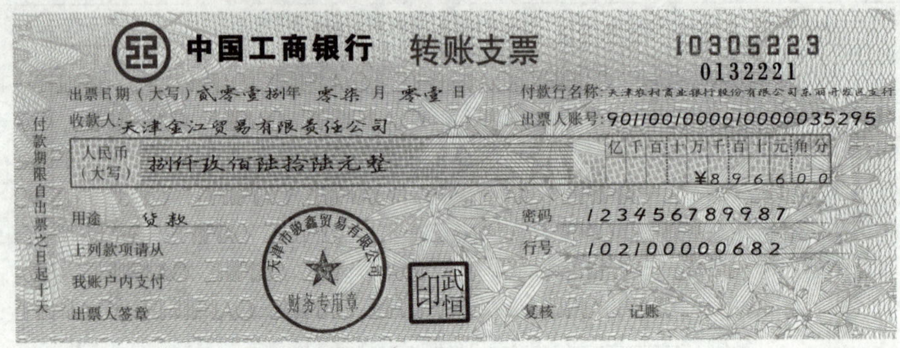
中国工商银行 转账支票 10305223 0132221
出票日期（大写）贰零壹捌年 零柒月 零壹日 付款行名称：天津农村商业银行股份有限公司东丽开发区支行
收款人：天津金江贸易有限责任公司 出票人账号：901100100001000035295
人民币（大写）捌仟玖佰陆拾陆元整 亿 千 百 十 万 千 百 十 元 角 分 ¥ 8 9 6 6 0 0
用途 货款 密码 123456789987
上列款项请从 行号 102100000682
我账户内支付
出票人签章 复核 记账
付款期限自出票之日起十天

112458 020940425 112010803367210 00

图 3-17 收到转账支票

转账支票收取练习

（1）支票填写是否清晰，是否用墨汁或碳素墨水填写。

（2）支票的各项内容是否填写齐全，是否在“出票人签章”处加盖出票单位银行预留印鉴，大小写金额和收款人有无涂改，其他内容如有改动是否有原记载人签章证明。

（3）支票收款人是否为本单位。

（4）支票大小写金额填写是否正确，两者是否相符。

（5）转账支票是否在付款期内。

（6）背书转让的转账支票其背书是否正确，是否连续。

3. 转账支票的兑现

转账支票提示付款期限为 10 日，超过付款期的支票，银行不予受理。转账支票的权力时效为自出票日起六个月，在票据开出六个月内，收款人可持有关证明文件，向付款人请求付款。

（1）持票人直接向付款银行提示支票付款。

收到转账支票后，持票人就要将支票向付款人（金融机构）提示。支票一旦被提示，付款人应从该提示支票的出票人账户中，支付支票上记载的金额给持票人。

（2）委托本公司的开户银行代为兑现转账。

收款人或者持票人委托本公司的开户银行代为交换兑现，银行将支票交至票据交换所交换，由银行之间处理（常用）。此时若出票人的银行结算账户内余额不足，这张支票就成了拒付支票，会被贴上不能付款的笺条而被退还。

（3）转账支票 10 天有效期的算法。

从签发日算起，日期首尾算一天，节假日顺延，如果最后一天是假日就顺延到最近的一个工作日，如果最后一天是周日就顺延到周一。遇到法定假日，休息几天就顺延几天。

（4）转账支票的委托收款背书。

持票人将转账支票存入本单位银行账户，需进行委托收款背书，委托本单位开户行向出票人收取转账支票款项。

持票人在转账支票背面第一个背书方框栏内，“背书人签章”处加盖本单位银行预留印鉴（公司财务专用章和法人章，一般由出纳人员保管财务专用章，财务主管保管法人章），并填写背书日期，在上面的“被背书人”栏内填写本单位开户行名称，同时在第一个“背书人签章”栏内注明“委托收款”字样。委托收款背书的转账支票背面，如图 3－18 所示。

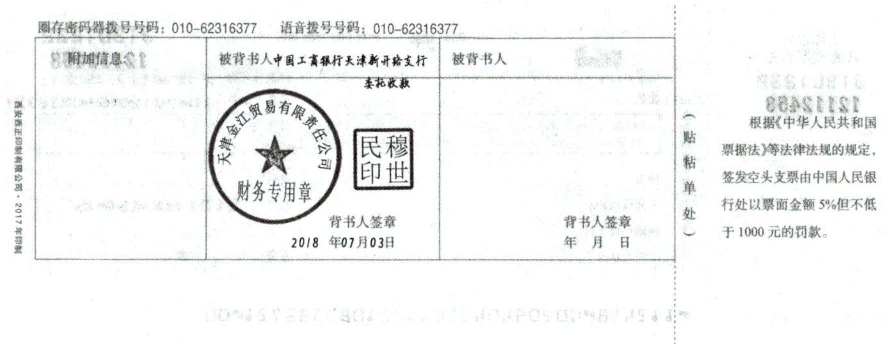

图 3－18 背面盖章的转账支票

（5）转账支票的转让背书。

持票人将转账支票的票据权利转让给其他单位时，需要采取转让背书的方式。

持票人在转账支票背面第一个“背书人签章”处加盖本单位银行预留印鉴，并填写背书日期，在上面的“被背书人”栏内填写要转让给单位的名称，并将转账支票交付给对方单位，转让背书过程结束。转让背书的转账支票背面，如图 3－19 所示。

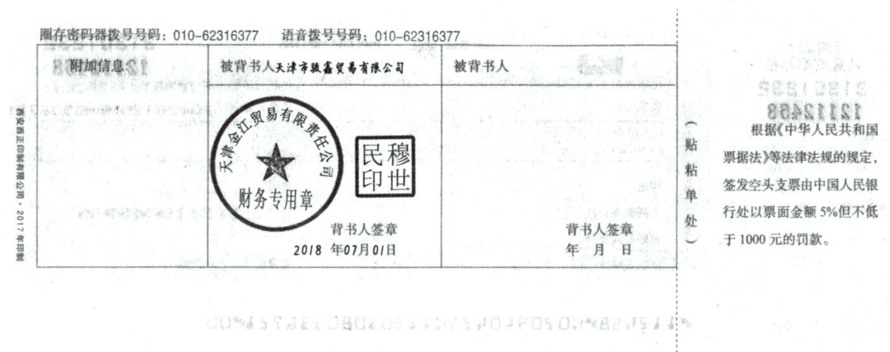

图 3－19 转让背书的转账支票背面

被背书人拿到转账支票后进行委托收款背书，需在转账支票背面第二个背书方框栏内，“背书人签章”处加盖本单位银行预留印鉴，并填写背书日期，在上面的“被背书人”栏内填写本单位开户行名称，同时在第二个背书人签章栏注明“委托收款”字样。被背书人委托收款背书的转账支票背面，如图 3－20 所示。

4. 使用转账支票的注意事项

（1）客户转账支票使用完毕后，应在购买支票单据（业务收费凭证）上加盖预留银行印鉴，同时按标准交费，领取空白转账支票。

（2）客户应在其存款账户的余额内签发支票。如透支，银行会予以退票，并按票面金额处以 5%但不低于 1 000 元的罚款。

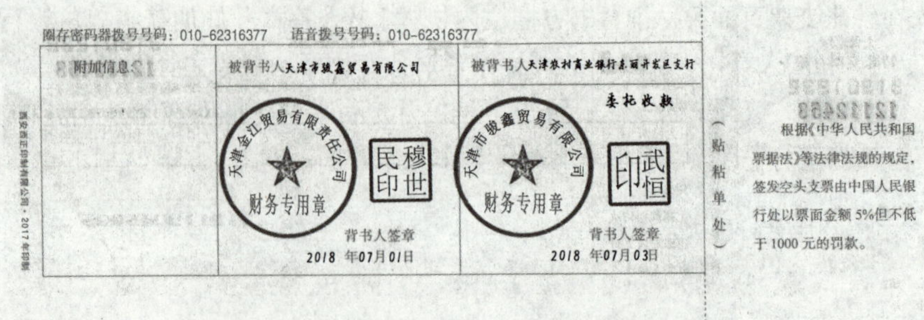

图 3 - 20　被背书人委托收款背书的转账支票背面

（3）出票人在签发支票时，应在转账支票正面加盖预留银行印鉴，缺漏印章或印鉴不符时，银行予以退票，并按票面金额处以 5%但不低于 1 000 元的罚款。

（4）客户签发票据应按照《支付结算办法》和《正确填写票据和结算凭证的基本规定》记载。

（5）客户结清销户时，应将未用空白支票缴还银行。

（6）票据的收款人、金额、日期不得涂改。

（7）转账支票用于支付时，无需在支票背面做背书，收到支票用于银行进账时，才需要在背面填写背书信息。

5. 填写进账单

银行进账单是持票人或收款人将票据款项存入其开户银行账户的凭证，也是开户银行将票据款项记入持票人或收款人账户的凭证。

持票人填写银行进账单时，必须清楚地填写票据种类、票据张数、收款人名称、收款人开户银行及账号、付款人名称、付款人开户银行及账号、金额等栏目，并连同相关票据一并交给银行经办人员。对于三联式银行进账单，银行受理后，银行应在第一联上加盖转讫章并退给持票人，持票人凭此记账。已经填写的进账单，如图 3 - 21 所示。

ICBC 中国工商银行　进账单（贷方凭证）1

2018年 07 月 01 日

出票人	全　称	天津市骏鑫贸易有限公司	收款人	全　称	天津金江贸易有限责任公司
	账　号	9011001000010000035295		账　号	0302011251462087732
	开户银行	天津农村商业银行股份有限公司东丽开发区支行		开户银行	中国工商银行天津新开路支行
金额	人民币（大写）	捌仟玖佰陆拾陆元整		亿千百十万千百十元角分	￥896600
票据种类	转账支票	票据张数	1		
票据号码	0132221				
备注				复核	记账

此联由收款人开户银行作贷方凭证

图 3 - 21　进账单

（1）第一联填写出票日期（小写）栏：2018 年 07 月 01 日。

说明：第一联的日期使用数字小写填写，为去银行办理业务当天日期。

（2）第一联填写出票人全称栏：天津市骏鑫贸易有限公司。

说明：进账单出票人公司全称，依据收取的转账支票正联付款人财务专用章填制。

（3）第一联填写出票人账号栏：9011001000010000035295。

（4）第一联填写出票人开户银行栏：天津农村商业银行股份有限公司东丽开发区支行。

说明：为转账支票出票人的开户银行名称及银行账号。根据出售转账支票的银行不同，有的银行会在转账支票上提前印制好付款行名称和出票人账号内容。

（5）第一联填写收款人全称栏：天津金江贸易有限责任公司。

说明：进账单收款人全称为本公司全称。

（6）第一联填写收款人账号栏：0302011251462087732。

（7）第一联填写收款人开户银行栏：中国工商银行天津新开路支行。

说明：为本公司的开户银行名称及银行账号。

（8）第一联填写金额人民币（大写）栏：捌仟玖佰陆拾陆元整。

说明：参见本书第 69 页。

（9）第一联填写人民币（小写）栏：¥8 966.00。

说明：参见本书第 69 页。

（10）第一联填写票据种类栏：转账支票。

说明：为交存银行的票据种类。

（11）第一联填写票据张数栏：1。

说明：转账支票的张数，依据实际情况填写。

（12）第一联填写票据号码栏：0132221。

说明：转账号，依据实际情况填写。

（13）第一联签章栏：加盖收款单位银行预留印鉴，例如：财务专用章和法人章。已经盖章的进账单，如图 3－22 所示。

ICBC 中国工商银行　进账单（贷方凭证）1

2018年 07月 01日

出票人	全称	天津市骏鑫贸易有限公司	收款人	全称	天津金江贸易有限责任公司
	账号	9011001000010000035295		账号	0302011251462087732
	开户银行	天津农村商业银行股份有限公司东丽开发区支行		开户银行	中国工商银行天津新开路支行
金额	人民币（大写）	捌仟玖佰陆拾陆元整		亿千百十万千百十元角分	¥896600
票据种类	转账支票	票据张数	1		
票据号码	0132221				
备注		天津金江贸易有限责任公司 财务专用章　穆世民印		复核	记账

此联由收款人开户银行作贷方凭证

图 3－22　盖章的进账单

6. 填写进账单时的注意事项

（1）进账单与支票配套使用，支票交存银行时，须填写进账单。

（2）进账单上填列的收款人名称、账号、金额、内容均不得更改，其他项目内容应根据所附支票的相关内容据实填列。这是因为银行受理票据后，支票和进账单两者分离，要分别在不同的柜组或行处之间进行核算处理，为了防止差错纠纷和经济案件的发生，便于事后查找，故作此明确规定。

7. 填制银行收款凭证

银行收款凭证是根据银行存款收取业务的原始凭证编制、专门用来填列银行收款业务会计分录的记账凭证。存现业务，编制银行收款凭证。

【原始票据 5】进账单第二联回单联，如图 3－23 所示。

ICBC 中国工商银行 进账单（回 单）2

2018年 07月 01日

出票人	全 称	天津市骏鑫贸易有限公司	收款人	全 称	天津金江贸易有限责任公司
	账 号	901100100001000035295		账 号	0302011251462087732
	开户银行	天津农村商业银行股份有限公司东丽开发区支行		开户银行	中国工商银行天津新开路支行
金额	人民币（大写）	捌仟玖佰陆拾陆元整		亿千百十万千百十元角分	¥896600
票据种类	转账支票	票据张数	1		
票据号码	0132221				
复核 记账				该业务已提交中国工商银行天津新开路支行待后续处理 开户银行签章	

此联是开户银行交给持（出）票人的回单

图 3－23 进账单回单联

已经填制的银行收款凭证，如表 3－11 所示。

表 3－11 银行收款凭证

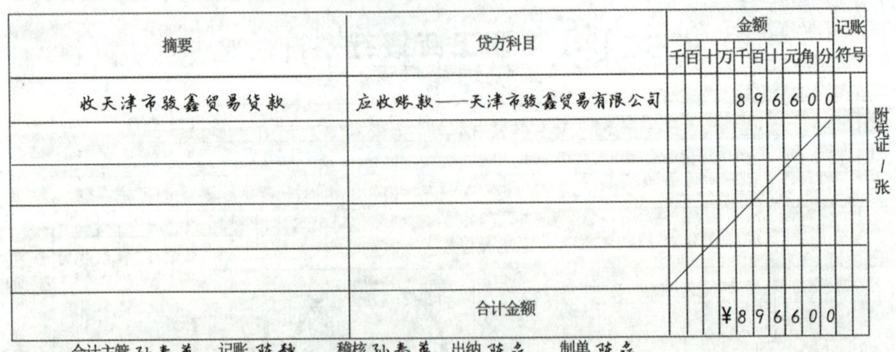

银行收款凭证

借方科目：银行存款——工行天津新开路支行（基本户） 日期 2018 07 01 银收字 第 01 号

摘要	贷方科目	千	百	十	万	千	百	十	元	角	分	记账符号
收天津市骏鑫贸易货款	应收账款——天津市骏鑫贸易有限公司					8	9	6	6	0	0	
	合计金额				¥	8	9	6	6	0	0	

附凭证 1 张

会计主管 孙春英 记账 陈静 稽核 孙春英 出纳 陈磊 制单 陈磊

（1）填写借方科目栏：银行存款——工行天津新开路支行（基本户）。

说明：在借贷记账法下，在收款凭证左上角“借方科目”处，填写“银行存款”科目。

（2）填写日期栏：2018 07 01。

说明：银行收款凭证上方的“日期”处，填写财会部门受理经济业务事项制证的日期。

（3）填写编号栏：银收字第 01 号。

说明：收款凭证右上角的“ 字 第 号”处，填写“银收”字和已填制凭证的顺序编号。

（4）填写摘要栏：收天津市骏鑫贸易货款。

说明："摘要"栏填写能反映经济业务性质和特征的简要说明。

（5）填写贷方科目栏：应收账款——天津市骏鑫贸易有限公司。

说明："贷方科目"栏填写与银行收入相对应的一级科目及其二级科目。

（6）填写金额栏：8 966.00。

说明："金额"栏填写经济业务实际发生的数额。

（7）填写合计金额栏：￥8 966.00。

说明："合计金额"栏填写各发生额的合计数。

（8）填写附凭证张数栏：附凭证 1 张。

说明：收款凭证右边"附凭证　张"处需填写所附原始凭证的张数。

（9）填写会计主管栏：孙春英；

填写记账栏：陈静；

填写稽核栏：孙春英；

填写出纳栏：陈磊；

填写制单栏：陈磊。

说明：银行收款凭证下面的"会计主管""记账""稽核""出纳""制单"分别由相关人员签字或盖章。

（10）填写记账符号栏。

说明："记账符号"栏应在已经登记账簿后划"√"符号，表示已经入账，以免发生漏记或重记错误。

8. 登记银行存款日记账

结合本笔业务中的银行收款凭证，登记银行存款日记账。已登记完的银行存款日记账，如表 3-12 所示。

表 3-12　　银行存款日记账

银行存款日记账

户名　中国工商银行天津新开路支行（基本户）　　账号　03020112514620877 32

2018年 月	日	凭证号	摘要	对方科目	现金支票号码	转账支票号码	借方（亿千百十万千百十元角分）	贷方（亿千百十万千百十元角分）	借或贷	余额（亿千百十万千百十元角分）
			期初余额						借	251976548
07	01	银付01	提取备用金	库存现金	78520469			500000	借	251476548
07	01	现付01	销货款存入银行	库存现金			98660		借	251575208
07	01	银收01	收天津市骏鑫贸易货款	应收账款			896600		借	252471808
			过次页							

(1) 填写月栏：07；

填写日栏：01。

(2) 填写凭证号栏：银收 01。

(3) 填写摘要栏：收天津市骏鑫贸易货款。

(4) 填写对方科目栏：应收账款。

(5) 填写现金支票号码栏：此处为空白；

填写转账支票号码栏：此处为空白。

说明：收到转账支票不填转账支票号码。

(6) 填写借方栏：8 966.00；

填写贷方栏：此处为空白。

(7) 填写借或贷栏：借；

填写余额栏：2 524 718.08。

(二) 银行承兑汇票到期后办理收款

1. 业务操作流程

银行承兑汇票到期后办理收款业务操作流程，如图 3－24 所示。

流程说明：

(1) 确认收到的银行承兑汇票已经到期。

(2) 将银行承兑汇票进行背书处理。“被背书人”处填写托收行名称，“背书人签章”处填写“委托收款”字样，并加盖银行预留印鉴（法人章、财务专用章）。

(3) 按照汇票上的信息填写托收凭证，需将付款人的全称、账号、开户行填写完整，收款人为本公司。“托收凭证”的金额必须与银行承兑汇票上的金额一致。填写完整后，应该在“托收凭证”第二联上加盖本公司的预留印鉴。

(4) 出纳携带银行承兑汇票原件、托收凭证至公司开户行，到银行对公柜台请求解付，开户行受理后将资料寄到出票人的开户行，审核无误后，一般 5～7 个工作日资金到账。

(5) 根据相应票据进行记账处理。

2. 获取银行承兑汇票

银行承兑汇票是出票人签发的，委托办理支票存款业务的银行在见票时无条件支付确定的金额给收款人或持票人的票据。在银行开立存款账户的单位和个人客户，用于同城交易的各种款项，均可签发银行承兑汇票，委托开户银行办理付款手续。银行承兑汇票只能用于转账。

【业务案例 6】银行承兑汇票到期后办理收款

2018 年 7 月 1 日，天津金江贸易有限责任公司将收到的天津安腾商贸有限公司签发的 2018 年 7 月 10 日到期的银行承兑汇票 24 780 元办理托收承兑。已经填写的银行承兑汇票，如图 3－25 所示。

收款单位出纳人员收到付款单位交来的银行承兑汇票后，首先应对汇票进行审查，以免收进假汇票或无效汇票。对银行承兑汇票的审查应包括以下内容：

(1) 清晰性：主要指票据平整洁净，字迹、印章清晰可辨，达到“两无”：无污损，指票面无折痕、水迹、油渍或其他污物；无涂改，指票面各记载要素、签章及背书无涂改痕迹。

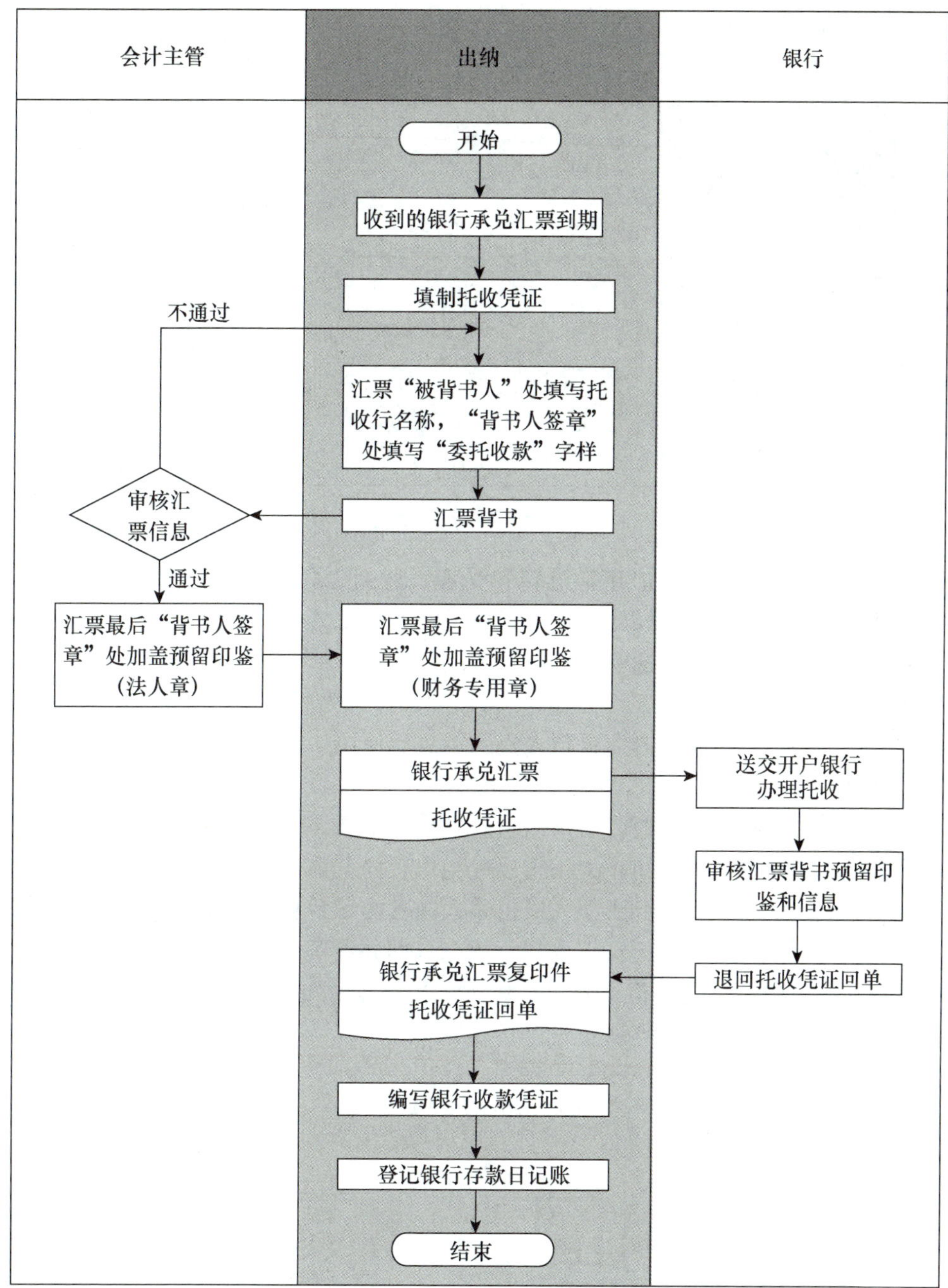

图 3－24　银行承兑汇票到期后办理收款业务操作流程图

（2）完整性：主要指票据没有破损且各记载要素及签章齐全，达到“两无”：无残缺，指票据无缺角、撕痕或其他损坏；无漏项，指票面各记载要素及背书填写完整、各种签章齐全。

（3）准确性：主要指票面各记载要素填写正确，签章符合《票据法》的规定，达到“两无”：无错项，指票据的行名、行号、汇票专用章等应准确无误，背书必须连续等；无笔误，指票据大、小写金额应一致，书写规范，签发及支付日期的填写符合要求（月份要求壹月、贰月前加零，日期要求壹至玖前加零，拾、贰拾、叁拾前加零）。

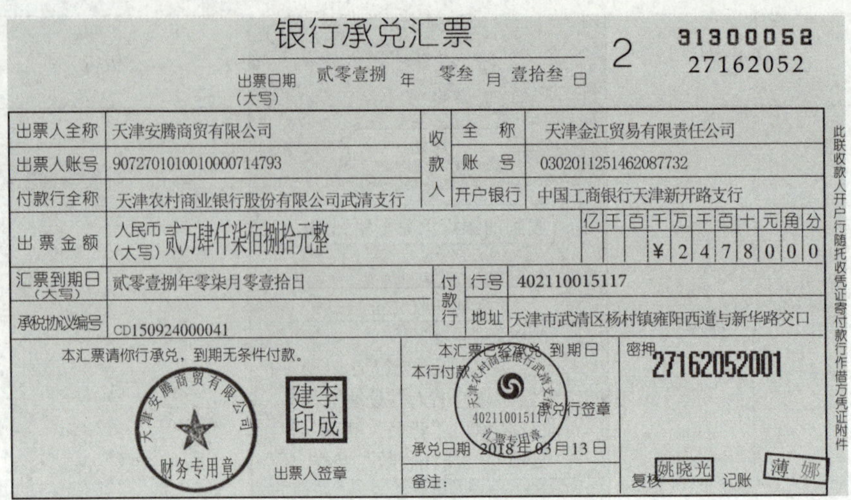

银行承兑汇票　　2　　31300052 27162052

出票日期（大写）贰零壹捌 年 零叁 月 壹拾叁 日

出票人全称	天津安腾商贸有限公司	收款人	全　称	天津金江贸易有限责任公司
出票人账号	9072701010010000714793		账　号	0302011251462087732
付款行全称	天津农村商业银行股份有限公司武清支行		开户银行	中国工商银行天津新开路支行
出票金额	人民币（大写）贰万肆仟柒佰捌拾元整		亿千百十万千百十元角分	¥2478000
汇票到期日（大写）	贰零壹捌年零柒月零壹拾日	付款行	行号	402110015117
承兑协议编号	CD150924000041		地址	天津市武清区杨村镇雍阳西道与新华路交口

本汇票请你行承兑，到期无条件付款。

天津安腾商贸有限公司 财务专用章　建李印成

出票人签章

本汇票已经承兑，到期日本行付款。

天津农村商业银行武清支行 402110015117 汇票专用章

承兑行签章

承兑日期 2018年03月13日

备注：

密押 27162052001

复核 姚晓光　记账 薄娜

此联收款人开户行随托收凭证寄付款行作借方凭证附件

图 3－25　银行承兑汇票

（4）合法性：主要指票据能正常流转和受理，达到“两无”：无免责，指注有“不得转让”“质押”“委托收款”字样的票据不得办理贴现；无禁令，指票据应不属于被盗、被骗、遗失范围及公检法禁止流通和公示催告范围。

3. 银行承兑汇票的承兑

银行承兑汇票可以在出票时向付款人提示承兑后使用，也可以在出票后先使用再向付款人提示承兑。

持票人向付款人提示承兑时，必须向付款人出示汇票，否则付款人可予以拒绝。这种拒绝不具有拒绝承兑的效力，持票人不得以此为由，向其前手行使追索权。

银行承兑汇票的付款人接到出票人或持票人向其提示承兑的汇票时，应当向出票人或持票人签发收到汇票的回单，记载汇票提示承兑日期并签章。付款人应当自收到提示承兑的汇票之日起 3 日内承兑或者拒绝承兑。付款人拒绝承兑的，必须出具拒绝承兑的证明。银行承兑汇票背面，如图 3－26 所示。

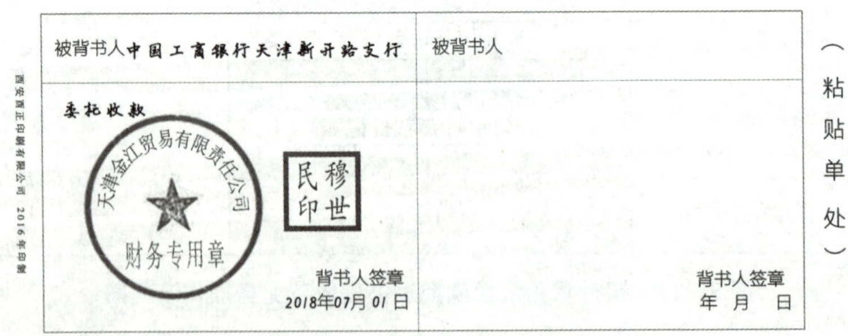

被背书人中国工商银行天津新开路支行	被背书人
委托收款 天津金江贸易有限责任公司 财务专用章　穆世民印 背书人签章 2018年07月01日	背书人签章 年 月 日

（粘贴单处）

图 3－26　银行承兑汇票背面

银行承兑汇票背面，“背书人签章”栏加盖收款单位银行预留印鉴，例如，财务专用章与法人章，并且写上“委托收款”字样；被背书人则为收款单位开户银行全称。填写好银行托收凭证后连同该银行承兑汇票交给收款单位的开户银行委托银行收款。

商业汇票收取填写托收凭证

4. 填写托收凭证

企业日常交易中收到的银行承兑汇票，如果没有背书或者贴现，在到期日需要委托银行收款（一般提前 10 天）。托收时，企业人员需要填写托收凭证，并加盖银行预留印鉴，例如，财务专用章及法人章。

托收凭证一式五联，第一联是回单，是收款单位开户银行给收款单位的回单联；第二联贷方凭证联，是收款单位委托开户银行办理托收款项后的贷方凭证联；第三联借方凭证，是付款单位开户银行支付货款的借方凭证联；第四联收账通知，是收款单位开户银行在款项收妥后，给付款单位的收账通知联；第五联承付支款通知，是付款单位开户银行通知付款单位按期承付货款的承付通知。已经填写的托收凭证，如图 3－27 所示。

ICBC 中国工商银行　　托收凭证（贷方凭证）

2 No.

委托日期 2018 年 07 月 01 日

业务类型	委托收款（□邮划、☑电划）　托收承付（□邮划、□电划）				
付款人 全称	天津安腾商贸有限公司		收款人 全称	天津金江贸易有限责任公司	
付款人 账号	907270101001000071479３		收款人 账号	0302011251462087732	
付款人 地址	天津市武清区杨村镇 市/县	开户行 天津农村商业银行股份有限公司武清支行	收款人 地址	天津市河西区 市/县	开户行 中国工商银行天津新开路支行
金额 人民币（大写）	贰万肆仟柒佰捌拾元整			¥24780.00	
款项内容	货款	托收凭据名称	银行承兑汇票27162052	附寄单证张数	一张
商品发运情况			合同名称号码		
备注：收款人开户银行收到日期　年　月　日	上列款项随附有关债务证明，请予办理　收款人签章		复核：　记账：		

此联收款人开户银行作贷方凭证

B610.324　175*100mm

图 3－27　托收凭证

(1) 第一联填写委托日期栏：2018 年 07 月 01 日。

说明：第一联的日期使用小写数字填写，为去银行办理业务当天的日期。

(2) 第一联填写付款人全称栏：天津安腾商贸有限公司。

说明：托收凭证付款人公司全称，依据收取的银行承兑汇票正联付款人财务专用章填制。

(3) 第一联填写付款人账号栏：9072701010010000714793；

第一联填写付款人开户行栏：天津农村商业银行股份有限公司武清支行。

说明：为付款人的开户银行名称及银行账号。根据出售银行承兑汇票的银行不同，有的银行会在银行承兑汇票上提前印制好付款行名称和付款人账号内容，有的银行则由付款人自行填写。

(4) 第一联填写地址栏：天津市武清区杨村镇。

说明：托收凭证收款人地址如果票面有付款行详细地址则按地址填写，如果没有，就需要查询该付款行隶属于哪个省哪个市（或县）。

(5) 第一联填写收款人全称栏：天津金江贸易有限责任公司。

说明：托收凭证收款人全称为本公司全称。

(6) 第一联填写收款人账号栏：0302011251462087732。

(7) 第一联填写收款人开户行栏：中国工商银行天津新开路支行。

说明：为本公司的开户银行名称及银行账号。

(8) 第一联填写收款人地址栏：天津市河西区。

说明：填写收款单位隶属的省、市（县）。

(9) 第一联填写金额人民币（大写）栏：贰万肆仟柒佰捌拾元整。

说明：参见本书第 69 页。

(10) 第一联填写人民币小写栏：￥24 780.00。

说明：参见本书第 69 页。

(11) 第一联填写款项内容栏：货款。

说明：按实际内容填列。

(12) 第一联填写托收凭据名称栏：银行承兑汇票 27162052。

说明：除了要写"银行承兑汇票"还需填写托收的本张承兑汇票右上角的汇票号码。

(13) 第一联填写附寄单证张数栏：一张。

说明：此栏有些银行不要求填写，有些银行要求填写，所附寄的即为本需托收汇票，一般写"一张"。本托收凭证共五联，要求复印填写，每张填写内容一致。填完后在第二联左下角指定处加盖收款单位预留印鉴。

5. 填制银行收款凭证

【原始票据 6】托收凭证第二联，参见图 3－27。

已经填制的银行收款凭证，如表 3－13 所示。

表 3－13　银行收款凭证

银行收款凭证

借方科目：银行存款——工行天津新开路支行（基本户）日期 2018 07 01　　银收字　第 02 号

摘要	贷方科目	金额 千	百	十	万	千	百	十	元	角	分	记账符号
天津安腾商贸银行承兑汇票到期办理承兑	应收票据——天津安腾商贸有限公司				2	4	7	8	0	0	0	
	合计金额			¥	2	4	7	8	0	0	0	

附凭证 2 张

会计主管 孙春英　记账 陈静　稽核 孙春英　出纳 陈淼　制单 陈淼

(1) 填写借方科目栏：银行存款——工行天津新开路支行（基本户）。

(2) 填写日期栏：2018 07 01。

(3) 填写编号栏：银收字第 02 号。

(4) 填写摘要栏：天津安腾商贸银行承兑汇票到期办理承兑。

(5) 填写贷方科目栏：应收票据——天津安腾商贸有限公司。

(6) 填写金额栏：24 780.00。

(7) 填写合计金额栏：￥24 780.00。

(8) 填写附凭证张数栏：附凭证 2 张。

(9) 填写会计主管栏：孙春英；

填写记账栏：陈静；

填写稽核栏：孙春英；

填写出纳栏：陈磊；

填写制单栏：陈磊。

（10）填写记账符号栏。

说明：“记账符号”栏应在已经登记账簿后划“√”符号，表示已经入账，以免发生漏记或重记错误。

6. 登记银行存款日记账

结合本笔业务中的银行收款凭证，登记银行存款日记账。已登记完的银行存款日记账，如表 3-14 所示。

表 3-14　　银行存款日记账

银行存款日记账

户名 中国工商银行天津新开路支行（基本户）　账号 0302011251462087732

2018年 月	日	凭证号	摘要	对方科目	现金支票号码	转账支票号码	借方（亿千百十万千百十元角分）	贷方（亿千百十万千百十元角分）	借或贷	余额（亿千百十万千百十元角分）
			期初余额						借	251976548
07	01	银付01	提取备用金	库存现金	78520469			500000	借	251476548
07	01	现付01	销货款存入银行	库存现金			98660		借	251575208
07	01	银收01	收天津市骏鑫贸易货款	应收账款			896600		借	252471808
07	01	银收02	天津安腾商贸银行承兑汇票到期办理承兑	应收票据			2478000		借	254949808
			过次页							

（1）填写月栏：07；

填写日栏：01。

（2）填写凭证号栏：银收 02。

（3）填写摘要栏：天津安腾商贸银行承兑汇票到期办理承兑。

（4）填写对方科目栏：应收票据。

（5）填写现金支票号码栏：此例为空白；

填写转账支票号码栏：此例为空白。

（6）填写借方栏：24 780.00；

填写贷方栏：此例为空白。

（7）填写借或贷栏：借；

填写余额栏：2 549 498.08。

五、银行存款支付的核算

（一）银行柜台办理电汇付款

1. 业务操作流程

银行柜台办理电汇付款业务操作流程，如图 3-28 所示。

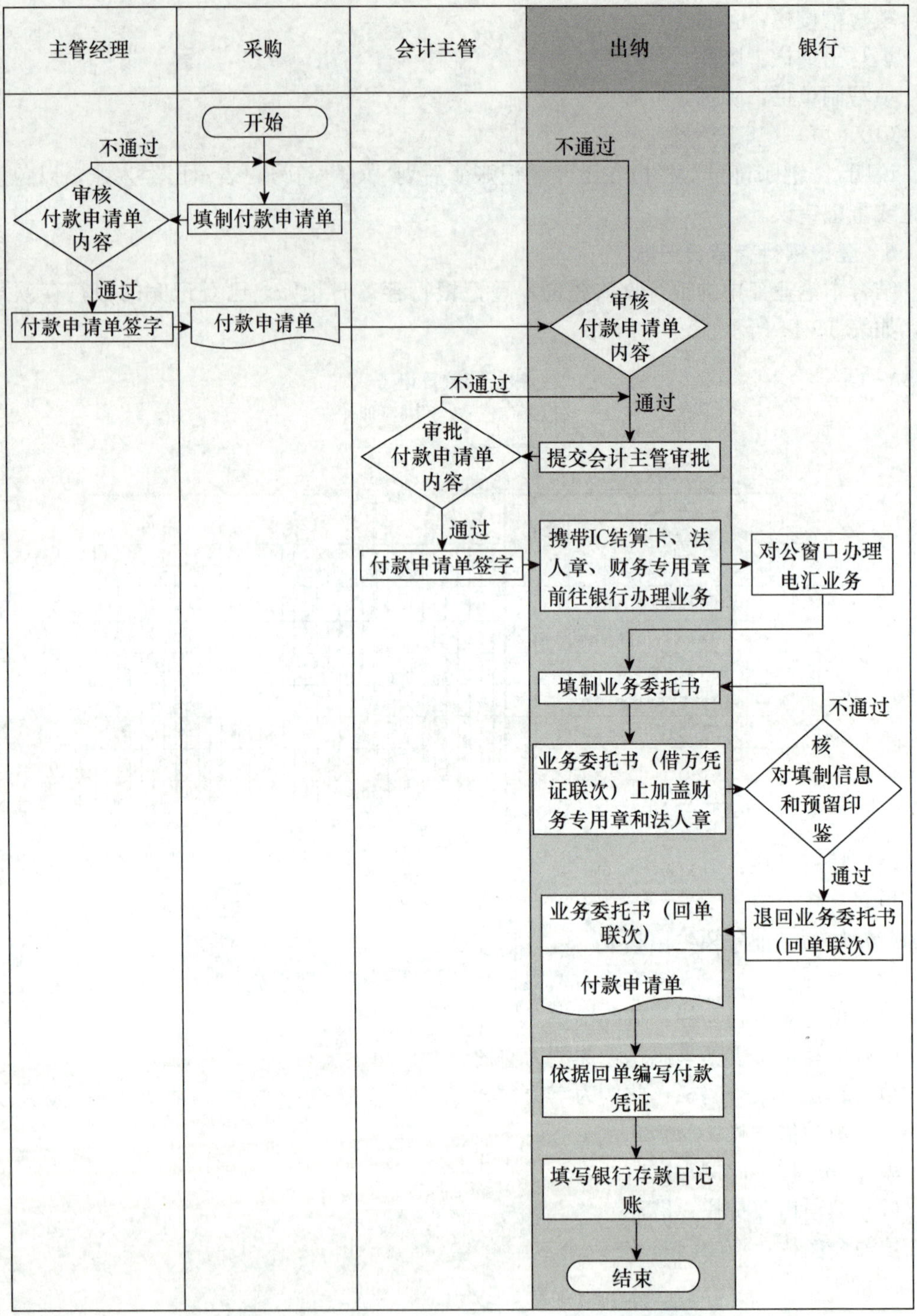

主管经理 采购 会计主管 出纳 银行

开始
填制付款申请单
审核付款申请单内容
不通过
通过
付款申请单签字
付款申请单
审核付款申请单内容
不通过
通过
提交会计主管审批
审批付款申请单内容
不通过
通过
付款申请单签字
携带IC结算卡、法人章、财务专用章前往银行办理业务
对公窗口办理电汇业务
填制业务委托书
业务委托书（借方凭证联次）上加盖财务专用章和法人章
核对填制信息和预留印鉴
不通过
通过
退回业务委托书（回单联次）
业务委托书（回单联次）
付款申请单
依据回单编写付款凭证
填写银行存款日记账
结束

图 3-28　银行柜台办理业务委托书操作流程图

流程说明：

（1）采购人员依据业务需求提交付款申请单。

（2）出纳针对填写内容、填写格式进行初步审核，确认无误提交至会计主管处签字（重点审核：小写金额、大写金额、填制日期、申请部门、收款单位、账号、开户行等）。

（3）会计主管审批签字。

（4）出纳人员携带 IC 结算卡、法人章、财务专用章前往银行对公窗口办理电汇业务。依据银行职员提示填写业务委托书。

（5）待银行付款完毕后，取回业务委托书，与合同复印件、付款申请单一同入账处理。

审批签字

2. 填写付款申请单

付款申请单指申请付款给供货单位的书面单据形式。它能清晰地表明付款的各项内容（如日期、部门、申请项目、申请金额、用途、审批人、经办人、部门经理、财务负责人、总经理），便于内部审批，然后出纳按照付款申请单来付款。

填写付款申请单

【业务案例 7】去银行柜台办理电汇付款

2018 年 7 月 2 日，支付供应商多锐（天津）智能科技有限公司部分前期购货款 161 750.00 元，款项以银行电汇支付。已经填写的付款申请单，如图 3－29 所示。

付款申请单

付款单编号：20180702001　　申请日期：2018 年 07 月 02 日

款项用途	支付前期货款		
付款依据（合同名称/合同号）	货款合同	开票情况	□已开票　☑未开票　□其他
付款金额	人民币（大写）壹拾陆万壹仟柒佰伍拾元整		人民币（小写）￥161750.00
支付方式	□支票　□现金　☑银行转账　□其他		
收款单位	多锐（天津）智能科技有限公司	收款单位开户行	中国工商银行天津华苑支行
收款账号	0302011200000000001	联系电话	022-58386511

经手人：陈磊　　财务经理：孙春英　　总经理：宋雪　　领款人：

图 3－29　付款申请单

（1）填写付款单编号栏：20180702001。

说明：申请付款人根据申请付款单的实际编号填写号码。

（2）填写申请日期栏：2018 年 07 月 02 日。

说明：付款申请单上方的“申请日期”处，填写该经济业务事项申请办理的日期。

（3）填写付款依据栏：货款合同。

说明：根据签订的合同或发票号码进行填写。

（4）勾选开票情况栏：未开票。

说明：根据实际情况选择是否已开票。

（5）填写付款金额栏。人民币（大写）：壹拾陆万壹仟柒佰伍拾元整，人民币（小写）：￥161 750.00。

说明：“金额”栏填写经济业务实际发生的数额。

（6）填写支付方式栏：银行转账。

说明：选择支付方式。

(7) 填写收款单位栏：多锐（天津）智能科技有限公司。

说明：根据合同或发票填写收款人。

(8) 填写收款单位开户行栏：中国工商银行天津华苑支行。

(9) 填写收款账号栏：0302011200000000001。

(10) 填写联系电话栏 022—58386511。

(11) 填写经手人栏：陈磊；

填写财务经理栏：孙春英；

填写总经理栏：宋雪。

3. 填制业务委托书

本书中涉及的电汇业务银行凭证，均采用中国工商银行的《业务委托书》单据票样为模板。业务委托书用于异地或跨行之间的业务往来，有 5 种可供选择的业务类型：现金汇款、转账汇款、汇票申请书、本票申请书、其他。使用时可根据业务需要自行勾选业务类型，实务中多用转账汇款和汇票申请书。已经填好的业务委托书，如图 3－30 所示。

ICBC 中国工商银行

业务委托书　　委托日期 2018 年 07 月 02 日

业务类型	☐现金汇款　☑转账汇款　☐汇票申请书　☐本票申请书　☐其他		
委托人 全称	天津金江贸易有限责任公司	收款人 全称	多锐（天津）智能科技有限公司
账号或地址	03020112514620877322	账号或地址	0302011200000000001
开户行名称	中国工商银行天津新开路支行	开户行名称	中国工商银行天津华苑支行
汇款方式	☑普通　☐加急　☐加急汇款签字	开户银行	天津省天津市
币种及金额（大写）	壹拾陆万壹仟柒佰伍拾元整	亿千百十万千百十元角分	￥16175000
用途	货款	支付密码	123456
委托人签章	天津金江贸易有限责任公司 财务专用章　穆民印世		
银行填写	☑联动收费　☐非联动收费　☐不收费	备注：	

ICBC 中国工商银行

业务委托书　回执

委托人全称	天津金江贸易有限责任公司
委托人账号	03020112514620877322
收款人全称	多锐（天津）智能科技有限公司
收款人账号	0302011200000000001
金额	￥161750.00
委托日期	2018.07.02

此联为银行受理通知书。若委托人申请汇票或本票业务，应凭此联领取汇票或本票。

图 3－30　业务委托书

(1) 第一联填写委托日期栏：2018 年 07 月 02 日。

说明：第一联的日期使用数字小写填写，为去银行办理业务当天的日期。

(2) 第一联填写委托人全称栏：天津金江贸易有限责任公司。

说明：委托人全称为本公司全称。

(3) 第一联填写委托人账号栏：0302011251462087732。

(4) 第一联填写委托人开户行名称栏：中国工商银行天津新开路支行。

说明：为委托人的开户银行名称及银行账号。

(5) 第一联填写收款人全称栏：多锐（天津）智能科技有限公司。

说明：收款人全称为对方公司全称。

(6) 第一联填写收款人账号栏：030201120000000001。

(7) 第一联填写收款人开户行名称栏：中国工商银行天津华苑支行。

说明：填写收款单位开户银行的名称。

(8) 第一联填写金额（大写）栏：壹拾陆万壹仟柒佰伍拾元整。

说明：参见本书第 69 页。

(9) 第一联填写人民币小写栏：¥161 750.00。

说明：参见本书第 69 页。

(10) 第一联填写支付密码栏：123456。

说明：按银行要求执行。

(11) 第一联填写用途栏：货款。

说明：按银行要求执行。

(12) 业务委托书下半部分“委托人签章”处，分别加盖银行预留印鉴。

4. 填制银行付款凭证

【原始票据 7】业务委托书回执，如图 3-31 所示。

【原始票据 8】付款申请单，参见图 3-29。

已经填制的银行付款凭证，如表 3-15 所示。

(1) 填写贷方科目栏：银行存款——工行天津新开路支行（基本户）。

(2) 填写日期栏：2018 07 02。

(3) 填写编号栏：银付字第 02 号。

(4) 填写摘要栏：支付供应商多锐前欠货款。

(5) 填写借方科目栏：应付账款——多锐（天津）智能科技有限公司。

(6) 填写金额栏：161 750.00。

(7) 填写合计金额栏：¥161 750.00。

(8) 填写附凭证张数栏：附凭证 2 张。

(9) 填写会计主管栏：孙春英；

填写记账栏：陈静；

填写稽核栏：孙春英；

填写出纳栏：陈磊；

填写制单栏：陈磊。

(10) 填写记账符号栏。

说明：“记账符号”栏应在已经登记账簿后划“√”符号，表示已经入账，以免发生漏记或重记错误。

ICBC 中国工商银行

业务委托书　回执

委托人全称	天津金江贸易有限责任公司
委托人账号	0302011251462087732
收款人全称	多锐（天津）智能科技有限公司
收款人账号	030201120000000001
金额	¥161750.00
委托日期	2018.07.02
此联为银行受理通知书。若委托人申请汇票或本票业务，应凭此联领取汇票或本票。	

（印章：中国工商银行天津新开路支行 该业务已受理 待后续处理）

图 3-31　业务委托书回执

表 3-15 银行付款凭证

银行付款凭证

贷方科目：银行存款——工行天津新开路支行（基本户） 日期 2018 07 02 银付 字 第 02 号

摘要	借方科目	金额（千百十万千百十元角分）	记账符号
支付供应商多锐前欠贷款	应付账款——多锐（天津）智能科技有限公司	16175000	
	合计金额	¥16175000	

附凭证 2 张

会计主管 孙春英 记账 陈静 稽核 孙春英 出纳 陈磊 制单 陈磊

5. 登记银行存款日记账

结合本笔业务中的银行付款凭证，登记银行存款日记账。已登记完的银行存款日记账，如表 3-16 所示。

表 3-16 银行存款日记账

银行存款日记账

户名 中国工商银行天津新开路支行（基本户） 账号 0302011251462087732

2018 年 月	日	凭证号	摘要	对方科目	现金支票号码	转账支票号码	借方（亿千百十万千百十元角分）	贷方（亿千百十万千百十元角分）	借或贷	余额（亿千百十万千百十元角分）
			期初余额						借	251976548
07	01	银付01	提取备用金	库存现金	78520469			500000	借	251476548
07	01	现付01	销贷款存入银行	库存现金			98660		借	251575208
07	01	银收01	收天津市骏鑫贸易贷款	应收账款			896600		借	252471808
07	01	银收02	天津安腾商贸银行承兑汇票到期办理承兑	应收票据			2478000		借	254949808
07	02	银付02	支付供应商多锐前欠贷款	应付账款				16175000	借	238774808
			过次页				3473260	16675000	借	238774808

（1）填写月栏：07；

填写日栏：02。

（2）填写凭证号栏：银付 02。

（3）填写摘要栏：支付供应商多锐前欠货款。

（4）填写对方科目栏：应付账款。

（5）填写现金支票号码栏：此例为空白；

填写转账支票号码栏：此例为空白；

（6）填写借方栏：此例为空白。

填写贷方栏：161 750.00。

（7）填写借或贷栏：借；

填写余额栏：2 387 748.08。

（二）网银办理转账付款

1. 业务操作流程

网银办理转账付款业务操作流程，如图 3－32 所示。

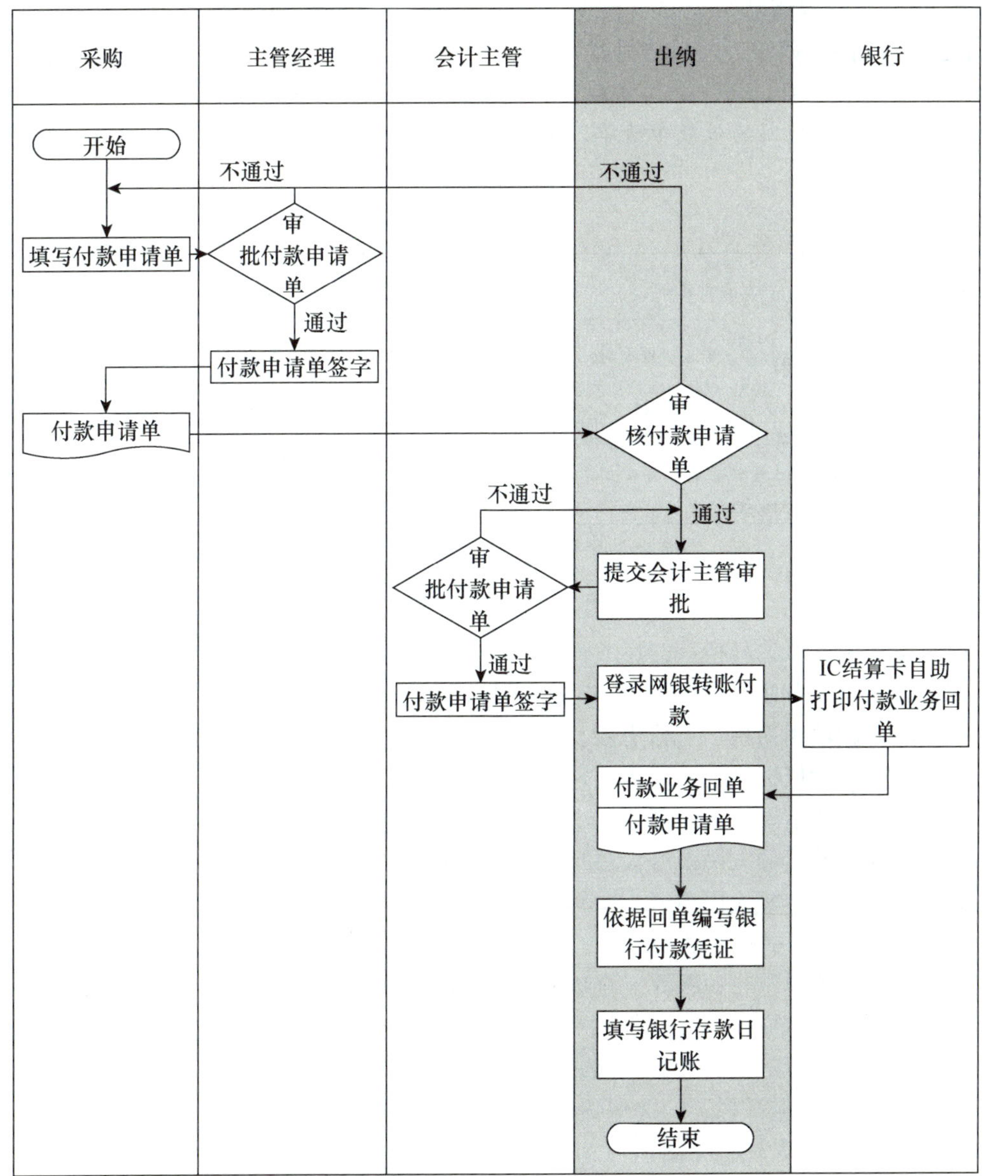

图 3－32　网银办理转账付款业务操作流程图

流程说明：

（1）采购人员依据企业需求提交付款申请单。

（2）出纳针对填写内容、填写格式进行初步审核，确认无误提交至会计主管处签字（重点审核：小写金额、大写金额、填制日期、申请部门、收款单位、账号、开户行等）。

(3) 会计主管审核无误后签字。

(4) 出纳依据签字后的付款申请单金额，登录网银转账付款。

(5) 付款完成后，出纳至银行自助打印付款业务回单。

(6) 根据相应票据进行记账处理。

2. 填写付款申请单

【业务案例8】网银办理转账付款

2018年7月2日，天津金江贸易有限责任公司支付下半年房屋租赁费6 000元，以网银转账支付。已经填写的付款申请单，如图3-33所示。

付款申请单

付款单编号：20180702002　　　　申请日期：2018 年 07 月 02 日

款项用途	支付房租		
付款依据 （合同名称/合同号）	房屋租赁合同0112233	开票情况	☑已开票　☐未开票　☐其他
付款金额	人民币（大写）陆仟元整		人民币（小写）￥6000.00
支付方式	☐支票　☐现金　☑银行转账　☐其他		
收款单位	天津三全物业服务有限公司	收款单位开户行	中国工商银行天津滨海支行
收款账号	03020112546321005878	联系电话	022-84962578

经手人：陈磊　　财务经理：孙春英　　总经理：宋雪　　领款人：

图3-33 付款申请单

(1) 填写付款单编号栏：20180702002。

(2) 填写申请日期栏：2018年07月02日。

(3) 填写款项用途栏：支付房租。

(4) 填写付款依据栏：房屋租赁合同0112233。

(5) 勾选开票情况栏：已开票。

(6) 填写付款金额人民币（大写）栏：陆仟元整。

(7) 填写付款金额人民币（小写）栏：￥6 000.00。

(8) 填写支付方式栏：银行转账。

(9) 填写收款单位栏：天津三全物业服务有限公司。

(10) 填写收款单位开户行栏：中国工商银行天津滨海支行。

(11) 填写收款账号栏：0302011254632100587。

(12) 填写联系电话栏：022—84962578。

(13) 填写经手人栏：陈磊；

填写财务经理栏：孙春英；

填写总经理栏：宋雪。

3. 网银转账操作流程

登录网上银行后，点击转账汇款。

(1) 填写汇款单位信息，如图3-34所示。

汇款单位：天津金江贸易有限责任公司。

汇款账号：0302011251462087732。

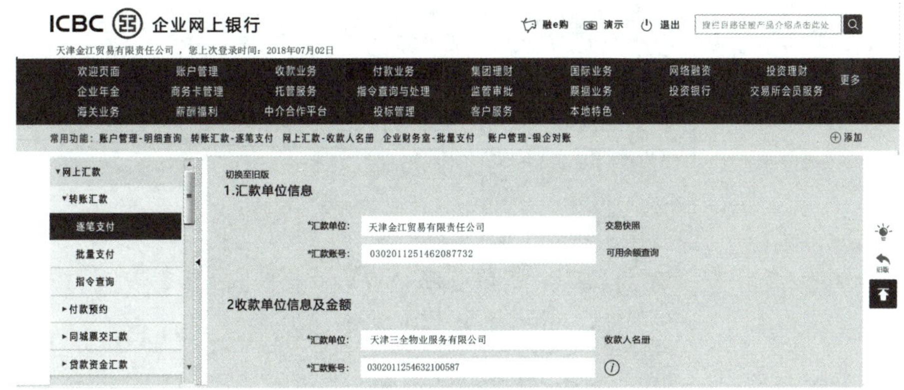

图 3-34　工行网银汇款一1

(2) 填写收款单位信息及金额，如图 3-35 和图 3-36 所示。

收款单位：天津三全物业服务有限公司。

收款账号：0302011254632100587。

汇至个人账户：否。

收款银行：中国工商银行。

汇款金额：6 000.00 元。

汇款方式：普通。

收款银行全称：中国工商银行天津滨海支行。

图 3-35　工行网银汇款一2

(3) 汇款用途及短信，如图 3-36 所示。

汇款用途：支付房租。

下一个工作日处理：是。

预约执行：否。

输入验证码（验证码根据实际情况填写）：1677。

(4) 单击“确定”，转账成功。

说明：确认付款前，要再次确认填写的收款人相关信息，包括收款人全称、银行账号以及转账金额，确认无误后单击“确定”付款。

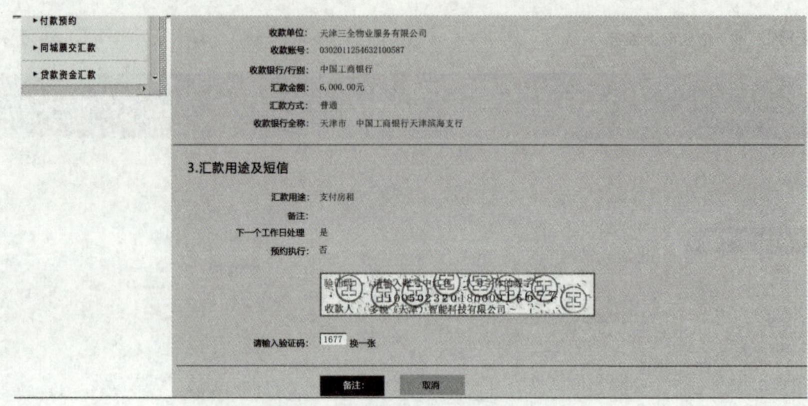

图 3－36　工行网银汇款一3

4. 填制银行付款凭证

【原始票据 9】付款申请单，参见图 3－33。

【原始票据 10】付款业务回单，见图 3－37。

【原始票据 11】增值税普通发票，见图 3－38。

ICBC 中国工商银行　　凭证

业务回单（付款）

日期：2018年07月02日　　回单编号：170765001361

付款人户名：天津金江贸易有限责任公司　　付款人开户行：工商银行天津新开路支行

付款人账号（卡号）：0302011251462087732　　收款人开户行：工商银行天津滨海支行

收款人户名：天津三全物业服务有限公司

收款人账号（卡号）：0302011254632100587

金额：陆仟元整　　小写：¥6,000.00元

业务（产品）种类：转账　　凭证种类：000000000　　凭证号码：0000000000000000

摘要：支付房租　　用途：　　币种：人民币

交易机构：0030200112　　记账柜员：00010　　交易代码：77091　　渠道：中间业务后台方式

本回单为第1次打印，注意重复　　打印日期：2018年07月02日　　打印柜员：9　　验证码：E11E57FCA113

图 3－37　付款业务回单

天津增值税普通发票

1200162350　　No 03558666　　1200162350　033558666

发票联

校验码 76323 81159 07119 85621　　开票日期：2018年07月02日

购买方	名称：天津金江贸易有限责任公司 纳税人识别号：91120103562690911 地址、电话：天津市河西区解放南路47号 022-62571317 开户行及账号：中国工商银行天津新开路支行 0302011251462087732				密码区	059634766</3/-4761>><9>>828 /><8+81*5<<29371-++2/-74/** *2662/4375>76</7/-16753>99< >*+9>010-/1<126182>5+984403		
货物或应税劳务、服务名称	规格型号	单位	数量	单价	金额	税率	税额	
*经营租赁*房租		季度	2	2857.145	5714.29	5%	285.71	
合计					¥5714.29		¥285.71	
价税合计（大写）	⊗ 陆仟元整				（小写） ¥6000.00			
销售方	名称：天津三全物业服务有限公司 纳税人识别号：91120115M606L6AQXX 地址、电话：天津市东丽区先锋东路101-2号 022-84962578 开户行及账号：中国工商银行天津滨海支行 0302011254632100587				备注			

收款人：孙艳艳　　复核：杜丽　　开票人：杜丽　　销售方：（章）

税总函〔2016〕116号北京东港安全印制有限公司

第二联：发票联 购买方记账凭证

图 3－38　增值税普通发票

已经填制的银行付款凭证，如表 3－17 所示。

表 3－17　　银行付款凭证

银行付款凭证

贷方科目：银行存款——工行天津新开路支行（基本户）　日期 2018 07 02　　银付字　第 03 号

摘要	借方科目	千	百	十	万	千	百	十	元	角	分	记账符号
网银转账支付下半年房租	预付账款——天津三全物业服务有限公司					6	0	0	0	0	0	
	合计金额				¥	6	0	0	0	0	0	

附凭证 3 张

会计主管 孙春英　记账 陈静　稽核 孙春英　出纳 陈磊　制单 陈磊

（1）填写贷方科目栏：银行存款——工行天津新开路支行（基本户）。

（2）填写日期栏：2018 07 02。

（3）填写编号栏：银付字第 03 号。

（4）填写摘要栏：网银转账支付下半年房租。

（5）填写借方科目栏：预付账款——天津三全物业服务有限公司。

（6）填写金额栏：6 000.00。

（7）填写合计金额栏：¥6 000.00。

（8）填写附凭证张数栏：附凭证 3 张。

（9）填写会计主管栏：孙春英；

填写记账栏：陈静；

填写稽核栏：孙春英；

填写出纳栏：陈磊；

填写制单栏：陈磊。

（10）填写记账符号栏。

说明："记账符号"栏应在已经登记账簿后划"√"符号，表示已经入账，以免发生漏记或重记错误。

5. 登记银行存款日记账

结合本笔业务中的银行付款凭证，登记银行存款日记账。已登记完的银行存款日记账，如表 3－18 所示。

（1）填写月栏：07；

填写日栏：02。

（2）填写凭证号栏：银付 03。

（3）填写摘要栏：网银转账支付下半年房租。

（4）填写对方科目栏：预付账款。

（5）填写借方栏：此例为空白；

填写贷方栏：6 000.00。

（6）填写借或贷栏：借；

填写余额栏：2 381 748.08。

表 3－18　　银行存款日记账

银行存款日记账

户名 中国工商银行天津新开路支行（基本户）　账号 0302011251462087732

2018 年 月	日	凭证号	摘要	对方科目	现金支票号码	转账支票号码	借方（亿千百十万千百十元角分）	贷方（亿千百十万千百十元角分）	借或贷	余额（亿千百十万千百十元角分）
			承前页				3473260	16675000	借	238774808
07	02	银付03	网银转账支付下半年房租	预付账款				600000	借	238174808
			过次页							

实训项目四　销售业务中的资金结算

实训目的

1. 了解销售业务中使用的多种银行结算方式。
2. 掌握销售业务中的销售和退款流程。

实训内容

1. 销售业务中银行存款的结算。
2. 销售业务中其他货币资金的结算。

实训要求

1. 熟练掌握各种销售业务中的结算流程。
2. 了解各种资金结算方式的区别。
3. 清楚销售业务中的退款流程。

一、销售业务中银行存款的结算

（一）销售货款，收取转账支票

1. 业务操作流程

销售货款，收取转账支票业务操作流程，如图 4－1 所示。

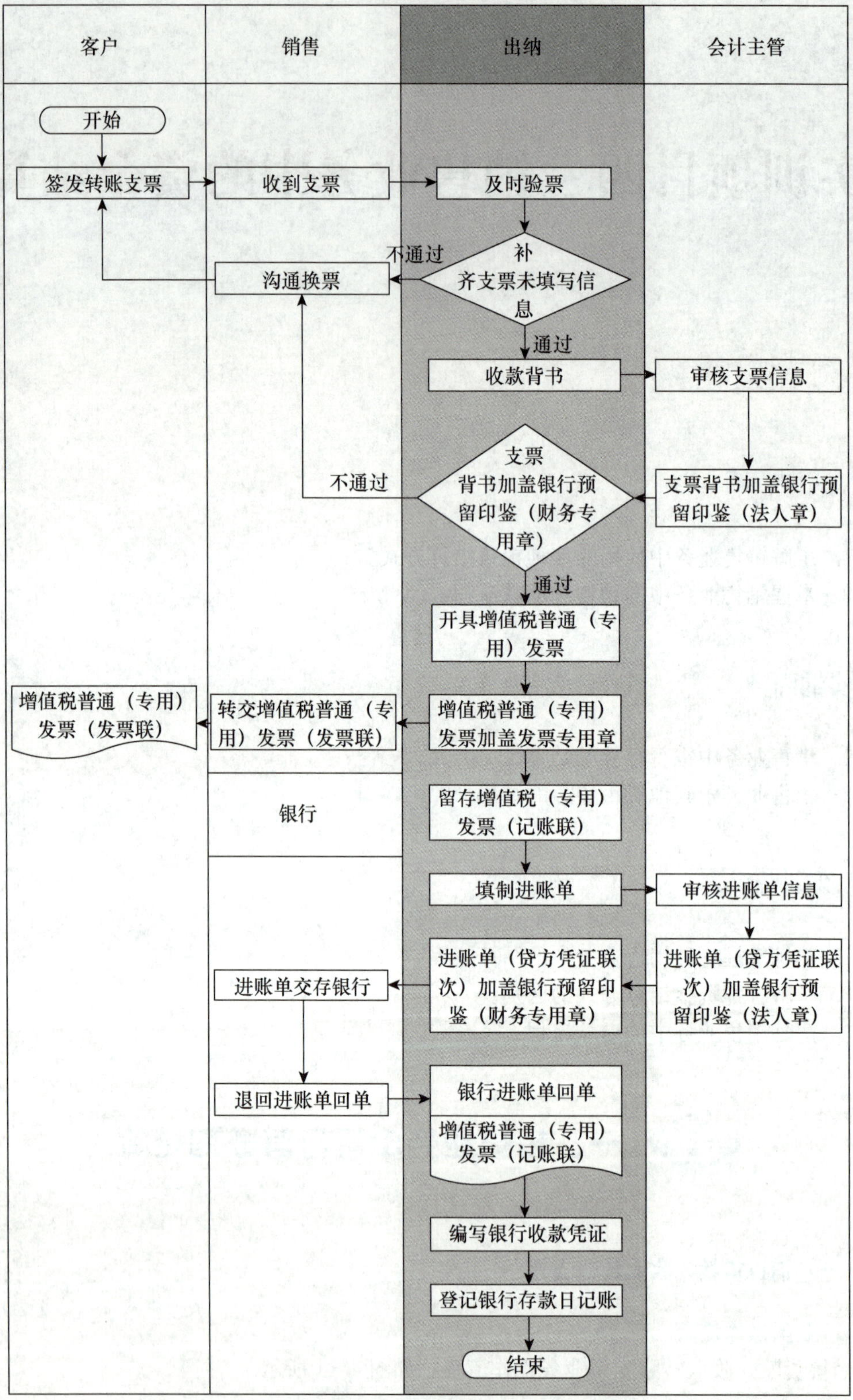

客户 | 销售 | 出纳 | 会计主管

开始

签发转账支票

收到支票

及时验票

补齐支票未填写信息

不通过

沟通换票

通过

收款背书

审核支票信息

支票背书加盖银行预留印鉴（法人章）

支票背书加盖银行预留印鉴（财务专用章）

不通过

通过

开具增值税普通（专用）发票

增值税普通（专用）发票加盖发票专用章

转交增值税普通（专用）发票（发票联）

增值税普通（专用）发票（发票联）

银行

留存增值税（专用）发票（记账联）

填制进账单

审核进账单信息

进账单（贷方凭证联次）加盖银行预留印鉴（法人章）

进账单（贷方凭证联次）加盖银行预留印鉴（财务专用章）

进账单交存银行

退回进账单回单

银行进账单回单

增值税普通（专用）发票（记账联）

编写银行收款凭证

登记银行存款日记账

结束

图 4－1 销售货款，收取转账支票业务操作流程图

流程说明：

（1）出票：客户根据本单位的情况，签发转账支票，并加盖预留银行印鉴。

（2）交付票据：出票客户将票据交给收款人。当收到支票的第一时间，应确定支票的完整性与有效性，如开户行、出票时间、对方账户与贵公司账户相关信息、盖章清晰程度等，以免因为以上内容造成提款不成功。

（3）确定无误后，在支票反面预留处盖上本单位的财务专用章、法人章。盖章时要小心，需清晰，以防作废。

（4）填写进账单（该进账单是购买的专用单据）。根据进账单上的要求填写，同时加盖财务专用章、法人章。转账支票提示付款期限为 10 日，超过付款期的支票，银行不予受理。

（5）收款人或持票人持转账支票委托自己的开户银行收款或到出票人开户行提示付款。收款人提示付款时，应做成委托收款背书，在转账支票背面“背书人签章”处签章，注明委托收款字样。将进账单与支票一同提交银行，银行审核完毕后，将回单返还收款人。

（6）根据相应票据进行记账处理。

2. 获取转账支票

【业务案例 9】销售货物，收取转账支票

2018 年 7 月 3 日，向天津晨越建筑工程有限公司销售沙发椅 4 个，单价 2 700.00 元/个，开具增值税普通发票，税率为 3%，价款为 10 800.00 元，税额为 324.00 元；销售足疗仪 2 台，单价 1 020.00 元/台，开具增值税普通发票，税率为 3%，价款为 2 040.00 元，税额为 61.20 元，款项已通过银行转账支票收讫。转账支票，如图 4-2 所示。

中国工商银行　转账支票

10305223
0222222

出票日期（大写）贰零壹捌年 零柒月 零叁日　付款行名称：中国工商银行天津张贵庄支行

收款人：天津金江贸易有限责任公司　出票人账号：90302011254252188587

人民币（大写）壹万叁仟贰佰贰拾伍元贰角整

亿	千	百	十	万	千	百	十	元	角	分
			¥	1	3	2	2	5	2	0

用途　支付贷款　密码　123456789987

上列款项请从　行号　102100000682

我账户内支付

出票人签章　天津晨越建筑工程有限公司 财务专用章　武亮印玉　复核　记账

付款期限自出票之日起十天

图 4-2　转账支票

收款单位出纳员收到付款单位交来的支票后，首先应对支票进行审查，以免收进假支票或无效支票。对支票的审查应包括以下内容：

（1）支票填写是否清晰，是否用墨汁或碳素墨水填写。

（2）支票的各项内容是否填写齐全，是否在签发单位盖章处加盖单位印鉴，大小写金额和收款人有无涂改，其他内容如有改动是否加盖了预留银行印鉴。

（3）支票收款单位是否为本单位。

（4）支票大小写金额填写是否正确，两者是否相符。

（5）支票是否在付款期内。

（6）背书转让的支票其背书是否正确，是否连续。

收款单位出纳员对受理的转账支票审查无误后，即可填制一式两联进账单，连同支票一并送交其开户银行。开户银行审核无误后即可在进账单第一联上加盖“转讫”章退回收款单位。收款单位根据银行盖章退回的进账单第一联编制银行存款收款凭证。

3. 转账支票兑现

参见本书第 92 页。

4. 填写进账单

已经填写的进账单，如图 4－3 所示。

ICBC 中国工商银行 进账单（贷方凭证）1

2018 年 07 月 03 日

出票人	全称	天津晨越建筑工程有限公司	收款人	全称	天津金江贸易有限责任公司
	账号	903020112542521885 87		账号	0302011251462087732
	开户银行	中国工商银行天津张贵庄支行		开户银行	中国工商银行天津新开路支行

金额	人民币（大写）	壹万叁仟贰佰贰拾伍元贰角整	亿	千	百	十	万	千	百	十	元	角	分
						¥	1	3	2	2	5	2	0

票据种类	转账支票	票据张数	1	
票据号码	0222222			
备注				复核 记账

此联由收款人开户银行作贷方凭证

图 4－3 进账单

（1）填写出票日期（小写）栏：2018 年 07 月 03 日。

（2）填写出票人全称栏：天津晨越建筑工程有限公司。

（3）填写出票人账号栏：90302011254252188587。

（4）填写出票人开户银行栏：中国工商银行天津张贵庄支行。

（5）填写收款人全称栏：天津金江贸易有限责任公司。

（6）填写收款人账号栏：0302011251462087732。

（7）填写收款人开户银行栏：中国工商银行天津新开路支行。

（8）填写金额人民币（大写）栏：壹万叁仟贰佰贰拾伍元贰角整。

（9）填写人民币小写栏：￥13 225.20。

（10）填写票据种类栏：转账支票。

（11）填写票据张数栏：1。

（12）填写票据号码栏：0222222。

（13）开户行签章栏：加盖收款单位财务专用章和法人章。已经盖章的进账单，如图 4－4 所示。

ICBC 中国工商银行　进账单（贷方凭证）1

2018 年 07 月 03 日

出票人	全称	天津晨越建筑工程有限公司	收款人	全称	天津金江贸易有限责任公司
	账号	903020112542521 88587		账号	030201125146208 7732
	开户银行	中国工商银行天津张贵庄支行		开户银行	中国工商银行天津新开路支行
金额	人民币（大写）	壹万叁仟贰佰贰拾伍元贰角整		亿千百十万千百十元角分	¥1322520
票据种类	转账支票	票据张数	1		
票据号码	0222222				
备注				复核　记账	

此联由收款人开户银行作贷方凭证

图 4－4　盖章的进账单

5. 打印增值税普通发票

已经打印的增值税普通发票记账联，如图 4－5 所示。

1200162350　天津增值税普通发票　No 04880369　1200162350 04880369

校验码 80133 08067 01135 76054　开票日期：2018年07月04日

购买方	名称：天津晨越建筑工程有限公司 纳税人识别号：91120222KM03578C94 地址、电话：天津市东丽开发区三经路222号 022-84965214 开户行及账号：中国工商银行天津张贵庄支行 030201125425218858 7	密码区	028/<6127<3-7*71-/<>6-*751/ 933*<75563/1+<5821<25367348 -2>*3258+7937<3>>/2199275+/ >10<=*1*636/7295->58+9<4**7

货物或应税劳务、服务名称	规格型号	单位	数量	单价	金额	税率	税额
*沙发椅		个	4	2700.00	10800.00	3%	324.00
*足疗仪		台	2	1020.00	2040.00	3%	61.20
合计					¥12840.00		¥385.20
价税合计（大写）	⊗ 壹万叁仟贰佰贰拾伍元贰角整				（小写）¥13225.20		

销售方	名称：天津金江贸易有限责任公司 纳税人识别号：91120103562690911 地址、电话：天津市河西区解放南路47号 022-62571317 开户行及账号：中国工商银行天津新开路支行 030201125146208 7732	备注	

收款人：陈磊　复核：陈静　开票人：陈磊　销售方：（章）

第一联：记账联　销售方记账凭证

税总函【2016】116号北京东港安全印刷有限公司

图 4－5　增值税普通发票记账联

（1）填写开票日期栏：2018 年 07 月 04 日。

说明：日期使用数字小写填写，在月和日前面加“0”，为开票当天的日期。

（2）填写购买方名称栏：天津晨越建筑工程有限公司。

填写购买方纳税人识别号栏：91120222KM03578C94。

填写购买方地址、电话栏：天津市东丽开发区三经路 222 号，022—84965214。

填写购买方开户行及账号栏：中国工商银行天津张贵庄支行，0302011254252188587。

（3）填写货物或应税劳务、服务名称栏：沙发椅、足疗仪。

填写单位栏：个、台。

填写数量栏：4、2。

填写单价栏：2 700.00、1 020.00。

填写金额栏：10 800.00、2 040.00。

填写税率栏：都为 3%。

填写税额栏：324.00、61.20。

填写合计栏：￥12 840.00、￥385.20。

(4) 填写价税合计（大写）栏：壹万叁仟贰佰贰拾伍元贰角整；

填写价税合计（小写）栏：￥13 225.20。

(5) 填写销售方名称栏：天津金江贸易有限责任公司。

填写销售方纳税人识别号栏：91120103562690911。

填写销售方地址、电话栏：天津市河西区解放南路 47 号，022—62571317。

填写销售方开户行及账号栏：中国工商银行天津新开路支行，0302011251462087732。

说明：增值税普通发票只需公司名称和税号即可。

(6) 填写收款人栏：陈磊；

填写复核栏：陈静；

填写开票人栏：陈磊。

开具增值税专用发票

6. 填制银行收款凭证

【原始票据 12】 进账单第二联，如图 4-6 所示。

【原始票据 13】 增值税普通发票记账联，参见图 4-5。

ICBC 中国工商银行 进账单（回 单） 2

2018年 07月 03日

出票人	全称	天津晨越建筑工程有限公司	收款人	全称	天津金江贸易有限责任公司
	账号	90302011254252188587		账号	0302011251462087732
	开户银行	中国工商银行天津张贵庄支行		开户银行	中国工商银行天津新开路支行
金额	人民币（大写）	壹万叁仟贰佰贰拾伍元贰角整	亿千百十万千百十元角分		￥1322520
票据种类	转账支票	票据张数	1		
票据号码	0222222				
复核	记账		该业务已提交中国工商银行天津新开路支行待后续处理		开户银行签章

此联是开户银行交给持（出）票人的回单

图 4-6 进账单第二联

已经填制的银行收款凭证，如表 4-1 所示：

(1) 填写借方科目栏：银行存款——工行天津新开路支行（基本户）。

(2) 填写日期栏：2018 07 03。

(3) 填写编号栏：银收字第 03 号。

(4) 填写摘要栏：收货款转账支票入账。

(5) 填写贷方科目栏：主营业务收入；应交税费——应交增值税。

(6) 填写金额栏：12 840.00、385.20。

表 4-1　　银行收款凭证

银行收款凭证

借方科目：银行存款——工行天津新开路支行（基本户）日期 2018 07 03　　银收字　第 03 号

摘要	贷方科目	金额（千百十万千百十元角分）	记账符号
收货款转账支票入账	主营业务收入	1284000	
收货款转账支票入账	应交税费——应交增值税	38520	
	合计金额	¥1322520	

附凭证 2 张

会计主管 孙春英　记账 陈静　稽核 孙春英　出纳 陈磊　制单 陈磊

(7) 填写合计金额栏：¥13 225.20。

(8) 填写附凭证张数栏：附凭证 2 张。

(9) 填写会计主管栏：孙春英；

填写记账栏：陈静；

填写稽核栏：孙春英；

填写出纳栏：陈磊；

填写制单栏：陈磊。

(10) 填写记账符号栏。

说明："记账符号"栏应在已经登记账簿后划"√"符号，表示已经入账，以免发生漏记或重记错误。

7. 登记银行存款日记账

结合本笔业务中的银行收款凭证，登记银行存款日记账。已登记完的银行存款日记账，如表 4-2 所示。

表 4-2　　银行存款日记账

银行存款日记账

户名 中国工商银行天津新开路支行（基本户）　账号 030201125146208773 2

2018 年 月	日	凭证号	摘要	对方科目	现金支票号码	转账支票号码	借方（亿千百十万千百十元角分）	贷方（亿千百十万千百十元角分）	借或贷	余额（亿千百十万千百十元角分）
			承前页				3473260	16675000	借	238774808
07	02	银付03	银行电汇支付下半年房租	预付账款				600000	借	238174808
07	03	银收03	收货款转账支票入账	主营业务收入			1322520		借	239497328
			过次页							

(1) 填写月栏：07；

填写日栏：03。

(2) 填写凭证号栏：银收 03。

(3) 填写摘要栏：收货款转账支票入账。

(4) 填写对方科目栏：主营业务收入。

(5) 填写现金支票号码栏：此例为空白；

填写转账支票号码栏：此例为空白。

(6) 填写借方栏：13 225.20；

填写贷方栏：此例为空白。

(7) 填写借或贷栏：借；

填写余额栏：2 394 973.28。

(二) 预收销售货款，收取电汇款项

1. 业务操作流程

预收销售货款，收取电汇款项业务操作流程，如图 4－7 所示。

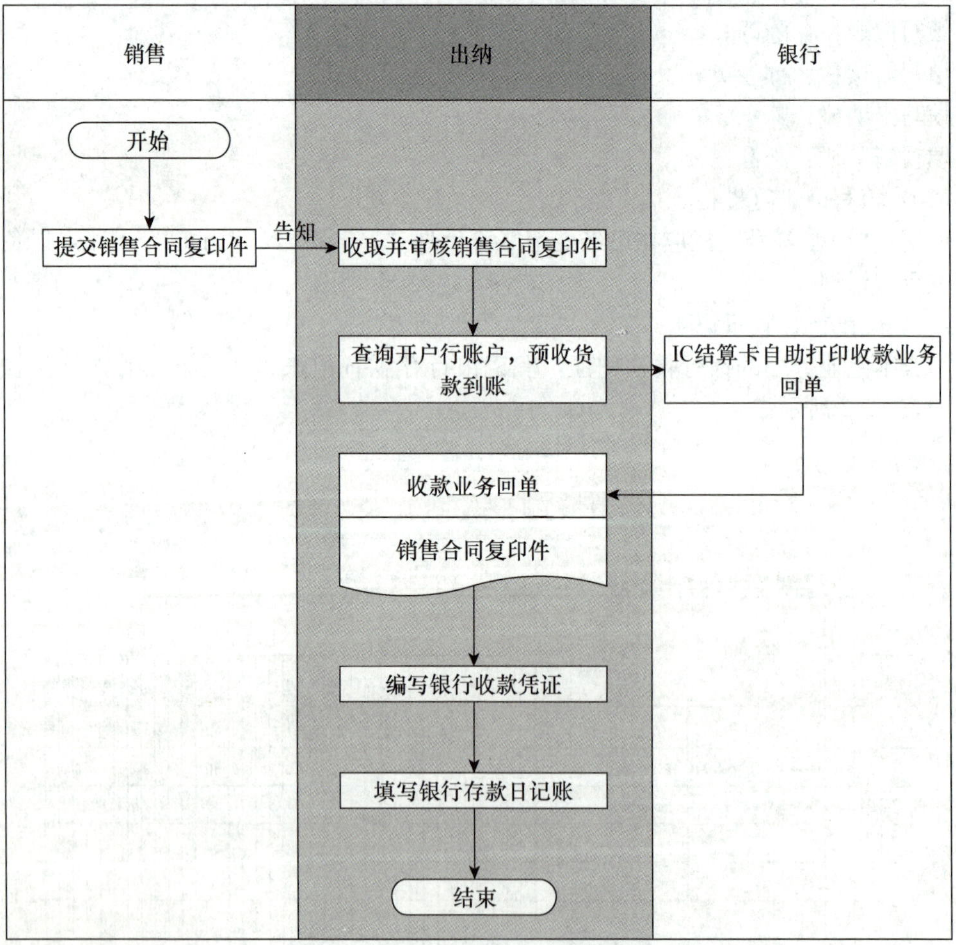

图 4－7　预收销售货款，收取电汇款项业务操作流程图

流程说明：

（1）销售向出纳提交合同复印件，告知出纳客户已经支付货款。

（2）出纳确认资金已进入公司账户，前往银行自助打印收款业务回单。

（3）根据相应票据进行记账处理。

2. 收款业务回单

收款业务回单是别人付钱给你，你是收款方，银行出具给你单位表示收到此款项并存入相应账户的凭据。除了收款的回单外，付款时也有回单，如果公司使用网上银行付款，银行将款打到对方账户后会有银行出具的回单，证明款项已经打给对方了。

【业务案例 10】预收销售货款，收取电汇款项

2018 年 7 月 4 日，天津金江贸易有限责任公司与天津市诺心远商贸有限公司签订协议，采取分期收款的方式向天津市诺心远商贸有限公司销售空气净化器 10 台，单价 4 099.00 元/台，价款为 40 990.00 元，税额为 1 229.70 元。银行收款业务回单，如图 4－8 所示。

ICBC 中国工商银行　　凭证

业务回单（收款）

日期：2018年07月04日　　回单编号：18076000001

付款人户名：天津市诺心远商贸有限公司　　付款人开户行：华夏银行天津滨海新区支行

付款人账号（卡号）：12351000001428276　　收款人开户行：中国工商银行天津新开路支行

收款人户名：天津金江贸易有限责任公司

收款人账号（卡号）：0302011251462087732

金额：贰万肆仟伍佰玖拾肆元整　　小写：24594.00元

业务（产品）种类：跨行发报　　凭证种类：000000000　　凭证号码：00000000000000000

摘要：预收货款　　用途：　　币种：人民币

交易机构：0030200150　　记账柜员：00023　　交易代码：52093　　渠道：其他

附言：预收货款

支付交易序号：24387675　　报文种类：　　委托日期：2018-07-04

业务类型（种类）：普通汇兑

中国工商银行股份有限公司天津新开路支行 自主回单机专用章（003）

本回单为第1次打印，注意重复　　打印日期：2018年07月04日　　打印柜员：9　　验证码：124DC42B2006

图 4－8　银行收款业务回单

3. 填制银行收款凭证

【原始票据 14】银行收款业务回单，参见图 4－8。

已经填制的银行收款凭证，如表 4－3 所示。

表 4－3　　银行收款凭证

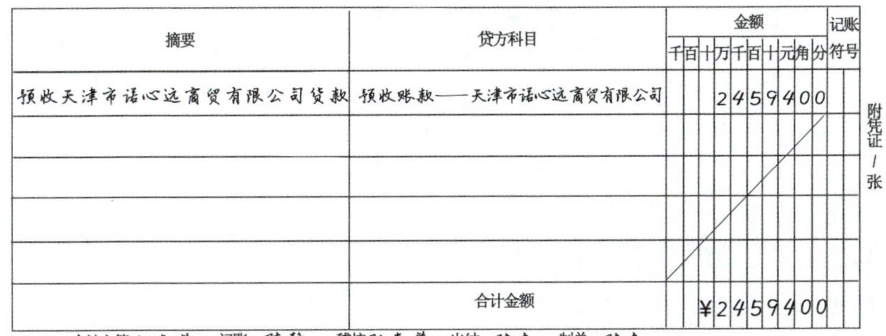

银行收款凭证

借方科目：银行存款——工行天津新开路支行（基本户）日期 2018 07 04　　银收字　第 04号

摘要	贷方科目	千	百	十	万	千	百	十	元	角	分	记账符号
预收天津市诺心远商贸有限公司货款	预收账款——天津市诺心远商贸有限公司				2	4	5	9	4	0	0	
	合计金额			¥	2	4	5	9	4	0	0	

附凭证 1 张

会计主管 孙春英　记账 陈静　稽核 孙春英　出纳 陈晶　制单 陈晶

（1）填写借方科目栏：银行存款——工行天津新开路支行（基本户）。

（2）填写日期栏：2018 07 04。

（3）填写编号栏：银收字第 04 号。

（4）填写摘要栏：预收天津市诺心远商贸有限公司货款。

（5）填写贷方科目栏：预收账款——天津市诺心远商贸有限公司。

（6）填写金额栏：24 594.00。

（7）填写合计金额栏：￥24 594.00。

（8）填写附凭证张数栏：附凭证 1 张。

（9）填写会计主管栏：孙春英；

填写记账栏：陈静；

填写稽核栏：孙春英；

填写出纳栏：陈磊；

填写制单栏：陈磊。

（10）填写记账符号栏。

说明："记账符号"栏应在已经登记账簿后划"√"符号，表示已经入账，以免发生漏记或重记错误。

4. 登记银行存款日记账

结合本笔业务中的银行收款凭证，登记银行存款日记账。已登记完的银行存款日记账，如表 4-4 所示。

表 4-4　　银行存款日记账

银行存款日记账

户名 中国工商银行天津新开路支行（基本户）　　账号 03020112514620877 32

2018 年 月	日	凭证号	摘要	对方科目	现金支票号码	转账支票号码	借方（亿千百十万千百十元角分）	贷方（亿千百十万千百十元角分）	借或贷	余额（亿千百十万千百十元角分）
			承前页				3473260	16675000	借	238774808
07	02	银付03	银行电汇支付下半年房租	预付账款				6000000	借	238174808
07	03	银收03	收货款转账支票入账	主营业务收入			1322520		借	239497328
07	04	银收04	预收天津市诺心远货款	预收账款			2459400		借	241956728
			过次页							

（1）填写月栏：07；

填写日栏：04。

（2）填写凭证号栏：银收 04。

（3）填写摘要栏：预收天津市诺心远货款。

（4）填写对方科目栏：预收账款。

（5）填写现金支票号码栏：此例为空白；

填写转账支票号码栏：此例为空白。

(6) 填写借方栏：24 594.00；

填写贷方栏：此例为空白。

(7) 填写借或贷栏：借；

填写余额栏：2 419 567.28。

(三) 收取销售货款，网银转账收款

1. 业务操作流程

收取销售货款，银行转账收款业务操作流程，如图 4-9 所示。

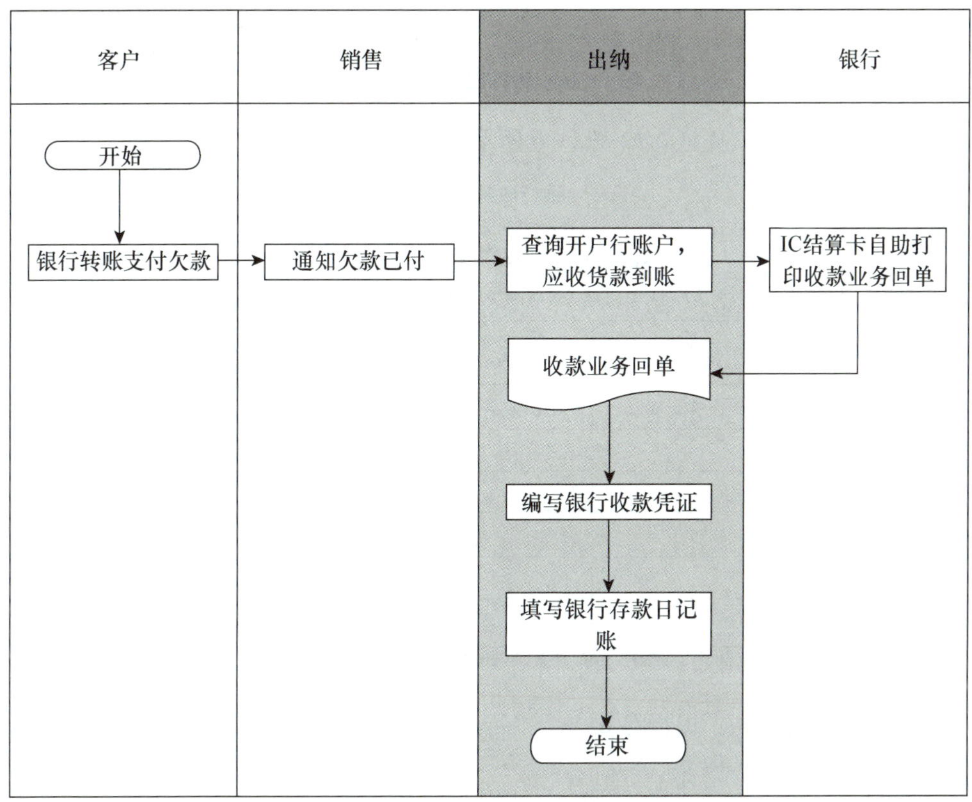

图 4-9　收取销售货款，银行转账收款业务操作流程图

流程说明：

(1) 出纳在办理每一笔银行存款收入业务时，都必须认真复核银行存款收款凭证。

(2) 根据已经办理完毕的收付款凭证，逐笔顺序登记银行存款日记流水账，并结出余额。

(3) 银行存款的账面余额要及时与银行对账单核对。

2. 填写银行收款凭证

【业务案例 11】收取销售货款，网银转账收款

2018 年 7 月 6 日，天津滨江大饭店有限公司银行转账支付天津金江贸易有限责任公司前欠货款 22 000.00 元，已通过银行收讫。

【原始票据 15】银行收款业务回单，如图 4-10 所示。

ICBC 中国工商银行 凭证

业务回单（收款）

日期：2018年07月06日　　回单编号：18076000001

付款人户名：天津滨江大饭店有限公司　　付款人开户行：中国工商银行天津小白楼支行
付款人账号（卡号）：0302011309105261055
收款人户名：天津金江贸易有限责任公司　　收款人开户行：中国工商银行天津新开路支行
收款人账号（卡号）：0302011251462087732
金额：贰万贰仟元整　　小写：22,000.00元
业务（产品）种类：同行发报　　凭证种类：000000000　　凭证号码：00000000000000000
摘要：支付前欠货款　　用途：　　币种：人民币
交易机构：0030200150　　记账柜员：00023　　交易代码：52093　　渠道：其他
附言：货款
支付交易序号：24387675　　报文种类：大额客户发起付款业务　　委托日期：
业务类型（种类）：收款

中国工商银行股份有限公司天津新开路支行 自主回单机专用章（003）

本回单为第1次打印，注意重复　　打印日期：2018年07月06日　　打印柜员：9　　验证码：124DC42B2006

图 4-10　银行收款业务回单

已经填制的银行收款凭证，如表 4-5 所示。

表 4-5　银行收款凭证

银行收款凭证

借方科目：银行存款——工行天津新开路支行（基本户）　日期 2018 07 06　　银收字　第 05 号

摘要	贷方科目	金额 千	百	十	万	千	百	十	元	角	分	记账符号
收到天津滨江大饭店前欠货款	应收账款——天津滨江大饭店有限公司				2	2	0	0	0	0	0	
	合计金额			¥	2	2	0	0	0	0	0	

附凭证 1 张

会计主管 孙春英　记账 陈静　稽核 孙春英　出纳 陈磊　制单 陈磊

(1) 填写借方科目栏：银行存款——工行天津新开路支行（基本户）。
(2) 填写日期栏：2018 07 06。
(3) 填写编号栏：银收字第 05 号。
(4) 填写摘要栏：收到天津滨江大饭店前欠货款。
(5) 填写贷方科目栏：应收账款——天津滨江大饭店有限公司。
(6) 填写金额栏：22 000.00。
(7) 填写合计金额栏：¥22 000.00。
(8) 填写附凭证张数栏：附凭证 1 张。
(9) 填写会计主管栏：孙春英；
填写记账栏：陈静；
填写稽核栏：孙春英；
填写出纳栏：陈磊；
填写制单栏：陈磊。

（10）填写记账符号栏。

说明："记账符号"栏应在已经登记账簿后划"√"符号，表示已经入账，以免发生漏记或重记错误。

3. 登记银行存款日记账

结合本笔业务中的银行收款凭证，登记银行存款日记账。已登记完的银行存款日记账，如表 4－6 所示。

表 4－6　　银行存款日记账

银行存款日记账

户名 中国工商银行天津新开路支行（基本户）　账号 0302011251462087732

2018年 月	日	凭证号	摘要	对方科目	现金支票号码	转账支票号码	借方（亿千百十万千百十元角分）	贷方（亿千百十万千百十元角分）	借或贷	余额（亿千百十万千百十元角分）
			承前页				3473260	16675000	借	238774808
07	02	银付03	银行电汇支付下半年房租	预付账款				600000	借	238174808
07	03	银收03	收货款转账支票入账	主营业务收入			1322520		借	239497328
07	04	银收04	预收天津市诺心远货款	预收账款			2459400		借	241956728
07	06	银收05	收到天津滨江大饭店前欠货款	应收账款			2200000		借	244156728
			过次页							

（1）填写月栏：07；

填写日栏：06。

（2）填写凭证号栏：银收 05。

（3）填写摘要栏：收到天津滨江大饭店前欠货款。

（4）填写对方科目栏：应收账款。

（5）填写现金支票号码栏：此例为空白；

填写转账支票号码栏：此例为空白。

（6）填写借方栏：22 000.00；

填写贷方栏：此例为空白。

（7）填写借或贷栏：借；

填写余额栏：2 441 567.28。

（四）销售已使用固定资产，银行柜台转账收款

1. 业务操作流程

销售已使用固定资产，银行转账收款业务操作流程，如图 4－11 所示。

流程说明：

（1）销售方开具增值税发票时，发票内容应按照实际销售情况如实开具，不得根据购买方要求填开与实际交易不符的内容。

（2）确保开票信息无误（增值税普通发票只需公司名称和税号即可）。

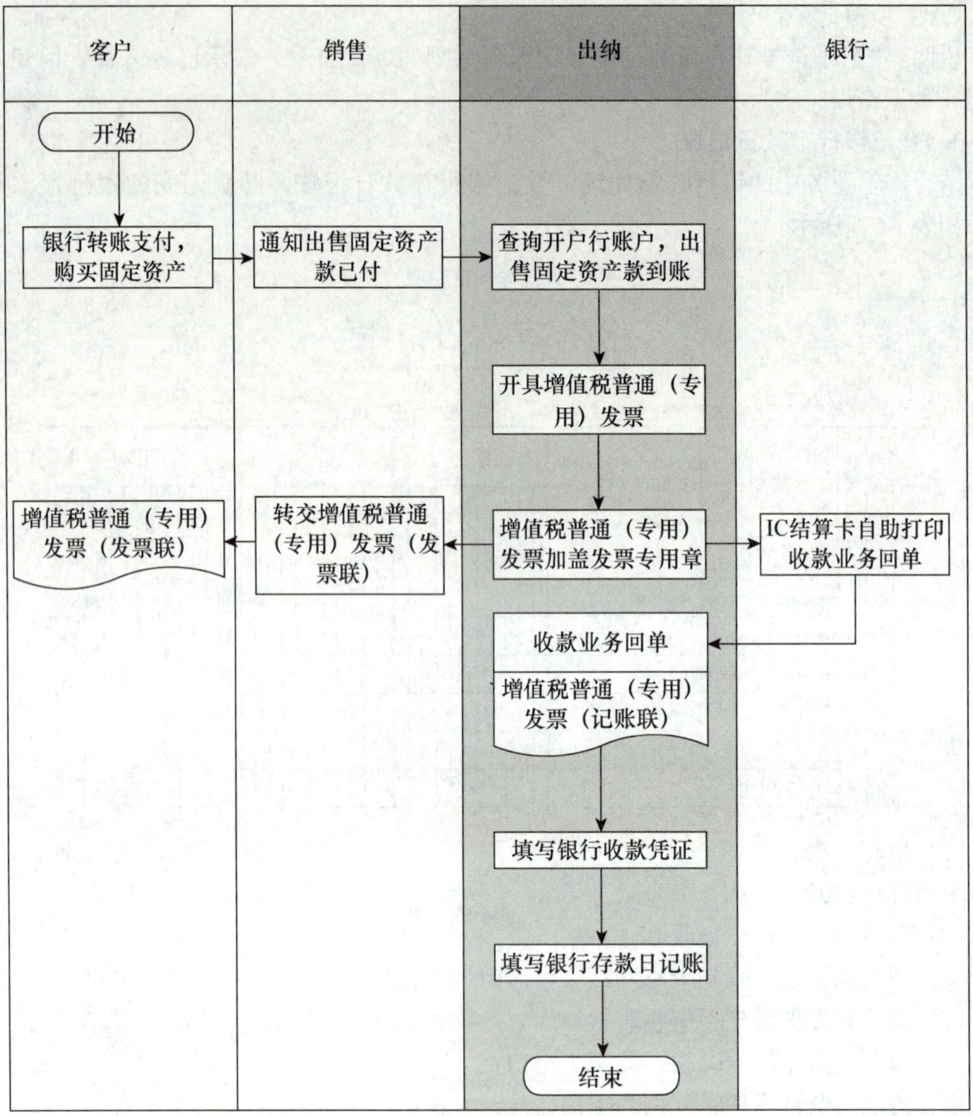

客户	销售	出纳	银行
开始			
银行转账支付，购买固定资产	通知出售固定资产款已付	查询开户行账户，出售固定资产款到账	
		开具增值税普通（专用）发票	
增值税普通（专用）发票（发票联）	转交增值税普通（专用）发票（发票联）	增值税普通（专用）发票加盖发票专用章	IC结算卡自助打印收款业务回单
		收款业务回单 增值税普通（专用）发票（记账联）	
		填写银行收款凭证	
		填写银行存款日记账	
		结束	

图 4-11 销售已使用固定资产，银行转账收款业务操作流程图

(3) 增值税普通发票开票后应及时将发票联交给客户，如有问题可以在当月作废重开。

(4) 根据银行回单和普通发票记账联填写银行收款凭证。

2. 开具增值税普通发票

增值税发票管理新系统覆盖所有增值税纳税人及所有增值税发票。该新系统自 2016 年“营改增”起在全国范围全面推行，纳税人发票申领、开具、验旧、缴销、报税、查验、办理红字发票手续、系统升级等办税事项均可以通过网络实现。增值税发票新系统专用设备包括金税盘和税控盘。

【业务案例 12】销售已使用固定资产，银行柜台转账收款

2018 年 7 月 6 日，天津金江贸易有限责任公司将使用过的固定资产（打印机）报废变卖，收到银行电汇 1 500 元。已经开具的增值税普通发票，如图 4-12 所示。

1200162350　　天津增值税普通发票　　№ 04880370　　1200162350 04880370

校验码 80133 08067 01135 76054　　开票日期：2018年07月06日

购买方	名　　称：天津晨越建筑工程有限公司 纳税人识别号：91120222KM03578C94 地 址、电 话：天津市东丽开发区三经路222号 022-84965214 开户行及账号：中国工商银行天津张贵庄支行 0302011254252188587	密码区	028/<6127<3-7*71-/<>6-*751/ 933*<75563/1+<5821<25367348 -2>*3258+7937<3>>/2199275+/ >10<=*1*636/7295->58+9<4**7

货物或应税劳务、服务名称	规格型号	单位	数量	单价	金额	税率	税额
*计算机外部设备*打印机		台	1	1456.31	1456.31	3%	43.69
合　　计					¥1456.31		¥43.69
价税合计（大写）	⊗ 壹仟伍佰元整				（小写）¥1500.00		

销售方	名　　称：天津金江贸易有限责任公司 纳税人识别号：91120103562690911 地 址、电 话：天津市河西区解放南路47号 022-62571317 开户行及账号：中国工商银行天津新开路支行 0302011251462087732	备注	

收款人：陈磊　　复核：陈静　　开票人：陈磊　　销售方：（章）

税总函【2016】116号北京东港安全印制有限公司

第一联：记账联　销售方记账凭证

图 4－12　增值税普通发票

（1）填写开票日期栏：2018 年 07 月 06 日。

（2）填写购买方名称栏：天津晨越建筑工程有限公司。

填写购买方纳税人识别号栏：91120222KM03578C94。

填写购买方地址、电话栏：天津市东丽开发区三经路 222 号，022－84965214。

填写购买方开户行及账号栏：中国工商银行天津张贵庄支行，0302011254252188587。

说明：现行法规对纳税人索取增值税普通发票上是否填写联系地址、电话及开户行，目前未做强制要求。

（3）填写货物或应税劳务、服务名称栏：计算机外部设备——打印机。

填写单位栏：台。

填写数量栏：1。

填写单价栏：1 456.31。

填写金额栏：1 456.31。

填写税率栏：3％。

填写税额栏：43.69。

说明："货物或应税劳务、服务名称""单位""数量""单价""金额""税率"栏的填写应符合合同要求。

（4）填写价税合计（大写）栏：壹仟伍佰元整；

填写价税合计（小写）栏：¥1 500.00。

（5）填写销售方名称栏：天津金江贸易有限责任公司；

填写销售方纳税人识别号栏：91120103562690911；

填写销售方地址、电话栏：天津市河西区解放南路 47 号，022－62571317；

填写销售方开户行及账号栏：中国工商银行天津新开路支行，0302011251462087732。

说明：增值税普通发票只需公司名称和税号即可。

（6）填写收款人栏：陈磊；

填写复核栏：陈静；

填写开票人栏：陈磊。

说明：增值税普通发票下面的“复核”“开票人”分别由相关人员签字或盖章。

3. 填写银行收款凭证

【原始票据 16】 增值税发票记账联，参见图 4－12。

已经填制的银行收款凭证，如表 4－7 所示。

表 4－7　　银行收款凭证

银行收款凭证

借方科目：银行存款——工行天津新开路支行（基本户）日期 2018 07 06　　银收字　第06号

摘要	贷方科目	金额（千百十万千百十元角分）	记账符号
变卖固定资产	固定资产清理——打印机	150000	
	合计金额	¥150000	

附凭证 1 张

会计主管 孙春英　记账 陈静　稽核 孙春英　出纳 陈磊　制单 陈磊

（1）填写借方科目栏：银行存款——工行天津新开路支行（基本户）。

（2）填写日期栏：2018 07 06。

（3）填写编号栏：银收字第 06 号。

（4）填写摘要栏：变卖固定资产。

（5）填写贷方科目栏：固定资产清理——打印机。

（6）填写金额栏：1 500.00。

（7）填写合计金额栏：¥1 500.00。

（8）填写附凭证张数栏：附凭证 1 张。

（9）填写会计主管栏：孙春英；

填写记账栏：陈静；

填写稽核栏：孙春英；

填写出纳栏：陈磊；

填写制单栏：陈磊。

（10）填写记账符号栏。

说明：“记账符号”栏应在已经登记账簿后划“√”符号，表示已经入账，以免发生漏记或重记错误。

4. 登记银行存款日记账

结合本笔业务中的银行收款凭证，登记银行存款日记账。已登记完的银行存款日记账，如表 4－8 所示。

表 4－8　　银行存款日记账

银行存款日记账

户名 中国工商银行天津新开路支行（基本户）　　账号 0302011251462087732

2018年 月	日	凭证号	摘要	对方科目	现金支票号码	转账支票号码	借方（亿千百十万千百十元角分）	贷方（亿千百十万千百十元角分）	借或贷	余额（亿千百十万千百十元角分）
			承前页				3473260	16675000	借	238774808
07	02	银付03	银行电汇支付下半年房租	预付账款				600000	借	238174808
07	03	银收03	收货款转账支票入账	主营业务收入			1322520		借	239497328
07	04	银收04	预收天津市话心远货款	预收账款			2459400		借	241956728
07	06	银收05	收到天津滨江大饭店前欠贷款	应收账款			2200000		借	244156728
07	06	银收06	变卖固定资产	固定资产清理			150000		借	244306728
			过次页				9605180	17275000	借	244306728

（1）填写月栏：07；

填写日栏：06。

（2）填写凭证号栏：银收 06。

（3）填写摘要栏：变卖固定资产。

（4）填写对方科目栏：固定资产清理。

（5）填写借方栏：1 500.00；

填写贷方栏：此例为空白。

（6）填写借或贷栏：借；

填写余额栏：2 443 067.28。

（五）持有商业承兑汇票到期，办理收款

1. 业务操作流程

商业承兑汇票到期后办理收款业务操作流程，如图 4－13 所示。

流程说明：

（1）确认收到的商业承兑汇票已经到期。

（2）将商业承兑汇票进行背书处理。被背书人签章处填写托收行名称及“委托收款”字样，并加盖银行预留印鉴（法人章、财务专用章）。

（3）根据汇票上的信息填写托收凭证，需将付款人的全称、账号、开户行填写完整，收款人为本公司。“托收凭证”的金额必须与商业承兑汇票上的金额一致。填写完整后，应该在“托收凭证”第二联上加盖自己公司的预留印鉴章。

（4）持商业承兑汇票原件、托收凭证至公司开户行，到银行对公柜台请求解付，开户行受理后将资料寄到出票人的开户行，审核无误后，一般 5～7 个工作日资金到账。

（5）根据相应票据进行记账处理。

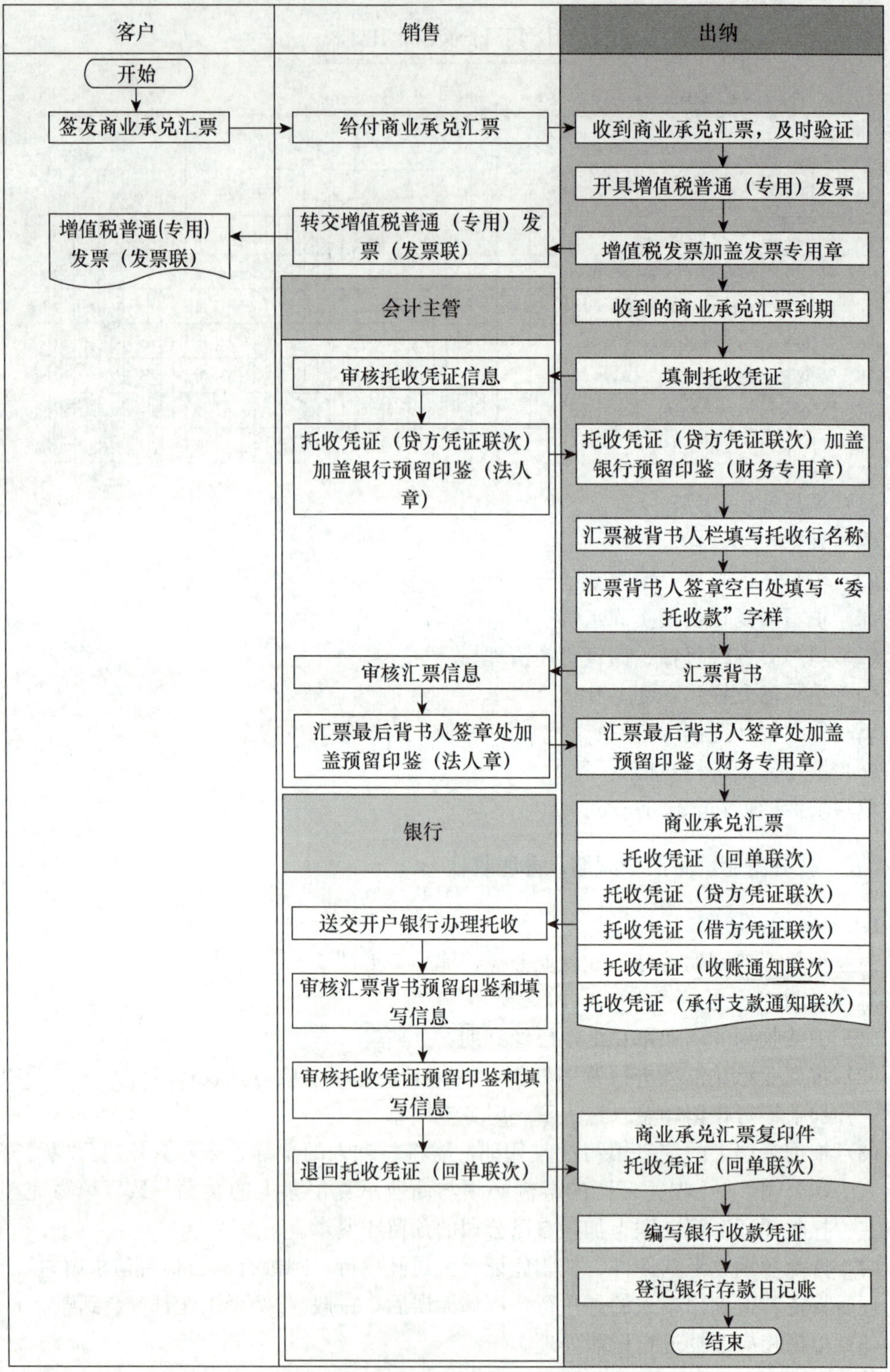

客户	销售	出纳
开始		
签发商业承兑汇票	给付商业承兑汇票	收到商业承兑汇票，及时验证
		开具增值税普通（专用）发票
增值税普通(专用)发票（发票联）	转交增值税普通（专用）发票（发票联）	增值税发票加盖发票专用章
	会计主管	收到的商业承兑汇票到期
	审核托收凭证信息	填制托收凭证
	托收凭证（贷方凭证联次）加盖银行预留印鉴（法人章）	托收凭证（贷方凭证联次）加盖银行预留印鉴（财务专用章）
		汇票被背书人栏填写托收行名称
		汇票背书人签章空白处填写“委托收款”字样
	审核汇票信息	汇票背书
	汇票最后背书人签章处加盖预留印鉴（法人章）	汇票最后背书人签章处加盖预留印鉴（财务专用章）
	银行	商业承兑汇票 托收凭证（回单联次） 托收凭证（贷方凭证联次） 托收凭证（借方凭证联次） 托收凭证（收账通知联次） 托收凭证（承付支款通知联次）
	送交开户银行办理托收	
	审核汇票背书预留印鉴和填写信息	
	审核托收凭证预留印鉴和填写信息	
	退回托收凭证（回单联次）	商业承兑汇票复印件 托收凭证（回单联次）
		编写银行收款凭证
		登记银行存款日记账
		结束

图 4－13 商业承兑汇票到期后办理收款业务操作流程图

2. 获取商业承兑汇票

商业承兑汇票是由出票人签发的，由银行以外的付款人承兑，委托付款人在指定日期无条件支付确定的金额给收款人或者持票人的票据。商业承兑汇票的出票人为在银行开立存款账户的法人以及其他组织，与付款人具有真实的委托付款关系，具有支付汇票金额的可靠资金来源。出票人不得签发无对价的商业汇票用以骗取银行或者其他票据当事人的资金。商业承兑汇票可以不通过银行签发并背书转让。

【业务案例 13】持有商业承兑汇票到期，办理收款

2018 年 7 月 6 日，天津金江贸易有限责任公司将收到的天津科瑞恩机电设备商贸有限公司签发的 2018 年 7 月 10 日到期的商业承兑汇票 38 275.76 元办理托收承兑。已经填写的商业承兑汇票，如图 4－14 所示。

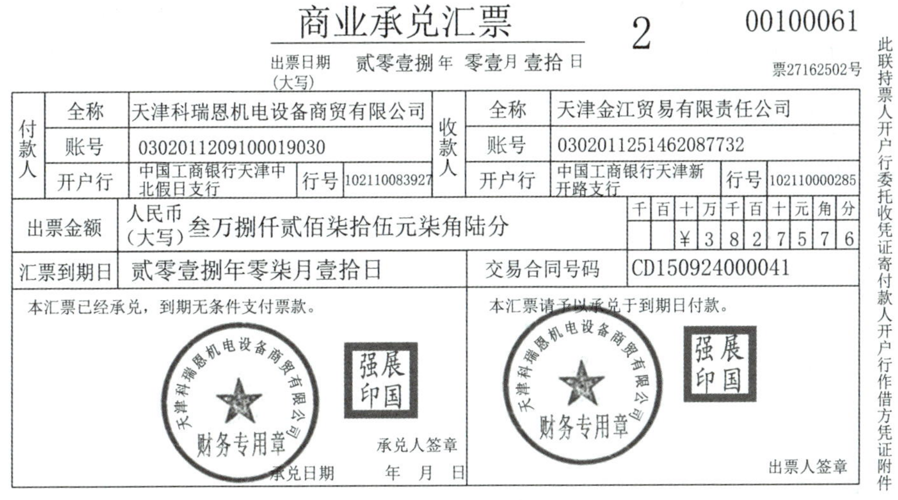

商业承兑汇票　2　00100061

出票日期（大写）　贰零壹捌年 零壹月 壹拾日　票27162502号

付款人	全称	天津科瑞恩机电设备商贸有限公司	收款人	全称	天津金江贸易有限责任公司
	账号	0302011209100019030		账号	0302011251462087732
	开户行	中国工商银行天津中北假日支行　行号 102110083927		开户行	中国工商银行天津新开路支行　行号 102110000285
出票金额	人民币（大写）叁万捌仟贰佰柒拾伍元柒角陆分			千百十万千百十元角分	¥3827576
汇票到期日	贰零壹捌年零柒月壹拾日			交易合同号码	CD150924000041
本汇票已经承兑，到期无条件支付票款。	天津科瑞恩机电设备商贸有限公司 财务专用章　强展印国　承兑人签章　承兑日期　年　月　日			本汇票请予以承兑于到期日付款。	天津科瑞恩机电设备商贸有限公司 财务专用章　强展印国　出票人签章

此联持票人开户行委托收凭证寄付款人开户行作借方凭证附件

图 4－14　商业承兑汇票

收款单位出纳员收到付款单位交来的商业承兑汇票后，首先应对商业承兑汇票进行审核，以免收进假商业承兑汇票或无效商业承兑汇票。对商业承兑汇票的审核应包括以下内容：

（1）清晰性：主要指票据平整洁净，字迹印章清晰可辨，达到“两无”：无污损，指票面无折痕、水迹、油渍或其他污物；无涂改，指票面各记载要素、签章及背书无涂改痕迹。

（2）完整性：主要指票据没有破损且各记载要素及签章齐全，达到“两无”：无残缺，指票据无缺角、撕痕或其他损坏；无漏项，指票面各记载要素及背书填写完整、各种签章齐全。

（3）准确性：主要指票面记载的要素填写正确，签章符合《票据法》的规定，达到“两无”：无错项，指票据的行名、行号、汇票专用章等应准确无误，背书必须连续等；无笔误，指票据大、小写金额应一致，书写规范，签发及支付日期的填写符合要求（月份要求 1、2 月前加零，日期要求 1～9 前加零，10、20、30 前加零）。

（4）合法性：主要指票据能正常流转和受理，达到“两无”：无免责，指注有“不得转让”“质押”“委托收款”字样的票据不得办理贴现；无禁令，指票据应不属于被盗、被

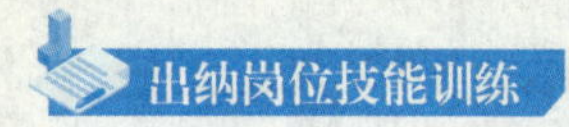

骗、遗失范围及公检法禁止流通和公示催告范围。

3. 商业承兑汇票的承兑

商业承兑汇票可以在出票时向付款人提示承兑后使用，也可以在出票后先使用再向付款人提示承兑。

持票人向付款人提示承兑时，必须向付款人出示汇票，否则付款人可予以拒绝。这种拒绝不具有拒绝承兑的效力，持票人不得以此为由，向其前手行使追索权。

见票即付的汇票无需提示承兑。定日付款或者出票后定期付款的商业汇票，持票人应当在汇票到期日前向付款人提示承兑。见票后定期付款的汇票，持票人应当自出票日起 1 个月内向付款人提示承兑。汇票未按照规定期限提示承兑的，持票人丧失对其前手的追索权。

商业承兑汇票的付款人接到出票人或持票人向其提示承兑的汇票时，应当向出票人或持票人签发收到汇票的回单，记载汇票提示承兑日期并签章。付款人应当自收到提示承兑的汇票之日起 3 日内承兑或者拒绝承兑。付款人拒绝承兑的，必须出具拒绝承兑的证明。商业承兑汇票背面，如图 4 - 15 所示。

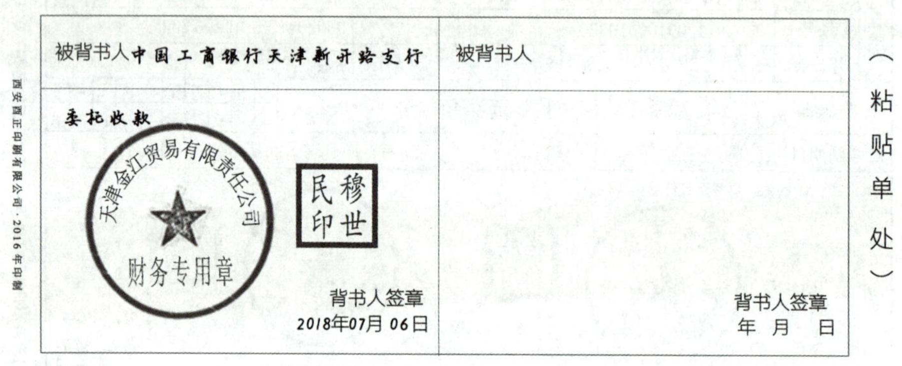

被背书人中国工商银行天津新开路支行	被背书人
委托收款 天津金江贸易有限责任公司 财务专用章 穆世民印 背书人签章 2018年07月06日	背书人签章 年 月 日

图 4 - 15 商业承兑汇票背面

商业承兑汇票背面，“背书人签章”栏加盖本公司财务专用章与法人章并且写上“委托收款”字样，被背书人则为开户银行全称。填写好银行托收凭证后连同该商业承兑汇票交给收款单位的开户银行委托银行收款。

4. 填写托收凭证

已经填写的托收凭证，如图 4 - 16 所示。

（1）第一联填写委托日期栏：2018 年 07 月 06 日。

（2）第一联填写付款人全称栏：天津科瑞恩机电设备商贸有限公司。

（3）第一联填写付款人账号栏：030201120910001903；

第一联填写付款人开户行栏：中国工商银行天津中北假日支行。

（4）第一联填写付款人地址栏：天津市北辰区光荣道 409 号。

（5）第一联填写收款人全称栏：天津金江贸易有限责任公司。

（6）第一联填写收款人账号栏：0302011251462087732。

（7）第一联填写收款人开户行栏：中国工商银行天津新开路支行。

（8）第一联填写收款人地址栏：天津市河西区解放南路 47 号。

（9）第一联填写金额人民币（大写）栏：叁万捌仟贰佰柒拾伍元柒角陆分。

（10）第一联填写人民币小写栏：￥38 275.76。

ICBC 中国工商银行 托收凭证（受理回单）

1 No.

委托日期 2018 年 07 月 06 日

业务类型	委托收款（□邮划、☑电划）		托收承付（□邮划、□电划）		
付款人 全称	天津科瑞恩机电设备商贸有限公司		收款人 全称	天津金江贸易有限责任公司	
账号	0302011209100019030		账号	0302011251462087732	
地址	天津市北辰区光荣道409号 市/县	开户行 中国工商银行天津中北假日支行	地址	天津市河西区解放南路97号 市/县	开户行 中国工商银行天津新开路支行
金额 人民币（大写）	叁万捌仟贰佰柒拾伍元柒角陆分		亿千百十万千百十元角分	￥3827576	
款项内容	货款	托收凭据名称	商业承兑汇票27162502	附寄单证张数	一张
商品发运情况			合同名称号码		
备注： 复核： 记账：	款项收妥日期 年 月 日		收款人开户银行签章 年 月 日		

此联作收款人开户银行给收款人的受理回单

B610.324 175*100mm

图 4－16 托收凭证

（11）第一联填写款项内容栏：货款。

（12）第一联填写托收凭据名称栏：商业承兑汇票 27162502。

（13）第一联填写附寄单证张数栏：一张。

5. 填制银行收款凭证

【原始票据 17】托收凭证（贷方凭证），如图 4－17 所示。

ICBC 中国工商银行 托收凭证（贷方凭证）

2 No.

委托日期 2018 年 07 月 06 日

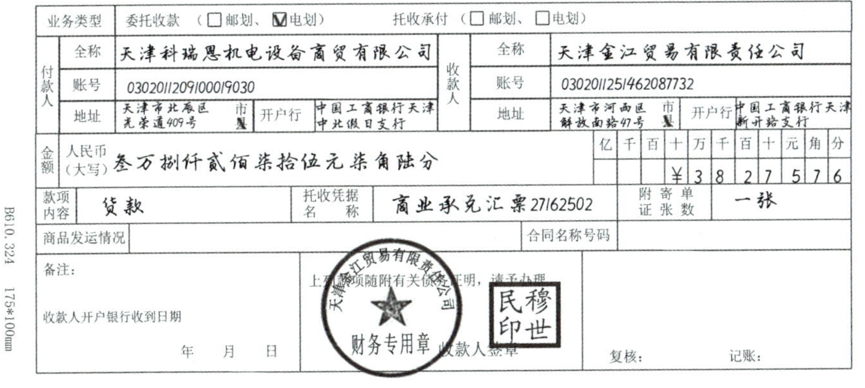

业务类型	委托收款（□邮划、☑电划）		托收承付（□邮划、□电划）		
付款人 全称	天津科瑞恩机电设备商贸有限公司		收款人 全称	天津金江贸易有限责任公司	
账号	0302011209100019030		账号	0302011251462087732	
地址	天津市北辰区光荣道409号 市/县	开户行 中国工商银行天津中北假日支行	地址	天津市河西区解放南路97号 市/县	开户行 中国工商银行天津新开路支行
金额 人民币（大写）	叁万捌仟贰佰柒拾伍元柒角陆分		亿千百十万千百十元角分	￥3827576	
款项内容	货款	托收凭据名称	商业承兑汇票27162502	附寄单证张数	一张
商品发运情况			合同名称号码		
备注： 收款人开户银行收到日期 年 月 日	上列款项随附有关债务证明，请予办理。 天津金江贸易有限责任公司 财务专用章 民穆印世 收款人签章		复核： 记账：		

此联收款人开户银行作贷方凭证

B610.324 175*100mm

图 4－17 托收凭证（贷方凭证）

已经填制的银行收款凭证，如表 4－9 所示：

（1）填写借方科目栏：银行存款——工行天津新开路支行（基本户）。

（2）填写日期栏：2018 07 06。

（3）填写编号栏：银收字第 07 号。

（4）填写摘要栏：天津科瑞恩商业承兑汇票到期办理承兑。

（5）填写贷方科目栏：应收票据——天津科瑞恩机电设备商贸有限公司。

表 4-9 银行收款凭证

银行收款凭证

借方科目：银行存款——工行天津新开路支行（基本户） 日期 2018 07 06 银收字 第 07 号

摘要	贷方科目	金额（千百十万千百十元角分）	记账符号
天津科瑞恩商业承兑汇票到期办理承兑	应收票据——天津科瑞恩机电设备商贸有限公司	3827576	
	合计金额	¥3827576	

附凭证 1 张

会计主管 孙春英 记账 陈静 稽核 孙春英 出纳 陈磊 制单 陈磊

（6）填写金额栏：38 275.76。

（7）填写合计金额栏：¥38 275.76。

（8）填写附凭证张数栏：附凭证 1 张。

（9）填写会计主管栏：孙春英；

填写记账栏：陈静；

填写稽核栏：孙春英；

填写出纳栏：陈磊；

填写制单栏：陈磊。

（10）填写记账符号栏。

说明："记账符号"栏应在已经登记账簿后划"√"符号，表示已经入账，以免发生漏记或重记错误。

6. 登记银行存款日记账

结合本笔业务中的银行收款凭证，登记银行存款日记账。已登记完的银行存款日记账，如表 4-10 所示。

表 4-10 银行存款日记账

银行存款日记账

户名 中国工商银行天津新开路支行（基本户） 账号 03020112514620877 32

2018 年 月	日	凭证号	摘要	对方科目	现金支票号码	转账支票号码	借方（亿千百十万千百十元角分）	贷方（亿千百十万千百十元角分）	借或贷	余额（亿千百十万千百十元角分）
			承前页				9605180	17275000	借	244306728
07	06	银收07	天津科瑞恩商业承兑汇票到期办理承兑	应收票据			3827576		借	248134304
			过次页							

（1）填写月栏：07；

填写日栏：06。

（2）填写凭证号栏：银收07。

（3）填写摘要栏：天津科瑞恩商业承兑汇票到期办理承兑。

（4）填写对方科目栏：应收票据。

（5）填写现金支票号码栏：此例为空白；

填写转账支票号码栏：此例为空白。

（6）填写借方栏：38 275.76；

填写贷方栏：此例为空白。

（7）填写借或贷栏：借；

填写余额栏：2 481 343.04。

（六）持有银行承兑汇票到期，办理收款

1. 业务操作流程

银行承兑汇票到期后办理收款业务操作流程，如图4－18所示。

流程说明：

（1）确认收到的银行承兑汇票已经到期。

（2）将银行承兑汇票进行背书处理。被背书人签章处填写托收行名称及“委托收款”字样，并加盖银行预留印鉴（法人章、财务专用章）。

（3）根据汇票上的信息填写托收凭证，需将付款人的全称、账号、开户行填写完整，收款人为本公司。“托收凭证”的金额必须与银行承兑汇票上的金额一致。填写完整后，应该在“托收凭证”第二联上加盖自己公司的预留印鉴章。

（4）持银行承兑汇票原件、托收凭证至公司开户行，到银行对公柜台请求解付，开户行受理后将资料寄到出票人的开户行，审核无误后，一般5～7个工作日资金到账。

（5）根据相应票据进行记账处理。

2. 银行承兑汇票业务的办理

（1）向开户银行缴纳保证金。

说明：开具银行承兑汇票需要缴纳保证金。例如，保证金比例若为33.33%，当缴纳100万元保证金后，可以开出银行承兑汇票为300（100÷33.33%）万元。在票据审批之前，公司需要将100万元的保证金打入“一般存款账户——保证金专用存款账户”内，且100万元的保证金在汇票承兑期内不允许动用。

（2）填写《银行承兑汇票业务申请书》。

说明：一般由开具汇票企业方填写的内容包含：授信编号；《综合授信合同》编号；相关抵押合同的名称；出票人资料，包括账户名称及账号；收款人情况，包括收款人的全称、开户行、账号、汇票申请开立金额、付款期限、购销合同号、金额总合计；开票保证金的金额、保证金账户、账号等。已经填写的《银行承兑汇票业务申请书》，如图4－19、图4－20所示。

（3）《银行承兑汇票业务申请书》加盖企业财务专用章和法人章。

说明：《银行承兑汇票业务申请书》提交给银行后，银行相关工作人员会核验《银行承兑汇票业务申请书》上承兑申请人加盖的印章。

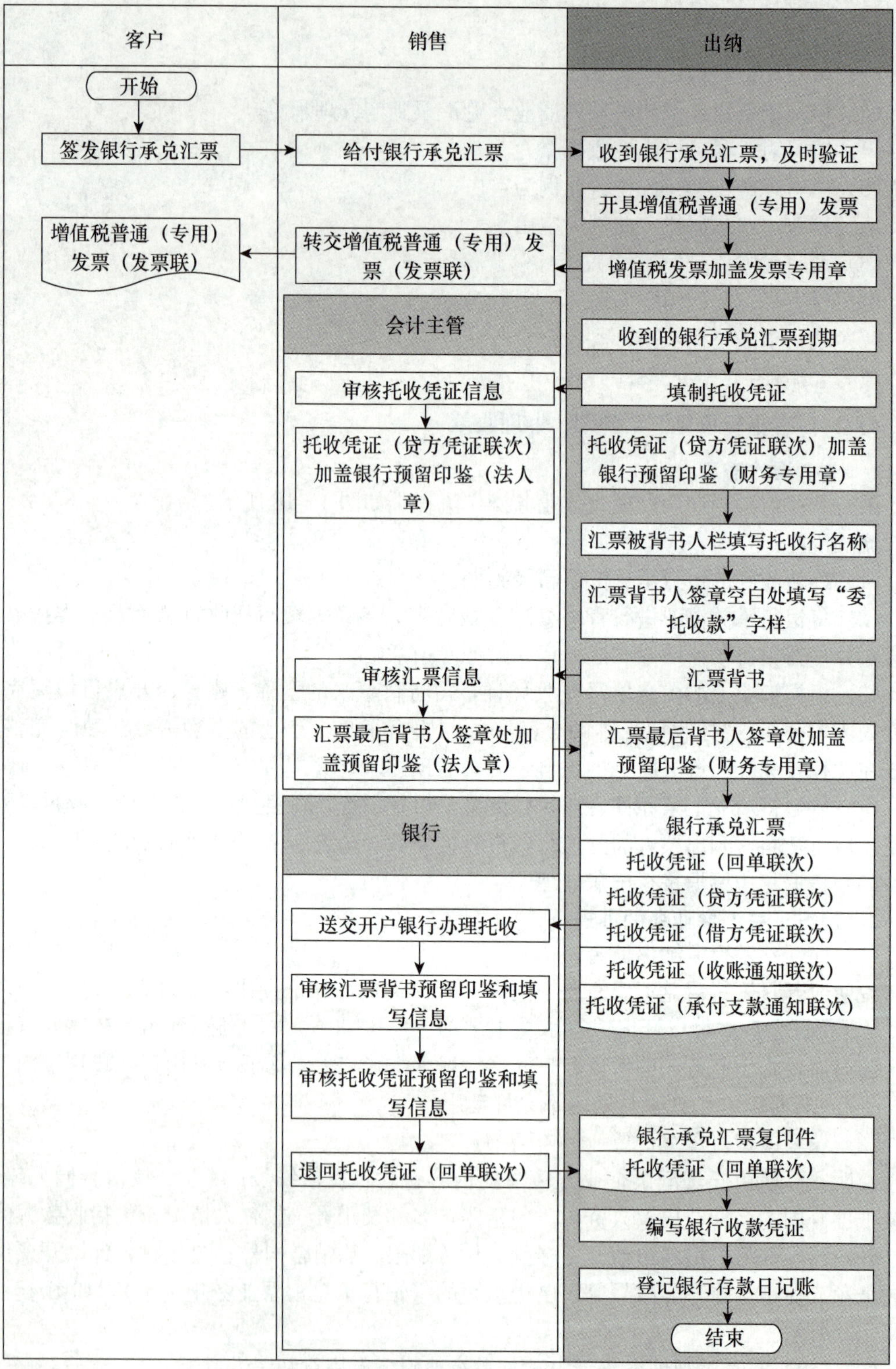

图 4-18　银行承兑汇票到期后办理收款业务操作流程图

银行承兑汇票业务申请书

致：中国工商银行天津小白楼支行　　　　　　　　　　　　　　　　编号：032631

申请人全称：	天津滨江大饭店有限公司	申请人账号：	0302011309105261055
交易合同编号：	045685265	合同金额：	47554.87元
承兑协议编号：	0215362548	担保方式：	
保证金比例（%）：	31.54%	保证金（币种/金额）：	人民币15000元
承兑手续费金额及比例（%）：		风险敞口占用费金额及比例（%）：	

保证金计息：
□按照中国人民银行不时发布的相关币种的活期存款利率按日计息。
□按照中国人民银行不时发布的相关币种的□【　　】个月 □【　　】年定期存款利率计息。
定期存款到期后，按照中国人民银行发布的相关币种的活期存款利率按日计息。
☑其他：

申领人：	白佳艳	申领人身份证号码：	428962198805256336
申领汇票张数：	1	申请承兑总金额：	47554.87元

以下汇票为 ☑纸质商业汇票　□电子商业汇票

银行承兑汇票要素信息（客户填写）					汇票及保证金信息（银行填写）	
序号	汇票金额（元）	收款人信息	签发日期	汇票到期日	汇票号码	保证金金额
1	47554.87	全称：天津金江贸易有限责任公司 账号：0302011251462087732 开户行：中国工商银行天津新开路支行	2018.06.06	2018.07.06	27162052	15000元
		全称： 账号： 开户行：				
		全称： 账号： 开户行：				
		全称： 账号： 开户行：				
		全称： 账号： 开户行：				

图4-19　已经填写的银行承兑汇票业务申请书（1）

本公司确认：

1. 所附交易合同等相关文件真实有效，复印件与原件无异。
2. 本公司与贵行于 2018 年 06 月 06 日签订的《综合授信合同》（编号为 2345123 ）/《银行承兑协议》（编号为 0215362548 ）中的条款适用于本申请书中所述银行承兑汇票业务。

以上申请请予受理。

法定代表人（负责人）或授权签字人(签字或盖章)：　申请人（公章）：

艳白
印佳

申请日期： 2018 年 07 月 06 日

银行填写

业务营运部保证金账户开户及收取	请按上述客户申请书载明的内容收取保证金。	
	经办：	复核：

图 4-20　已经填写的银行承兑汇票业务申请书（2）

（4）向银行提供申领人的身份证原件及复印件。

（5）银行审核无误后，签发出票，交承兑申请人在汇票第一、二联加盖预留印鉴。

（6）企业拿回银行承兑汇票二、三联、保证金入账凭证（回单）及收款凭证回单。

3. 获取银行承兑汇票

银行承兑汇票是由在承兑银行开立存款账户的存款人签发，向开户银行申请并经银行审查同意承兑的，保证在指定日期无条件支付确定的金额给收款人或持票人的票据。银行承兑汇票的出票人必须是在承兑银行开立存款账户的法人以及其他组织。并与付款银行具有真实的委托付款关系，资金状况良好，具有支付汇票金额的可靠资金来源。

【业务案例 14】持有银行承兑汇票到期，办理收款

2018 年 7 月 6 日，天津金江贸易有限责任公司将收到的天津滨江大饭店有限公司签发、2018 年 7 月 6 日到期的银行承兑汇票 47 554.87 元办理托收承兑。已经填写的银行承兑汇票，如图 4-21 所示。

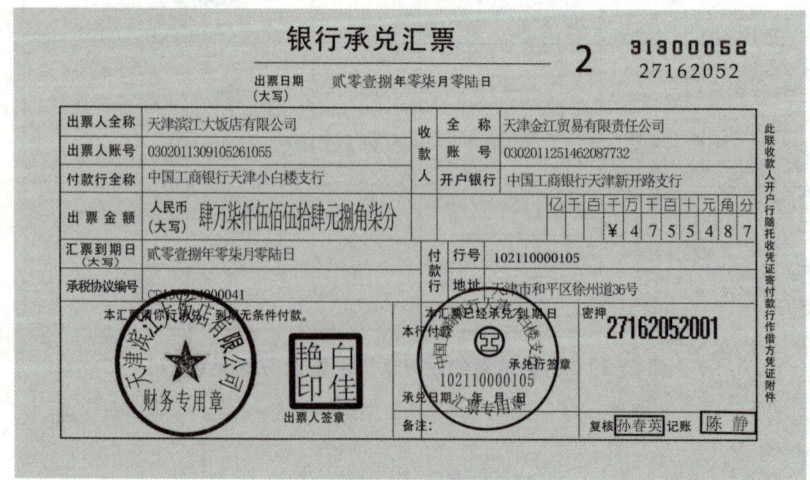

银行承兑汇票　2　31300052　27162052

出票日期（大写）　贰零壹捌年零柒月零陆日

出票人全称	天津滨江大饭店有限公司	收款人	全　称	天津金江贸易有限责任公司
出票人账号	0302011309105261055		账　号	0302011251462087732
付款行全称	中国工商银行天津小白楼支行		开户银行	中国工商银行天津新开路支行
出票金额	人民币（大写）肆万柒仟伍佰伍拾肆元捌角柒分		亿千百千万千百十元角分	¥4755487
汇票到期日（大写）	贰零壹捌年零柒月零陆日	付款行	行号	102110000105
承税协议编号	CP[illegible]000041		地址	天津市和平区徐州道36号
本汇票请你行承兑，到期无条件付款。 天津滨江大饭店有限公司 财务专用章　艳白印佳 出票人签章		本汇票已经承兑，到期日本行付款 承兑行签章 102110000105 承兑日期　年　月　日		密押 27162052001
		备注：		复核 孙春英　记账 陈　静

此联收款人开户行随托收凭证寄付款行作借方凭证附件

图 4-21　银行承兑汇票

4. 银行承兑汇票的承兑

银行承兑汇票背面，如图 4－22 所示。

被背书人中国工商银行天津新开路支行	被背书人
委托收款 天津金江贸易有限责任公司 财务专用章　穆世民印 背书人签章 2018年07月06日	背书人签章 年　月　日

（粘贴单处）

西安西正印刷有限公司　2016年印制

图 4－22　银行承兑汇票背面

银行承兑汇票背面，背书人签章栏加盖本公司财务专用章与法人章并且写上“委托收款”字样，被背书人则为开户银行全称。填写好银行托收凭证后连同该银行承兑汇票交给收款单位的开户银行委托银行收款。

5. 填写托收凭证

已经填写的托收凭证，如图 4－23 所示。

ICBC 中国工商银行　　托收凭证（受理回单）

1　No.

委托日期 2018 年 07 月 06 日

业务类型	委托收款（□邮划、☑电划）			托收承付（□邮划、□电划）		
付款人	全称	天津滨江大饭店有限公司	收款人	全称	天津金江贸易有限责任公司	
	账号	0302011309105261055		账号	0302011251462087732	
	地址	天津市静海区静海镇胜利南路下三里路口586号　开户行：中国工商银行天津小白楼支行		地址	天津市河西区解放南路47号　开户行：中国工商银行天津新开路支行	
金额	人民币（大写）	肆万柒仟伍佰伍拾肆元捌角柒分		亿千百十万千百十元角分	¥47554.87	
款项内容	货款	托收凭据名称	银行承兑汇票27162052	附寄单证张数	一张	
商品发运情况				合同名称号码		
备注： 复核：　记账：		款项收妥日期 年　月　日		收款人开户银行签章 年　月　日		

此联作收款人开户银行给收款人的受理回单

B610. 324　175*100mm

图 4－23　托收凭证

（1）第一联填写委托日期栏：2018 年 07 月 06 日。

（2）第一联填写付款人全称栏：天津滨江大饭店有限公司。

（3）第一联填写付款人账号栏：0302011309105261055；

第一联填写付款人开户行栏：中国工商银行天津小白楼支行。

（4）第一联地址栏填写：天津市静海区静海镇胜利南路下三里路口 586 号。

（5）第一联收款人全称栏填写：天津金江贸易有限责任公司。

（6）第一联填写收款人账号栏：0302011251462087732。

（7）第一联填写收款人开户行栏：中国工商银行天津新开路支行。

（8）第一联填写收款人地址栏：天津市河西区解放南路 47 号。

(9) 第一联填写金额人民币（大写）栏：肆万柒仟伍佰伍拾肆元捌角柒分。

(10) 第一联填写人民币小写栏：¥47 554.87。

(11) 第一联填写款项内容栏：货款。

(12) 第一联填写托收凭据名称栏：银行承兑汇票27162052。

(13) 第一联填写附寄单证张数栏：一张。

6. 填制银行收款凭证

【原始票据18】托收凭证（受理回单），如图4－24所示。

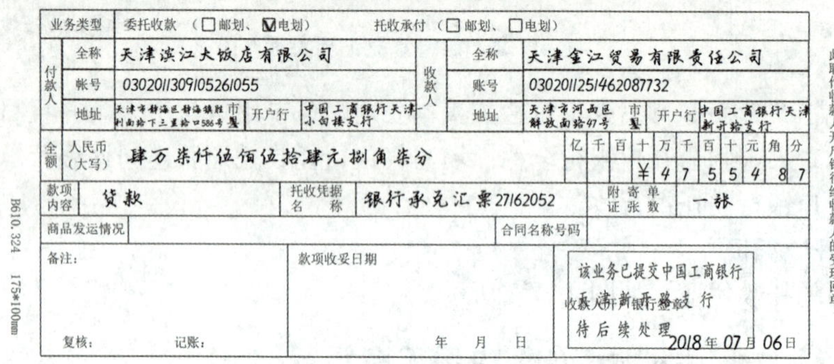

ICBC 中国工商银行

托收凭证（受理回单） 1 No.

委托日期 2018年 07月 06日

业务类型	委托收款（□邮划、☑电划）			托收承付（□邮划、□电划）			
付款人	全称	天津滨江大饭店有限公司		收款人	全称	天津金江贸易有限责任公司	
	帐号	0302011309105261055			账号	0302011251462087732	
	地址	天津市静海区静海镇胜利南路下三里路口586号 市/县	开户行：中国工商银行天津小甸楼支行		地址	天津市河西区解放南路47号 市/县	开户行：中国工商银行天津新开路支行
金额	人民币（大写）	肆万柒仟伍佰伍拾肆元捌角柒分				亿千百十万千百十元角分	¥4755487
款项内容	货款	托收凭据名称	银行承兑汇票27162052		附寄单证张数	一张	
商品发运情况					合同名称号码		
备注： 复核： 记账：		款项收妥日期 年 月 日			该业务已提交中国工商银行天津新开路支行待后续处理 收款人开户银行签章 2018年07月06日		

此联作收款人开户银行给收款人的受理回单

B610.324 175*100mm

图4－24 托收凭证（受理回单）

已经填制的银行收款凭证，如表4－11所示。

表4－11 银行收款凭证

银行收款凭证

借方科目：银行存款——工行天津新开路支行（基本户） 日期 2018 07 06 银收字 第08号

摘要	贷方科目	千	百	十	万	千	百	十	元	角	分	记账符号
天津滨江大饭店银行承兑汇票到期办理承兑	应收票据——天津滨江大饭店有限公司				4	7	5	5	4	8	7	
	合计金额			¥	4	7	5	5	4	8	7	

附凭证1张

会计主管 孙春英 记账 陈静 稽核 孙春英 出纳 陈淼 制单 陈淼

(1) 填写借方科目栏：银行存款——工行天津新开路支行（基本户）。

(2) 填写日期栏：2018 07 06。

(3) 填写编号栏：银收字第08号。

(4) 填写摘要栏：天津滨江大饭店银行承兑汇票到期办理承兑。

(5) 填写贷方科目栏：应收票据——天津滨江大饭店有限公司。

(6) 填写金额栏：47 554.87。

(7) 填写合计金额栏：¥47 554.87。

（8）填写附凭证张数栏：附凭证 1 张。

（9）填写会计主管栏：孙春英；

填写记账栏：陈静；

填写稽核栏：孙春英；

填写出纳栏：陈磊；

填写制单栏：陈磊。

（10）填写记账符号栏。

说明："记账符号"栏应在已经登记账簿后划"√"符号，表示已经入账，以免发生漏记或重记错误。

7. 登记银行存款日记账

根据本笔业务中的银行收款凭证，登记银行存款日记账。已登记完的银行存款日记账，如表 4－12 所示。

表 4－12　　银行存款日记账

银行存款日记账

户名 中国工商银行天津新开路支行（基本户）　账号 0302011251462087732

2018年 月	日	凭证号	摘要	对方科目	现金支票号码	转账支票号码	借方	贷方	借或贷	余额
			承前页				9605180	17275000	借	244306728
07	06	银收07	天津科瑞恩商业承兑汇票到期办理承兑	应收票据			3827576		借	248134304
07	06	银收08	天津滨江大饭店银行承兑汇票到期办理承兑	应收票据			4755487		借	252889791
			过次页							

（1）填写月栏：07；

填写日栏：06。

（2）填写凭证号栏：银收 08。

（3）填写摘要栏：天津滨江大饭店银行承兑汇票到期办理承兑。

（4）填写对方科目栏：应收票据。

（5）填写现金支票号码栏：此例为空白；

填写转账支票号码栏：此例为空白。

（6）填写借方栏：47 554.87；

填写贷方栏：此例为空白。

（7）填写借或贷栏：借；

填写余额栏：2 528 897.91。

（七）销售退回，网银转账付款

1. 业务操作流程

销售退回，网银转账付款业务操作流程，如图 4－25 所示。

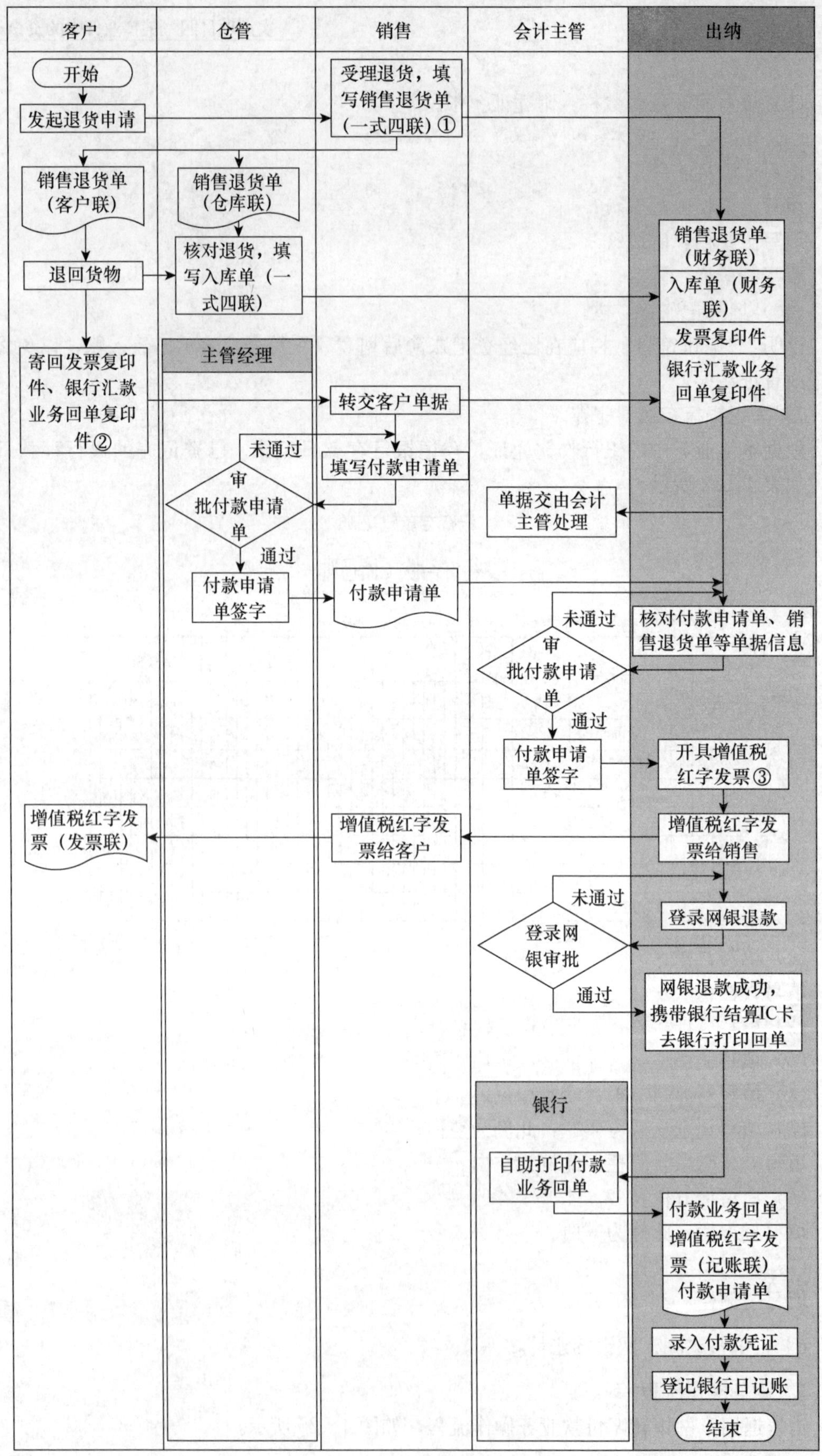

图4－25　销售退回，网银转账付款业务操作流程图

流程图附注：

①销售退货单一式四份，第一份交由财务部门存档，第二份交由销售部门存档，第三份交由货物承运方作为申报运输费用的凭证，第四份交由客户。

②销货方未做账务处理，购货方已做账务处理，不能退回原发票。销货方必须取得购货方的有效证明作为开具红字发票的依据，填制蓝字退货进仓单。

③出纳可以直接开具红字增值税普通发票，但是如果需要开具红字增值税专用发票，需要先填开并上传《开具红字增值税专用发票信息表》，并由税务机关审核。

流程说明：

(1) 出纳网银操作付款，由会计主管登录网银审批。

(2) 出纳根据付款业务回单、增值税红字发票（记账联）和付款申请单填写银行付款凭证。

2. 填写付款申请单

【业务案例 15】销售退回，网银转账付款

2018 年 7 月 7 日，由于商品质量问题，天津科瑞恩机电设备商贸有限公司退回 5 月从天津金江贸易有限责任公司购买的空气净化器两台，价税合计 8 443.94 元，天津科瑞恩机电设备商贸有限公司已将发票入账不能退回。天津金江贸易有限责任公司开具红字增值税专用发票，退货款项通过网银转账支付。已经填写的付款申请单，如图 4-26 所示。

付款申请单

付款单编号： 20180707001　　　　申请日期：2018 年 07 月 07 日

款项用途	退货		
付款依据（合同名称/合同号）	增值税发票NO.00216495	开票情况	☑已开票 □未开票 □其他
付款金额	人民币（大写）捌仟肆佰肆拾叁元玖角肆分		人民币（小写） ¥8443.94
支付方式	□支票 □现金 ☑银行转账 □其他		
收款单位	天津科瑞恩机电设备商贸有限公司	收款单位开户行	中国工商银行天津中北假日支行
收款账号	0302011209100019030	联系电话	022-26672101

经手人： 陈磊　　财务经理： 孙春英　　总经理： 宋雪　　领款人：

图 4-26 付款申请单

(1) 填写付款单编号栏：20180707001。

(2) 填写申请日期栏：2018 年 07 月 07 日。

说明：付款申请单上方的“申请日期”处，填写财会部门受理经济业务事项制单的日期。

(3) 填写付款依据栏：增值税发票 NO. 00216495。

说明：根据签订的合同或发票号码进行填写。

(4) 填写开票情况栏：已开票。

说明：根据实际情况选择是否已开票。

(5) 填写付款金额栏：人民币（大写）捌仟肆佰肆拾叁元玖角肆分；人民币（小写）¥8 443.94。

说明：付款金额栏填写经济业务实际发生的数额。

（6）填写支付方式栏：银行转账。

说明：选择支付方式。

（7）填写收款单位栏：天津科瑞恩机电设备商贸有限公司。

说明：根据合同或发票填写收款人。

（8）填写收款单位开户行栏：中国工商银行天津中北假日支行。

（9）填写收款账号栏：0302011209100019030。

（10）填写联系电话栏：022－26672101。

（11）填写经手人栏：陈磊；

填写财务经理栏：孙春英；

填写总经理栏：宋雪。

3. 开具红字增值税普通发票

已经开具的红字增值税普通发票，如图 4－27 所示。

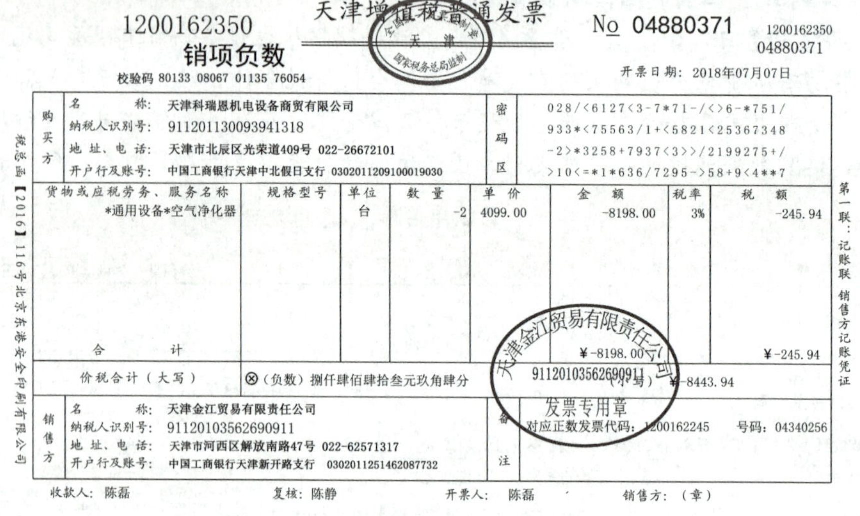

1200162350　　天津增值税普通发票　　No 04880371　　1200162350 04880371

销项负数

校验码 80133 08067 01135 76054　　开票日期：2018年07月07日

购买方	名称：天津科瑞恩机电设备商贸有限公司 纳税人识别号：911201130093941318 地址、电话：天津市北辰区光荣道409号 022-26672101 开户行及账号：中国工商银行天津中北假日支行 0302011209100019030	密码区	028/<6127<3-7*71-/<>6-*751/ 933*<75563/1+<5821<25367348 -2>*3258+7937<3>>/2199275+/ >10<=*1*636/7295->58+9<4**7

货物或应税劳务、服务名称	规格型号	单位	数量	单价	金额	税率	税额
*通用设备*空气净化器		台	-2	4099.00	-8198.00	3%	-245.94
合计					¥-8198.00		¥-245.94
价税合计（大写）	⊗（负数）捌仟肆佰肆拾叁元玖角肆分				（小写）¥-8443.94		

销售方	名称：天津金江贸易有限责任公司 纳税人识别号：91120103562690911 地址、电话：天津市河西区解放南路47号 022-62571317 开户行及账号：中国工商银行天津新开路支行 0302011251462087732	备注	对应正数发票代码：1200162245 号码：04340256

收款人：陈磊　　复核：陈静　　开票人：陈磊　　销售方：（章）

第一联：记账联 销售方记账凭证

税总函【2016】116号北京东港安全印刷有限公司

图 4－27　红字增值税普通发票

通俗来说红字增值税发票其实就是负数发票。

（1）需要开具红字增值税发票的情形。

纳税人开具增值税普通发票后，发生销货退回、开票有误、应税服务中止等情形但不符合发票作废条件或者因销货部分退回及发生销售折让，需要开具红字增值税发票的。

（2）开具红字增值税发票的流程。

纳税人需要开具红字增值税普通发票的，不需要填开《开具红字增值税专用发票信息表》，在开票系统中直接开具负数发票。

纳税人需要开具红字增值税普通发票的，可以在所对应的蓝字增值税普通发票金额范围内开具多份红字增值税普通发票。

（3）注意事项。

1）销货方未做账务处理，购货方退回原发票。

销货方将收回的发票黏附在存根联后面依次注明“作废”，属于销售折让的，应按折让后的货款重新开具销售发票给购货方，不得开具红字发票。

2）销货方已做账务处理，购货方退回原发票。

销货方开具蓝字增值税退货进仓单（属于货物折让退回不需要开具进仓单，下同），同时开具相同内容的红字增值税发票，以红字增值税发票记账联作为抵减当期的销售收入，将收回的发票黏附在红字增值税发票的存根联上，红字增值税发票的存根联以及其余联次不得撕下。属于销售折让的，应按折让后的货款重新开具销售发票给购货方。

3）销货方未做账务处理，购货方已做账务处理，不能退回原发票。

销货方必须取得购货方的有效证明作为开具红字增值税发票的依据，填制蓝字退货进仓单。开具相同内容的红字增值税发票，将红字增值税发票的发票联交回购货方，作为抵减当期的销售支出，红字增值税发票记账联作为抵减当期的销售收入，其余联次不得撕下。属于销售折让的，应按折让后的货款重新开具销售发票给购货方。

4）销货方、购货方均已做账务处理，不能退回原发票。

5）购货方出具的有效证明内容包括：必须记载与发票和销货清单内容一致的事项和退货原因，加盖购货方单位印章或财务专用章，同时附上原发票联的复印件。

4. 填制银行付款凭证

【原始票据 19】付款业务回单，如图 4－28 所示。

ICBC 中国工商银行　　凭证

业务回单（付款）

日期：2018年07月07日　　回单编号：18072000001

付款人户名：天津金江贸易有限责任公司　　付款人开户行：中国工商银行天津新开路支行
付款人账号（卡号）：0302011251462087732　　收款人开户行：中国工商银行天津中北假日支行
收款人户名：天津科瑞恩机电设备商贸有限公司
收款人账号（卡号）：0302011209100019030
金额：捌仟肆佰肆拾叁元玖角肆分　　小写：8443.94元
业务（产品）种类：转账　　凭证种类：000000000　　凭证号码：000000000000000000
摘要：销售退回，支付款项　　用途：　　币种：人民币
交易机构：0030200112　　记账柜员：00010　　交易代码：87091　　渠道：中间业务后台方式

中国工商银行股份有限公司天津新开路支行 自主回单机专用章 〈003〉

本回单为第2次打印，注意重复　　打印日期：2018年07月07日　　打印柜员：9　　验证码：E07E72FCA006

图 4－28　付款业务回单

已经填制的银行付款凭证，如表 4－13 所示。

（1）填写贷方科目栏：银行存款——工行天津新开路支行（基本户）。

（2）填写日期栏：2018 07 07。

（3）填写编号栏：银付字第 04 号。

（4）填写摘要栏：支付天津科瑞恩销售退货款。

（5）填写借方科目栏：主营业务收入；应交税费——应交增值税。

（6）填写金额栏：8 198.00；245.94。

表 4-13　　银行付款凭证

银行付款凭证

贷方科目：银行存款——工行天津新开路支行（基本户）　日期 2018 07 07　　　　银付字　第04号

摘要	借方科目	金额（千百十万千百十元角分）	记账符号
支付天津科瑞恩销售退货款	主营业务收入	819800	
支付天津科瑞恩销售退货款	应交税费——应交增值税	24594	
	合计金额	¥844394	

附凭证 3 张

会计主管 孙春英　记账 陈静　稽核 孙春英　出纳 陈磊　制单 陈磊

（7）填写合计金额栏：¥8 443.94。

（8）填写附凭证张数栏：附凭证 3 张。

（9）填写会计主管栏：孙春英；

填写记账栏：陈静；

填写稽核栏：孙春英；

填写出纳栏：陈磊；

填写制单栏：陈磊。

（10）填写记账符号栏。

说明："记账符号"栏应在已经登记账簿后划"√"符号，表示已经入账，以免发生漏记或重记错误。

5. 登记银行存款日记账

根据本笔业务中的银行付款凭证，登记银行存款日记账。已登记完的银行存款日记账，如表 4-14 所示。

表 4-14　　银行存款日记账

银行存款日记账

户名 中国工商银行天津新开路支行（基本户）　账号 03020112514620877 32

2018年 月	日	凭证号	摘要	对方科目	现金支票号码	转账支票号码	借方（亿千百十万千百十元角分）	贷方（亿千百十万千百十元角分）	借或贷	余额（亿千百十万千百十元角分）
			承前页				9605180	17275000	借	244306728
07	06	银收07	天津科瑞恩商业承兑汇票到期办理承兑	应收票据			3827576		借	248134304
07	06	银收08	天津滨江大饭店银行承兑汇票到期办理承兑	应收票据			4755487		借	252889791
07	07	银付04	支付天津科瑞恩销售退货款	主营业务收入				844394	借	252045397
			过次页							

(1) 填写月栏：07；

填写日栏：07。

(2) 填写凭证号栏：银付 04。

(3) 填写摘要栏：支付天津科瑞恩销售退货款。

(4) 填写对方科目栏：主营业务收入。

(5) 填写借方栏：此例为空白；

填写贷方栏：8 443.94。

(6) 填写借或贷栏：借；

填写余额栏：2 520 453.97。

二、销售业务中其他货币资金的结算

客户要求提供银行履约保函，银行办理方法如下。

(一) 业务操作流程

客户要求提供银行履约保函，去银行办理业务操作流程，如图 4－29 所示。

流程说明：

(1) 客户签订购销合同，要求提供履约保函。

(2) 开具人民币保函申请书必须加盖公司公章和法人章，二者缺一不可。

(3) 银行审核办理履约保函的资料，通过后签订协议，开保证金账户，将保证金从基本存款账户转入保证金账户。

(4) 出纳办理成功的履约保函，由销售人员转交给客户。

(二) 开具人民币保函申请书

履约保函是银行应申请人的要求，向收益人开立的保证申请人履约某项合同项下义务的书面保证文件。到银行办理履约保函，需先填写《开具人民币保函申请书》。

【业务案例 16】客户要求提供银行履约保函，银行办理方法

2018 年 7 月 7 日，天津金江贸易有限责任公司与天津海河中学签订文化体育用品销售合同，合同履约金额为 50 000 元，天津海河中学要求按合同金额的 10%提供银行履约保函。已经填写的《开具人民币保函申请书》，如图 4－30 所示。

《开具人民币保函申请书》应包括以下内容：

(1) 银行名称：中国工商银行天津新开路支行。

(2) 申请单位：天津金江贸易有限责任公司。

(3) 受益人：天津海河中学。

(4) 金额：伍仟元整。

(5) 保函有效期：至 2018 年 07 月 27 日。

(6) 公章和法人章。

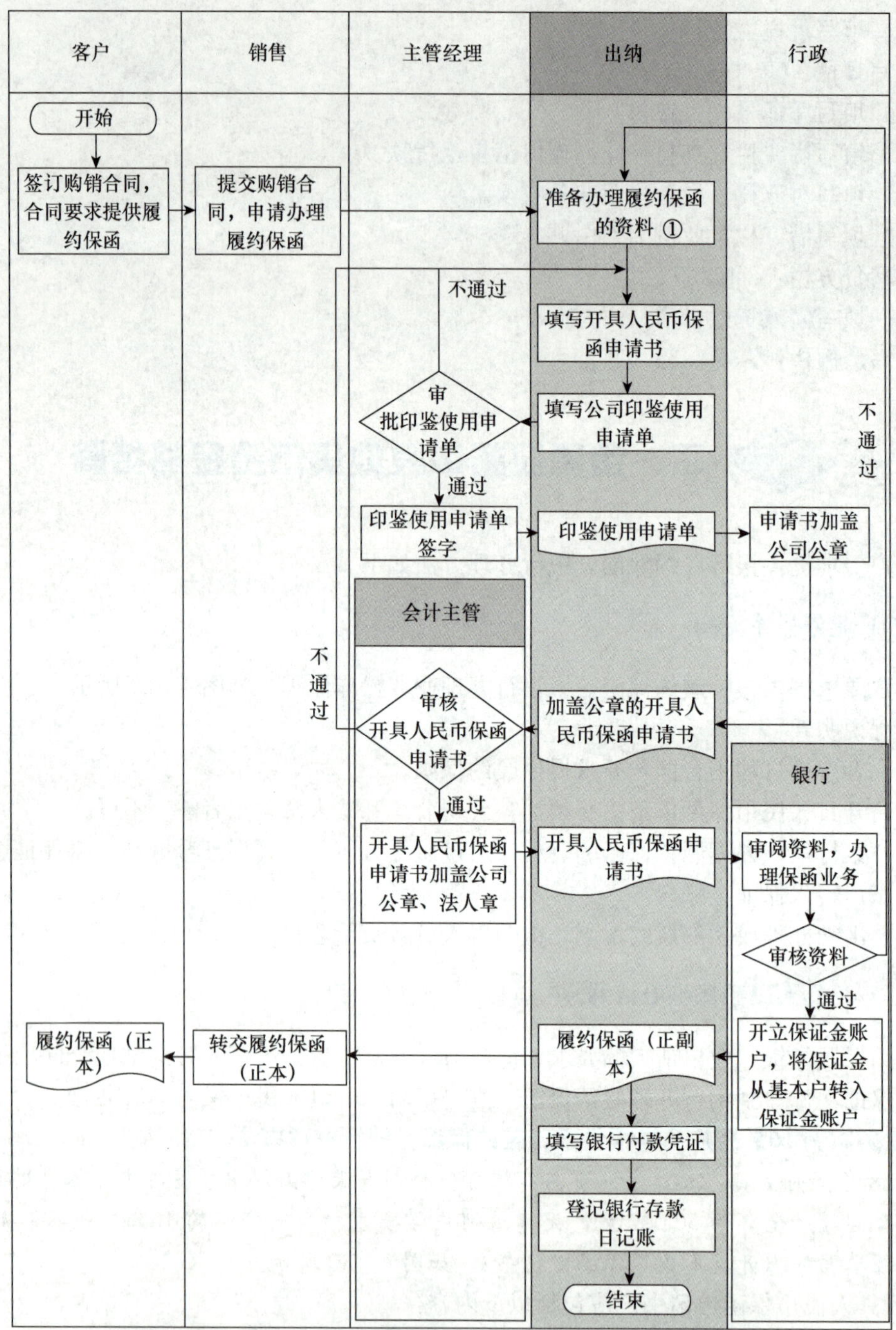

图 4-29　客户要求提供银行履约保函，银行办理方法流程图

流程图附注：

①办理履约保函的资料包括：

购销合同；年检执照正副本复印件；法定代表人身份证（其中法定代表人身份证是正反面印一张和简历签名样本）；基本账户开户许可证、信用代码证复印件；验资报告；股东会决议。

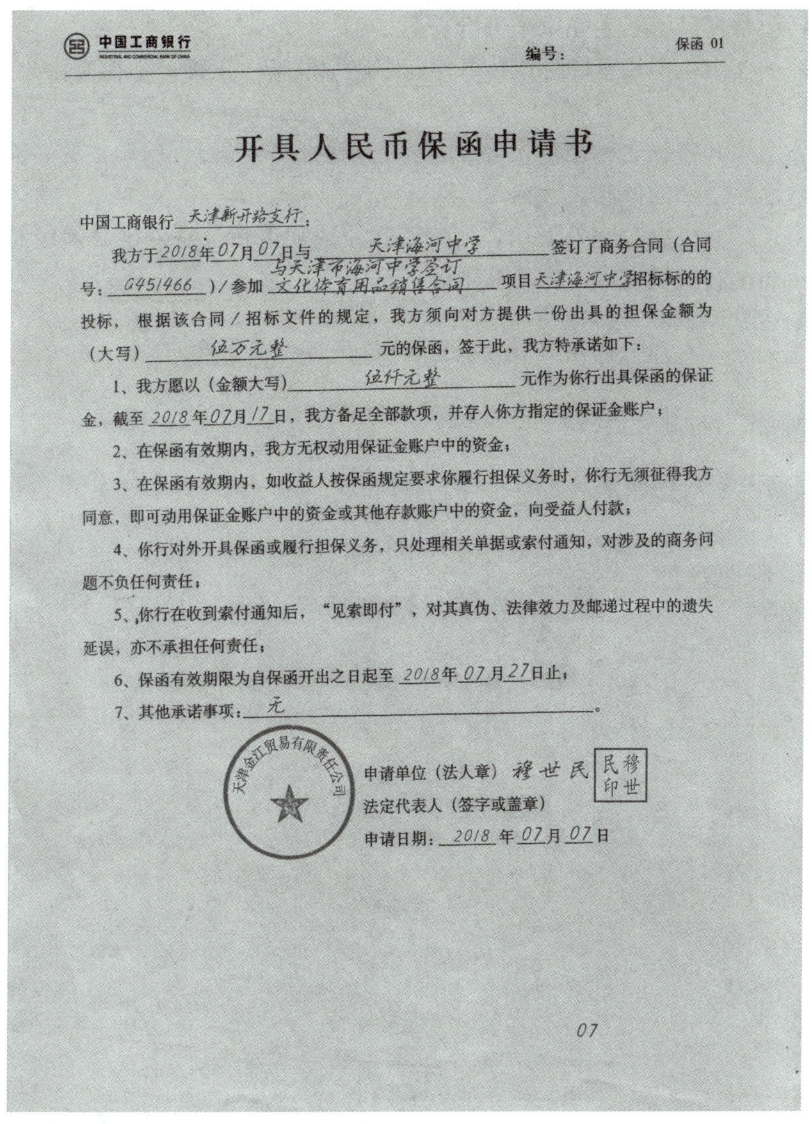

中国工商银行　　　　编号：　保函 01

开具人民币保函申请书

中国工商银行 天津新开路支行：

我方于 2018 年 07 月 07 日与 天津海河中学 签订了商务合同（合同号：G451466）/参加 与天津市海河中学签订文化体育用品销售合同 项目 天津海河中学 招标标的的投标，根据该合同/招标文件的规定，我方须向对方提供一份出具的担保金额为（大写）伍万元整 元的保函，签于此，我方特承诺如下：

1、我方愿以（金额大写）伍仟元整 元作为你行出具保函的保证金，截至 2018 年 07 月 17 日，我方备足全部款项，并存入你方指定的保证金账户；

2、在保函有效期内，我方无权动用保证金账户中的资金；

3、在保函有效期内，如收益人按保函规定要求你履行担保义务时，你行无须征得我方同意，即可动用保证金账户中的资金或其他存款账户中的资金，向受益人付款；

4、你行对外开具保函或履行担保义务，只处理相关单据或索付通知，对涉及的商务问题不负任何责任；

5、你行在收到索付通知后，"见索即付"，对其真伪、法律效力及邮递过程中的遗失延误，亦不承担任何责任；

6、保函有效期限为自保函开出之日起至 2018 年 07 月 27 日止；

7、其他承诺事项：无。

天津金江贸易有限责任公司

申请单位（法人章）穆世民　穆世民印

法定代表人（签字或盖章）

申请日期：2018 年 07 月 07 日

07

图 4-30　开具人民币保函申请书

（三）开具人民币保函申请书的盖章

1. 盖公章

公司公章是公司处理内外部事务的印鉴，公司对外的正式信函、文件、报告使用公章，盖了公章的文件具有法律效力。公章由公司的法定代表人执掌，法定代表人如果把法定代表人章与公章一同使用就代表公司行为。

（1）公司公章由管理部门公章保管人统一保管，不得私自用章、借用、丢失。

（2）公章使用范围：凡是以公司名义发出的信函、公文、合同、介绍信、证明或其他公司材料，可申请盖章。

（3）申请盖章须填写《公司印鉴使用申请单》，由申请部门负责人签字、总经理批准后，公章保管人员可盖章；总经理不在时，公章保管人员须事先口头请示，获准后盖章，并补办手续。公章保管人员盖完章须进行登记。

（4）盖章的文本不得用复印件或传真件，字迹须清晰、正确，不得有涂改（或在涂改处盖章）。

（5）公章必须和落款名称相符，盖章应端正清晰，骑年压月（日），签名盖章一起的，必须遵循先签名后盖章的原则。

（6）公章严禁拿出办公室外使用，如遇特殊原因须携带公章外出必须经总经理批准，由印章管理人员随行到场监印。盖章后须留一份存档。

2. 盖法人章

法人章由财务主管保存及盖讫（必须分开保管及盖印）。

（四）填制银行付款凭证

【原始票据 20】履约保函，如图 4－31 所示。

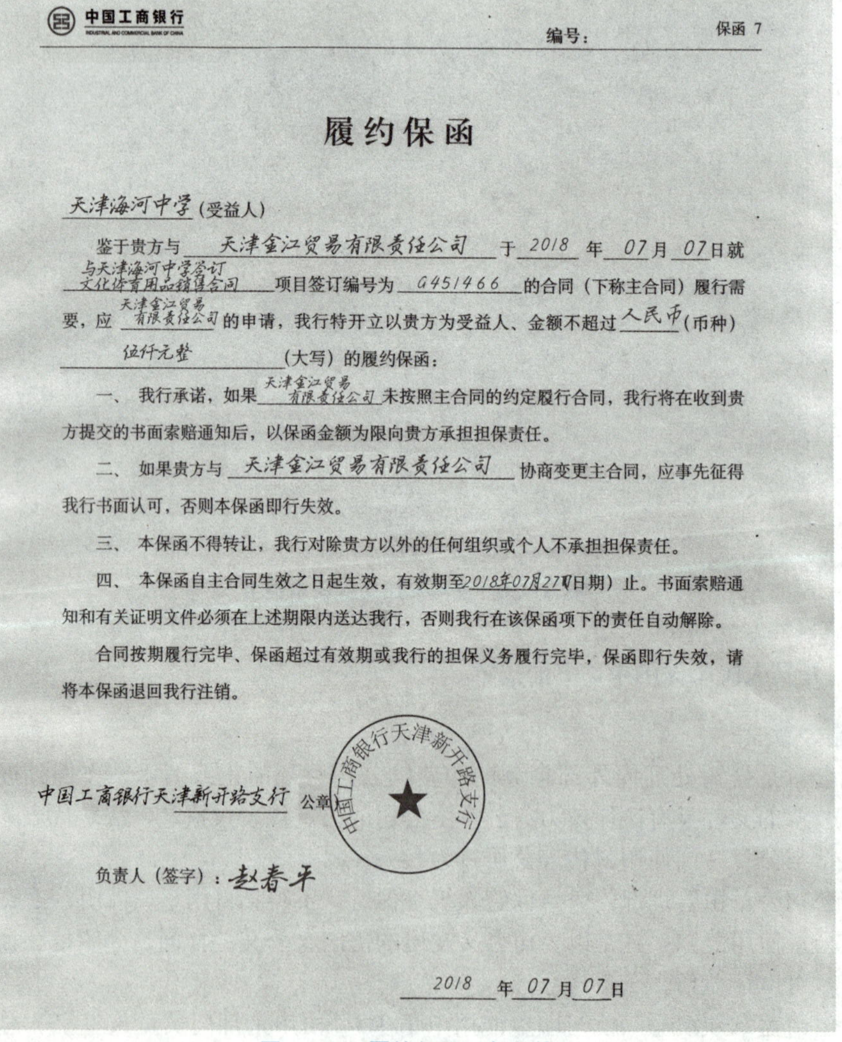

中国工商银行 INDUSTRIAL AND COMMERCIAL BANK OF CHINA

编号：　　　　保函 7

履约保函

天津海河中学（受益人）

鉴于贵方与天津金江贸易有限责任公司于2018年07月07日就与天津海河中学签订文化体育用品销售合同项目签订编号为G451466的合同（下称主合同）履行需要，应天津金江贸易有限责任公司的申请，我行特开立以贵方为受益人、金额不超过人民币（币种）伍仟元整（大写）的履约保函：

一、我行承诺，如果天津金江贸易有限责任公司未按照主合同的约定履行合同，我行将在收到贵方提交的书面索赔通知后，以保函金额为限向贵方承担担保责任。

二、如果贵方与天津金江贸易有限责任公司协商变更主合同，应事先征得我行书面认可，否则本保函即行失效。

三、本保函不得转让，我行对除贵方以外的任何组织或个人不承担担保责任。

四、本保函自主合同生效之日起生效，有效期至2018年07月27（日期）止。书面索赔通知和有关证明文件必须在上述期限内送达我行，否则我行在该保函项下的责任自动解除。

合同按期履行完毕、保函超过有效期或我行的担保义务履行完毕，保函即行失效，请将本保函退回我行注销。

中国工商银行天津新开路支行 公章　（印章：中国工商银行天津新开路支行）

负责人（签字）：赵春平

2018年07月07日

图 4－31　履约保函（复印件）

【原始票据 21】付款业务回单，如图 4－32 所示：

ICBC 中国工商银行　　凭证

业务回单（付款）

日期：2018年07月07日　　回单编号：18072000001

付款人户名：天津金江贸易有限责任公司　　付款人开户行：工商银行天津新开路支行
付款人账号（卡号）：0302011251462087732
收款人户名：天津金江贸易有限责任公司　　收款人开户行：工商银行天津新开路支行
收款人账号（卡号）：0302011215236214535
金额：伍仟元整　　小写：5000.00元
业务（产品）种类：转账　　凭证种类：000000000　　凭证号码：00000000000000000
摘要：履约保函　　用途：　　币种：人民币
交易机构：0030200112　　记账柜员：00010　　交易代码：87091　　渠道：中间业务后台方式

（印章：中国工商银行股份有限公司天津新开路支行 自主回单机专用章（003））

本回单为第2次打印，注意重复　　打印日期：2018年07月07日　　打印柜员：9　　验证码：E07E72FCA006

图 4－32　付款业务回单

已经填制的银行付款凭证，如表 4－15 所示。

表 4－15　　银行付款凭证

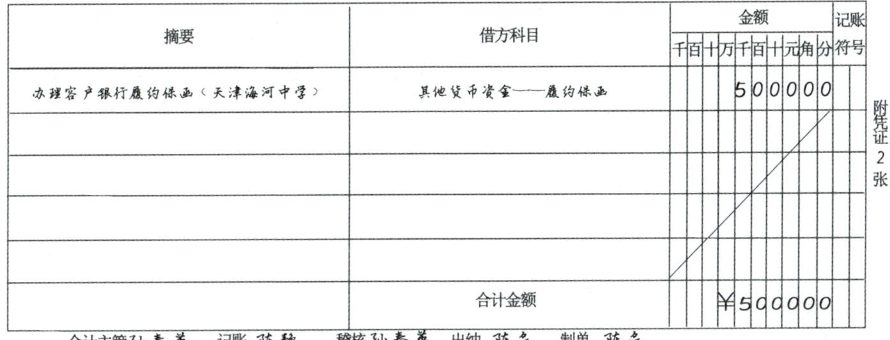

银行付款凭证

贷方科目：银行存款——工行天津新开路支行（基本户）日期 2018 07 07　　银付字　第 05 号

摘要	借方科目	千	百	十	万	千	百	十	元	角	分	记账符号
办理客户银行履约保函（天津海河中学）	其他货币资金——履约保函					5	0	0	0	0	0	
	合计金额				¥	5	0	0	0	0	0	

附凭证 2 张

会计主管 孙春英　记账 陈静　稽核 孙春英　出纳 陈磊　制单 陈磊

（1）填写贷方科目栏：银行存款——工行天津新开路支行（基本户）。

（2）填写日期栏：2018 07 07。

（3）填写编号栏：银付字第 05 号。

（4）填写摘要栏：办理客户银行履约保函（天津海河中学）。

（5）填写借方科目栏：其他货币资金——履约保函。

（6）填写金额栏：5 000.00。

（7）填写合计金额栏：¥5 000.00。

（8）填写附凭证张数栏：附凭证 2 张。

（9）填写会计主管栏：孙春英；

填写记账栏：陈静；

填写稽核栏：孙春英；

填写出纳栏：陈磊；

填写制单栏：陈磊。

（10）填写记账符号栏。

说明："记账符号"栏应在已经登记账簿后划"√"符号，表示已经入账，以免发生漏记或重记错误。

（五）登记银行存款日记账

根据本笔业务中的银行付款凭证，登记银行存款日记账。已登记完的银行存款日记账，如表 4－16 所示。

表 4－16　　银行存款日记账

银行存款日记账

户名 中国工商银行天津新开路支行（基本户）　账号 0302011251462087732

2018 年		凭证号	摘要	对方科目	现金支票号码	转账支票号码	借方（亿千百十万千百十元角分）	贷方（亿千百十万千百十元角分）	借或贷	余额（亿千百十万千百十元角分）
月	日									
			承前页				9605180	17275000	借	244306728
07	06	银收07	天津科瑞恩商业承兑汇票到期办理承兑	应收票据			3827576		借	248134304
07	06	银收08	天津滨江大饭店银行承兑汇票到期办理承兑	应收票据			4755487		借	252889791
07	07	银付04	支付天津科瑞恩销售退货款	主营业务收入				844394	借	252045397
07	07	银付05	办理客户银行履约保函（天津海河中学）	其他货币资金				500000	借	251545397
			过次页							

（1）填写月栏：07；

填写日栏：07。

（2）填写凭证号栏：银付 05。

（3）填写摘要栏：办理客户银行履约保函（天津海河中学）。

（4）填写对方科目栏：其他货币资金。

（5）填写现金支票号码栏：此例为空白；

填写转账支票号码栏：此例为空白。

（6）填写借方栏：此例为空白；

填写贷方栏：5 000.00。

（7）填写借或贷栏：借；

填写余额栏：2 515 453.97。

实训项目五　采购业务中的资金结算

实训目的

1. 了解采购业务中使用的多种银行结算方式。
2. 学习采购业务中的采购和退货流程。

实训内容

1. 采购业务中银行存款的结算。
2. 采购业务中其他货币资金的结算。

实训要求

1. 熟练掌握采购业务中的各种资金结算流程。
2. 能够分清各种资金结算方式的区别。
3. 了解采购业务中发生退货时的收款方法。

一、采购业务中银行存款的结算

（一）采购货款，转账支票支付

1. 业务操作流程

以转账支票支付方式采购货物业务操作流程，如图 5－1 所示。

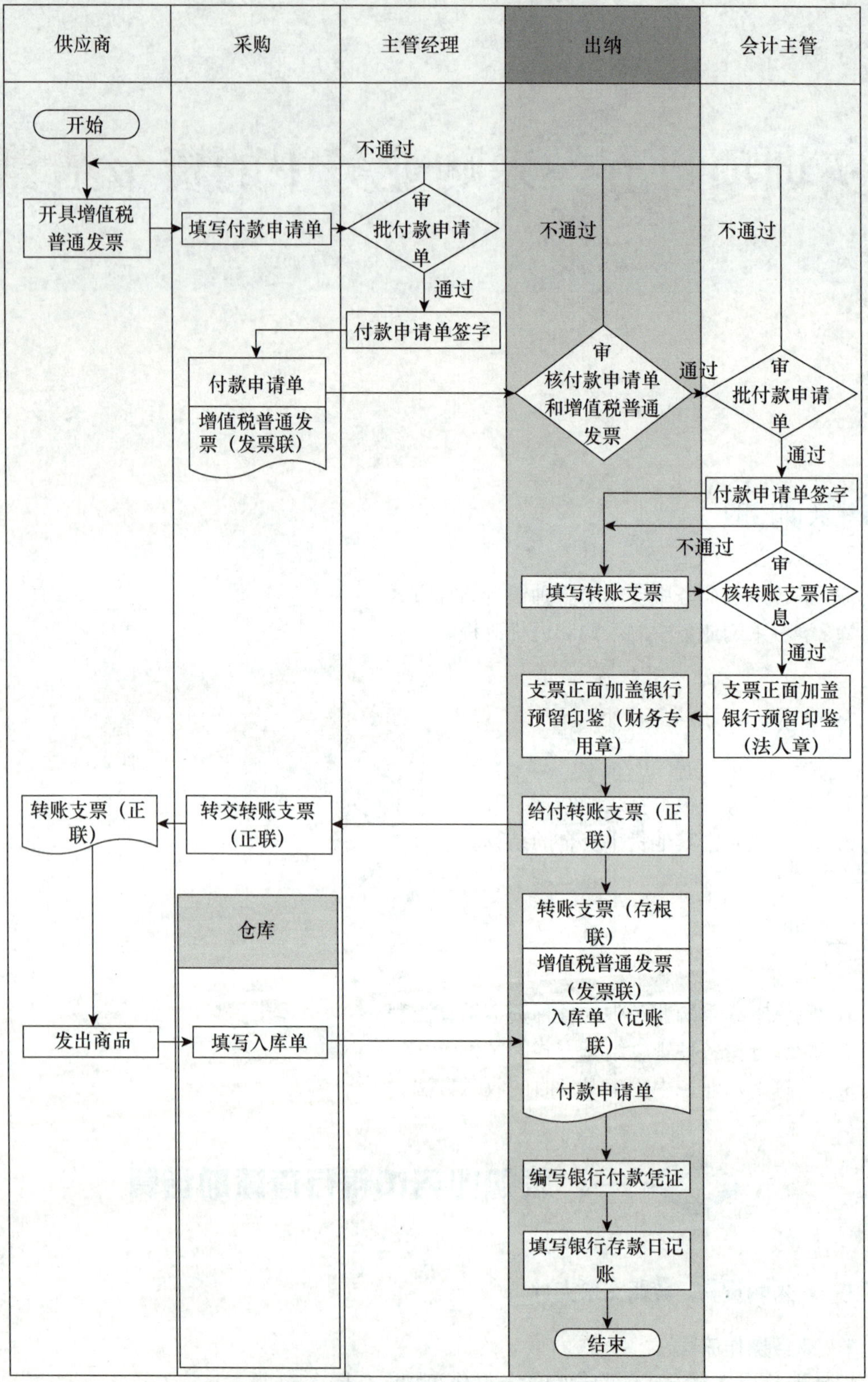

供应商
采购
主管经理
出纳
会计主管
开始
开具增值税普通发票
填写付款申请单
审批付款申请单
不通过
通过
付款申请单签字
付款申请单
增值税普通发票（发票联）
审核付款申请单和增值税普通发票
不通过
通过
审批付款申请单
不通过
通过
付款申请单签字
填写转账支票
审核转账支票信息
不通过
通过
支票正面加盖银行预留印鉴（法人章）
支票正面加盖银行预留印鉴（财务专用章）
给付转账支票（正联）
转交转账支票（正联）
转账支票（正联）
仓库
转账支票（存根联）
增值税普通发票（发票联）
入库单（记账联）
付款申请单
发出商品
填写入库单
编写银行付款凭证
填写银行存款日记账
结束

图 5-1　采购货款，转账支票支付业务操作流程图

流程说明：

（1）供应商开具增值税普通发票。

（2）采购部门经办人根据发票填写付款申请单。付款申请单应认真填写有关内容，如用途、金额、付款方式，并按要求由经办人以及各级审批部门负责人签字。

（3）经办人将经部门负责人（或相关权限审批人）审批后的付款申请单、增值税发票以及其他相关单据交与出纳。

（4）出纳收到以上单据后审核单据金额是否相同、签字是否齐全，审核无误后交与会计主管进行审批。

（5）会计主管审批签字后将相关单据归还出纳，出纳填写转账支票。

（6）支票正面盖财务专用章和法人章，缺一不可，印泥为红色，印章必须清晰，印章模糊只能将本张支票作废，换一张重新填写并重新盖章。转账支票背面本单位不盖章。

（7）供应商收到转账支票（正联）后发出商品。

2. 填写付款申请单

【业务案例 17】采购货款，转账支票支付

2018 年 7 月 7 日，天津金江贸易有限责任公司从供货商多锐（天津）智能科技有限公司处购进空气净化器 15 台，不含税单价 2 477.78 元/台。货款总计 43 113.34 元，对方开具增值税普通发票，款项以转账支票支付。已经填写的付款申请单，如图 5－2 所示。

付款申请单

付款单编号：20180707004　　　　申请日期：2018年 07月 07 日

款项用途	采购货款				
付款依据（合同名称/合同号）	增值税发票NO.033558666	开票情况	☑已开票　☐未开票　☐其他		
付款金额	人民币（大写）肆万叁仟壹佰壹拾叁元叁角肆分		人民币（小写）¥43113.34		
支付方式	☑支票　☐现金　☐银行转账　☐其他				
收款单位	多锐（天津）智能科技有限公司	收款单位开户行	中国工商银行天津华苑支行		
收款账号	0302011200000000001	联系电话	022-58386511		

经手人：陈磊　　财务经理：孙春英　　总经理：宋雪　　领款人：

图 5－2　付款申请单

（1）填写付款单编号栏：20180707004。

（2）填写申请日期栏：2018 年 07 月 07 日。

（3）填写付款依据栏：增值税发票 NO. 03558666。

（4）填写开票情况栏：已开票。

（5）填写付款金额栏，人民币（大写）：肆万叁仟壹佰壹拾叁元叁角肆分；人民币（小写）：¥43 113.34。

（6）填写支付方式栏：支票。

（7）填写收款单位栏：多锐（天津）智能科技有限公司。

（8）填写收款单位开户行栏：中国工商银行天津华苑支行。

（9）填写收款账号栏：0302011200000000001。

（10）填写联系电话栏：022－58386511。

（11）填写经手人栏：陈磊；

填写财务经理栏：孙春英；

填写总经理栏：宋雪。

3. 填写转账支票

转账支票是出票人签发的，委托办理支票存款业务的银行在见票时无条件支付确定的金额给收款人或持票人的票据。在银行开立存款账户的单位和个人客户，用于同城交易的各种款项，均可签发转账支票，委托开户银行办理付款手续。支票正面不能有涂改痕迹，否则本支票作废。已经填写的转账支票，如图 5－3 所示。

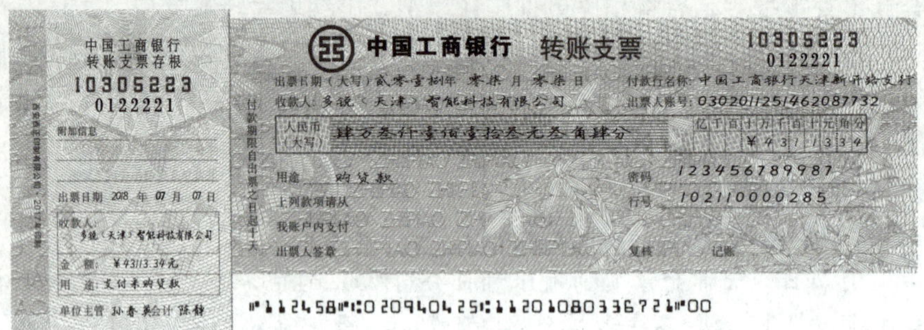
中国工商银行
转账支票存根
10305223
0122221
附加信息
出票日期 2018 年 07 月 07 日
收款人：多锐（天津）智能科技有限公司
金 额：¥43113.34元
用 途：支付采购货款
单位主管 孙春英 会计 陈静

中国工商银行 转账支票
10305223
0122221
出票日期（大写）贰零壹捌年 零柒 月 零柒 日　付款行名称：中国工商银行天津新开路支行
收款人：多锐（天津）智能科技有限公司　出票人账号：0302011251462087732
付款期限自出票之日起十天
人民币（大写）肆万叁仟壹佰壹拾叁元叁角肆分
亿 千 百 十 万 千 百 十 元 角 分
¥ 4 3 1 1 3 3 4
用途 购货款　密码 123456789987
上列款项请从　行号 102110000285
我账户内支付
出票人签章　复核　记账

图 5－3　转账支票

转账支票
填开练习

（1）正联填写出票日期（大写）栏：贰零壹捌年零柒月零柒日。

说明：大写数字写法：零、壹、贰、叁、肆、伍、陆、柒、捌、玖、拾。

壹月、贰月前“零”字必写，叁月至玖月前“零”字可写可不写，拾月至拾贰月必须写成壹拾月、壹拾壹月、壹拾贰月（前面多写了“零”字也认可，如零壹拾月）。

如 2005 年 8 月 5 日的大写为：贰零零伍年捌月零伍日，捌月前不写零字。

壹日至玖日前“零”字必写，拾日至拾玖日必须写成壹拾日至壹拾玖日（前面多写了“零”字也认可，如零壹拾伍日），贰拾日至贰拾玖日必须写成贰拾日及贰拾玖日，叁拾日至叁拾壹日必须写成叁拾日及叁拾壹日。

如 2006 年 2 月 13 日的大写为：贰零零陆年零贰月壹拾叁日。

（2）正联填写收款人栏：多锐（天津）智能科技有限公司。

说明：转账支票收款人应填写为对方单位名称。转账支票背面本单位不盖章。收款单位取得转账支票后，在支票背面被背书栏内加盖收款单位财务专用章和法人章，填写好银行进账单后连同该支票交给收款单位的开户银行委托银行收款。

（3）正联填写人民币（大写）栏：肆万叁仟壹佰壹拾叁元叁角肆分。

说明：参见本书第 69 页。

（4）正联填写人民币小写栏：¥43 113.34。

说明：参见本书第 69 页。

（5）正联填写用途栏：购货款。

说明：转账支票没有具体规定，可填写如“货款”“代理费”等。

（6）存根联填写附加信息栏：此例为空白。

说明：若无特殊要求，一般附加信息栏不填写内容。

（7）存根联填写出票日期栏：2018 年 07 月 07 日。

说明：存根联的日期使用数字小写填写。

（8）存根联填写收款人栏：多锐（天津）智能科技有限公司。

说明：存根联收款人栏需要填写公司或个人的全称。

（9）存根联填写金额栏：￥43 113.34 元。

说明：存根联金额栏使用数字小写，小写金额前写“￥”，元和角之间写小数点“.”。如果金额没有角、分，仍需在元和角之间写小数点“.”，并在小数点后填写“00”。

（10）存根联填写用途栏：支付采购货款。

说明：存根联用途栏的填写要求和正联一致。

（11）存根联填写单位主管栏：孙春英；

存根联填写会计栏：陈静。

说明：存根联单位主管栏和会计栏，一般分别由出票人公司的财务主管和会计人员签名。

4. 转账支票盖章

（1）转账支票正面，在中下部盖上银行预留印鉴（财务专用章和法人章），缺一不可，印泥为红色，印章必须清晰，印章模糊只能将本张支票作废，换一张重新填写并重新盖章。正面盖章的转账支票，如图 5－4 所示。

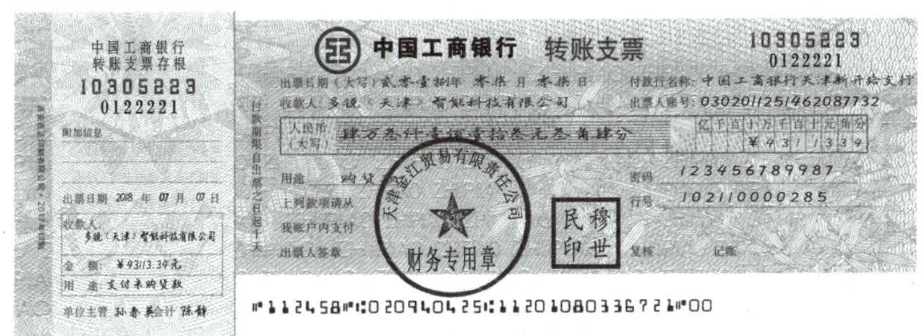
中国工商银行
转账支票存根
10305223
0122221
附加信息
出票日期 2018 年 07 月 07 日
收款人 多锐（天津）智能科技有限公司
金　额 ￥43113.34元
用　途 支付采购货款
单位主管 孙春英 会计 陈静

中国工商银行　转账支票
10305223
0122221
出票日期（大写）贰零壹捌年 零柒月 零柒日　付款行名称：中国工商银行天津新开路支行
收款人：多锐（天津）智能科技有限公司　出票人账号：0302011251462087732
人民币（大写）肆万叁仟壹佰壹拾叁元叁角肆分　￥4311334
付款期限自出票之日起十天
用途 购货　密码 123456789987
上列款项请从　行号 102110000285
我账户内支付
出票人签章　天津金江贸易有限责任公司 财务专用章　穆民世印　复核　记账

图 5－4　正面盖章的转账支票

（2）转账支票背面，本单位不盖章。收款单位取得转账支票后，在支票背面被背书栏内加盖收款单位财务专用章和法人章。

5. 填制银行付款凭证

【原始票据 22】转账支票存根，如图 5－5 所示。

【原始票据 23】增值税普通发票发票联，如图 5－6 所示。

已经填制的银行付款凭证，如表 5－1 所示：

（1）填写贷方科目栏：银行存款——工行天津新开路支行（基本户）。

（2）填写日期栏：2018 07 07。

（3）填写编号栏：银付字第 06 号。

（4）填写摘要栏：支付供应商多锐采购货款（转账支票 0122221）。

（5）填写借方科目栏：库存商品——空气净化器。

（6）填写金额栏：43 113.34。

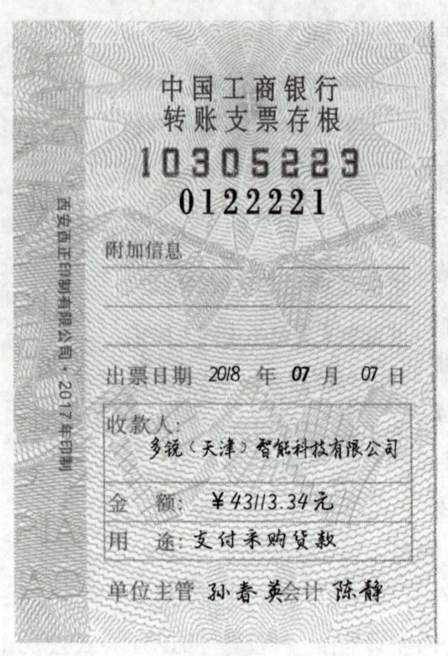

中国工商银行
转账支票存根
10305223
0122221

附加信息

出票日期 2018 年 07 月 07 日

收款人：多锐（天津）智能科技有限公司

金 额：¥43113.34元

用 途：支付采购货款

单位主管 孙春英 会计 陈静

西安西正印制有限公司·2017年印制

图 5-5　转账支票存根

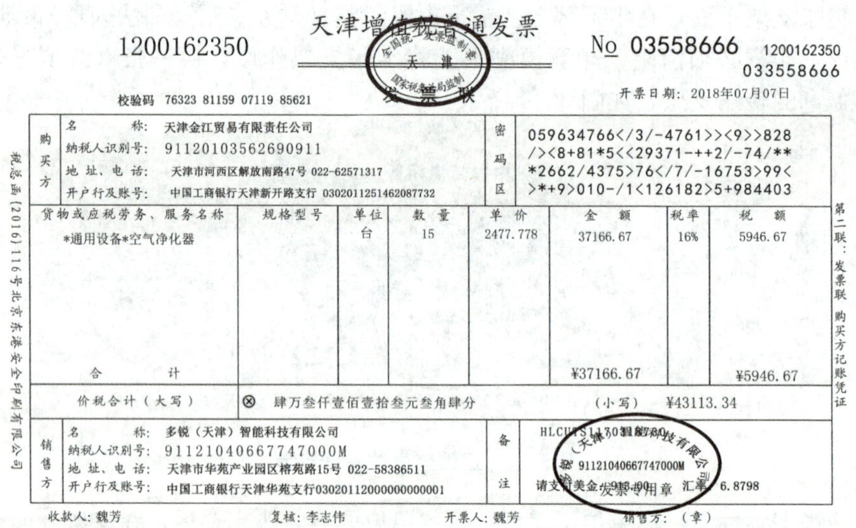

天津增值税普通发票

1200162350　　　　No 03558666　1200162350 033558666

发票联

校验码 76323 81159 07119 85621　　　　开票日期：2018年07月07日

购买方	名称：天津金江贸易有限责任公司 纳税人识别号：91120103562690911 地址、电话：天津市河西区解放南路47号 022-62571317 开户行及账号：中国工商银行天津新开路支行 0302011251462087732					密码区	059634766</3/-4761>><9>>828 /><8+81*5<<29371-++2/-74/** *2662/4375>76</7/-16753>99< >*+9>010-/1<126182>5+984403		
货物或应税劳务、服务名称		规格型号	单位	数量	单价	金额		税率	税额
*通用设备*空气净化器			台	15	2477.778	37166.67		16%	5946.67
合计						¥37166.67			¥5946.67
价税合计（大写）		⊗ 肆万叁仟壹佰壹拾叁元叁角肆分				（小写） ¥43113.34			
销售方	名称：多锐（天津）智能科技有限公司 纳税人识别号：91121040667747000M 地址、电话：天津市华苑产业园区榕苑路15号 022-58386511 开户行及账号：中国工商银行天津华苑支行03020112000000000001					备注	HLCUTS1130[illegible] 请支付美金：[illegible] 汇率：6.8798		

收款人：魏芳　　复核：李志伟　　开票人：魏芳　　销售方：（章）

第二联：发票联 购买方记账凭证

税总函〔2016〕116号北京东港安全印刷有限公司

图 5-6　增值税普通发票发票联

（7）填写合计金额栏：¥43 113.34。

（8）填写附凭证张数栏：附凭证 3 张。

（9）填写会计主管栏：孙春英；

填写记账栏：陈静；

填写稽核栏：孙春英；

填写出纳栏：陈磊；

填写制单栏：陈磊。

（10）填写记账符号栏。

说明：“记账符号”栏应在已经登记账簿后划“√”符号，表示已经入账，以免发生漏记或重记错误。

表 5-1 银行付款凭证

银行付款凭证

贷方科目：银行存款——工行天津新开路支行（基本户） 日期 2018 07 07 银付字 第 06 号

摘要	借方科目	金额（千百十万千百十元角分）	记账符号
支付供应商多锐采购货款（转账支票0122221）	库存商品——空气净化器	4311334	
	合计金额	¥4311334	

附凭证 3 张

会计主管 孙春英 记账 陈静 稽核 孙春英 出纳 陈磊 制单 陈磊

6. 登记银行存款日记账

根据本笔业务中的银行付款凭证，登记银行存款日记账。已登记完的银行存款日记账，如表 5-2 所示。

表 5-2 银行存款日记账

银行存款日记账

户名 中国工商银行天津新开路支行（基本户） 账号 030201125l462087732

2018年 月	日	凭证号	摘要	对方科目	现金支票号码	转账支票号码	借方（亿千百十万千百十元角分）	贷方（亿千百十万千百十元角分）	借或贷	余额（亿千百十万千百十元角分）
			承前页				9605180	172750000	借	244306728
07	06	银收07	天津科瑞恩商业承兑汇票到期办理承兑	应收票据			3827576		借	248134304
07	06	银收08	天津滨江大饭店银行承兑到期办理承兑	应收票据			4755487		借	252889791
07	07	银付04	支付天津科瑞恩销售退货款	主营业务收入				844394	借	252045397
07	07	银付05	办理客户银行履约保函（天津海河中学）	其他货币资金				500000	借	251545397
07	07	银付06	支付供货商多锐采购货款（转账支票票号0122221）	库存商品		0122221		4311334	借	247234063
			过次页				18188243	22930728	借	247234063

（1）填写月栏：07；

填写日栏：07。

（2）填写凭证号栏：银付 06。

（3）填写摘要栏：支付供应商多锐采购货款（转账支票票号 0122221）。

（4）填写对方科目栏：库存商品。

（5）填写借方栏：此例为空白；

填写贷方栏：43 113.34。

（6）填写借或贷栏：借；

填写余额栏：2 472 340.63。

（二）采购货款，银行电汇付款

1. 业务操作流程

以电汇付款方式购入商品业务操作流程，如图 5-7 所示。

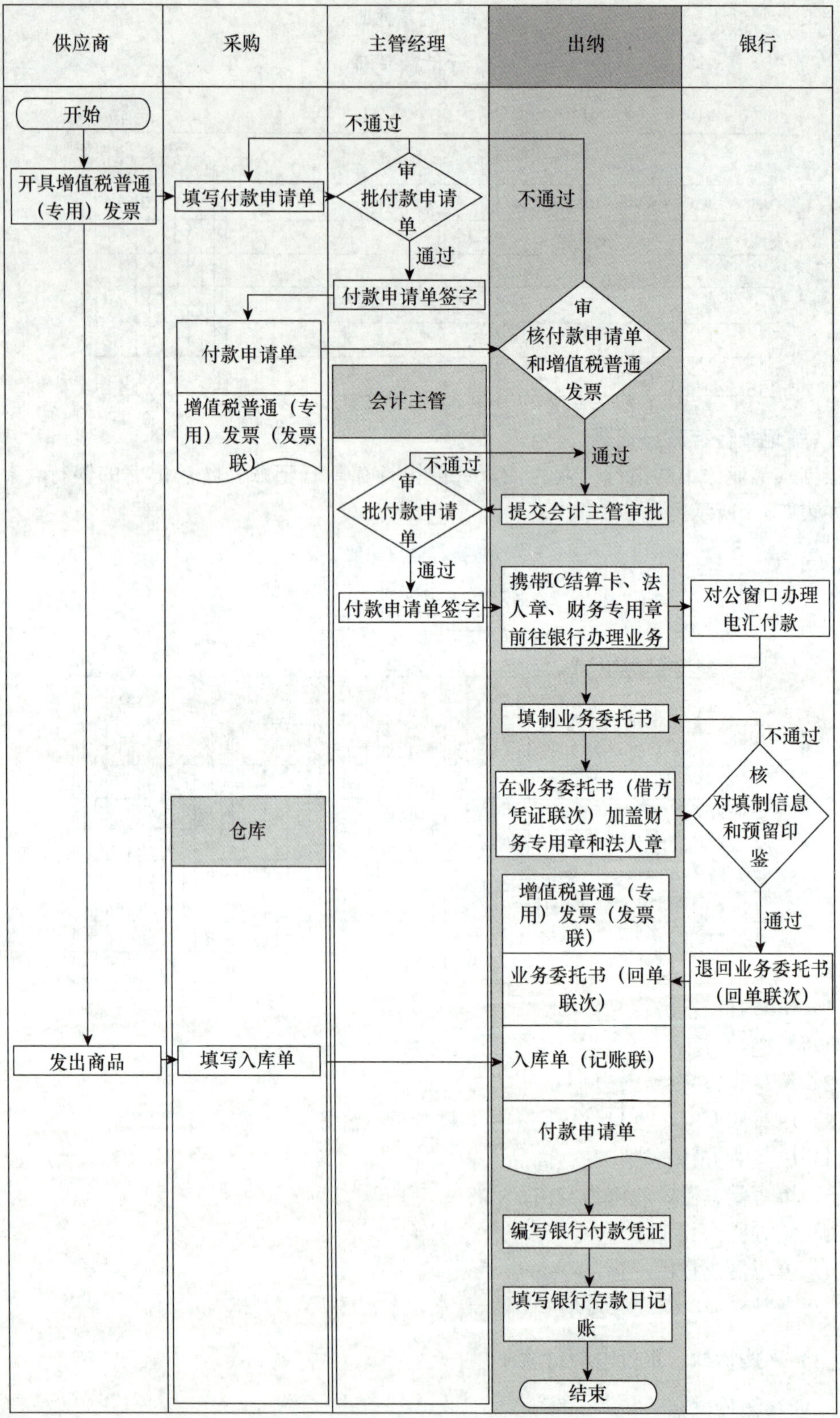

供应商 | 采购 | 主管经理 | 出纳 | 银行

开始

开具增值税普通（专用）发票

填写付款申请单

审批付款申请单

不通过

通过

付款申请单签字

付款申请单

增值税普通（专用）发票（发票联）

审核付款申请单和增值税普通发票

不通过

通过

会计主管

提交会计主管审批

审批付款申请单

不通过

通过

付款申请单签字

携带IC结算卡、法人章、财务专用章前往银行办理业务

对公窗口办理电汇付款

填制业务委托书

在业务委托书（借方凭证联次）加盖财务专用章和法人章

核对填制信息和预留印鉴

不通过

通过

仓库

增值税普通（专用）发票（发票联）

业务委托书（回单联次）

退回业务委托书（回单联次）

发出商品

填写入库单

入库单（记账联）

付款申请单

编写银行付款凭证

填写银行存款日记账

结束

图 5－7　以电汇付款方式购入商品业务操作流程图

流程说明：

（1）供应商开具增值税普通发票并发货。

（2）仓管人员收到货后填制入库单。

（3）采购部门经办人根据发票填写付款申请单。付款申请单应认真填写有关内容，如用途、金额、付款方式，并按要求由经办人以及各级审批部门负责人签字。

（4）经办人将经部门负责人（或相关权限审批人）审批后的付款申请单、增值税发票以及其他相关单据交与出纳。

（5）出纳收到以上单据后审核单据金额是否相同，签字是否齐全，审核无误后交与会计主管审批。

（6）会计主管审批签字后将相关单据归还出纳，出纳去银行办理电汇付款业务。办理时需要填制业务委托书，并在业务委托书（借方凭证联次）上加盖财务专用章和法人章。

（7）办理业务成功后，银行将业务委托书回执交给出纳。

2. 填写付款申请单

【业务案例 18】采购货款，银行电汇付款

2018 年 7 月 8 日，天津金江贸易有限责任公司从供货商多锐（天津）智能科技有限公司处购进商品：空气净化器 10 台，单价 2 874.222 元/台，共计 28 742.22 元；沙发椅 10 个，单价 1 611.111 元/个，共计 16 111.11 元；足疗仪 5 台，单价 812.99 元/台，共计 4 064.95 元；对方开具增值税普通发票，款项通过银行电汇支付。已经填写的付款申请单，如图 5－8 所示。

付款申请单

付款单编号：20180700801　　　　申请日期：2018 年 07 月 08 日

款项用途	采购货款		
付款依据 （合同名称/合同号）	增值税发票NO.03558667	开票情况	☑已开票　☐未开票　☐其他
付款金额	人民币（大写）肆万捌仟玖佰壹拾捌元贰角捌分		人民币（小写）¥48918.28
支付方式	☐支票　☐现金　☑银行转账　☐其他		
收款单位	多锐（天津）智能科技有限公司	收款单位开户行	中国工商银行天津华苑支行
收款账号	030201120000000000001	联系电话	022-58386511

经手人：陈磊　　财务经理：孙春英　　总经理：宋雪　　领款人：

图 5－8　付款申请单

（1）填写付款单编号栏：20180708001。

（2）填写申请日期栏：2018 年 07 月 08 日。

（3）填写付款依据栏：增值税发票 NO. 033558667。

（4）填写开票情况栏：已开票。

（5）填写付款金额栏，人民币（大写）：肆万捌仟玖佰壹拾捌元贰角捌分；人民币（小写）：¥48 918.28。

（6）填写支付方式栏：银行转账。

（7）填写收款单位栏：多锐（天津）智能科技有限公司。

（8）填写收款单位开户行栏：中国工商银行天津华苑支行。

（9）填写收款账号栏：0302011200000000001。

（10）填写联系电话栏：022－58386511。

（11）填写经手人栏：陈磊；

填写财务经理栏：孙春英；

填写总经理栏：宋雪。

3. 填写业务委托书

中国工商银行办理电汇业务时需要填写业务委托书，已经填写的业务委托书，如图5－9所示。

ICBC 中国工商银行

业务委托书　　委托日期 2018年07月08日

业务类型	□现金汇款 ☑转账汇款 □汇票申请书 □本票申请书 □其他		
委托人 全称	天津金江贸易有限责任公司	收款人 全称	多锐（天津）智能科技有限公司
委托人 账号或地址	03020112514620877732	收款人 账号或地址	0302011200000000001
委托人 开户行名称	中国工商银行天津新开路支行	收款人 开户行名称	中国工商银行天津华苑支行
汇款方式	☑普通 □加急 □加急汇款签字	开户银行	省 天津 市
币种及金额（大写）	人民币肆万捌仟玖佰壹拾捌元贰角捌分	亿千百十万千百十元角分	¥ 4 8 9 1 8 2 8
用途	贷款	支付密码	
			委托人签章
银行填写	☑联动收费 □非联动收费 □不收费	备注：	

ICBC 中国工商银行　业务委托书 回执

津B 03919313

委托人全称	天津金江贸易有限责任公司
委托人账号	03020112514620877732
收款人全称	多锐（天津）智能科技有限公司
收款人账号	0302011200000000001
金额	¥48918.28
委托日期	2018.07.08

此联为银行受理通知书。若委托人申请汇票或本票业务，应凭此联领取汇票或本票。

图5－9　业务委托书

（1）勾选业务类型栏：转账汇款。

（2）填写委托日期栏：2018年07月08日。

（3）填写委托人全称栏：天津金江贸易有限责任公司。

填写委托人账号或地址栏：03020112514620877732。

填写委托人开户行名称栏：中国工商银行天津新开路支行。

（4）填写收款人全称栏：多锐（天津）智能科技有限公司。

填写收款人账号栏：0302011200000000001。

填写收款人开户行名称栏：中国工商银行天津华苑支行。

说明：出纳人员应仔细核对收款人名称和账号，避免账号出错给单位带来损失。

（5）勾选汇款方式栏：普通。

说明：出纳人员应根据实际情况选择电汇方式加急或普通，在相应的方框内打钩。

（6）填写收款人开户银行栏：天津。

（7）填写币种及金额（大写）栏：人民币肆万捌仟玖佰壹拾捌元贰角捌分。

（8）填写小写金额栏：¥48 918.28。

（9）填写用途栏：货款。

4. 业务委托书的盖章

业务委托书盖章所需印鉴是公司财务专用章和法人章，一般由出纳人员保管财务专用章，财务主管保管法人章。

在业务委托书汇款人签章处盖上银行预留印鉴（财务专用章和法人章），缺一不可，印泥为红色，印章必须清晰，若印章模糊只能将本凭证作废，换一张重新填写并重新盖章。盖章的业务委托书，如图 5-10 所示。

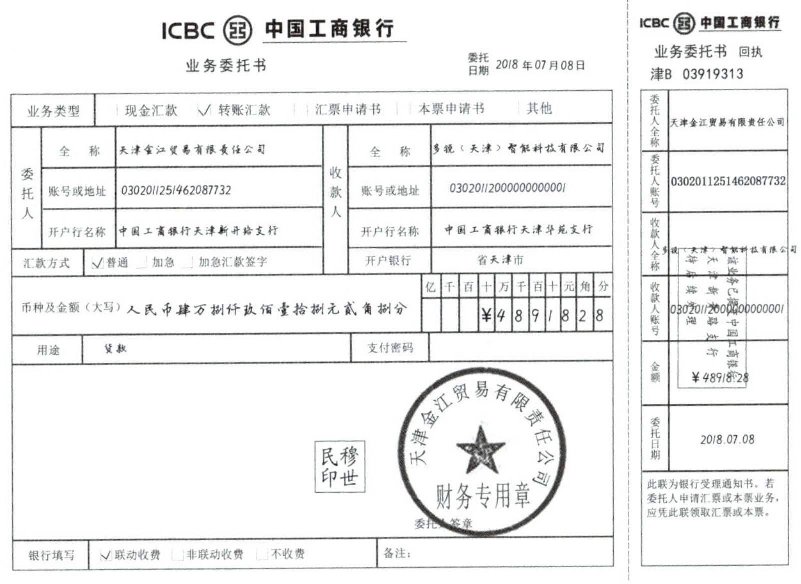

ICBC 中国工商银行

业务委托书　　　　委托日期 2018 年 07 月 08 日

业务类型	现金汇款　✓转账汇款　汇票申请书　本票申请书　其他		
委托人 全称	天津金江贸易有限责任公司	收款人 全称	多锐（天津）智能科技有限公司
委托人 账号或地址	030201125l462087732	收款人 账号或地址	0302011200000000001
委托人 开户行名称	中国工商银行天津新开路支行	收款人 开户行名称	中国工商银行天津华苑支行
汇款方式	✓普通　加急　加急汇款签字	开户银行	省天津市
币种及金额（大写）	人民币肆万捌仟玖佰壹拾捌元贰角捌分	亿 千 百 十 万 千 百 十 元 角 分	¥ 4 8 9 1 8 2 8
用途	货款	支付密码	
	天津金江贸易有限责任公司 财务专用章　民穆印世　委托人签章		
银行填写	✓联动收费　非联动收费　不收费	备注：	

ICBC 中国工商银行

业务委托书　回执

津B　03919313

委托人全称	天津金江贸易有限责任公司
委托人账号	030201125l462087732
收款人全称	多锐（天津）智能科技有限公司
收款人账号	0302011200000000001
金额	¥48918.28
委托日期	2018.07.08

此联为银行受理通知书。若委托人申请汇票或本票业务，应凭此联领取汇票或本票。

图 5-10　盖章的业务委托书

5. 银行电汇业务注意事项

办理电汇需填写电汇申请书，在办理业务前，要准确提供如下汇款信息：

（1）汇款货币及金额。

（2）收款人全称及地址。

（3）收款人的账号。

（4）收款人开户银行名称、地址。

为了保证收款人及时收到款项，出纳人员要提供准确的汇款信息，同时，应留下本单位的联系方式，并保存好汇款回单，以便在汇款出现问题时，银行能够及时与单位联系。

6. 填制银行付款凭证

【原始票据 24】电汇回单，如图 5-11 所示。

【原始票据 25】付款申请单，参见图 5-8。

【原始票据 26】入库单，如图 5-12 所示。

【原始票据 27】增值税普通发票发票联，如图 5-13 所示。

ICBC 中国工商银行

业务委托书 回执

津B 03919313

委托人全称	天津金江贸易有限责任公司
委托人账号	0302011251462087732
收款人全称	多锐（天津）智能科技有限公司
收款人账号	0302011200000000001
金额	¥48918.28
委托日期	2018.07.08
此联为银行受理通知书。若委托人申请汇票或本票业务，应凭此联领取汇票或本票。	

该业务已提交中国工商银行天津新开路支行待后续办理

图 5-11 电汇回单

入 库 单

STOCK IN （记 账） No 5925543

2018 年 07 月 08 日 对方科目

名 Product name 称	单位 Unit	数量 Quantity	单价 Unit Price	百	十	万	千	百	十	元	角	分	备注 REMARK
空气净化器		10	2874.222			2	8	7	4	2	2	2	
沙发椅		10	1611.111			1	6	1	1	1	1	1	
足疗仪		5	812.99				4	0	6	4	9	5	
合计					¥	4	8	9	1	8	2	8	

附件 张

主管 Director 孙春英　会计 Accountant 陈静　保管员 Storeman 王哲　经手人 Handler 陈磊

图 5-12 入库单

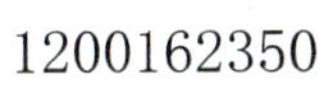

天津增值税普通发票

发票联

1200162350　　　　No 03558667　1200162350
033558667

校验码 76323 81159 07229 85621　　　　开票日期：2018年07月08日

购买方	名称：天津金江贸易有限责任公司 纳税人识别号：9112010356269091 1 地址、电话：天津市河西区解放南路47号，022-62571317 开户行及账号：中国工商银行天津新开路支行 0302011251462087732	密码区	059634766</3/-3812>><9>>828 /><8+81*5<<29371-++2/-74/** *2662/4375>76</7/-16753>99< >*+9>010-/1<126182>5+984403

货物或应税劳务、服务名称	规格型号	单位	数量	单价	金额	税率	税额
*通用设备*空气净化器		台	10	2477.778	24777.78	16%	3964.44
*家具*沙发椅		个	10	1388.889	13888.89	16%	2222.22
*通用设备*足疗仪		台	5	700.855	3504.27	16%	560.68
合　计					¥42170.94		¥6747.34
价税合计（大写）	⊗ 肆万捌仟玖佰壹拾捌元贰角捌分			（小写）	¥48918.28		

销售方	名称：多锐（天津）智能科技有限公司 纳税人识别号：91121040667747000M 地址、电话：天津市华苑产业园区榕苑路15号 022-58386511 开户行及账号：中国工商银行天津华苑支行 0302011200000000001	备注	HLCUTS1170318[illegible] 请支付[illegible] 汇率：[illegible]6.8798 （印章：多锐（天津）智能科技有限公司 91120106677470000M 发票专用章）

收款人：郭娟　　复核：李明　　开票人：郭娟　　销售方：（章）

第二联：发票联　购买方记账凭证

税总函〔2016〕116号北京东港安全印刷有限公司

图 5－13　增值税普通发票发票联

已经填制的银行付款凭证，如表 5－3 所示。

表 5－3　　银行付款凭证

银行付款凭证

贷方科目：银行存款——工行天津新开路支行（基本户）　日期 2018 07 08　　银付字　第 07 号

摘要	借方科目	金额（千百十万千百十元角分）	记账符号
银行电汇支付采购货款	库存商品——空气净化器	2874222	
银行电汇支付采购货款	库存商品——沙发椅	1611111	
银行电汇支付采购货款	库存商品——足疗仪	406495	
	合计金额	¥4891828	

附凭证 4 张

会计主管 孙春英　记账 陈静　稽核 孙春英　出纳 陈磊　制单 陈磊

（1）填写贷方科目栏：银行存款——工行天津新开路支行（基本户）。

（2）填写日期栏：2018 07 08。

（3）填写编号栏：银付字第 07 号。

（4）填写摘要栏：银行电汇支付采购货款。

（5）填写借方科目栏：库存商品——空气净化器；库存商品——沙发椅；库存商品——足疗仪。

（6）填写金额栏：28 742. 22；16 111. 11；4 064. 95。

（7）填写合计金额栏：¥48 918. 28。

（8）填写附凭证张数栏：附凭证 4 张。

（9）填写会计主管栏：孙春英；

填写记账栏：陈静；

填写稽核人栏：孙春英；

填写出纳栏：陈磊；

填写制单栏：陈磊。

（10）填写记账符号栏。

说明：“记账符号”栏应在已经登记账簿后划“√”符号，表示已经入账，以免发生漏记或重记错误。

7. 登记银行存款日记账

根据本笔业务中的银行付款凭证，登记银行存款日记账。已登记完的银行存款日记账，如表 5－4 所示。

表 5－4　　银行存款日记账

银行存款日记账

户名 中国工商银行天津新开路支行（基本户）　账号 03020112514620877 32

2018 年 月	日	凭证号	摘要	对方科目	现金支票号码	转账支票号码	借方（亿千百十万千百十元角分）	贷方（亿千百十万千百十元角分）	借或贷	余额（亿千百十万千百十元角分）
			承前页				18188243	22930728	借	247234063
07	08	银付07	银行电汇支付采购货款	库存商品				4891828	借	242342235
			过次页							

（1）填写月栏：07；

填写日栏：08。

（2）填写凭证号栏：银付 07。

（3）填写摘要栏：银行电汇支付采购货款。

（4）填写对方科目栏：库存商品。

（5）填写借方栏：此例为空白；

填写贷方栏：48 918.28。

（6）填写借或贷栏：借；

填写余额栏：2 423 422.35。

（三）预付采购货款，银行柜台转账付款

1. 业务操作流程

银行柜台转账方式预付采购货款业务操作流程，如图 5－14 所示。

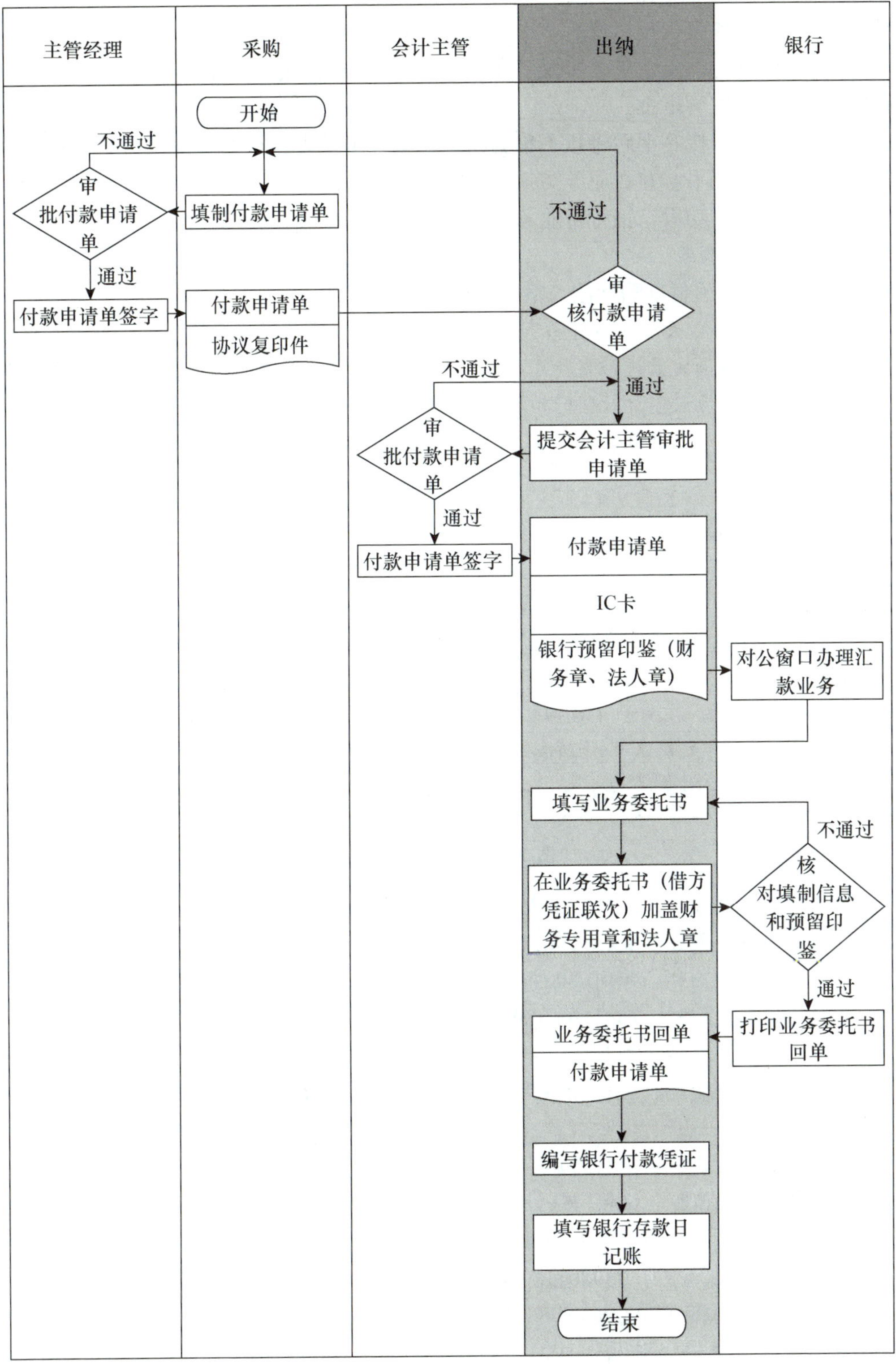

图 5－14　银行柜台转账方式预付采购货款业务操作流程图

流程说明：

(1) 与供应商签订购货协议后，由采购人员填制付款申请单。

(2) 出纳收到付款申请单、协议复印件后审核单据金额是否相同，签字是否齐全，审核无误后交给会计主管审批。

(3) 会计主管审核签字后将相关单据归还出纳，出纳去银行办理电汇付款业务。办理时需要填制业务委托书，并在业务委托书上加盖财务专用章和法人章。

(4) 办理业务成功后，银行将业务委托书交给出纳。

2. 填写付款申请单

【业务案例 19】预付采购货款，银行柜台转账付款

2018 年 7 月 9 日，天津金江贸易有限责任公司与供应商多锐（天津）智能科技有限公司签订购货协议，协议商定购进沙发椅 15 台，单价 1 611.111 元/台；空气净化器 30 台，单价 2 874.222 元/台。在协议签订时预付 40%的货款，货款共计 110 393.25 元，款项以银行汇款方式支付，剩余货款于商品到货后的 3 日内支付。已经填写的付款申请单，如图 5-15 所示。

付款申请单

付款单编号：20180709001　　　　申请日期：2018 年 07 月 09 日

款项用途	预付采购货款		
付款依据 (合同名称/合同号)	产品购销合同	开票情况	□已开票　☑未开票　□其他
付款金额	人民币（大写）肆万肆仟壹佰伍拾柒元叁角整		人民币（小写）¥44157.30
支付方式	□支票　□现金　☑银行转账　□其他		
收款单位	多锐（天津）智能科技有限公司	收款单位开户行	中国工商银行天津华苑支行
收款账号	0302011200000000001	联系电话	022-58386511

经手人：陈磊　　财务经理：孙春英　　总经理：宋雪　　领款人：

图 5-15　付款申请单

(1) 填写付款单编号栏：20180709001。

(2) 填写申请日期栏：2018 年 07 月 09 日。

(3) 填写款项用途栏：预付采购货款。

(4) 填写付款依据栏：产品购销合同。

(5) 填写开票情况栏：未开票。

(6) 填写付款金额栏，人民币（大写）：肆万肆仟壹佰伍拾柒元叁角整；人民币（小写）¥44 157.30。

(7) 填写支付方式栏：银行转账。

(8) 填写收款单位栏：多锐（天津）智能科技有限公司。

(9) 填写收款单位开户行栏：中国工商银行天津华苑支行。

(10) 填写收款账号栏：0302011200000000001。

(11) 填写联系电话栏 022—58386511。

(12) 填写经手人栏：陈磊；

填写财务经理栏：孙春英；

填写总经理栏：宋雪。

3. 填制业务委托书

已经填写的业务委托书，如图 5－16 所示。

ICBC 中国工商银行

业务委托书　　委托日期 2018 年 07 月 11 日

业务类型	□现金汇款　☑转账汇款　□汇票申请书　□本票申请书　□其他		
委托人 全称	天津金江贸易有限责任公司	收款人 全称	多锐（天津）智能科技有限公司
账号或地址	0302011251462087732	账号或地址	030201120000000001
开户行名称	中国工商银行天津新开路支行	开户行名称	中国工商银行天津华苑支行
汇款方式	☑普通　□加急　□加急汇款签字	开户银行	省天津市

币种及金额（大写）	亿	千	百	十	万	千	百	十	元	角	分
人民币肆万肆仟壹佰伍拾柒元叁角整				¥	4	4	1	5	7	3	0

用途	货款	支付密码	123456
委托人签章			
银行填写	☑联动收费　□非联动收费　□不收费	备注：	

ICBC 中国工商银行

业务委托书　回执

委托人全称	天津金江贸易有限责任公司
委托人账号	0302011251462087732
收款人全称	多锐（天津）智能科技有限公司
收款人账号	030201120000000001
金额	¥44157.30
委托日期	2018.07.11
此联为银行受理通知书。若委托人申请汇票或本票业务，应凭此联领取汇票或本票。	

图 5－16　业务委托书

（1）填写委托日期栏：2018 年 07 月 11 日。

说明：在委托书上方右侧按照实际办理业务日期填写委托日期。

（2）勾选业务类型栏：转账汇款。

说明：根据实际办理业务类型选择相应的选项打钩。

（3）填写委托人全称栏：天津金江贸易有限责任公司。

说明：在此栏内填写委托单位即本单位全称。

（4）填写委托人账号或地址栏：0302011251462087732。

说明：在此处填写本单位账号或地址。

（5）填写委托人开户行名称栏：中国工商银行天津新开路支行。

说明：在此处填写本单位开户行全称。

（6）勾选汇款方式普通栏：

说明："汇款方式"栏要根据实际需要选择"普通""加急"或"加急汇款签字"，在框内打钩即可。

（7）填写收款人全称栏：多锐（天津）智能科技有限公司。

说明："收款人全称"栏填对方单位全称。

（8）填写收款人开户行名称栏：中国工商银行天津华苑支行。

说明：此栏填写对方单位开户行全称。

(9) 填写币种及金额（大写）栏：人民币肆万肆仟壹佰伍拾柒元叁角整；¥44 157.30。

说明：“币种及金额”栏要根据实际汇款金额填写，要注意大写数字的书写。

(10) 业务委托书（回执）委托人全称栏：天津金江贸易有限责任公司。

(11) 业务委托书（回执）委托人账号栏：0302011251462087732。

(12) 业务委托书（回执）收款人全称栏：多锐（天津）智能科技有限公司。

(13) 业务委托书（回执）收款人账号栏：0302011200000000001。

(14) 业务委托书（回执）金额栏：¥44 157.30。

(15) 业务委托书（回执）日期栏：2018.07.11。

4. 业务委托书的盖章

业务委托书正联盖章所需印鉴是公司财务专用章和法人章，一般由出纳人员保管财务专用章，财务主管保管法人章。

在业务委托书委托人签章处盖上银行预留印鉴（财务专用章和法人章），缺一不可，印泥为红色，印章必须清晰，若印章模糊只能将本凭证作废，换一张重新填写并重新盖章。已经盖章的业务委托书，如图 5-17 所示。

ICBC 中国工商银行

业务委托书　　委托日期 2018 年 07 月 11 日

业务类型	□现金汇款　√转账汇款　□汇票申请书　□本票申请书　□其他			
委托人 全称	天津金江贸易有限责任公司	收款人	全称	多锐（天津）智能科技有限公司
账号或地址	0302011251462087732		账号或地址	0302011200000000001
开户行名称	中国工商银行天津新开路支行		开户行名称	中国工商银行天津华苑支行
汇款方式	√普通　□加急　□加急汇款签字		开户银行	省天津市
币种及金额（大写）	人民币肆万肆仟壹佰伍拾柒元叁角		亿千百十万千百十元角分	¥4415730
用途	货款		支付密码	123456
委托人签章	民穆印世　天津金江贸易有限责任公司 财务专用章			
银行填写	√联动收费　□非联动收费　□不收费		备注：	

ICBC 中国工商银行

业务委托书　回执

委托人全称	天津金江贸易有限责任公司
委托人账号	0302011251462087732
收款人全称	多锐（天津）智能科技
收款人账号	0302011200000000001
金额	¥44157.30
委托日期	2018.7.11

此联为银行受理通知书。若委托人申请汇票或本票业务，应凭此联领取汇票或本票。

图 5-17　已经盖章的业务委托书

5. 填制银行付款凭证

【原始票据 28】 业务委托书（回执），如图 5-18 所示。

【原始票据 29】 付款申请单，参见图 5-15。

【原始票据 30】 协议复印件，如图 5-19 所示。

ICBC 中国工商银行

业务委托书 回执

委托人全称	天津金江贸易有限责任公司
委托人账号	0302011251462087732
收款人全称	多锐（天津）智能科技有限公司
收款人账号	0302011200000000001
金额	¥44157.30
委托日期	2018.07.11
此联为银行受理通知书。若委托人申请汇票或本票业务，应凭此联领取汇票或本票。	

该业务已提交中国工商银行天津新华路支行待后续处理

图 5－18　业务委托书回执

产品购销合同

甲方（买方）：天津金江贸易有限责任公司
乙方（卖方）：多锐（天津）智能科技有限公司

根据《中华人民共和国合同法》等法律、法规的规定，甲乙双方在平等自愿、协商一致的基础上，就甲方购买乙方产品事宜达成以下条款：

第一条　乙方所提供的产品及费用清单。

序号	产品名称	规格型号	数量	单价（元）	金额（元）
1	沙发椅		15	1 611.11	24 166.65
2	空气净化器		30	2 874.22	86 226.60
合计	小写：110 393.25 元			大写：壹拾壹万零叁佰玖拾叁元贰角伍分	
备注	预付 40%的货款，剩余货款于商品到货后的 3 日内支付				

第二条　付款方式：甲方提前付款。

第三条　交货期：自收到甲方预付款之日起<u>　3　</u>日内到达甲方指定地点。

第四条　交货地点、费用承担及所有权转移：乙方通过物流发运到甲方指定地点，运费由乙方承担；货物所有权自甲方签收之日起转移，运输途中产品的损毁由乙方自行承担。

第五条　乙方应做好适合物流运输的产品包装，并随货附《货物清单》（加盖合同章），详细注明产品规格及数量，甲方根据货物清单内容验收货物。

第六条　甲方自收到货物起 7 日内可对产品的规格、数量等产品信息提出异议，乙方必须在 3 日内答复并提出解决方案，否则甲方有权退货并要求乙方承担所有的费用。

第七条　质量保证：

1. 乙方承诺甲方所购买的产品质量和乙方提供的样品一致，有微小差异属于正常。

2. 乙方提供的所有产品必须符合国家有关部门的质量要求，如出现质量问题假一赔十，给甲方造成危害和损失的承担赔偿责任。

第八条　违约责任：

在合同履行期间，乙方延期交货（除双方协商同意免除外），每延期 1 日按合同总金额的 2%承担违约责任。

第九条　争端的解决：

合同履行过程中出现的一切争端，双方应友好协商解决，协商不成的，任意一方可向有管辖权的人民法院提起诉讼解决。

第十条　合同生效及其他：

1. 本合同未尽事宜，经双方协商后作出书面补充协议，补充协议与本合同具有同等法律效力。

2. 本合同一式四份，双方各执两份，具有同等法律效力。

3. 本合同自双方授权代表签字、单位盖章、预付款到达乙方指定账户之日起生效。

甲方（盖章）：天津金江贸易有限责任公司
法定代表人（签字）：穆世民
电话：022-62571317
开户银行：中国工商银行天津新开路支行
账号：0302011251462087732
签订日期：2018 年 07 月 09 日

乙方（盖章）：多锐（天津）智能科技有限公司
法定代表人（签字）：王[illegible]
电话：022-5838[illegible]511
开户银行：中国工商银行天津华苑支行
账号：0302011200000000001
签订日期：2018 年 07 月 09 日

图 5-19　协议复印件

已经填制的银行付款凭证，如表 5－5 所示。

表 5－5　　银行付款凭证

银行付款凭证

贷方科目：银行存款——工行天津新开路支行（基本户）日期 2018 07 11　　　　银付字　第08号

摘要	借方科目	金额										记账符号
		千	百	十	万	千	百	十	元	角	分	
预付采购货款	预付账款——多锐（天津）智能科技有限公司				4	4	1	5	7	3	0	
	合计金额			¥	4	4	1	5	7	3	0	

附凭证 3 张

会计主管 孙春英　记账 陈静　稽核 孙春英　出纳 陈磊　制单 陈磊

（1）填写贷方科目栏：银行存款——工行天津新开路支行（基本户）。

（2）填写日期栏：2018 07 11。

（3）填写编号栏：银付字第 08 号。

（4）填写摘要栏：预付采购货款。

（5）填写借方科目栏：预付账款——多锐（天津）智能科技有限公司。

（6）填写金额栏：44 157.30。

（7）填写合计金额栏：￥44 157.30。

（8）填写附凭证张数栏：附凭证 3 张。

（9）填写会计主管栏：孙春英；

填写记账栏：陈静；

填写稽核栏：孙春英；

填写出纳栏：陈磊；

填写制单栏：陈磊。

（10）填写记账符号栏。

说明："记账符号"栏应在已经登记账簿后划"√"符号，表示已经入账，以免发生漏记或重记错误。

6. 登记银行存款日记账

根据本笔业务中的银行付款凭证，登记银行存款日记账。已经登记的银行存款日记账，如表 5－6 所示。

表 5-6　　**银行存款日记账**

银行存款日记账

户名 中国工商银行天津新开路支行（基本户）　　账号 0302011251462087732

2018年		凭证号	摘要	对方科目	现金支票号码	转账支票号码	借方											贷方											借或贷	余额										
月	日						亿	千	百	十	万	千	百	十	元	角	分	亿	千	百	十	万	千	百	十	元	角	分		亿	千	百	十	万	千	百	十	元	角	分
			承前页							1	8	1	8	8	2	4	3				2	2	9	3	0	7	2	8	借			2	4	7	2	3	4	0	6	3
07	08	银付07	银行电汇支付采购贷款	库存商品																		4	8	9	1	8	2	8	借			2	4	2	3	4	2	2	3	5
07	11	银付08	预付采购贷款	预付账款																		4	4	1	5	7	3	0	借			2	3	7	9	2	6	5	0	5
			过次页																																					

（1）填写月栏：07；

填写日栏：11。

（2）填写凭证号栏：银付 08。

（3）填写摘要栏：预付采购货款。

（4）填写对方科目栏：预付账款。

（5）填写借方栏：此例为空白；

填写贷方栏：44 157.30。

（6）填写借或贷栏：借；

填写余额栏：2 379 265.05。

（四）支付采购货款，网银转账付款

1. 业务操作流程

支付采购货款，网银转账付款业务操作流程，如图 5-20 所示。

流程说明：

（1）采购填制付款申请单，提出付款申请。

（2）网银转账付款，出纳直接登录网银操作即可。

（3）网银付款后，出纳到银行自助打印付款业务回单。

2. 填写付款申请单

【业务案例 20】支付采购货款，网银转账付款

2018 年 7 月 11 日，天津金江贸易有限责任公司支付供应商多锐（天津）智能科技有限公司前期购货款 161 750.00 元，款项以银行网银转账方式支付。已经填写的付款申请单，如图 5-21 所示。

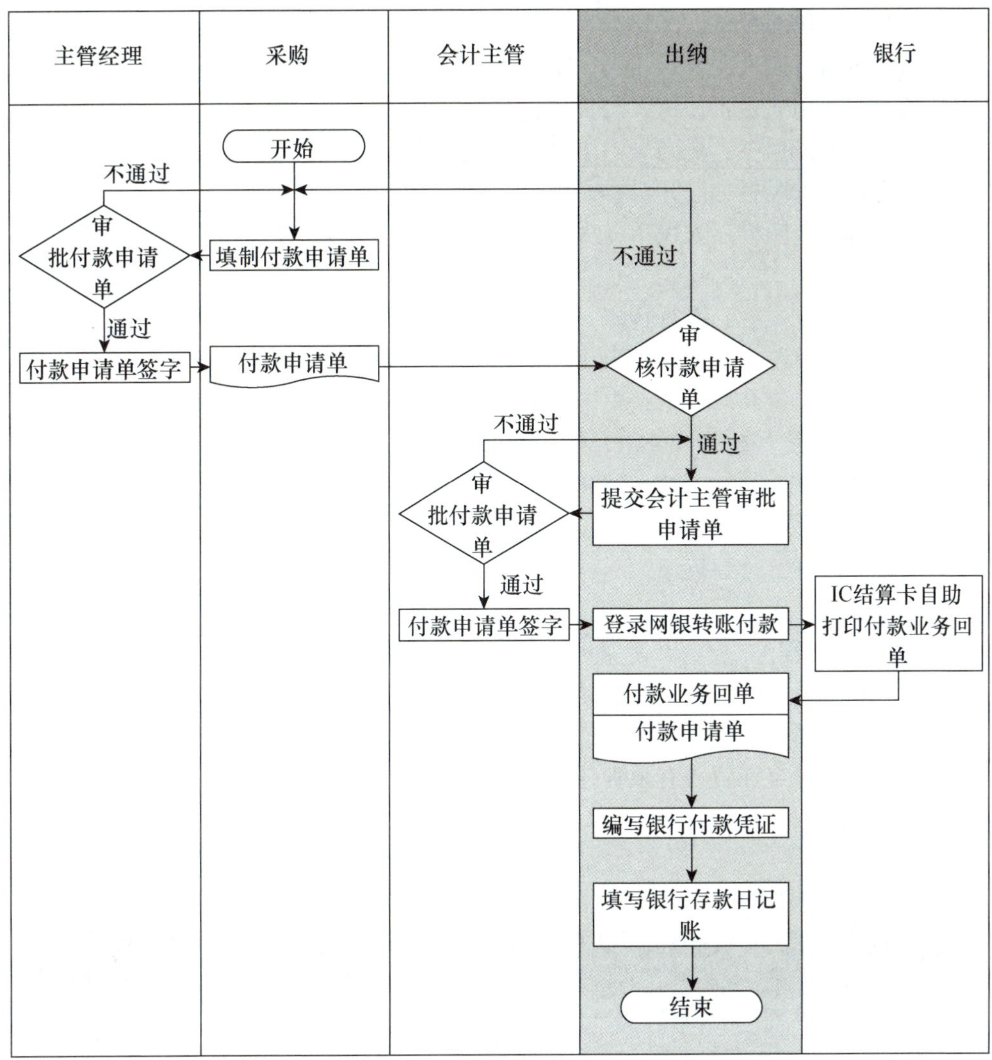

图 5-20　支付采购货款，网银转账付款业务操作流程图

付款申请单

付款单编号：20180711001　　　　申请日期：2018 年 07 月 11 日

款项用途	预付采购货款		
付款依据 （合同名称/合同号）	合同号 GR-CG-YL-1403002	开票情况	☑已开票　☐未开票　☐其他
付款金额	人民币（大写）壹拾陆万壹仟柒佰伍拾元整		人民币（小写）¥161750.00
支付方式	☐ 支票　☐ 现金　☑银行转账　☐ 其他		
收款单位	多锐（天津）智能科技有限公司	收款单位开户行	中国工商银行天津华苑支行
收款账号	03020112000000000001	联系电话	022-58386511

经手人：陈磊　　财务经理：孙春英　　总经理：宋雪　　领款人：

图 5-21　付款申请单

(1) 填写付款单编号栏：20180711001。

(2) 填写申请日期栏：2018 年 07 月 11 日。

(3) 填写款项用途栏：预付采购货款。

(4) 填写付款依据栏：合同号 GR－CG－YL－1403002。

(5) 填写开票情况栏：已开票。

(6) 填写付款金额栏，人民币（大写）：壹拾陆万壹仟柒佰伍拾元整；人民币（小写）¥161 750.00。

(7) 填写支付方式栏：银行转账。

(8) 填写收款单位栏：多锐（天津）智能科技有限公司。

(9) 填写收款单位开户行栏：中国工商银行天津华苑支行。

(10) 填写收款账号栏：0302011200000000001。

(11) 填写联系电话栏：022－58386511。

(12) 填写经手人栏：陈磊；

填写财务经理栏：孙春英；

填写总经理栏：宋雪。

3. 网银转账流程

登录网上银行后，点击转账汇款。

(1) 填写汇款单位信息，如图 5－22 所示。

汇款单位：天津金江贸易有限责任公司。

汇款账号：0302011251462087732。

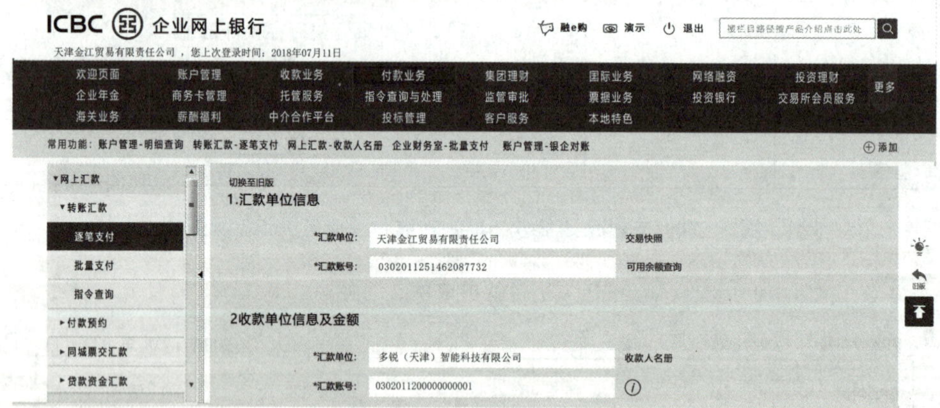

图 5－22 工行网银汇款－1

(2) 填写收款单位信息及金额，如图 5－23、图 5－24 所示：

收款单位：多锐（天津）智能科技有限公司。

收款账号：0302011200000000001。

汇至个人账户：否。

收款银行：中国工商银行。

汇款金额：161 750.00 元。

汇款方式：加急。

收款银行全称：天津市中国工商银行天津华苑支行。

图 5-23　工行网银汇款—2

(3) 汇款用途及短信，如图 5-24 所示：

汇款用途：货款。

下一个工作日处理：是。

预约执行：否。

输入验证码（验证码根据实际情况填写）：2533。

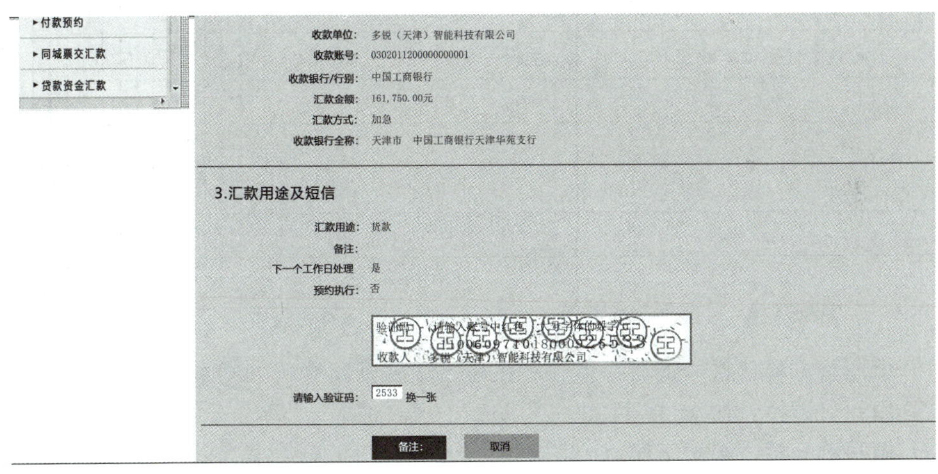

图 5-24　工行网银汇款—3

(4) 点击“确定”，转账成功。

说明：确认付款前，要再次确认填写的收款人相关信息，包括收款人全称、银行账号及转账金额，确认无误后点击“确定”付款。

4. 填制银行付款凭证

【原始票据 31】 付款申请单，参见图 5-21。

【原始票据 32】 银行付款业务回单，如图 5-25 所示。

ICBC 中国工商银行

凭证

业务回单（付款）

日期：2018年07月11日

回单编号：18072000001

付款人户名：天津金江贸易有限责任公司　　付款人开户行：工商银行天津新开路支行
付款人账号（卡号）：0302011251462087732　　收款人开户行：工商银行天津华苑支行
收款人户名：多锐（天津）智能科技有限公司
收款人账号（卡号）：0302011200000000001
金额：壹拾陆万壹仟柒佰伍拾元整　　小写：161750.00元
业务（产品）种类：转账　　凭证种类：000000000　　凭证号码：0000000000000000
摘要：支付采购货款　　用途：　　币种：人民币
交易机构：0030200112　　记账柜员：00010　　交易代码：87091　　渠道：中间业务后台方式

中国工商银行股份有限公司天津新开路支行 自主回单机专用章（003）

本回单为第2次打印，注意重复　　打印日期：2018年07月11日　　打印柜员：9　　验证码：E07E72FCA006

图 5-25　银行付款业务回单

已经填制的银行付款凭证，如表 5-7 所示。

表 5-7　银行付款凭证

银行付款凭证

贷方科目：银行存款——工行天津新开路支行（基本户）日期 2018 07 11　　银付 字　第09号

摘要	借方科目	千	百	十	万	千	百	十	元	角	分	记账符号
网银支付应付采购货款	应付账款——多锐（天津）智能科技有限公司			1	6	1	7	5	0	0	0	
	合计金额		¥	1	6	1	7	5	0	0	0	

附凭证 2 张

会计主管 孙春英　记账 陈静　稽核 孙春英　出纳 陈磊　制单 陈磊

（1）填写贷方科目栏：银行存款——工行天津新开路支行（基本户）。

（2）填写日期栏：2018 07 11。

（3）填写编号栏：银付字第 09 号。

（4）填写摘要栏：网银支付应付采购货款。

（5）填写借方科目栏：应付账款——多锐（天津）智能科技有限公司。

（6）填写金额栏：161 750.00。

（7）填写合计金额栏：￥161 750.00。

（8）填写附凭证张数栏：附凭证 2 张。

（9）填写会计主管栏：孙春英；

填写记账栏：陈静；

填写稽核栏：孙春英；

填写出纳栏：陈磊；

填写制单栏：陈磊。

(10) 填写记账符号栏。

说明："记账符号"栏应在已经登记账簿后划"√"符号，表示已经入账，以免发生漏记或重记错误。

5. 登记银行存款日记账

根据本笔业务中的银行付款凭证，登记银行存款日记账。已登记完的银行存款日记账，如表 5-8 所示。

表 5-8 银行存款日记账

银行存款日记账

户名 中国工商银行天津新开路支行（基本户） 账号 0302011251462087732

2018年 月	日	凭证号	摘要	对方科目	现金支票号码	转账支票号码	借方（亿千百十万千百十元角分）	贷方（亿千百十万千百十元角分）	借或贷	余额（亿千百十万千百十元角分）
			承前页				18188243	22930728	借	247234063
07	08	银付07	银行电汇支付采购货款	库存商品				4891828	借	242342235
07	11	银付08	预付采购货款	预付账款				4415730	借	237926505
07	11	银付09	网银支付应付采购货款	应付账款				16175000	借	221751505
			过次页							

(1) 填写月栏：07；

填写日栏：11。

(2) 填写凭证号栏：银付 09。

(3) 填写摘要栏：网银支付应付采购货款。

(4) 填写对方科目栏：应付账款。

(5) 填写借方栏：此例为空白；

填写贷方栏：161 750.00。

(6) 填写借或贷栏：借；

填写余额栏：2 217 515.05。

（五）商业承兑汇票到期，办理付款

1. 业务操作流程

商业承兑汇票到期，办理付款业务操作流程，如图 5-26 所示。

流程说明：

(1) 商业承兑汇票按交易双方约定，由销货企业或购货企业签发，但由购货企业承兑。商业承兑汇票的付款人收到开户银行的付款通知，应当在当日通知银行付款，寄送托收凭证和商业承兑汇票。

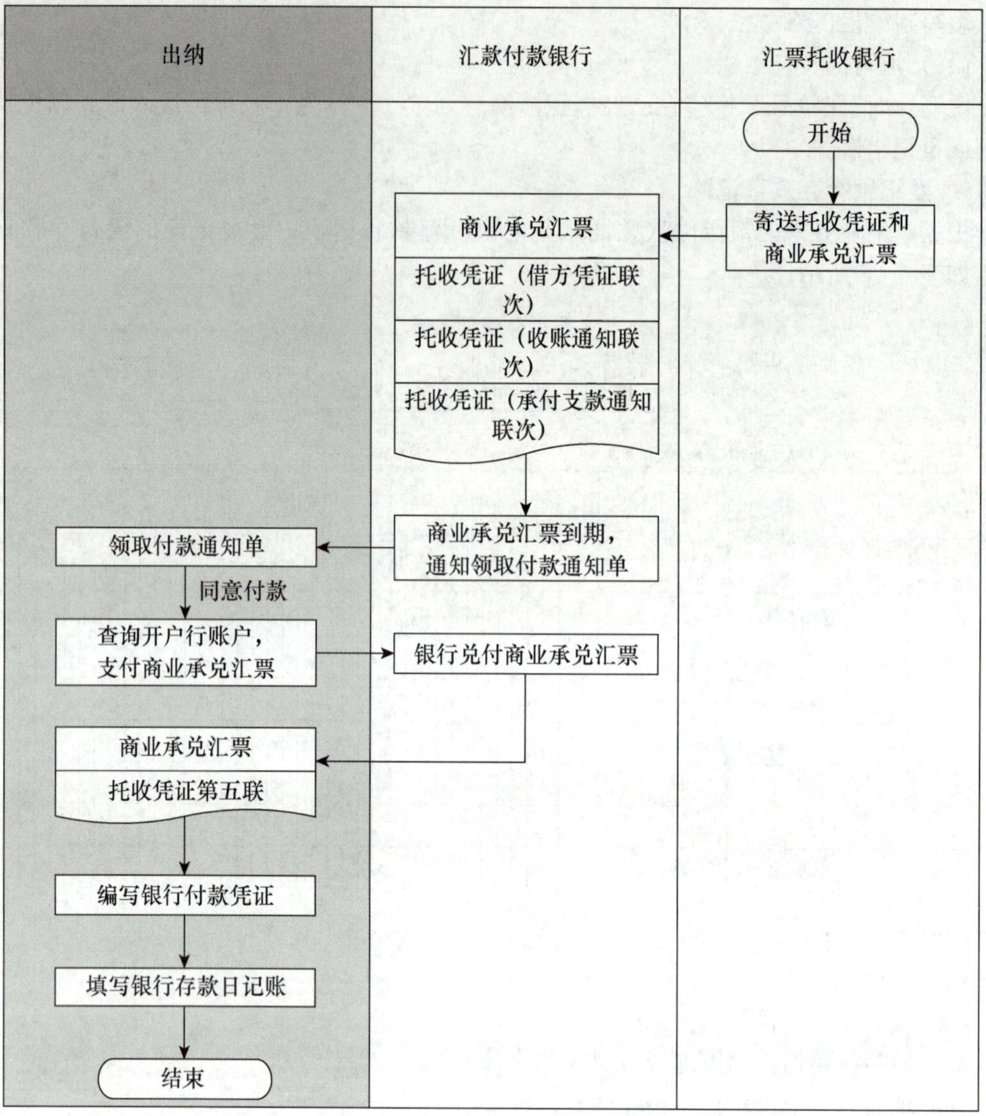

出纳 | 汇款付款银行 | 汇票托收银行

开始

寄送托收凭证和商业承兑汇票

商业承兑汇票

托收凭证（借方凭证联次）

托收凭证（收账通知联次）

托收凭证（承付支款通知联次）

商业承兑汇票到期，通知领取付款通知单

领取付款通知单

同意付款

查询开户行账户，支付商业承兑汇票

银行兑付商业承兑汇票

商业承兑汇票

托收凭证第五联

编写银行付款凭证

填写银行存款日记账

结束

图 5-26　商业承兑汇票到期，办理付款业务操作流程

（2）商业承兑汇票到期，银行通知付款人领取付款通知单。

（3）出纳领取付款通知单并同意支付。

（4）如果出纳拒绝支付，则银行不审核，商业承兑汇票直接退回。

（5）商业承兑汇票由银行以外的付款人承兑（由收款人签发交由付款人承兑），银行承兑汇票由银行承兑（由付款人签发并承兑）。

2. 签发商业承兑汇票流程

商业汇票是出票人签发的，委托付款人在指定日期无条件支付确定的金额给收款人或者持票人的票据。商业承兑汇票是由银行以外的付款人承兑给收款人或者持票人的票据。商业承兑汇票按交易双方约定，由销货企业或购货企业签发，但由购货企业承兑。

（1）提前确认。

说明：商业承兑汇票由付款单位承兑。付款单位承兑时，无须填写承兑协议，也不通过银行办理，因而也就无须向银行支付手续费，只需在商业承兑汇票的第二联正面签署“承兑”字样并加盖预留银行的印鉴后，交给收款单位。

（2）商业承兑汇票到期，领取付款通知单。

说明：由银行通知付款人领取付款通知单。

（3）商业承兑汇票到期3天内做出同意支付或拒绝支付。

说明：拒绝支付商业承兑汇票，银行不审核。付款单位开户银行收到付款单位退回的委托收款凭证和商业承兑汇票后，应在其收存的委托收款凭证第三联和第四联“转账原因”栏注明“无款支付”字样并加盖银行业务公章后，一并退回收款单位开户银行转交给收款单位，再由收款单位和付款单位自行协商票款的清偿问题。

3. 填制银行付款凭证

【业务案例21】商业承兑汇票到期，办理付款

2018年7月12日，天津金江贸易有限责任公司向供货商多锐（天津）智能科技有限公司签发的3个月商业承兑汇票已到期，开户行通知付款，同意付款。

【原始票据33】商业承兑汇票，如图5-27所示。

【原始票据34】托收凭证第五联，如图5-28所示。

商业承兑汇票　2　00100061

出票日期（大写）　贰零壹捌　年　零肆 月壹拾贰日　22980912 票号

付款人	全称	天津金江贸易有限责任公司		收款人	全称	多锐（天津）智能科技有限公司	
	账号	0302011251462087732			账号	0302011200000000001	
	开户行	中国工商银行天津新开路支行	行号 102110000285		开户行	中国工商银行天津华苑支行	行号 102110080251
出票金额	人民币（大写） 贰万捌仟玖佰玖拾元整					千百十万千百十元角分	¥2899000
汇票到期日	贰零壹捌年零柒月壹拾贰日			交易合同号码		1584962	
本汇票已经承兑，到期无条件支付票款。		承兑人签章　承兑日期　年　月　日		本汇票请予以承兑于到期日付款。		出票人签章	

此联持票人开户行委托收款凭证寄付款人开户行作借方凭证附件

图5-27　商业承兑汇票

ICBC 中国工商银行　　托收凭证（付款通知）

5 No.

委托日期 2018 年 07 月 12 日

业务类型	委托收款（□邮划、☑电划）			托收承付（□邮划、□电划）			
付款人	全称	天津金江贸易有限责任公司		收款人	全称	多锐（天津）智能科技有限公司	
	账号	03020112514620877732			账号	030201120000000001	
	地址	天津市河西区 市县	开户行 中国工商银行天津新开路支行		地址	天津市华苑产业园区梧苑路15号 市县	开户行 中国工商银行天津华苑支行
金额	人民币（大写）	贰万捌仟玖佰玖拾元整		亿 千 百 十 万 千 百 十 元 角 分		¥ 2 8 9 9 0 0 0	
款项内容	货款	托收凭据名称	商业承兑汇票22980912	附寄单证张数		一张	
商品发运情况				合同名称号码			
备注： 付款人开户银行收到日期 年 月 日		付款人开户银行签章		付款人注意： 1. 根据支付结算办法，上列委托收款（托收承付）款项在付款期限内未提出拒付，即视为同意付款。以此代付款通知。 2. 如需提出全部或部分拒付，应在规定期限内，将拒付理由书并附债务证明提交开户银行。			

B610.324 175*100mm

此联付款人开户银行给付款人按期付款通知

图 5－28　托收凭证第五联

已经填制的银行付款凭证，如表 5－9 所示。

表 5－9　　银行付款凭证

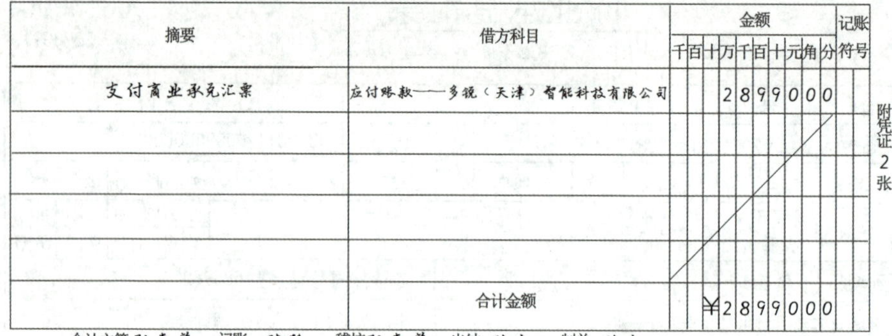

银行付款凭证

贷方科目：银行存款——工行天津新开路支行（基本户）日期 2018 07 12　　银付字 第 10 号

摘要	借方科目	金额（千百十万千百十元角分）	记账符号
支付商业承兑汇票	应付账款——多锐（天津）智能科技有限公司	2899000	
	合计金额	¥2899000	

附凭证 2 张

会计主管 孙春英　记账 陈静　稽核 孙春英　出纳 陈晶　制单 陈晶

（1）填写贷方科目栏：银行存款——工行天津新开路支行（基本户）。

（2）填写日期栏：2018 07 12。

（3）填写编号栏：银付字第 10 号。

（4）填写摘要栏：支付商业承兑汇票。

（5）填写借方科目栏：应付票据——多锐（天津）智能科技有限公司。

（6）填写金额栏：28 990.00。

（7）填写合计金额栏：￥28 990.00。

（8）填写附凭证张数栏：附凭证 2 张。

（9）填写会计主管栏：孙春英；

填写记账栏：陈静；

填写稽核栏：孙春英；

填写出纳栏：陈磊；

填写制单栏：陈磊。

（10）填写记账符号栏。

说明："记账符号"栏应在已经登记账簿后划"√"符号，表示已经入账，以免发生漏记或重记错误。

4. 登记银行存款日记账

根据本笔业务中的银行付款凭证，登记银行存款日记账。已登记完的银行存款日记账，如表 5－10 所示。

表 5－10　　银行存款日记账

银行存款日记账

户名 中国工商银行天津新开路支行（基本户）　账号 03020112514620877 32

2018年 月	日	凭证号	摘要	对方科目	现金支票号码	转账支票号码	借方（亿千百十万千百十元角分）	贷方（亿千百十万千百十元角分）	借或贷	余额（亿千百十万千百十元角分）
			承前页				18188243	22930728	借	247234063
07	08	银付07	银行电汇支付采购货款	库存商品				4891828	借	242342235
07	11	银付08	预付采购货款	预付账款				4415730	借	237926505
07	11	银付09	网银支付应付采购货款	应付账款				16175000	借	221751505
07	12	银付10	支付商业承兑汇票	应付票据				2899000	借	218852505
			过次页							

（1）填写月栏：07；

填写日栏：12。

（2）填写凭证号栏：银付 10。

（3）填写摘要栏：支付商业承兑汇票。

（4）填写对方科目栏：应付票据。

（5）填写借方栏：此例为空白；

填写贷方栏：28 990.00。

（6）填写借或贷栏：借；

填写余额栏：2 188 525.05。

（六）银行承兑汇票到期，办理付款

1. 业务操作流程

银行承兑汇票到期，办理付款业务操作流程，如图 5－29 所示。

填写业务委托书，申请办理银行承兑汇票

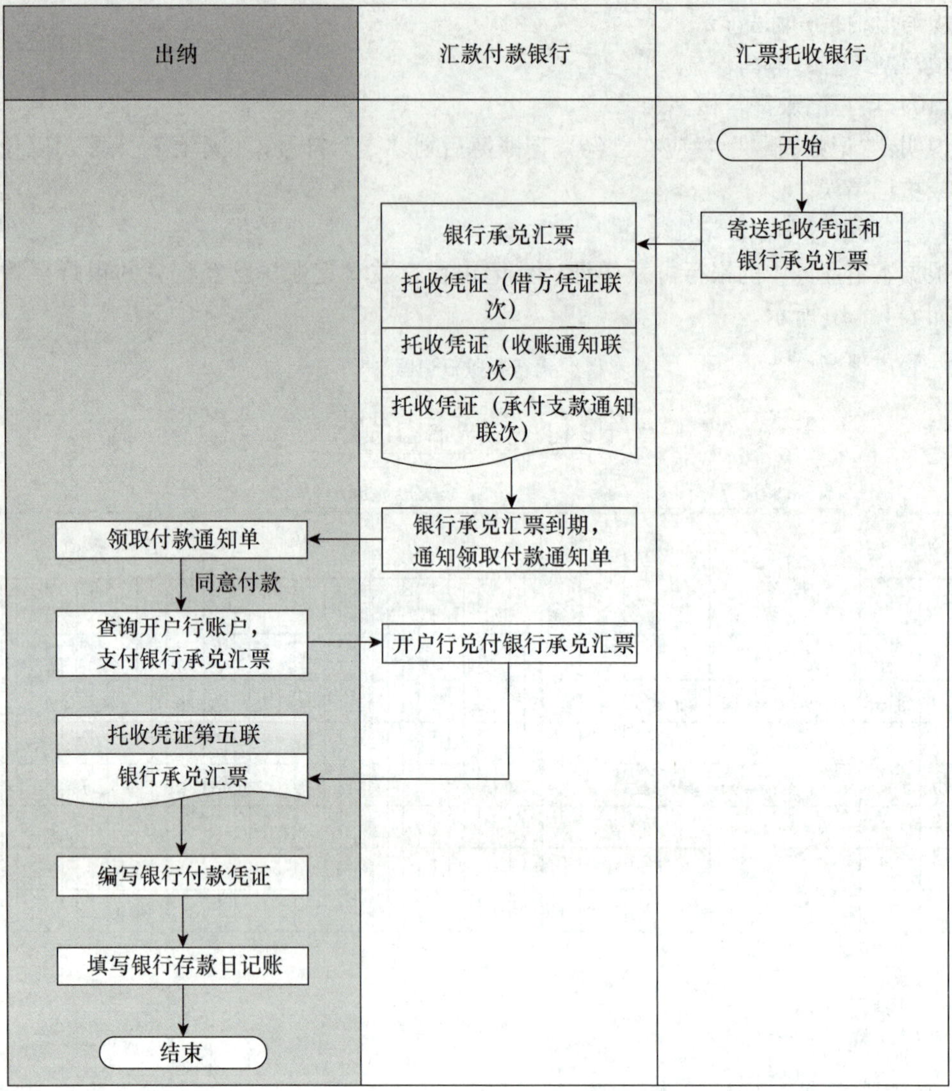

出纳	汇款付款银行	汇票托收银行
		开始
	银行承兑汇票 托收凭证（借方凭证联次） 托收凭证（收账通知联次） 托收凭证（承付支款通知联次）	寄送托收凭证和银行承兑汇票
领取付款通知单	银行承兑汇票到期，通知领取付款通知单	
同意付款		
查询开户行账户，支付银行承兑汇票	开户行兑付银行承兑汇票	
托收凭证第五联 银行承兑汇票		
编写银行付款凭证		
填写银行存款日记账		
结束		

图 5－29　银行承兑汇票到期，办理付款业务操作流程

流程说明：

（1）采购填写付款申请单并交给主管经理审批。

（2）出纳拿到已签字的付款申请单后，向银行申请银行承兑汇票。

（3）银行会在考察及评估单位的实力后，让单位存一定量的保证金，然后无条件地在汇票到期那天给收款人付款。

（4）银行承兑汇票签发后，需要会计部门复审、签章。到期兑付。

2. 填制银行付款凭证

【业务案例 22】银行承兑汇票到期，办理付款

2018 年 7 月 13 日，天津金江贸易有限责任公司向供货商多锐（天津）智能科技有限公司签发的 6 个月银行承兑汇票到期，开户行已兑付。

【原始票据 35】银行承兑汇票，如图 5－30 所示。

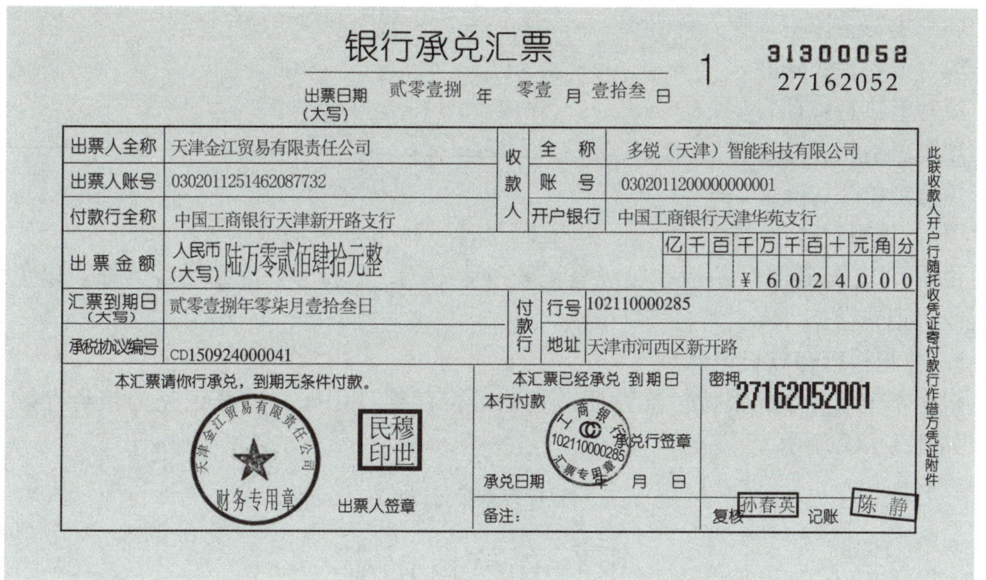

银行承兑汇票　1　31300052 27162052

出票日期（大写）贰零壹捌 年 零壹 月 壹拾叁 日

出票人全称	天津金江贸易有限责任公司	收款人	全称	多锐（天津）智能科技有限公司
出票人账号	0302011251462087732		账号	0302011200000000001
付款行全称	中国工商银行天津新开路支行		开户银行	中国工商银行天津华苑支行
出票金额	人民币（大写）陆万零贰佰肆拾元整			¥6024000
汇票到期日（大写）	贰零壹捌年零柒月壹拾叁日	付款行	行号	102110000285
承兑协议编号	CD150924000041		地址	天津市河西区新开路

本汇票请你行承兑，到期无条件付款。 天津金江贸易有限责任公司 财务专用章 民穆印世 出票人签章

本汇票已经承兑 到期日本行付款 工商银行 102110000285 汇票专用章 承兑行签章 承兑日期 年 月 日 备注：

密押 27162052001 复核 孙春英 记账 陈静

此联收款人开户行随托收凭证寄付款行作借方凭证附件

图 5-30　银行承兑汇票

已经填制的银行付款凭证，如表 5-11 所示。

表 5-11　银行付款凭证

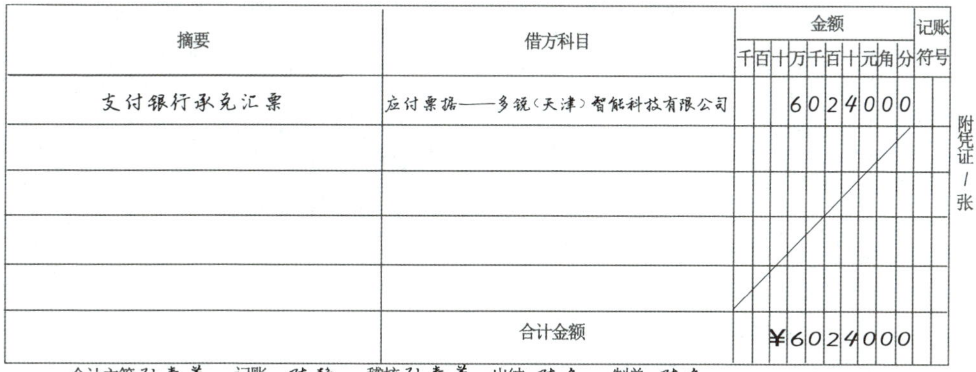

银行付款凭证

贷方科目：银行存款——工行天津新开路支行（基本户） 日期 2018 07 13　银付字 第 11 号

摘要	借方科目	金额（千百十万千百十元角分）	记账符号
支付银行承兑汇票	应付票据——多锐（天津）智能科技有限公司	6024000	
	合计金额	¥6024000	

附凭证 1 张

会计主管 孙春英　记账 陈静　稽核 孙春英　出纳 陈磊　制单 陈磊

（1）填写贷方科目栏：银行存款——工行天津新开路支行（基本户）。

（2）填写日期栏：2018 07 13。

（3）填写编号栏：银付字第 11 号。

（4）填写摘要栏：支付银行承兑汇票。

（5）填写借方科目栏：应付票据——多锐（天津）智能科技有限公司。

（6）填写金额栏：60 240.00。

（7）填写合计金额栏：￥60 240.00。

（8）填写附凭证张数栏：附凭证 1 张。

(9) 填写会计主管栏：孙春英；

填写记账栏：陈静；

填写稽核栏：孙春英；

填写出纳栏：陈磊；

填写制单栏：陈磊。

(10) 填写记账符号栏。

说明："记账符号"栏应在已经登记账簿后划"√"符号，表示已经入账，以免发生漏记或重记错误。

3. 登记银行存款日记账

根据本笔业务中的银行付款凭证，登记银行存款日记账。已登记完的银行存款日记账，如表 5-12 所示。

表 5-12　　银行存款日记账

银行存款日记账

户名 中国工商银行天津新开路支行（基本户）　账号 03020112514620877732

2018年 月	日	凭证号	摘要	对方科目	现金支票号码	转账支票号码	借方（亿千百十万千百十元角分）	贷方（亿千百十万千百十元角分）	借或贷	余额（亿千百十万千百十元角分）
			承前页				18188243	22930728	借	247234063
07	08	银付07	银行电汇支付采购贷款	库存商品				4891828	借	242342235
07	11	银付08	预付采购贷款	预付账款				4415730	借	237926505
07	11	银付09	网银支付应付采购贷款	应付账款				16175000	借	221751505
07	12	银付10	支付商业承兑汇票	应付票据				2899000	借	218852505
07	13	银付11	支付银行承兑汇票	应付票据				6024000	借	212828505
			过次页				18188243	57336286	借	212828505

(1) 填写月栏：07；

填写日栏：13。

(2) 填写凭证号栏：银付 11。

(3) 填写摘要栏：支付银行承兑汇票。

(4) 填写对方科目栏：应付票据。

(5) 填写借方栏：此例为空白；

填写贷方栏：60 240.00。

(6) 填写借或贷栏：借；

填写余额栏：2 128 285.05。

(七) 采购退货，转账收款

1. 业务操作流程

采购退货，转账收款业务操作流程，如图 5-31 所示。

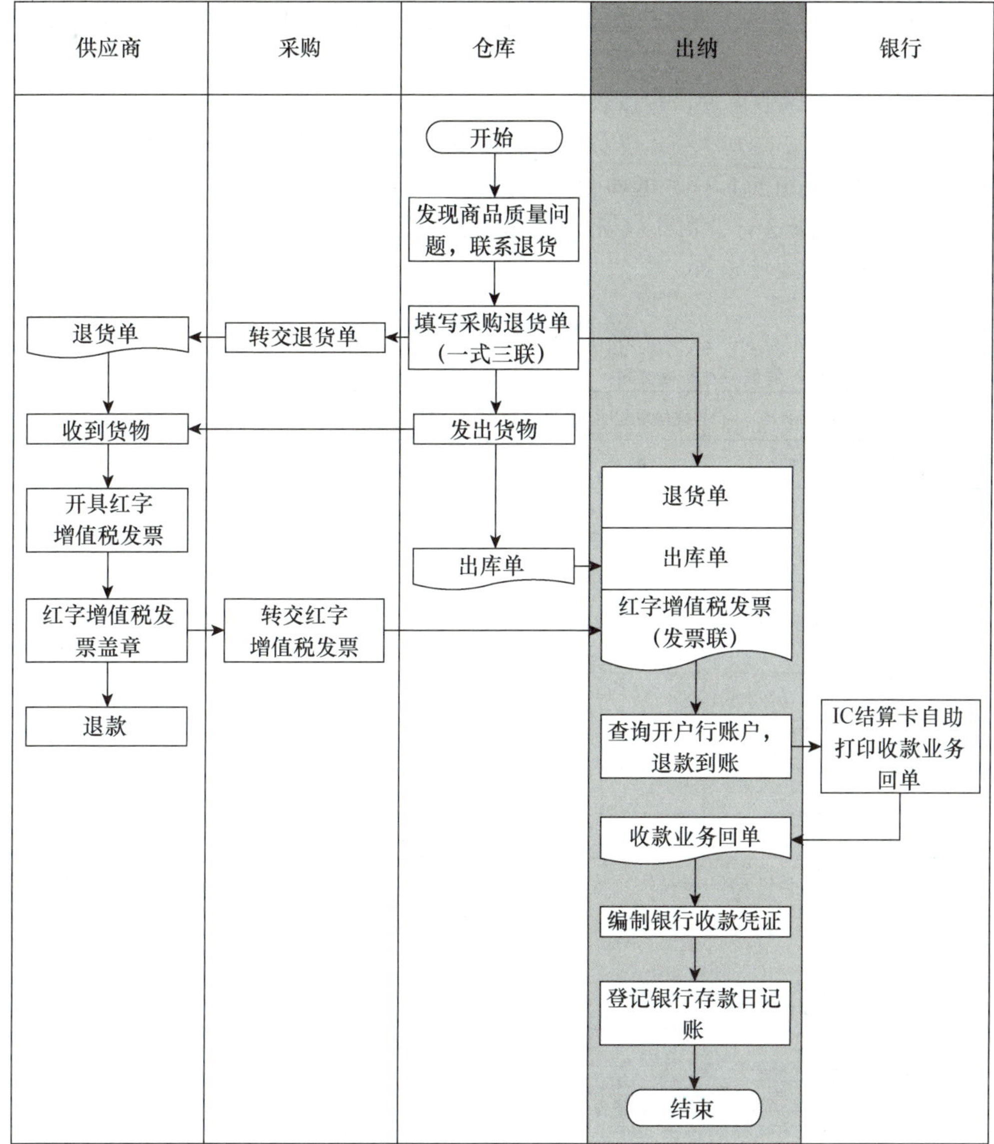

图 5-31　采购退货，转账收款业务操作流程图

流程说明：

（1）仓库人员对采购产品进行质量监测，不合格品退回供应商，填写一式三联的退货单（仓库联、采购联、财务联），将采购联转交采购人员、财务联转交出纳。

（2）采购人员联系供应商处理退货事宜，转交退货单采购联。

（3）供应商收到货物开具红字增值税发票。

（4）采购人员转交红字增值税发票（发票联）给出纳。

（5）出纳查询银行基本账户余额，确认退款如数到账后，到银行自助打印收款业务回单。

2. 填写退货单

企业进货的商品因错误或质量等问题而需退回供应商时，一般会用到退货单。退货单的格式一般含有材料编号、名称、数量、备注、签章、日期及退货理由等。在填写退货单时一般要求用签字笔填写，字迹清楚，填写工整，信息完整并且不准涂改。

【业务案例 23】采购退货，转账收款

2018 年 7 月 13 日，天津金江贸易有限责任公司上月购买的两台空气净化器存在质量问题，连同增值税普通发票一起退回供应商多锐（天津）智能科技有限公司，含税单价 2 874.22 元/台，货款合计 5 748.44 元，退货款已通过网银转账收款。退货单（共三联），如图 5 - 32 至图 5 - 34 所示。

采购退货单

供货单位：多锐（天津）智能科技有限公司　　日期：2018年07月13日　　编号：03120001

物品编号	物品名称	规格型号	计量单位	数　量	单　价	金　额
101.01.01	空气净化器	GR05	台	2	2874.22	5748.44
合　计				2		5748.44

会计：陈静　部门主管：孙春英　保管人：王哲　经手人：范文　制单人：王哲

第一联　采购联

图 5 - 32　退货单第一联

采购退货单

供货单位：多锐（天津）智能科技有限公司　　日期：2018年07月13日　　编号：03120001

物品编号	物品名称	规格型号	计量单位	数　量	单　价	金　额
101.01.01	空气净化器	GR05	台	2	2874.22	5748.44
合　计				2		5748.44

会计：陈静　部门主管：孙春英　保管人：王哲　经手人：范文　制单人：王哲

第二联　仓库联

图 5 - 33　退货单第二联

采购退货单

供货单位：多锐（天津）智能科技有限公司　　日期：2018年07月13日　　编号：03120001

物品编号	物品名称	规格型号	计量单位	数　量	单　价	金　额
101.01.01	空气净化器	GR05	台	2	2874.22	5748.44
合　计				2		5748.44

会计：陈静　　部门主管：孙春英　　保管人：王哲　　经手人：范文　　制单人：王哲

第三联 财务联

图 5-34　退货单第三联

(1) 填写供货单位栏：多锐（天津）智能科技有限公司。
(2) 填写日期栏：2018 年 07 月 13 日。
(3) 填写编号栏：03120001。
(4) 填写物品编号栏：101.01.01。
(5) 填写物品名称栏：空气净化器。
(6) 填写规格型号栏：GR05。
(7) 填写计量单位栏：台。
(8) 填写数量栏：2。
(9) 填写单价栏：2 874.22。
(10) 填写金额栏：5 748.44。
(11) 填写合计栏：5 748.44。
(12) 填写会计栏：陈静；
填写部门主管栏：孙春英；
填写保管人栏：王哲；
填写经手人栏：范文；
填写制单人栏：王哲。

3. 填写银行收款凭证

【原始票据 36】 增值税红字发票发票联，如图 5-35 所示。
【原始票据 37】 出库单，如图 5-36 所示。
【原始票据 38】 收款业务回单，如图 5-37 所示。

天津增值税普通发票

1200162350
销项负数

No 03558666　1200162350　033558666

校验码 76323 81159 07119 85621

开票日期：2018年07月13日

购买方	名称：天津金江贸易有限责任公司 纳税人识别号：91120103562690911 地址、电话：天津市河西区解放南路47号 022-62571317 开户行及账号：中国工商银行天津新开路支行 0302011251462087732	密码区：059634766</3/-4761>><9>>828 /><8+81*5<<29371-++2/-74/** *2662/4375>76</7/-16753>99< >*+9>010-/1<126182>5+984403

货物或应税劳务、服务名称	规格型号	单位	数量	单价	金额	税率	税额
*通用设备*空气净化器		台	-2	2477.778	-4955.55	16%	-792.89
合计					¥-4955.55		¥-792.89
价税合计（大写）	⊗（负数）伍仟柒佰肆拾捌元肆角肆分				（小写） ¥-5748.44		

销售方	名称：多锐（天津）智能科技有限公司 纳税人识别号：9112104066774700M 地址、电话：天津市华苑产业园区榕苑路15号 022-58386511 开户行及账号：中国工商银行天津华苑支行 0302011200000000001	备注：开具红字增值税普通发票通知单号1201181502003572

收款人：魏芳　　复核：李志伟　　开票人：　　销售方：（章）

（印章：多锐（天津）智能科技有限公司 9112104066774700M 发票专用章）

税总函〔2016〕116号北京东港安全印刷有限公司

第二联：发票联 购买方记账凭证

图 5－35　增值税红字发票发票联

出库单

STOCK IN　（记账）　No

2018年 07 月 13 日　　对方科目

名称 Product name	单位 Unit	数量 Quantity	单价 Unit Price	百	十	万	千	百	十	元	角	分	备注 REMARK
空气净化器	台	2	2874.22				5	7	4	8	4	4	
						¥	5	7	4	8	4	4	

（金 AOMOUT 额）

附件　张

主管 Director 孙春英　　会计 Accountant 陈静　　保管员 Storeman 王哲　　经手人 Handler 范文

图 5－36　出库单

ICBC 中国工商银行　　　　凭证

业务回单（收款）

日期：2018年07月13日　　　　回单编号：17072000001

付款人户名：多锐（天津）智能科技有限公司　　付款人开户行：工商银行天津华苑支行
付款人账号（卡号）：0302011200000000001　　收款人开户行：工商银行天津新开路支行
收款人户名：天津金江贸易有限责任公司
收款人账号（卡号）：0302011251462087732
金额：伍仟柒佰肆拾捌元肆角肆分　　小写：5748.44元
业务（产品）种类：转账　　凭证种类：000000000　　凭证号码：00000000000000000
摘要：采购退货　　用途：　　币种：人民币
交易机构：0030200112　　记账柜员：00010　　交易代码：87091　　渠道：其他

中国工商银行股份有限公司天津新开路支行 自主回单机专用章（003）

本回单为第2次打印，注意重复　　打印日期：2018年07月13日　　打印柜员：9　　验证码：E07E72FCA006

图 5－37　收款业务回单

已经填写的银行收款凭证，如表 5－13 所示。

表 5－13　　银行收款凭证

银行收款凭证

借方科目：银行存款——工行天津新开路支行（基本户）　日期　2018 07 13　　银收字　第09号

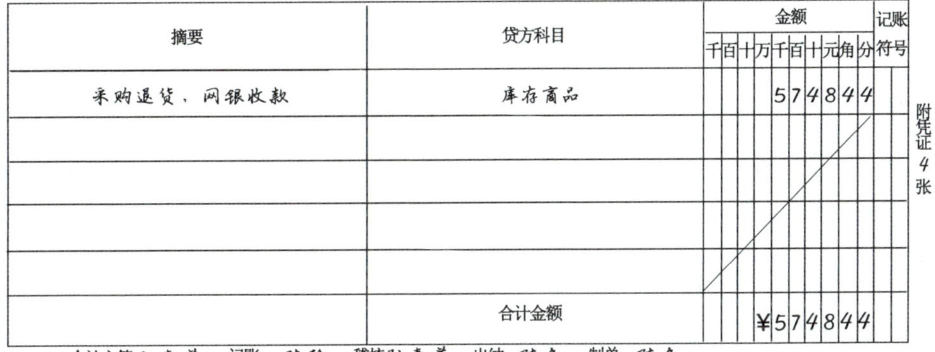

摘要	贷方科目	金额 千	百	十	万	千	百	十	元	角	分	记账符号
采购退货，网银收款	库存商品					5	7	4	8	4	4	
	合计金额				¥	5	7	4	8	4	4	

附凭证 4 张

会计主管 孙春英　记账 陈静　稽核 孙春英　出纳 陈晶　制单 陈晶

(1) 填写借方科目栏：银行存款——工行天津新开路支行（基本户）。

(2) 填写日期栏：2018 07 13。

(3) 填写编号栏：银收字第 09 号。

(4) 填写摘要栏：采购退货，网银收款。

(5) 填写贷方科目栏：库存商品。

(6) 填写金额栏：5 748.44。

(7) 填写合计金额栏：¥5 748.44。

(8) 填写附凭证张数栏：附凭证 4 张。

(9) 填写会计主管栏：孙春英；

填写记账栏：陈静；

填写稽核栏：孙春英；

填写出纳栏：陈磊；

填写制单栏：陈磊。

（10）填写记账符号栏。

说明："记账符号"栏应在已经登记账簿后划"√"符号，表示已经入账，以免发生漏记或重记错误。

4. 登记银行存款日记账

根据本笔业务中的银行收款凭证，登记银行存款日记账。已登记完的银行存款日记账，如表 5-14 所示。

表 5-14　　银行存款日记账

银行存款日记账

户名 中国工商银行天津新开路支行（基本户）　　账号 0302011251462087732

2018 年		凭证号	摘要	对方科目	现金支票号码	转账支票号码	借方（亿千百十万千百十元角分）	贷方（亿千百十万千百十元角分）	借或贷	余额（亿千百十万千百十元角分）
月	日									
			承前页				18188243	57336286	借	212828505
07	13	银收09	采购退货，网银收款	库存商品			574844		借	213403349
			过次页							

（1）填写月栏：07；

填写日栏：13。

（2）填写凭证号栏：银收 09。

（3）填写摘要栏：采购退货，网银收款。

（4）填写对方科目栏：库存商品。

（5）填写借方栏：5 748.44；

填写贷方栏：此例为空白；

（6）填写借或贷栏：借；

填写余额栏：2 134 033.49。

二、采购业务中其他货币资金的结算

去外地采购，使用外埠存款用于支付货款的结算如下所述。

1. 业务操作流程

去外地采购，办理外埠存款用于支付货款业务操作流程，如图 5-38 所示。

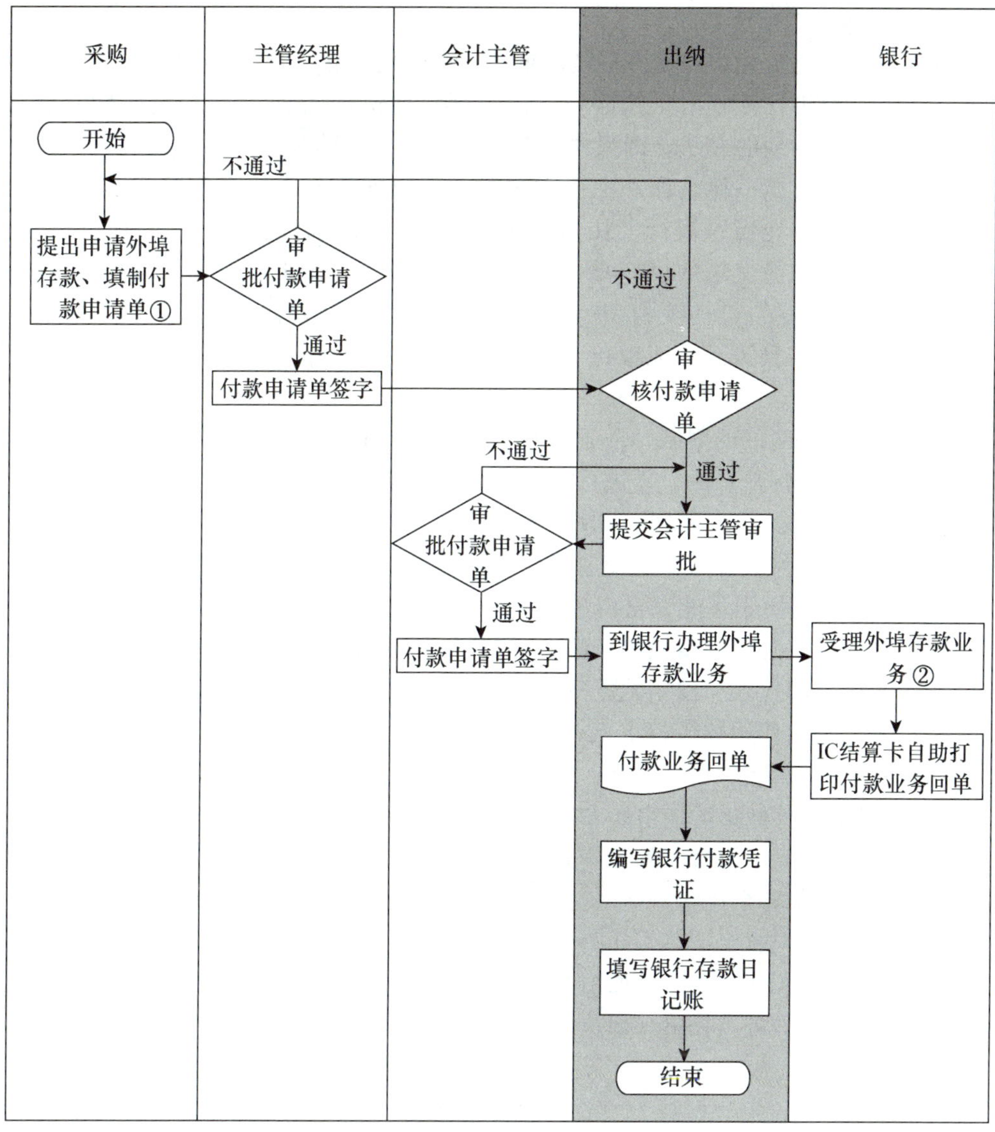

图5-38 去外地采购，办理外埠存款用于支付货款业务操作流程图

> 流程图附注：
>
> ①外埠存款是企业到外地进行业务活动时，汇往外地银行开立账户的款项。
>
> ②外埠存款的使用不能完全由单个部门或个人控制，企业必须指定外埠存款的使用者和账户管理者。

流程说明：

（1）采购人员提出申请外埠存款，填制付款申请单。

（2）企业将款项委托当地银行汇往采购地开立专户时，根据汇出款项凭证，编制付款凭证。

2. 外埠存款注意事项

外埠存款，是指企业到外地进行临时或零星采购时，汇往采购地银行开立采购专户的款项（企业在外埠开立临时采购账户，需经开户地银行批准）。银行对临时采购账户一般实行半封闭式管理的办法，即只付不收，付完清户。除采购人员差旅费用可以支取少量现金外，其他支出一律转账。汇出款项时，须填列汇款委托书，加盖“采购资金”字样。企业将款项委托当地银行汇往采购地开立专户时，借记本科目，贷记“银行存款”科目。收到采购员交来的供应单位发票账单等报销凭证时，借记“物资采购”或“原材料”、“库存商品”、“应交税费——应交增值税（进项税额）”等科目，贷记本科目。将多余的外埠存款转回当地银行，根据银行的收账通知，借记“银行存款”科目，贷记本科目。

(1) 由于空间和时间的限制，企业对外埠存款的管理受到了影响，因此必须做好控制工作。首先应该对外埠账户的设立进行审批，重点审查账户设立的必要性、可规范性。只有那些业务活动时间较长、发生资金收支较频繁的经营活动才能够开设账户。另外，企业的财会部门要监控外埠存款账户的使用情况，及时准确地进行账务处理与会计核算。

(2) 外埠存款的使用不能完全由单个部门或个人控制，企业必须指定外埠存款的使用者和账户管理者，必要的情况下，财会部门可以和账户管理者签订责任书，明确各自的职责、使用存款的权限、使用范围等要素。财会部门应该设专门的会计人员核算外埠存款业务；外埠存款使用的授权审批、实际支付、会计记录工作要进行职务分离。

3. 填制银行付款凭证

【业务案例24】外地采购使用外埠存款支付采购货款，办理付款

2018年7月14日，天津金汇贸易有限责任公司的采购人员去往广州采购货物，申请外埠存款账户采购专用资金50 000元，款项通过银行划转。

【原始票据39】付款申请单，如图5-39所示。

【原始票据40】工作联系单，如图5-40所示。

【原始票据41】业务委托书（回执），如图5-41所示。

付款申请单

付款单编号：2018071400l　　　　申请日期：2018年07月14日

款项用途	采购货款		
付款依据（合同名称/合同号）	事业部联系单	开票情况	☐已开票　☑未开票　☐其他
付款金额	人民币（大写）伍万元整	人民币（小写）¥50000.00	
支付方式	☐支票　☐现金　☐银行转账　☐其他		
收款单位	天津金江贸易有限责任公司	收款单位开户行	中国工商银行广州市第一支行
收款账号	360221542001023O208	联系电话	022-62571317

经手人：穆世民　　财务经理：孙春英　　总经理：宋雪　　领款人：

图5-39　付款申请单

工作联系单

接收部门	财务部	日期	2018年7月14日	编号	451466
发出部门	采购部	发出申请人	范文	发出部门负责人	范文
事由：采购人员去往广州采购货物，申请外埠存款账户采购专用资金					
总经理审批意见：同意 签字：宋雪 日期：2018.07.14			接收部门负责人审批意见： 签字：孙春英 日期：2018.07.14		

图 5－40 工作联系单

ICBC 中国工商银行

业务委托书 回执

委托人全称	天津金江贸易有限责任公司
委托人账号	0302011251462087732
收款人全称	天津金江贸易有限责任公司
收款人账号	3602215420010230208
金额	¥50000.00
委托日期	2018.07.14
此联为银行受理通知书。若委托人申请汇票或本票业务，应凭此联领取汇票或本票。	

该业务已提交中国工商银行 天津新华路支行 待后续办理

图 5－41 业务委托书回执

已经填制的银行付款凭证，如表 5－15 所示。

表 5－15　　　银行付款凭证

银行付款凭证

贷方科目：银行存款——工行天津新开路支行（基本户）日期 2018 07 14　　　银付字　第 12 号

摘要	借方科目	金额（千百十万千百十元角分）	记账符号
汇入采购专用款	其他货币资金——外埠存款	5000000	
	合计金额	￥5000000	

附凭证 3 张

会计主管 孙春英　记账 陈静　稽核 孙春英　出纳 陈磊　制单 陈磊

（1）填写贷方科目栏：银行存款——工行天津新开路支行（基本户）。

（2）填写日期栏：2018 07 14。

（3）填写编号栏：银付字第 12 号

（4）填写摘要栏：汇入采购专用款。

（5）填写借方科目栏：其他货币资金——外埠存款。

（6）填写金额栏：50 000.00。

（7）填写合计金额栏：￥50 000.00。

（8）填写附凭证张数栏：附凭证 3 张。

（9）填写会计主管栏：孙春英；

填写记账栏：陈静；

填写稽核栏：孙春英；

填写出纳栏：陈磊；

填写制单栏：陈磊。

（10）填写记账符号栏。

说明："记账符号"栏应在已经登记账簿后划"√"符号，表示已经入账，以免发生漏记或重记错误。

4. 登记银行存款日记账

根据本笔业务中的银行付款凭证，登记银行存款日记账。已登记完的银行存款日记账，如表 5－16 所示。

（1）填写月栏：07；

填写日栏：14。

（2）填写凭证号栏：银付 12。

（3）填写摘要栏：汇入采购专用款。

（4）填写对方科目栏：其他货币资金。

（5）填写现金支票号码栏：此例为空白；

填写转账支票号码栏：此例为空白。

（6）填写借方栏：此例为空白；

填写贷方栏：50 000.00。

（7）填写借或贷栏：借；

填写余额栏：2 084 033.49。

表 5-16　　银行存款日记账

银行存款日记账

户名 中国工商银行天津新开路支行（基本户）　　账号 03020112514620877 32

2018年 月	日	凭证号	摘要	对方科目	现金支票号码	转账支票号码	借方（亿千百十万千百十元角分）	贷方（亿千百十万千百十元角分）	借或贷	余额（亿千百十万千百十元角分）
			承前页				18188243	57336286	借	212828505
07	13	银收09	采购退货、网银收款	库存商品			574844		借	213403349
07	14	银付12	汇入采购专用款	其他货币资金				5000000	借	208403349
			过次页							

实训项目六　工资、税费、日常费用的资金结算

实训目的

1. 了解工资核算的流程。
2. 了解缴纳税费的流程。
3. 了解日常费用核算的流程。

实训内容

1. 工资核算中库存现金的结算。
2. 工资核算中银行存款的结算。
3. 税费核算中银行存款的结算。
4. 日常费用核算中库存现金的结算。
5. 日常费用核算中银行存款的结算。

实训要求

1. 熟练掌握工资的资金结算流程。
2. 掌握各种税费和日常费用的资金结算流程。
3. 实际操作时要按照流程图步骤操作，不可省略。

一、工资核算中库存现金的结算

（一）发放不超过 1 000 元的工资，支付现金

1. 业务操作流程

发放不超过 1 000 元的工资，支付现金业务操作流程，如图 6－1 所示。

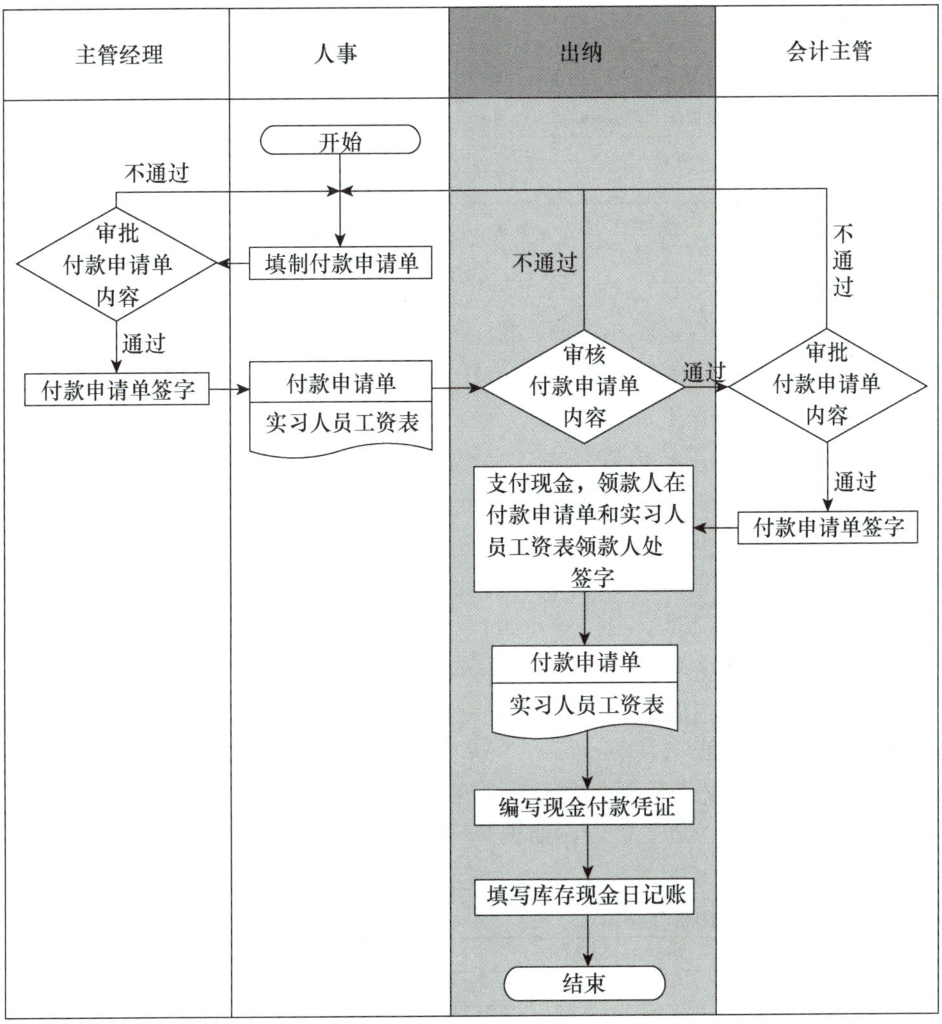

图 6－1　发放不超过 1 000 元的工资，支付现金业务操作流程

流程说明：

（1）人事部门填制付款申请单。

（2）应认真填写付款申请单中的有关内容，如日期、金额、申请部门等。

（3）出纳最后要审核主管经理是否签字，审核无误之后才可以去领取工资。

（4）领取工资的人员在拿到现金时，应当面清点现金数量，清点无误后方能离开。

2. 填写付款申请单

【业务案例 25】发放不超过 1 000 元的工资，支付现金

2018 年 11 月 15 日，发放实习生田萌的实习工资 1 000 元，以现金支付。付款申请单，如图 6－2 所示。

付款申请单

付款单编号：　20181115001　　　　　　　　　申请日期：　2018 年 11 月 15 日

款项用途	用于支付实习生工资			
付款依据（合同名称/合同号）	工资表	开票情况	□已开票　☑未开票　□其他	
付款金额	人民币（大写）壹仟元整		人民币（小写）：¥1000.00	
支付方式	□支票　☑现金　□银行转账　□其他			
收款单位	实习生田萌	收款单位开户行		
收款账号		联系电话		

经手人：陈磊　　财务经理：孙春英　　总经理：宋雪　　领款人：田萌

图 6－2　付款申请单

（1）填写付款单编号栏：20181115001。

（2）填写申请日期栏：2018 年 11 月 15 日。

（3）填写付款依据栏：工资表。

（4）填写开票情况栏：未开票。

（5）填写付款金额栏，人民币（大写）：壹仟元整；人民币（小写）：¥1 000.00。

（6）填写支付方式栏：现金。

（7）填写收款单位栏：田萌。

（8）填写经手人栏：陈磊。

（9）填写财务经理栏：孙春英。

（10）填写总经理栏：宋雪。

3. 填制现金付款凭证

【原始票据 42】领款人签字后的付款申请单，参见图 6－2。

【原始票据 43】实习人员工资表，如表 6－1 所示。

表 6－1　　　　实习人员工资表

编制单位：天津金江贸易有限责任公司　　　　　　　　单位：元

序号	姓名	部门	领用数量	领用金额	领取人签名
1	田萌	财务	1	1 000	田萌
合计				1 000	

已经填制的库存现金付款凭证，如表 6－2 所示。

（1）填写贷方科目栏：库存现金。

（2）填写日期栏：2018 11 15。

（3）填写编号栏：现付字第 03 号。

（4）填写摘要栏：现金支付实习生田萌工资。

表 6-2　　现金付款凭证

现金付款凭证

贷方科目：库存现金　　日期 2018 11 15　　现付 字　第 03 号

摘要	借方科目	金额										记账符号
		千	百	十	万	千	百	十	元	角	分	
现金支付实习生田萌工资	应付职工薪酬——劳务费用——田萌					1	0	0	0	0	0	
	合计金额				¥	1	0	0	0	0	0	

附凭证 2 张

会计主管 孙春英　记账 陈静　稽核 孙春英　出纳 陈磊　制单 陈磊

(5) 填写借方科目栏：应付职工薪酬——劳务费用——田萌。

(6) 填写金额栏：1 000.00。

(7) 填写合计金额栏：¥1 000.00。

(8) 填写附凭证张数栏：附凭证 2 张。

(9) 填写会计主管栏：孙春英；

填写记账栏：陈静；

填写稽核栏：孙春英；

填写出纳栏：陈磊；

填写制单栏：陈磊。

(10) 填写记账符号栏。

说明："记账符号"栏应在已经登记账簿后划"√"符号，表示已经入账，以免发生漏记或重记。

4. 登记库存现金日记账

根据本笔业务中的现金付款凭证，登记库存现金日记账。已登记完的库存现金日记账，如表 6-3 所示。

(1) 填写月栏：11；

填写日栏：15。

(2) 填写凭证类别栏：现付；

填写凭证号数栏：03。

(3) 填写摘要栏：现金支付实习生田萌工资。

(4) 填写对方科目栏：应付职工薪酬。

(5) 填写借方栏：此例为空白；

填写贷方栏：1 000.00。

(6) 填写余额栏：4 064.00。

(二) 购买不超过 1 000 元的职工福利商品，支付现金

1. 业务操作流程

购买不超过 1 000 元的职工福利商品，支付现金业务操作流程，如图 6-3 所示。

表 6-3 现金日记账

现金日记账

2018年 月	日	凭证 类别	凭证 号数	摘要	对方科目	类页	借方（亿千百十万千百十元角分）	贷方（亿千百十万千百十元角分）	余额（亿千百十万千百十元角分）
07				期初余额					105060
07	01	银付	01	提取备用金	银行存款		500000		605060
07	01	现收	01	宋雪归还差旅费	其他应收款		100000		705060
07	01	现付	01	销贷款存入银行	银行存款			98660	606400
07	01	现付	02	李刚预借差旅费	其他应收款			100000	506400
11	15	现付	03	现金支付实习生田萌工资	应付职工薪酬			100000	406400
				过次页			600000	298660	406400

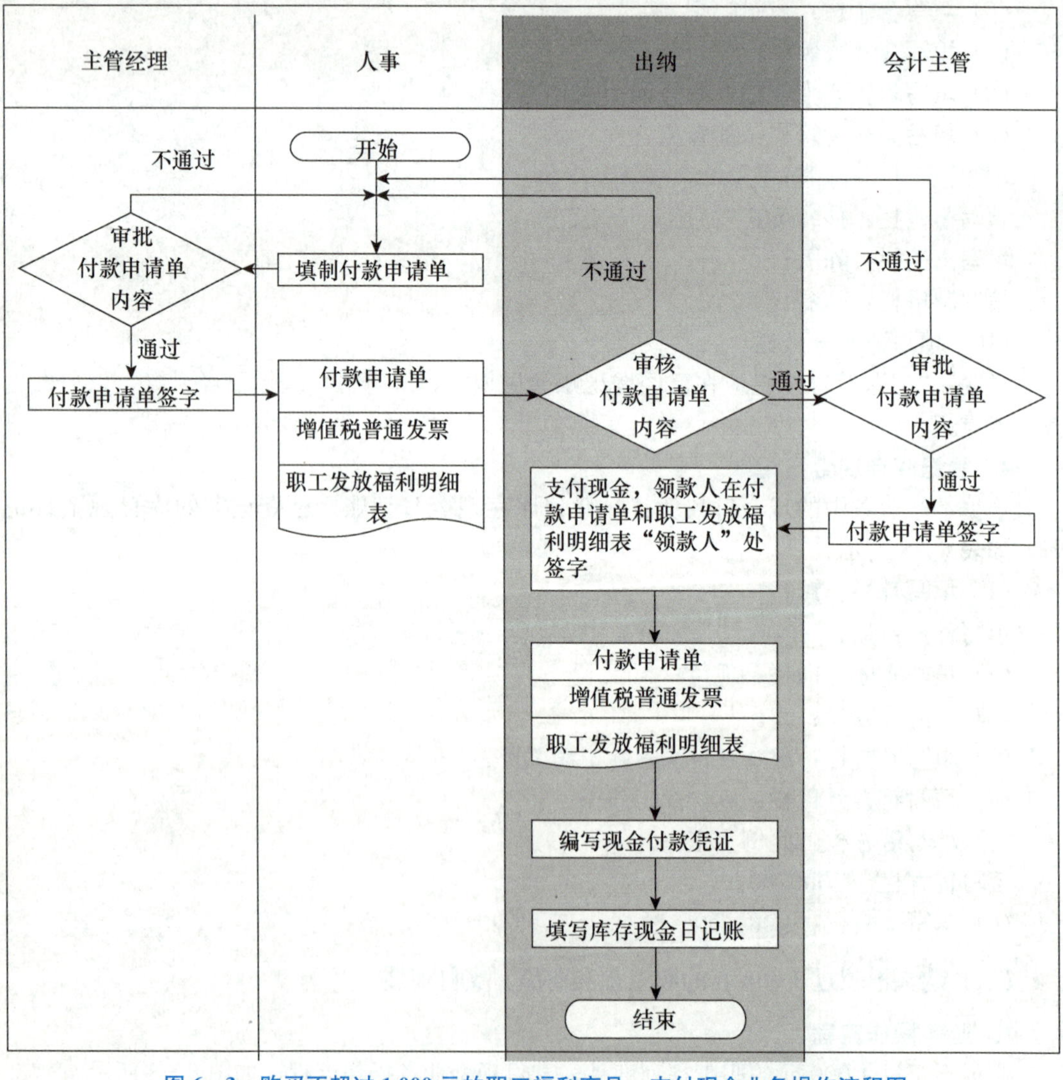

主管经理
人事
出纳
会计主管
开始
填制付款申请单
审批付款申请单内容
不通过
通过
付款申请单签字
付款申请单
增值税普通发票
职工发放福利明细表
审核付款申请单内容
不通过
通过
审批付款申请单内容
不通过
通过
付款申请单签字
支付现金，领款人在付款申请单和职工发放福利明细表“领款人”处签字
付款申请单
增值税普通发票
职工发放福利明细表
编写现金付款凭证
填写库存现金日记账
结束

图 6-3 购买不超过 1 000 元的职工福利商品，支付现金业务操作流程图

流程说明：

(1) 人事部门经办人填写付款申请单。

(2) 付款申请单应认真填写有关内容，如用途、金额、付款方式，并按要求由经办人及各级审批部门负责人签字。

(3) 人事部负责人将填制完成的付款申请单、发票以及发放福利明细表交与出纳。

(4) 出纳收到付款申请单、发票以及发放福利明细表后审核三种单据金额是否相同、签字是否齐全，审核无误后交给会计主管进行批准。

(5) 会计主管审核签字后将相关单据归还出纳，出纳要求领款人签字后即将申领的现金交给申领人。

(6) 出纳根据相关单据填制凭证，填写库存现金日记账。

2. 填写付款申请单

【业务案例 26】购买不超过 1 000 元的职工福利商品，支付现金

2018 年 11 月 15 日，天津金江贸易有限责任公司为职工购买购物卡作为企业周年庆职工福利，款项通过现金支付。已经填写的付款申请单，如图 6－4 所示。

付款申请单

付款单编号： 20181115002　　　　申请日期： 2018 年 11 月 15 日

款项用途	用于支付员工福利			
付款依据 (合同名称/合同号)	发票代码112001625501	开票情况	☑ 已开票　☐ 未开票　☐其他	
付款金额	人民币（大写） 陆佰元整		人民币（小写）：¥600.00	
支付方式	☐ 支票　☑ 现金　☐银行转账　☐其他			
收款单位		收款单位开户行		
收款账号		联系电话		

经手人： 陈磊　　财务经理： 孙春英　　总经理： 宋雪　　领款人： 陈静、陈磊、范文、王哲

图 6－4　付款申请单

(1) 填写付款单编号栏：20181115002。

(2) 填写申请日期栏：2018 年 11 月 15 日。

(3) 填写付款依据栏：发票代码 112001625501。

(4) 填写开票情况栏：已开票。

(5) 填写付款金额栏，人民币（大写）：陆佰元整；人民币（小写）：¥600.00。

(6) 填写支付方式栏：现金。

说明：

(1) 采购付款申请单单据要求：填写公司自制的付款申请单模板、货物采购合同（需双方盖章签字）、入库单、送货单，如果是款到发货和预付订金的情况，付款环节需要提供付款申请单和货物采购合同，入库单和送货单后补。

(2) 特殊办公用品付款，是指非固定采购（除日常办公用品、办公电脑外），此项采购需要由申请人填写特殊办公用品申请表，交由人事行政部和总经理批准。集中由人事行政部负责采购，付款时需要提交这份表格供财务审核。

（3）日常其他事项付款，需要填写外购的付款申请单模板，必须填写的内容是制单人、日期、收款单位名称、开户行、银行账号及大小写金额。付款原因也需要做说明。

3. 填制现金付款凭证

【原始票据 44】 领款人签字后的付款申请单，参见图 6－4。

【原始票据 45】 发票，如图 6－5 所示。

【原始票据 46】 职工发放福利明细表，如表 6－4 所示。

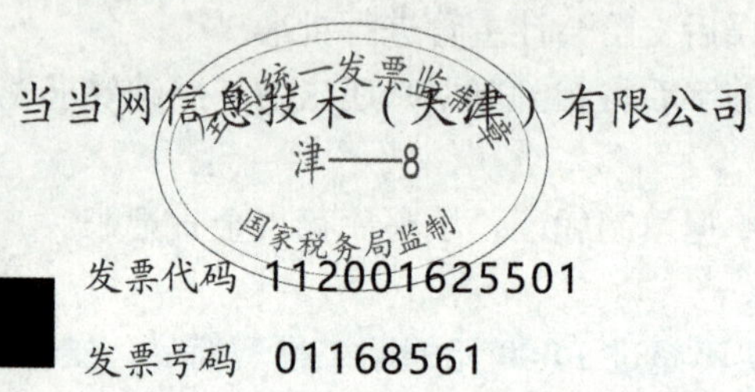

当当网信息技术（天津）有限公司

全国统一发票监制章 津——8 国家税务局监制

发票代码 112001625501

发票号码 01168561

收款单位：当当网信息技术（天津）有限公司

客户名称：天津金江贸易有限责任公司

0322377926

订 单 号：33545606445（1C+0B）

发票流水号：220049/(一)/E12/1-1

手填无效

开票日期：2018/11/15　　开票人：王亚玲

ID	项目名称	单位	数量	单价	金额
	购物卡	张	4	150.00	600.00

优惠：0　　礼品卡：0　　礼券：0

积分抵扣现金：

当当网信息技术（天津）有限公司 120222581343895 发票专用章

小写合计：¥600.00

大写合计：陆佰元整

本发票限2019年12月底前使用 天津武清区国家税务局监制

超过一百万元无效

图 6－5 普通发票

表 6－4　　职工发放福利明细表

编制单位：天津金江贸易有限责任公司

序号	姓名	部门	领用数量	领用金额	领取人签名
1	陈静	财务	1	150	陈静
2	陈磊	财务	1	150	陈磊
3	范文	采购	1	150	范文
4	王哲	仓管	1	150	王哲
合计			4	600	

已经填制的现金付款凭证，如表 6－5 所示：

表 6－5　　现金付款凭证

现金付款凭证

贷方科目：库存现金　　日期 2018 11 15　　现付 字　第 04 号

摘要	借方科目	金额（千百十万千百十元角分）	记账符号
现金支付职工福利	应付职工薪酬——福利费	60000	
	合计金额	¥60000	

附凭证 3 张

会计主管 孙春英　记账 陈静　稽核 孙春英　出纳 陈磊　制单 陈磊

（1）填写贷方科目栏：库存现金。

（2）填写日期栏：2018 11 15。

（3）填写编号栏：现付字第 04 号。

（4）填写摘要栏：现金支付职工福利。

（5）填写借方科目栏：应付职工薪酬——福利费。

（6）填写金额栏：600.00。

（7）填写合计金额栏：￥600.00。

（8）填写附凭证张数栏：附凭证 3 张。

（9）填写会计主管栏：孙春英；

填写记账栏：陈静；

填写稽核栏：孙春英；

填写出纳栏：陈磊；

填写制单栏：陈磊。

（10）填写记账符号栏。

说明："记账符号"栏应在已经登记账簿后划"√"符号，表示已经入账，以免发生漏记或重记错误。

4. 登记库存现金日记账

根据本笔业务中的现金付款凭证，登记库存现金日记账。已经填写的库存现金日记账，如表 6－6 所示。

表 6－6　现金日记账

现金日记账

2018年		凭证		摘要	对方科目	类页	借方											贷方											余额										
月	日	类别	号数				亿	千	百	十	万	千	百	十	元	角	分	亿	千	百	十	万	千	百	十	元	角	分	亿	千	百	十	万	千	百	十	元	角	分
11				承前页								6	0	0	0	0	0						2	9	8	6	6	0						4	0	6	4	0	0
11	15	现付	04	现金支付职工福利	应付职工薪酬																			6	0	0	0	0						3	4	6	4	0	0
				本月合计																																			

(1) 填写月栏：11；

填写日栏：15。

(2) 填写凭证类别栏：现付；

填写凭证号数栏：04。

(3) 填写摘要栏：现金支付职工福利。

(4) 填写对方科目栏：应付职工薪酬。

(5) 填写借方栏：此例为空白；

填写贷方栏：600.00。

(6) 填写余额栏：3 464.00。

二、工资核算中银行存款的结算

（一）发放工资，办理银行代发

1. 业务操作流程

发放工资，办理银行代发的业务操作流程，如图 6－6 所示。

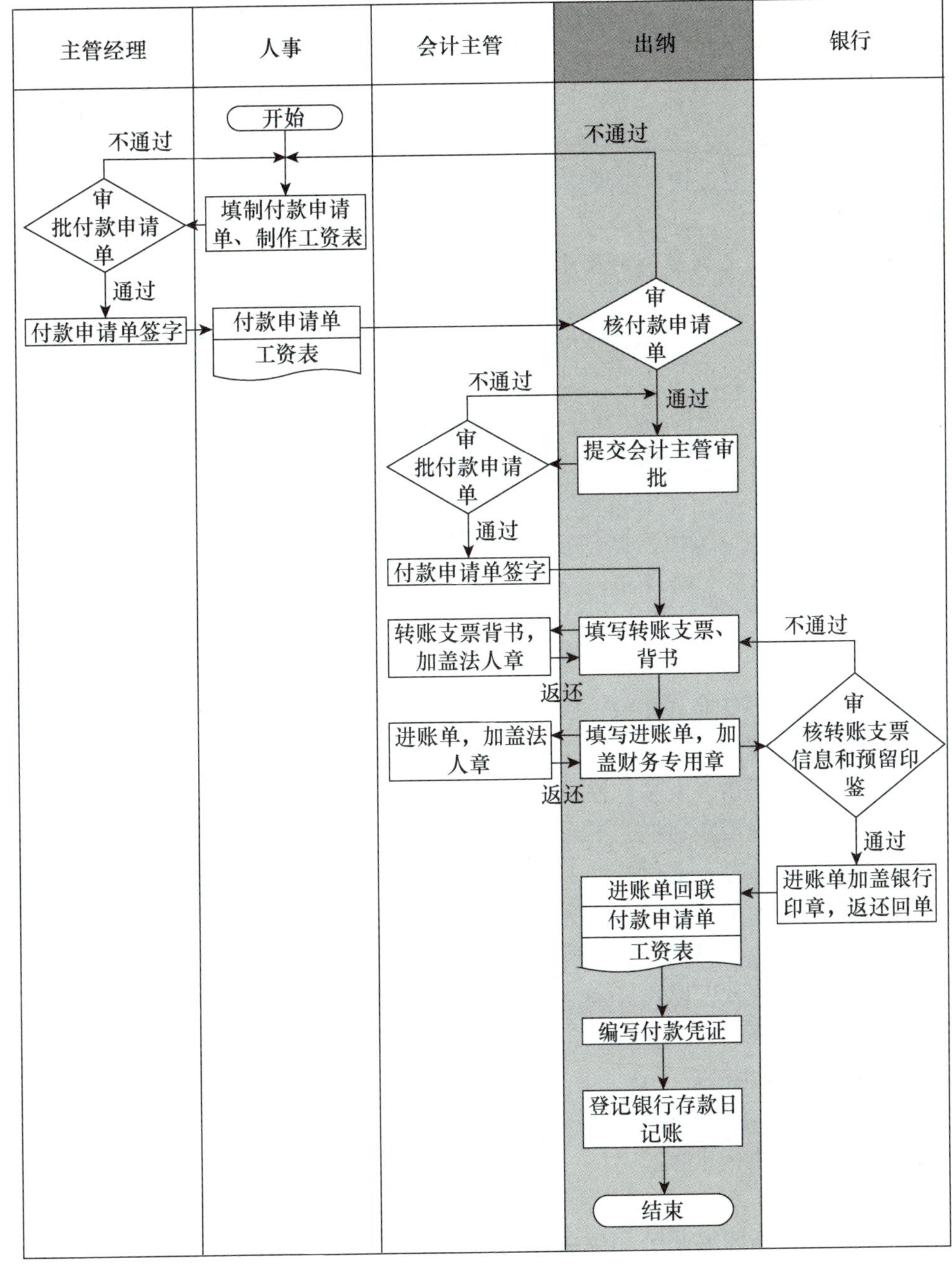

图 6-6 发放工资，办理银行代发业务操作流程图

流程说明：

（1）人事部门提交付款申请单，制作工资表。

（2）出纳针对填写内容、填写格式进行初步审核，确认无误提交至会计主管处签字（重点审核：小写金额、大写金额、填制日期、实际打款日期、申请部门、账号、开户行等）。

（3）出纳确定无误后依据签字后的付款申请单金额填制转账凭证，并进行背书处理。在支票反面预留处盖上本单位的财务专用章、法人章。盖章时要小心，需清晰，以防作废。

(4) 填写进账单（该进账单是购买的专用单据）。根据进账单上的要求填写，同时加盖财务专用章、法人章。

(5) 出纳将进账单与转账支票一同提交银行，银行审核完毕后，将回单返还付款人。

2. 填写转账支票

【业务案例 27】发放工资，办理银行代发

2018 年 11 月 15 日，天津金江贸易有限责任公司实际支付员工工资 36 033.20 元，款项通过银行存款支付。已经填写的转账支票，如图 6-7 所示。

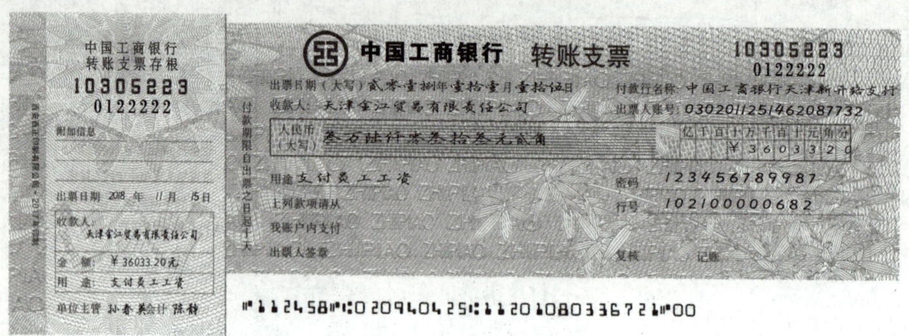

中国工商银行
转账支票存根
10305223
0122222
附加信息
出票日期 2018 年 11 月 15 日
收款人：天津金江贸易有限责任公司
金额：¥36033.20元
用途：支付员工工资
单位主管 孙春英 会计 陈静

中国工商银行 转账支票 10305223 0122222
出票日期（大写）贰零壹捌年壹拾壹月壹拾伍日 付款行名称：中国工商银行天津新开结支行
收款人：天津金江贸易有限责任公司 出票人账号：0302011251462087732
付款期限自出票之日起十天
人民币（大写）叁万陆仟零叁拾叁元贰角

亿	千	百	十	万	千	百	十	元	角	分
			¥	3	6	0	3	3	2	0

用途 支付员工工资 密码 123456789987
上列款项请从 行号 102100000682
我账户内支付
出票人签章 复核 记账

图 6-7 转账支票

(1) 正联填写出票日期（大写）栏：贰零壹捌年壹拾壹月壹拾伍日。

(2) 正联填写收款人栏：天津金江贸易有限责任公司。

(3) 正联填写人民币（大写）栏：叁万陆仟零叁拾叁元贰角。

(4) 正联填写人民币小写栏：¥36 033.20。

(5) 正联填写用途栏：支付员工工资。

(6) 存根联填写附加信息栏：此例为空白。

(7) 存根联填写出票日期栏：2018 年 11 月 15 日。

(8) 存根联填写收款人栏：天津金江贸易有限责任公司。

(9) 存根联填写金额栏：¥36 033.20。

(10) 存根联填写用途栏：支付员工工资。

(11) 存根联填写单位主管栏：孙春英；

存根联填写会计栏：陈静。

3. 转账支票盖章

转账支票盖章所需印鉴是公司财务专用章和法人章，一般由出纳人员保管财务专用章，财务主管保管法人章。转账支票正面由出票人公司财务主管和出纳人员分别加盖法人章和财务专用章，转账支票背面由收款人公司财务主管和出纳人员分别加盖法人章和财务专用章。

转账支票背面，背书人签章栏内加盖收款单位财务专用章和法人章，填写好银行进账单后连同该支票交给收款单位的开户银行委托银行收款。背书要连续，一张票据可多次背书。如出票人 A 给 B 公司，B 转给 C 公司（收款人即为 B），背书人为 B 公司（加盖 B 财务法人章、“被背书人”栏为 C 公司全称），转给 C 公司（加盖 C 财务法人章，被背书人为××银行委托收款）背书完成。转账支票盖章，如图 6-8、图 6-9 所示。

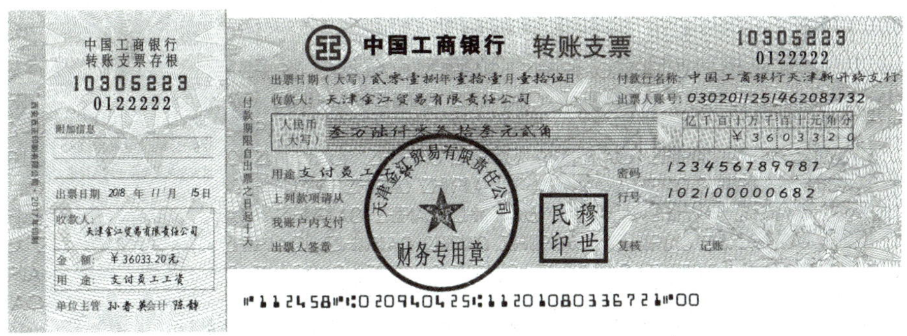

中国工商银行
转账支票存根
10305223
0122222
附加信息
出票日期 2018 年 11 月 15日
收款人：天津金江贸易有限责任公司
金　额：¥36033.20元
用　途：支付员工工资
单位主管 孙　会计 陈静

中国工商银行　转账支票　10305223 0122222
出票日期（大写）贰零壹捌年壹拾壹月壹拾伍日　付款行名称：中国工商银行天津新开路支行
收款人：天津金江贸易有限责任公司　出票人账号：0302011251462087732
付款期限自出票之日起十天
人民币（大写）叁万陆仟零叁拾叁元贰角　亿千百十万千百十元角分　¥3603320
用途 支付员工工资　密码 123456789987
上列款项请从　行号 102100000682
我账户内支付
出票人签章　天津金江贸易有限责任公司 财务专用章　民穆印世　复核　记账

图 6－8　转账支票正面

圈存密码器拨号号码：010-62316377　语音拨号号码：010-62316377

附加信息	被背书人 中国工商银行天津新开路支行	被背书人
	委托收款 天津金江贸易有限责任公司 财务专用章　民穆印世 背书人签章 2018 年11月15日	背书人签章 年　月　日

（贴粘单处）

根据《中华人民共和国票据法》等法律法规的规定，签发空头支票由中国人民银行处以票面金额5%但不低于1000元的罚款。

图 6－9　转账支票背面

4. 填写进账单

已经填写的进账单，如图 6－10 所示。

ICBC 中国工商银行　进账单（贷方凭证）1

2018 年 11 月 15 日

出票人	全　称	天津金江贸易有限责任公司		收款人	全　称	天津金江贸易有限责任公司
	账　号	0302011251462087732			账　号	0302011251462087732
	开户银行	中国工商银行天津新开路支行			开户银行	中国工商银行天津新开路支行
金额	人民币（大写）	叁万陆仟零叁拾叁元贰角			亿千百十万千百十元角分	¥3603320
票据种类	转账支票	票据张数	1			
票据号码	0122222					
备注					复核　记账	

此联由收款人开户银行作贷方凭证

图 6－10　进账单

（1）填写出票日期（小写）栏：2018 年 11 月 15 日。

（2）填写出票人全称栏：天津金江贸易有限责任公司。

（3）填写出票人账号栏：0302011251462087732。

（4）填写出票人开户银行栏：中国工商银行天津新开路支行。

（5）填写收款人全称栏：天津金江贸易有限责任公司。

(6) 填写收款人账号栏：03020112514620877 32。

(7) 填写收款人开户银行栏：中国工商银行天津新开路支行。

(8) 填写金额人民币（大写）栏：叁万陆仟零叁拾叁元贰角。

(9) 填写人民币小写栏：￥36 033.20。

(10) 填写票据种类栏：转账支票。

(11) 填写票据张数栏：1。

(12) 填写票据号码栏：0122222。

(13) 开户银行签章栏：加盖收款单位财务专用章和法人章。盖章的进账单，如图 6-11 所示。

ICBC 中国工商银行 进账单（贷方凭证）1

2018 年 11 月 15 日

出票人	全称	天津金江贸易有限责任公司	收款人	全称	天津金江贸易有限责任公司
	账号	03020112514620877 32		账号	03020112514620877 32
	开户银行	中国工商银行天津新开路支行		开户银行	中国工商银行天津新开路支行
金额	人民币（大写）	叁万陆仟零叁拾叁元贰角		亿千百十万千百十元角分	￥3603320
票据种类	转账支票	票据张数	1		
票据号码	0122222				
备注			天津金江贸易有限责任公司 财务专用章 穆世民印 复核 记账		

此联由收款人开户银行作贷方凭证

图 6-11 盖章的进账单

5. 填制银行付款凭证

【原始票据 47】 进账单回单，如图 6-12 所示。

【原始票据 48】 付款申请单，如图 6-13 所示。

【原始票据 49】 工资表，如表 6-7 所示。

ICBC 中国工商银行 进账单（回　单）2

2018年 11 月 15 日

出票人	全称	天津金江贸易有限责任公司	收款人	全称	天津金江贸易有限责任公司
	账号	03020112514620877 32		账号	03020112514620877 32
	开户银行	中国工商银行天津新开路支行		开户银行	中国工商银行天津新开路支行
金额	人民币（大写）	叁万陆仟零叁拾叁元贰角		亿千百十万千百十元角分	￥3603320
票据种类	转账支票	票据张数	1		
票据号码	0122222				
复核 记账			该业务已提交中国工商银行天津新开路支行待后续处理 开户银行签章		

此联是开户银行交给持（出）票人的回单

图 6-12 进账单回单

付款申请单

付款单编号：2018115003　　　　　　　　　　　　　　申请日期：2018 年 11 月 15日

款项用途	银行代发员工工资		
付款依据（合同名称/合同号）	工资表	开票情况	☐已开票　☑未开票　☐其他
付款金额	人民币（大写）叁万陆仟零叁拾叁元贰角		人民币（小写）：¥36033.20
支付方式	☑支票　☐现金　☐银行转账　☐其他		
收款单位		收款单位开户行	
收款账号		联系电话	

经手人：陈磊　　财务经理：孙春英　　总经理：宋雪　　领款人：

图 6－13　付款申请单

表 6－7

工资表

2018 年 11 月　　　　单位：元

部门	姓名	基本工资	养老保险	医疗保险	失业保险	代扣保险合计	公积金	应纳税所得额	个人所得税	实发工资
行政	宋雪	8 000.00	640.00	160.00	40.00	840.00	880.00	6 280.00	38.40	6 241.60
	司马阳	5 000.00	400.00	100.00	25.00	525.00	550.00	3 925.00	0.00	3 925.00
财务	孙春英	8 000.00	640.00	160.00	40.00	840.00	880.00	6 280.00	38.40	6 241.60
	陈静	5 000.00	400.00	100.00	25.00	525.00	550.00	3 925.00	0.00	3 925.00
	陈磊	5 000.00	400.00	100.00	25.00	525.00	550.00	3 925.00	0.00	3 925.00
销售	李刚	5 000.00	400.00	100.00	25.00	525.00	550.00	3 925.00	0.00	3 925.00
采购	范文	5 000.00	400.00	100.00	25.00	525.00	550.00	3 925.00	0.00	3 925.00
仓管	王哲	5 000.00	400.00	100.00	25.00	525.00	550.00	3 925.00	0.00	3 925.00
合计		46 000.00	3 680.00	920.00	230.00	4 830.00	5 060.00	36 110.00	76.80	36 033.20

已经填制的银行付款凭证，如表 6－8 所示。

表 6－8

银行付款凭证

银行付款凭证

贷方科目：银行存款——工行天津新开路支行（基本户）日期 2018 11 15　　　　银付 字　第 13 号

摘要	借方科目	金额	记账符号
银行代发工资	应付职工薪酬——工资	3603320	
	合计金额	¥3603320	

附凭证 3 张

会计主管 孙春英　记账 陈静　稽核 孙春英　出纳 陈磊　制单 陈磊

（1）填写贷方科目栏：银行存款——工行天津新开路支行（基本户）。

自制工资表的填写

（2）填写日期栏：2018 11 15。

（3）填写编号栏：银付字第 13 号。

（4）填写摘要栏：银行代发工资。

（5）填写借方科目栏：应付职工薪酬——工资。

（6）填写金额栏：36 033.20。

（7）填写合计金额栏：￥36 033.20。

（8）填写附凭证张数栏：附凭证 3 张。

（9）填写会计主管栏：孙春英；

填写记账栏：陈静；

填写稽核栏：孙春英；

填写出纳栏：陈磊；

填写制单栏：陈磊。

（10）填写记账符号栏。

说明："记账符号"栏应在已经登记账簿后划"√"符号，表示已经入账，以免发生漏记或重记错误。

6. 登记银行存款日记账

根据本笔业务中的银行付款凭证，登记银行存款日记账。已登记完的银行存款日记账，如表 6－9 所示。

表 6－9　银行存款日记账

银行存款日记账

户名 中国工商银行天津新开路支行（基本户）　账号 03020112514620877321

2018年 月	日	凭证号	摘要	对方科目	现金支票号码	转账支票号码	借方（亿千百十万千百十元角分）	贷方（亿千百十万千百十元角分）	借或贷	余额（亿千百十万千百十元角分）
			承前页				18188243	57336286	借	212828505
07	13	银收09	采购退货，网银收款	库存商品			574844		借	213403349
07	14	银付12	汇入采购专用款	其他货币资金				5000000	借	208403349
11	15	银付13	银行代发工资	应付职工薪酬		0122222		3603320	借	204800029
			过次页							

（1）填写月栏：11；

填写日栏：15。

（2）填写凭证号栏：银付 13。

（3）填写摘要栏：银行代发工资。

（4）填写对方科目栏：应付职工薪酬。

（5）填写现金支票号码栏：此例为空白；

填写转账支票号码栏：0122222。

（6）填写借方栏：此例为空白；

填写贷方栏：36 033.20。

(7) 填写借或贷栏：借；

填写余额栏：2 048 000.29。

(二) 发放半年度奖金，办理银行代发

1. 业务操作流程

发放半年度奖金，办理银行代发业务操作流程，如图 6－14 所示。

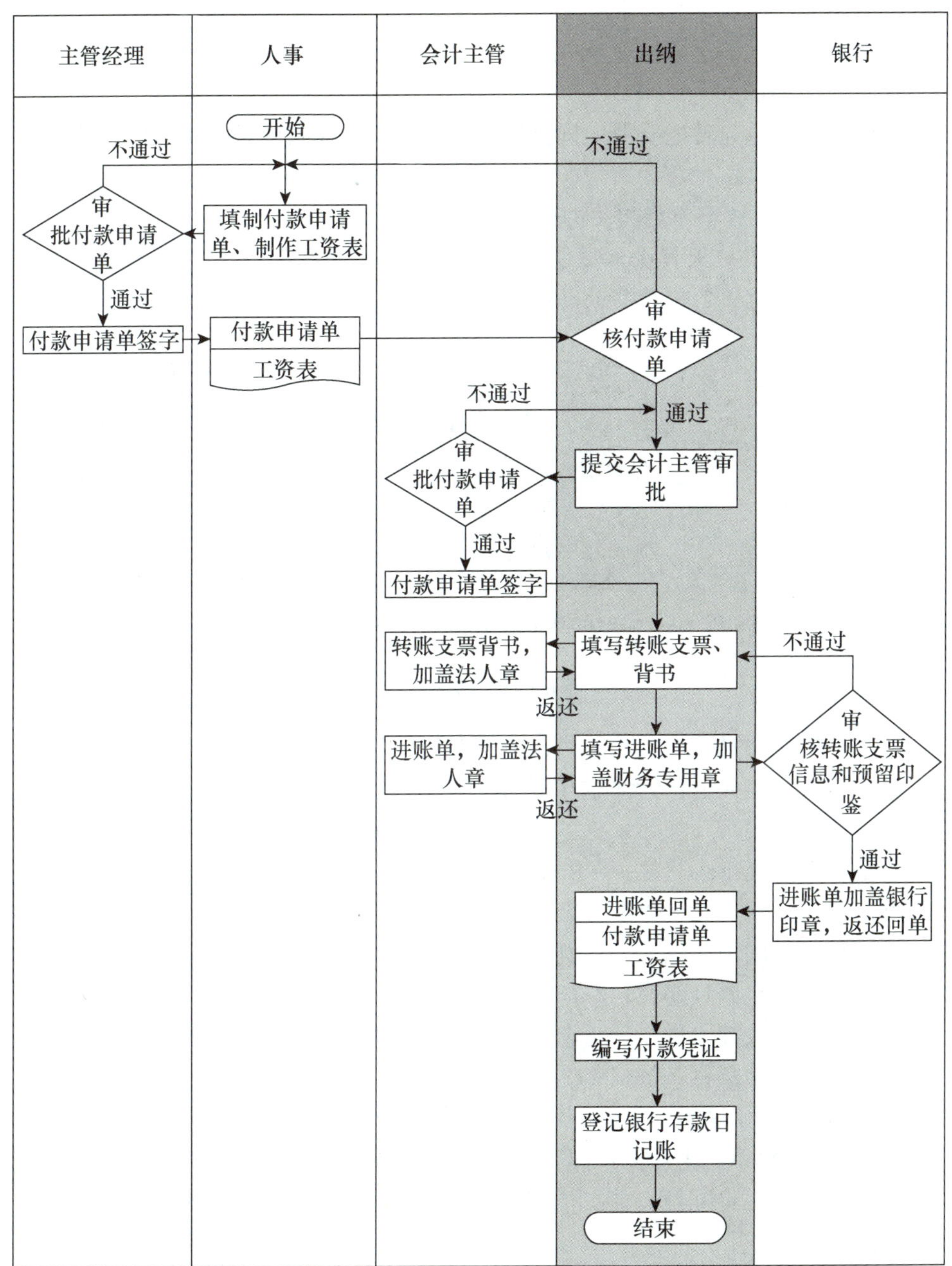

图 6－14　发放半年度奖金，办理银行代发业务操作流程图

流程说明：

（1）人事部门提交付款申请单，制作工资表。

（2）出纳针对填写内容、填写格式进行初步审核，确认无误提交至会计主管处签字（重点审核：小写金额、大写金额、填制日期、实际打款日期、申请部门、账号、开户行等）。

（3）出纳确定无误后依据签字后的付款申请单金额填制转账凭证，并进行背书处理。在支票反面预留处盖上本单位的财务专用章、法人章。盖章时要小心，需清晰，以防作废。

（4）填写进账单（该进账单是购买的专用单据）。根据进账单上的要求填写，同时加盖财务专用章、法人章。

（5）出纳将进账单与转账支票一同提交银行，银行审核完毕后，将回单返还付款人。

2. 填写转账支票

【业务案例28】发放半年度奖，办理银行代发

2018 年 11 月 15 日，天津金江贸易有限责任公司发放半年一次性奖金 44 813.50 元，款项通过银行存款支付。已经填写的转账支票，如图 6－15 所示。

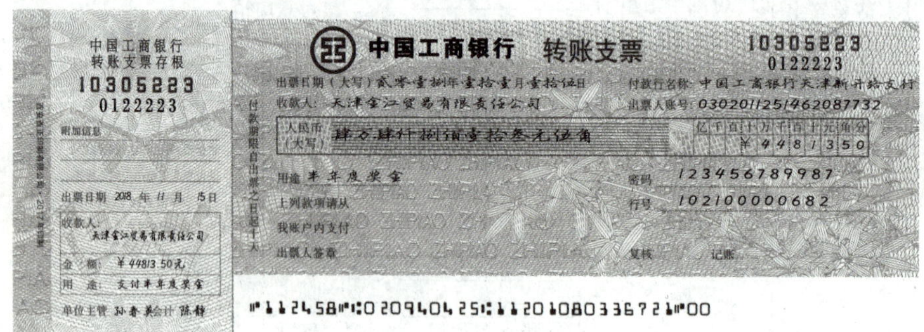

中国工商银行
转账支票存根
10305223
0122223
附加信息
出票日期 2018 年 11 月 15 日
收款人：天津金江贸易有限责任公司
金 额：￥44813.50元
用 途：支付半年度奖金
单位主管 孙春英 会计 陈静

中国工商银行 转账支票
10305223
0122223
付款期限自出票之日起十天
出票日期（大写）贰零壹捌年壹拾壹月壹拾伍日
付款行名称：中国工商银行天津新开路支行
收款人：天津金江贸易有限责任公司
出票人账号：0302011251462087732
人民币（大写）肆万肆仟捌佰壹拾叁元伍角

亿	千	百	十	万	千	百	十	元	角	分
			￥	4	4	8	1	3	5	0

用途 半年度奖金
密码 123456789987
上列款项请从
行号 102100000682
我账户内支付
出票人签章
复核
记账

图 6－15 转账支票

（1）正联填写出票日期（大写）栏：贰零壹捌年壹拾壹月壹拾伍日。

（2）正联填写收款人栏：天津金江贸易有限责任公司。

（3）正联填写人民币（大写）栏：肆万肆仟捌佰壹拾叁元伍角。

（4）正联填写人民币小写栏：￥44 813.50。

（5）正联填写用途栏：半年度奖金。

（6）存根联填写附加信息栏：此例为空白。

（7）存根联填写出票日期栏：2018 年 11 月 15 日。

（8）存根联填写收款人栏：天津金江贸易有限责任公司。

（9）存根联填写金额栏：￥44 813.50。

（10）存根联填写用途栏：支付半年度奖金。

（11）存根联填写单位主管栏：孙春英；

存根联填写会计栏：陈静。

3. 转账支票盖章

已经盖完章的转账支票，如图 6－16 所示。

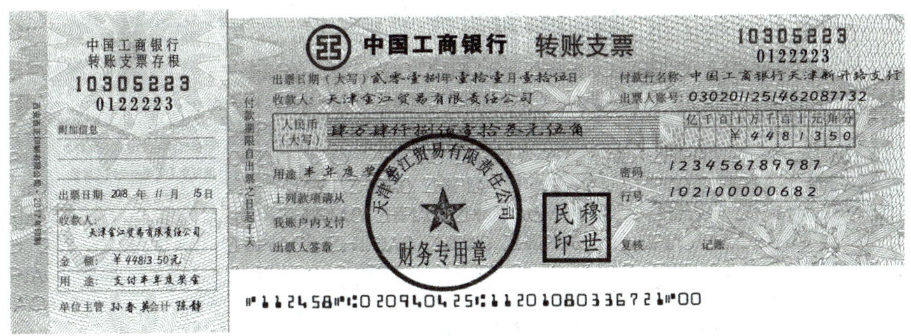
中国工商银行 转账支票存根
10305223
0122223
附加信息
出票日期 2018 年 11 月 15日
收款人：天津金江贸易有限责任公司
金　额：¥44813.50元
用　途：支付本年度奖金
单位主管 孙春 会计 陈静

中国工商银行 转账支票 10305223 0122223
出票日期（大写）贰零壹捌年壹拾壹月壹拾伍日　付款行名称：中国工商银行天津新开路支行
收款人：天津金江贸易有限责任公司　出票人账号：0302011251462087732
人民币（大写）肆万肆仟捌佰壹拾叁元伍角　亿千百十万千百十元角分 ¥4481350
用途 本年度奖金　密码 123456789987
上列款项请从我账户内支付　行号 102100000682
出票人签章　复核　记账

图 6-16　转账支票盖章

4. 填写进账单

已经填写的进账单，如图 6-17 所示。

ICBC 中国工商银行　进账单（贷方凭证）1

2018 年 11 月 15 日

出票人	全　称	天津金江贸易有限责任公司	收款人	全　称	天津金江贸易有限责任公司
	账　号	0302011251462087732		账　号	0302011251462087732
	开户银行	中国工商银行天津新开路支行		开户银行	中国工商银行天津新开路支行
金额	人民币（大写）	肆万肆仟捌佰壹拾叁元伍角		亿千百十万千百十元角分	¥4481350
票据种类	转账支票	票据张数	1		
票据号码	0122223				
备注				复核　记账	

此联由收款人开户银行作贷方凭证

图 6-17　进账单

（1）填写出票日期（小写）栏：2018 年 11 月 15 日。

（2）填写出票人全称栏：天津金江贸易有限责任公司。

（3）填写出票人账号栏：0302011251462087732。

（4）填写出票人开户银行栏：中国工商银行天津新开路支行。

（5）填写收款人全称栏：天津金江贸易有限责任公司。

（6）填写收款人账号栏：0302011251462087732。

（7）填写收款人开户银行栏：中国工商银行天津新开路支行。

（8）填写金额人民币（大写）栏：肆万肆仟捌佰壹拾叁元伍角。

（9）填写人民币小写栏：¥44 813.50。

（10）填写票据种类栏：转账支票。

（11）填写票据张数栏：1。

（12）填写票据号码栏：0122223。

（13）开户银行签章栏：加盖收款单位财务专用章和法人章。已经盖章的进账单，如图 6-18 所示。

ICBC 中国工商银行 进账单（贷方凭证）1

2018年 11 月 15 日

出票人	全称	天津金江贸易有限责任公司	收款人	全称	天津金江贸易有限责任公司
	账号	03020112514620877 32		账号	03020112514620877 32
	开户银行	中国工商银行天津新开路支行		开户银行	中国工商银行天津新开路支行
金额	人民币（大写）	肆万肆仟捌佰壹拾叁元伍角		亿千百十万千百十元角分	¥4481350
票据种类	转账支票	票据张数			
票据号码	0122223				
备注			天津金江贸易有限责任公司 财务专用章　民穆印世　复核　记账		

此联由收款人开户银行作贷方凭证

图 6-18　盖章的进账单

5. 填制银行付款凭证

【原始票据 50】进账单回单，如图 6-19 所示。

【原始票据 51】付款申请单，如图 6-20 所示。

【原始票据 52】工资表，如表 6-10 所示。

ICBC 中国工商银行 进账单（回　单）2

2018年 11 月 15 日

出票人	全称	天津金江贸易有限责任公司	收款人	全称	天津金江贸易有限责任公司
	账号	03020112514620877 32		账号	03020112514620877 32
	开户银行	中国工商银行天津新开路支行		开户银行	中国工商银行天津新开路支行
金额	人民币（大写）	肆万肆仟捌佰壹拾叁元伍角		亿千百十万千百十元角分	¥4481350
票据种类	转账支票	票据张数	1		
票据号码	0122223				
复核　记账			该业务已提交中国工商银行天津新开路支行待后续处理　开户银行签章		

此联是开户银行交给持（出）票人的回单

图 6-19　进账单回单

付款申请单

付款单编号：20181115004　　申请日期：2018 年 11 月 15 日

款项用途	发放职工半年度奖金		
付款依据（合同名称/合同号）	工资表	开票情况	□已开票　☑未开票　□其他
付款金额	人民币（大写）肆万肆仟捌佰壹拾叁元伍角		人民币（小写）：¥44813.50
支付方式	☑支票　□现金　□银行转账　□其他		
收款单位		收款单位开户行	
收款账号		联系电话	

经手人：陈磊　　财务经理：孙春英　　总经理：宋雪　　领款人：

图 6-20　付款申请单

表 6-10　　　　工资表

2018 年 11 月　　　　单位：元

部门	姓名	基本工资	半年度奖金	代扣保险合计	住房公积金	应纳税所得额	工资应纳个人所得税额	半年度奖金应纳个人所得税	实发半年度奖金
行政	宋雪	8 000.00	8 000.00	840.00	880.00	14 280.00	38.40	240.00	7 760.00
	司马阳	5 000.00	5 000.00	525.00	550.00	8 925.00	0.00	117.75	4 882.25
财务	孙春英	8 000.00	8 000.00	840.00	880.00	14 280.00	38.40	240.00	7 760.00
	陈静	5 000.00	5 000.00	525.00	550.00	8 925.00	0.00	117.75	4 882.25
	陈磊	5 000.00	5 000.00	525.00	550.00	8 925.00	0.00	117.75	4 882.25
销售	李刚	5 000.00	5 000.00	525.00	550.00	8 925.00	0.00	117.75	4 882.25
采购	范文	5 000.00	5 000.00	525.00	550.00	8 925.00	0.00	117.75	4 882.25
仓管	王哲	5 000.00	5 000.00	525.00	550.00	8 925.00	0.00	117.75	4 882.25
合计		46 000.00	46 000.00	4 830.00	5 060.00	82 110.00	76.80	1 186.50	44 813.50

已经填写的银行付款凭证，如表 6-11 所示：

表 6-11　　　　银行付款凭证

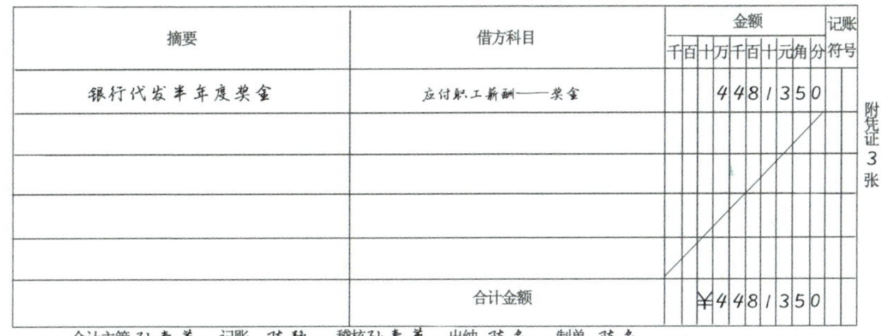

银行付款凭证

贷方科目：银行存款——工行天津新开路支行（基本户）日期 2018 11 15　　　　银付字　第 14 号

摘要	借方科目	金额	记账符号
银行代发半年度奖金	应付职工薪酬——奖金	4481350	
	合计金额	¥4481350	

附凭证 3 张

会计主管 孙春英　记账 陈静　稽核 孙春英　出纳 陈磊　制单 陈磊

（1）填写贷方科目栏：银行存款——工行天津新开路支行（基本户）。

（2）填写日期栏：2018 11 15。

（3）填写编号栏：银付字第 14 号。

（4）填写摘要栏：银行代发半年度奖金。

（5）填写借方科目栏：应付职工薪酬——奖金。

（6）填写金额栏：44 813.50。

（7）填写合计金额栏：￥44 813.50。

（8）填写附凭证张数栏：附凭证 3 张。

（9）填写会计主管栏：孙春英；

填写记账栏：陈静；

填写稽核栏：孙春英；

填写出纳栏：陈磊；

填写制单栏：陈磊。

（10）填写记账符号栏。

说明："记账符号"栏应在已经登记账簿后划"√"符号，表示已经入账，以免发生漏记或重记错误。

6. 登记银行存款日记账

根据本笔业务中的银行付款凭证，登记银行存款日记账。已登记完的银行存款日记账，如表 6－12 所示。

表 6－12　　银行存款日记账

银行存款日记账

户名 中国工商银行天津新开路支行（基本户）　账号 0302011251462087732

2018 年 月	日	凭证号	摘要	对方科目	现金支票号码	转账支票号码	借方	贷方	借或贷	余额
			承前页				181882.43	573362.86	借	2128285.05
07	13	银收09	采购退货，网银收款	库存商品			5748.44		借	2134033.49
07	14	银付12	汇入采购专用款	其他货币资金				50000.00	借	2084033.49
11	15	银付13	银行代发工资	应付职工薪酬		0122222		36033.20	借	2048000.29
11	15	银付14	银行代发半年度奖金	应付职工薪酬		0122223		44813.50	借	2003186.79
			过次页							

（1）填写月栏：11；

填写日栏：15。

（2）填写凭证号栏：银付 14。

（3）填写摘要栏：银行代发半年度奖金。

（4）填写对方科目栏：应付职工薪酬。

（5）填写现金支票号码栏：此例为空白；

填写转账支票号码栏：0122223。

（6）填写借方栏：此例为空白；

填写贷方栏：44 813.50。

（7）填写借或贷栏：借；

填写余额栏：2 003 186.79。

三、税费核算中银行存款的结算

（一）缴纳增值税税款，签订三方协议，网上办税自动扣款

1. 业务操作流程

缴纳增值税税款，签订三方协议，网上办税自动扣款业务操作流程，如图 6－21 所示。

流程说明：

（1）会计告知出纳税款已经缴纳完毕。

（2）出纳确认资金已经划出公司账户，前往银行自助打印付款业务回单。

（3）根据相应票据进行记账处理。

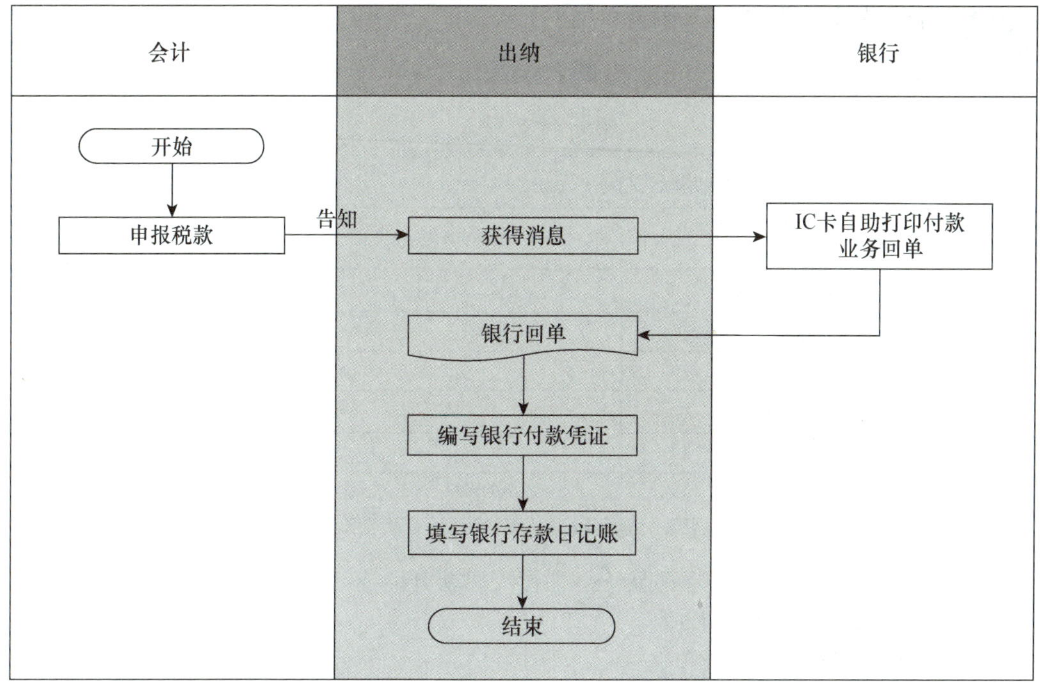

图 6-21　缴纳增值税税款，签订三方协议，网上办税自动扣款业务操作流程图

2. 填制银行付款凭证

【业务案例 29】缴纳增值税税款，签订三方协议，网上办税自动扣款

2018 年 11 月 15 日，天津金江贸易有限责任公司申报第三季度应交增值税，因第三季度销售收入为 199 912.00 元，不满足减免优惠条件，故正常缴纳增值税 6 645.36 元，以银行存款支付。

【原始票据 53】电子缴税付款凭证，如图 6-22 所示。

ICBC 中国工商银行　　凭　证

中国工商银行电子缴税付款凭证　　NO. 02895752

转账日期：2018年11月15日　　凭证字号：2018030600401801

纳税人全称及纳税人识别号：天津金江贸易有限责任公司　91120103562690911

付款人全称：天津金江贸易有限责任公司

付款人账号：0302011251462087732　　征收机关名称：天津市河西区国家税务局第一税务所

付款人开户银行：中国工商银行天津新开路支行　　收款国库（银行）名称：国家金库天津市河西区支库

小写（合计）金额：6654.36元　　缴款书交易流水号：13535959

大写（合计）金额：陆仟陆佰伍拾肆元叁角陆分　　税票号码：320170303000011088

税（费）种名称	所属日期	实缴金额(单位：元)
增值税	20180701-20180930	6645.36

第　1　次打印　　打印时间：2018年11月15日

客户回单联　　验证码：2B583FAD4006　　复核　　记账

图 6-22　电子缴税付款凭证

已经填制的银行付款凭证，如表 6－13 所示。

表 6－13　　　　银行付款凭证

银行付款凭证

贷方科目：银行存款——工行天津新开路支行（基本户）　日期 2018 11 15　　　　银付字　第 15 号

摘要	借方科目	金额										记账符号
		千	百	十	万	千	百	十	元	角	分	
缴纳增值税税款	应交税费——未交增值税					6	6	4	5	3	6	
	合计金额				¥	6	6	4	5	3	6	

附凭证 1 张

会计主管 孙春英　记账 陈静　稽核 孙春英　出纳 陈磊　制单 陈磊

（1）填写贷方科目栏：银行存款——工行天津新开路支行（基本户）。

（2）填写日期栏：2018 11 15。

（3）填写编号栏：银付字第 15 号。

（4）填写摘要栏：缴纳增值税税款。

（5）填写借方科目栏：应交税费——未交增值税。

（6）填写金额栏：6 645.36。

（7）填写合计金额栏：¥6 645.36。

（8）填写附凭证张数栏：附凭证 1 张。

（9）填写会计主管栏：孙春英；

填写记账栏：陈静；

填写稽核栏：孙春英；

填写出纳栏：陈磊；

填写制单栏：陈磊。

（10）填写记账符号栏。

说明："记账符号"栏应在已经登记账簿后划"√"符号，表示已经入账，以免发生漏记或重记错误。

3. 登记银行存款日记账

根据本笔业务中的银行付款凭证，登记银行存款日记账。已登记完的银行存款日记账，如表 6－14 所示。

（1）填写月栏：11；

填写日栏：15。

（2）填写凭证号栏：银付字第 15 号。

（3）填写摘要栏：缴纳增值税税款。

（4）填写对方科目栏：应交税费。

（5）填写现金支票号码栏：此例为空白；

填写转账支票号码栏：此例为空白。

（6）填写借方栏：此例为空白；

填写贷方栏：6 645.36。

表 6－14　　　　　　　　　**银行存款日记账**

银行存款日记账

户名 中国工商银行天津新开路支行（基本户）　　账号 030201125146208773２

2018年 月	日	凭证号	摘要	对方科目	现金支票号码	转账支票号码	借方（亿千百十万千百十元角分）	贷方（亿千百十万千百十元角分）	借或贷	余额（亿千百十万千百十元角分）
			承前页				18188243	57336286	借	212828505
07	13	银收09	采购退货，网银收款	库存商品			574844		借	213403349
07	14	银付12	汇入采购专用款	其他货币资金				5000000	借	208403349
11	15	银付13	银行代发工资	应付职工薪酬		0122222		3603320	借	204800029
11	15	银付14	银行代发半年度奖金	应付职工薪酬		0122223		4481350	借	200318679
11	15	银付14	缴纳增值税税款	应交税费				664536	借	199654143
			过次页				18763087	71085492	借	199654143

（7）填写借或贷栏：借；

填写余额栏：1 996 541.43。

（二）缴纳企业所得税税款，签订三方协议，办税窗口扣缴税款

1. 业务操作流程

缴纳企业所得税税款，签订三方协议，办税窗口扣缴税款业务操作流程，如图 6－23 所示。

流程说明：

（1）出纳登录纳税申报系统。

（2）纳税申报表需要加盖公司公章，公司公章是由管理部门公章保管人员保管的，如需使用，需要先填写印鉴使用申请单，并交由总经理审批同意后，方可使用。

（3）该笔业务指的三方协议是税务、银行、企业三家共同签定的一个协议。主要内容就是如果企业税款申报，税务局就会通过银行自动从企业账户上划款。

（4）在办税窗口实扣缴纳税款后，税务机关会提供税收完税证明给出纳以填写银行付款凭证。

2. 填制银行付款凭证

【业务案例 30】缴纳企业所得税税款，签订三方协议，办税窗口扣缴税款

2018 年 11 月 15 日，天津金江贸易有限责任公司缴纳 2018 年第三季度企业所得税 1 032.62 元，以银行存款支付。

【原始票据 54】税收完税证明，如图 6－24 所示。

已经填制的银行付款凭证，如表 6－15 所示。

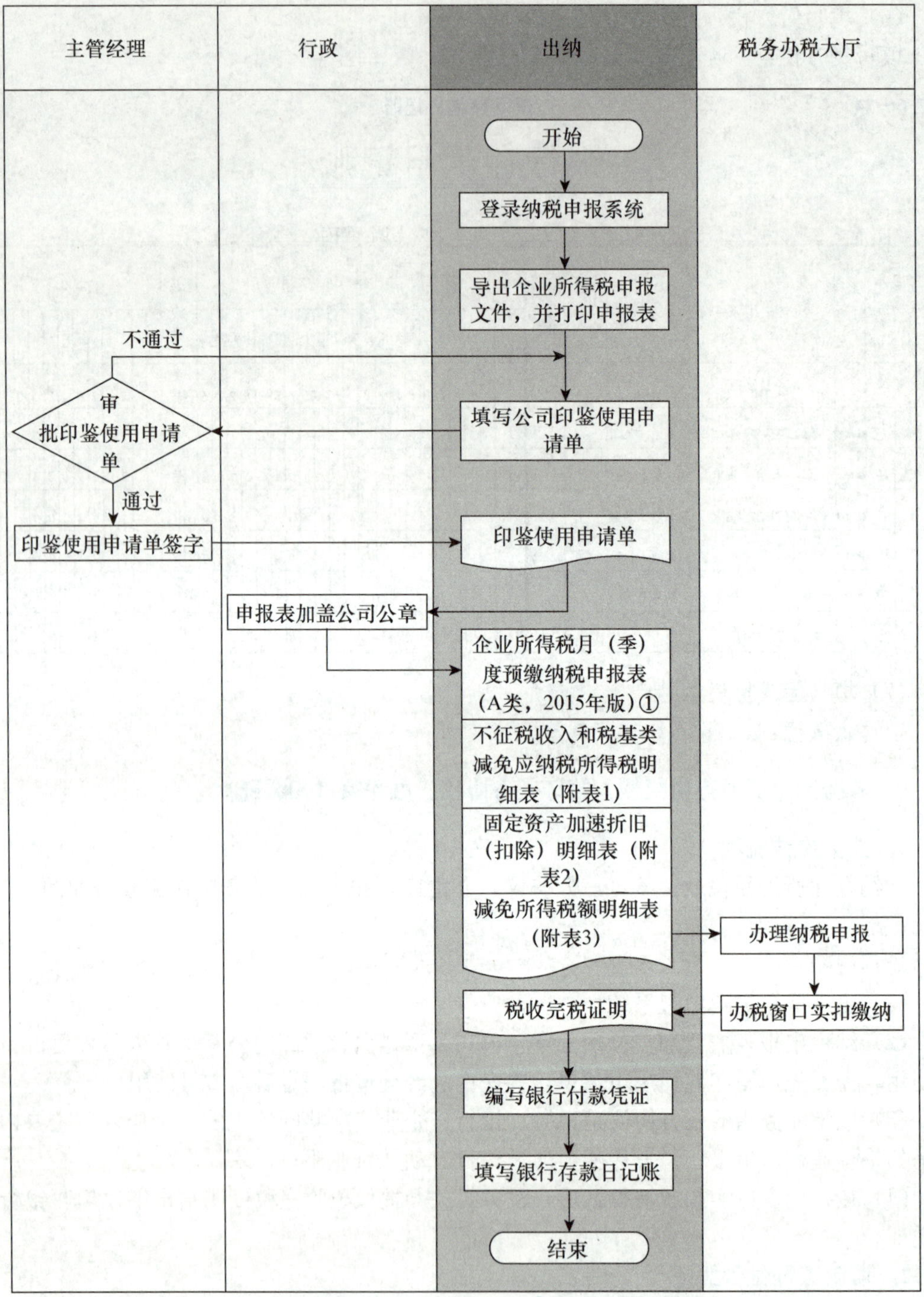

主管经理	行政	出纳	税务办税大厅

开始

登录纳税申报系统

导出企业所得税申报文件，并打印申报表

填写公司印鉴使用申请单

审批印鉴使用申请单

不通过

通过

印鉴使用申请单签字

印鉴使用申请单

申报表加盖公司公章

企业所得税月（季）度预缴纳税申报表（A类，2015年版）①

不征税收入和税基类减免应纳税所得税明细表（附表1）

固定资产加速折旧（扣除）明细表（附表2）

减免所得税额明细表（附表3）

办理纳税申报

办税窗口实扣缴纳

税收完税证明

编写银行付款凭证

填写银行存款日记账

结束

图 6－23　办税窗口实扣缴纳企业所得税业务操作流程图

流程图附注：

①企业所得税申报文件包括《居民企业参股外国企业信息报告表》，这个表视企业实际情况选报。

代开发票预收税款
120013000022033588
银税

中华人民共和国
税收电子转账专用完税证

（20121）津国电：No.0041384

填发日期：　　2018 年　11 月　15 日

税务登记代码	201106	征收机关	天津市国家税务局
纳税人全称	天津金江贸易有限责任公司	收款银行（邮局）	中国工商银行天津新开路支行
税（费）种	税款所属时期	实缴金额	
企业所得税	2018年07月01日 至 2018年09月30日	￥1032.62	
金额合计	人民币（大写）　壹仟零叁拾贰元陆角贰分	￥1032.62	
税务机关（盖章）	收款银行（邮局）（盖章）	经手人（盖章）	备注

第一联（收据）纳税人作完税凭证

天津市河西区国家税务局 征税专用章

电脑打印　手工无效

图 6－24　税收完税证明

表 6－15　　银行付款凭证

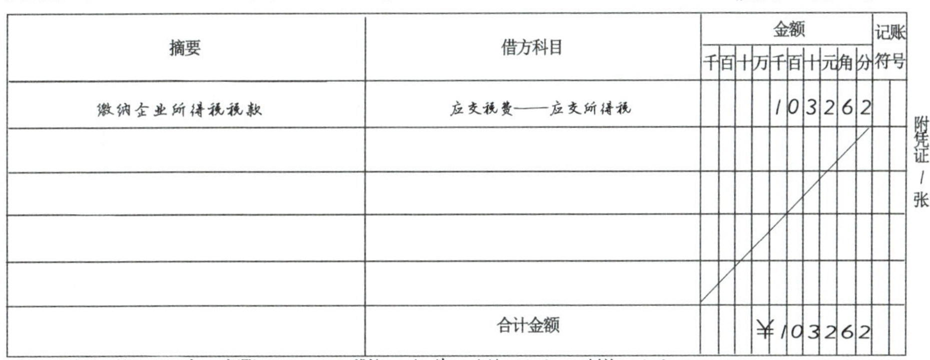

银行付款凭证

贷方科目：银行存款——工行天津新开路支行（基本户）　日期 2018 11 15　　银付字　第 16 号

摘要	借方科目	千	百	十	万	千	百	十	元	角	分	记账符号
缴纳企业所得税税款	应交税费——应交所得税					1	0	3	2	6	2	
	合计金额				￥	1	0	3	2	6	2	

附凭证 1 张

会计主管 孙春英　记账 陈静　稽核 孙春英　出纳 陈磊　制单 陈磊

（1）填写贷方科目栏：银行存款——工行天津新开路支行（基本户）。

（2）填写日期栏：2018 11 15。

（3）填写编号栏：银付字第 16 号。

（4）填写摘要栏：缴纳企业所得税税款。

（5）填写借方科目栏：应交税费——应交所得税。

（6）填写金额栏：1 032.62。

（7）填写合计金额栏：￥1 032.62。

(8) 填写附凭证张数栏：附凭证 1 张。

(9) 填写会计主管栏：孙春英；

填写记账栏：陈静；

填写稽核栏：孙春英；

填写出纳栏：陈磊；

填写制单栏：陈磊。

(10) 填写记账符号栏。

说明："记账符号"栏应在已经登记账簿后划"√"符号，表示已经入账，以免发生漏记或重记错误。

3. 登记银行存款日记账

根据本笔业务中的银行付款凭证，登记银行存款日记账。已登记完的银行存款日记账，如表 6-16 所示。

表 6-16　　银行存款日记账

银行存款日记账

户名 中国工商银行天津新开路支行（基本户）　账号 0302011251462087732

2018 年 月	日	凭证号	摘要	对方科目	现金支票号码	转账支票号码	借方（亿千百十万千百十元角分）	贷方（亿千百十万千百十元角分）	借或贷	余额（亿千百十万千百十元角分）
			承前页				18763087	71085492	借	199654143
11	15	银付16	缴纳企业所得税税款	应交税费				103262	借	199550881
			过次页							

(1) 填写月栏：11；

填写日栏：15。

(2) 填写凭证号栏：银付 16。

(3) 填写摘要栏：缴纳企业所得税税款。

(4) 填写对方科目栏：应交税费。

(5) 填写借方栏：此例为空白；

填写贷方栏：1 032.62。

(6) 填写借或贷栏：借；

填写余额栏：1 995 508.81。

(三) 代缴个人所得税，凭税收缴款书到银行柜台办理转账缴纳税款

1. 业务操作流程

代缴个人所得税，凭税收缴款书到银行柜台办理转账缴税业务操作流程，如图 6-25 所示。

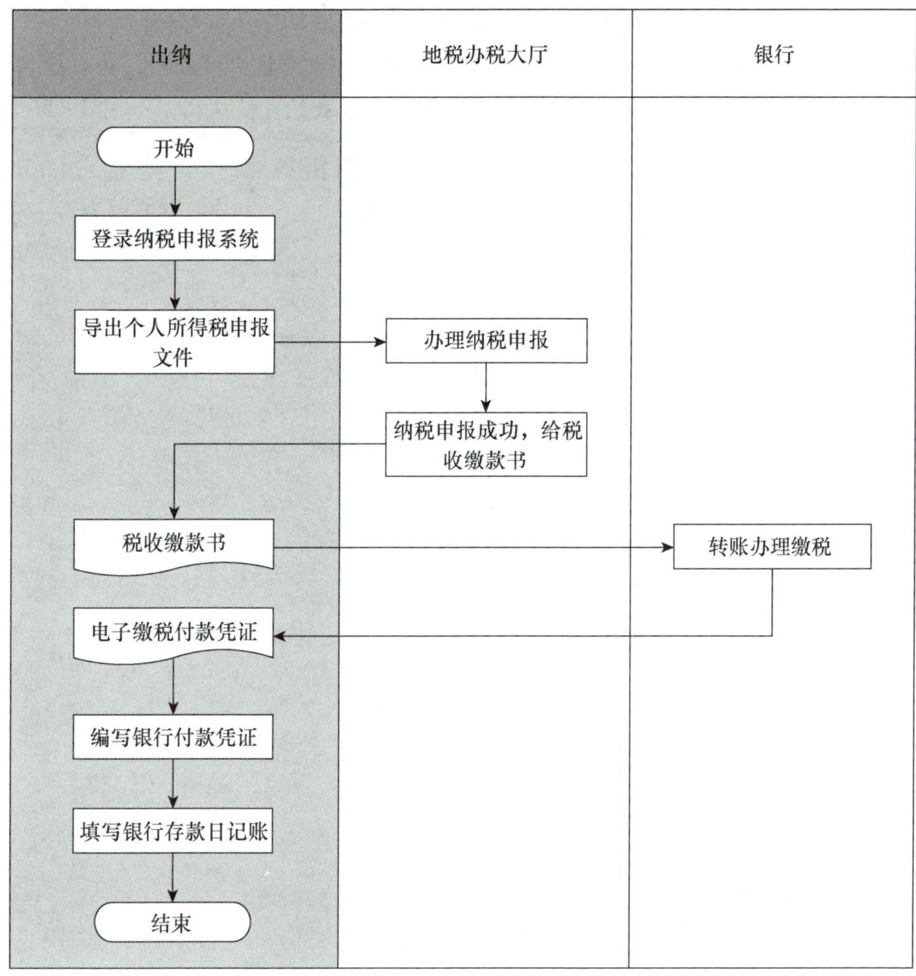

图 6-25 银行柜台办理转账缴纳个人所得税业务操作流程图

流程说明：

(1) 出纳登录纳税申报系统。

(2) 从纳税申报系统导出个人所得税申报文件。

(3) 申报个人所得税只需拿申报文件到税务局办理，不需要打印个人所得税申请表。

(4) 纳税申报成功，办税人员会给公司税收缴款书，出纳带上税收缴款书到银行办理转账缴税。

(5) 银行转账办理缴税成功，银行提供电子缴税付款凭证给出纳以编写银行付款凭证。

2. 电子缴税付款凭证内容

电子缴税付款凭证是国库经收处根据接收的电子缴款书而填制的、从纳税人账户划转款项的专用结算凭证。电子缴税付款凭证的基本要素包括凭证字号、转账日期、付款单位账户名称、账号、开户银行、收款国库、征收机关名称、大小写金额、税（费）种名称、所属时期、缴款书交易流水号、记账、复核、打印日期等。电子缴税付款凭证一式二联，第一联作纳税人开户银行记账凭证，第二联交纳税人作付款回单，纳税人以此作为缴纳税（费）款的会计核算凭证。电子缴税付款凭证必须加盖银行印章方为有效。

【业务案例 31】代缴个人所得税，凭税收缴款书到银行柜台办理转账缴税。

2018 年 11 月 15 日，天津金江贸易有限责任公司通过纸质版申报资料，申报上月员工个人所得税 21.00 元，凭税收缴款书以银行存款支付。电子缴税付款凭证，如图 6－26 所示。

ICBC 中国工商银行　　凭 证

中国工商银行电子缴税付款凭证　　NO. 02895752

转账日期：2018年11月15日　　凭证字号：2018030600401801

纳税人全称及纳税人识别号：天津金江贸易有限责任公司　91120103562690911

付款人全称：天津金江贸易有限责任公司

付款人账号：0302011251462087732　　征收机关名称：天津市河西区地方税务局

付款人开户银行：工行天津新开路支行　　收款国库（银行）名称：国家金库天津市河西区支库(代理)

小写（合计）金额：21.00元　　缴款书交易流水号：13535959

大写（合计）金额：贰拾壹元整　　税票号码：320170303000011088

税（费）种名称	所属日期	实缴金额(单位：元)
个人所得税	20181001-20181031	21.00

中国工商银行股份有限公司天津新开路支行 自助回单机专用章 (003)

第　1　次打印　　打印时间：2018年11月15日

客户回单联　　验证码：2B583FAD4006　　复核　　记账

图 6－26　电子缴税付款凭证

3. 打印银行端查询缴税凭证

银行端查询缴税是解决未签订委托缴款协议的纳税人通过财税库银横向联网系统，实现电子缴税的一种重要业务类型，后期核算与实扣相同。本凭证为纳税人在开通横向联网电子缴税业务的商业银行网点柜台办理银行端查询缴税业务的凭证。银行端查询缴税凭证，如图 6－27 所示。

银行端查询缴税凭证

银行端查询缴税凭证序号：320171121000023140　　2018 年 11 月 15 日

纳税人识别号：	91120103562690911	税务机关代码：	21249000000
纳税人名称：	天津金江贸易有限责任公司	税务机关名称：	天津市滨海新区第三地方税务分局
付款人名称：	天津金江贸易有限责任公司	开户银行名称：	工行天津新开路支行
付款人账号：	0302011251462087732	税款限缴日期：	2018－11－30
税收项目名称：		应缴税额：	
个人所得税		21.00	
金额合计（小写）：¥21. 00			
金额合计（大写）：贰拾壹元整			
付款人（章） 经办人（章）	银行记账员（章）	备注	

图 6－27　银行端查询缴税凭证

银行端查询缴税须知：

（1）纳税人按照应缴税款征收期到主管税务机关办理纳税申报。

（2）税务机关为纳税人开具《银行端查询缴税凭证》（简称《查询凭证》），纳税人签章后，到开户银行办理缴税业务（已开通此项业务的商业银行可查询当地财政地税政务网或办税服务厅相关通告，或拨打纳税服务热线进行咨询）。

（3）承办银行按照《查询凭证》查询税务机关电子税票信息，将扣款结果反馈TIPS系统和税务机关，并为纳税人开具《电子缴税付款凭证》作为完税凭证和财务记账凭证。

（4）如纳税人在缴税前将《查询凭证》丢失，可到主管税务机关申请重打。

（5）本凭证一式一联，打印、手写均可。“银行端查询缴税凭证序号”填写纳税人向税务机关申报完成后获得的申报序号；“纳税人名称”“纳税人识别号”填写税务登记证上的“纳税人名称”“纳税人识别号”；“税务机关名称”“税务机关代码”填写纳税人主管税务机关的名称和税务机关代码；“付款人名称”填写付款人在开户银行的账户名称；“付款人开户银行名称”填写付款人账户所在的银行网点名称；“税收项目名称”和“应缴税额”填写纳税人向税务机关申报完成后税务机关反馈的相应内容。

4. 填制银行付款凭证

【原始票据55】电子缴税付款凭证，参见图6-26。

已经填制的银行付款凭证，如表6-17所示。

表6-17　　银行付款凭证

银行付款凭证

贷方科目：银行存款——工行天津新开路支行（基本户）　日期 2018 11 15　　银付字　第17号

摘要	借方科目	千	百	十	万	千	百	十	元	角	分	记账符号
代缴个人所得税	应交税费——代扣代缴个人所得税							2	1	0	0	
	合计金额						¥	2	1	0	0	

附凭证 1 张

会计主管 孙春英　记账 陈静　稽核 孙春英　出纳 陈磊　制单 陈磊

（1）填写贷方科目栏：银行存款——工行天津新开路支行（基本户）。

（2）填写日期栏：2018 11 15。

（3）填写编号栏：银付字第17号。

（4）填写摘要栏：代缴个人所得税。

（5）填写借方科目栏：应交税费——代扣代缴个人所得税。

（6）填写金额栏：21.00。

（7）填写合计金额栏：¥21.00。

（8）填写附凭证张数栏：附凭证1张。

(9) 填写会计主管栏：孙春英；

填写记账栏：陈静；

填写稽核栏：孙春英；

填写出纳栏：陈磊；

填写制单栏：陈磊。

(10) 填写记账符号栏。

说明："记账符号"栏应在已经登记账簿后划"√"符号，表示已经入账，以免发生漏记或重记错误。

5. 登记银行存款日记账

根据本笔业务中的银行付款凭证，登记银行存款日记账。已登记完的银行存款日记账，如表 6-18 所示。

表 6-18　　　　银行存款日记账

银行存款日记账

户名 中国工商银行天津新开始支行（基本户）　　账号 0302011251462087732

2018年 月	日	凭证号	摘要	对方科目	现金支票号码	转账支票号码	借方（亿千百十万千百十元角分）	贷方（亿千百十万千百十元角分）	借或贷	余额（亿千百十万千百十元角分）
			承前页				18763087	71085492	借	199654143
11	15	银付16	缴纳企业所得税税款	应交税费				103262	借	199550881
11	15	银付17	代缴个人所得税	应交税费				2100	借	199548781
			过次页							

(1) 填写月栏：11；

填写日栏：15。

(2) 填写凭证号栏：银付 17。

(3) 填写摘要栏：代缴个人所得税。

(4) 填写对方科目栏：应交税费。

(5) 填写借方栏：此例为空白；

填写贷方栏：21.00。

(6) 填写借或贷栏：借；

填写余额栏：1 995 487.81。

(四) 购买印花税票，办税窗口 POS 机刷卡缴纳税款

1. 业务操作流程

购买印花税票，办税窗口 POS 机刷卡缴纳税款业务操作流程，如图 6-28 所示。

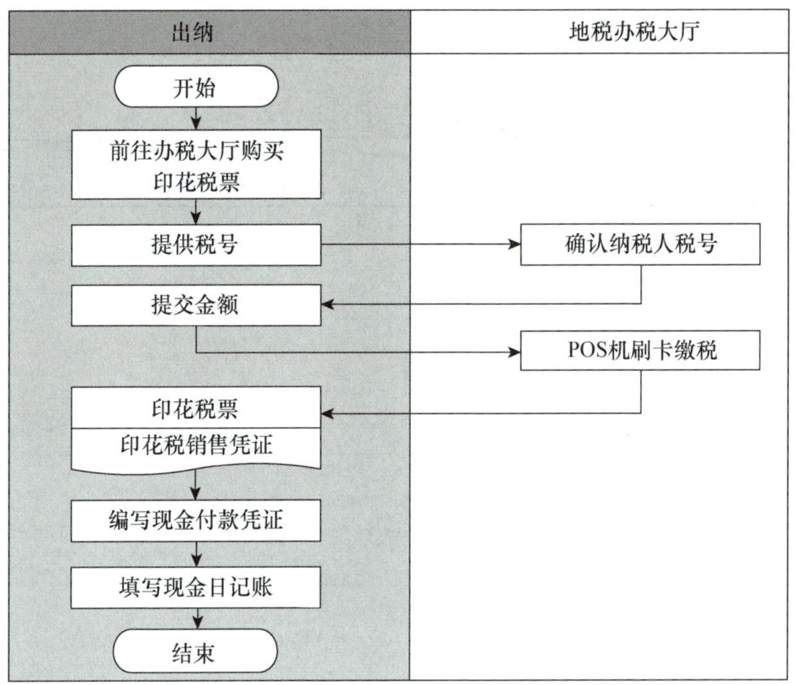

图 6-28　购买印花税款，办税窗口 POS 机刷卡缴纳税款业务操作流程图

流程说明：

(1) 出纳前往办税大厅购买印花税票。

(2) 购买印花税票需要向税务机关提供税号。

(3) 确认金额后用 POS 机刷卡缴税。

(4) 出纳根据印花税票销售凭证编写银行付款凭证。

2. 填制现金付款凭证

【业务案例 32】购买印花税票，办税窗口 POS 机刷卡缴纳税款

2018 年 11 月 15 日，天津金江贸易有限责任公司去往办税大厅购买印花税票，金额 100 元。款项于办税窗口刷卡支付（现金存于借记卡内）。

【原始票据 56】印花税票，如图 6-29 所示。

【原始票据 57】印花税销售凭证，如图 6-30 所示。

图 6-29　印花税票

中华人民共和国
印花税票销售凭证

（141）津地销 00568638

填发日期:2018年 11 月 15 日　　税务机关：天津市河西区地方税务分局征收所

纳税人识别号	91120103562690911	纳税人名称	天津金江贸易有限责任公司
面额种类	品目名称	数量	金额
印花税票（5元）	其他营业账簿	20	100.00
金额合计	（大写）壹佰元整		¥100.00
税务机关（盖章）	代售单位（盖章）	填票人 李鹏	备注 （141）津地销005686838 电子税票号码：320180413000035499

第一联（收据）购买单位作报销凭证

妥善保管

图 6－30　印花税票销售凭证

已经填制的现金付款凭证，如表 6－19 所示。

表 6－19　现金付款凭证

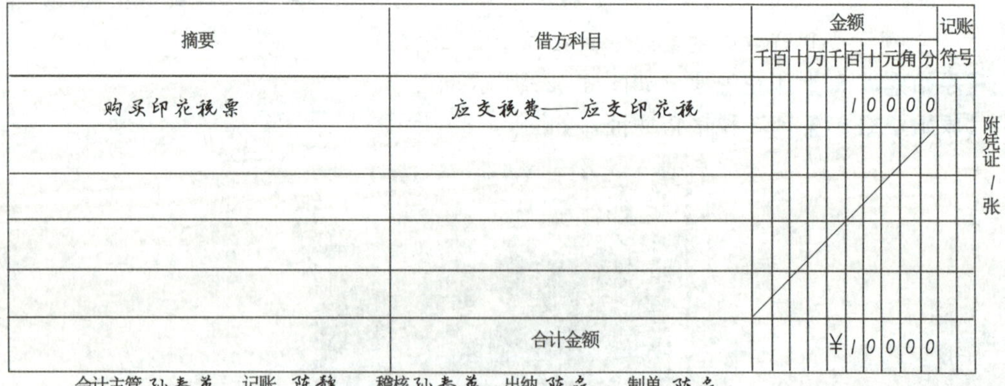

现金付款凭证

贷方科目：库存现金　　日期 2018 11 15　　现付字 第 05 号

摘要	借方科目	千	百	十	万	千	百	十	元	角	分	记账符号
购买印花税票	应交税费——应交印花税						1	0	0	0	0	
	合计金额					¥	1	0	0	0	0	

附凭证 1 张

会计主管 孙春英　记账 陈静　稽核 孙春英　出纳 陈磊　制单 陈磊

（1）填写贷方科目栏：库存现金。

（2）填写日期栏：2018 11 15。

（3）填写编号栏：现付字第 05 号。

（4）填写摘要栏：购买印花税票。
（5）填写借方科目栏：应交税费——应交印花税。
（6）填写金额栏：100.00。
（7）填写合计金额栏：￥100.00。
（8）填写附凭证张数栏：附凭证 1 张。
（9）填写会计主管栏：孙春英；
填写记账栏：陈静；
填写稽核栏：孙春英；
填写出纳栏：陈磊；
填写制单栏：陈磊。
（10）填写记账符号栏。

说明：“记账符号”栏应在已经登记账簿后划“√”符号，表示已经入账，以免发生漏记或重记错误。

3. 登记现金日记账

根据本笔业务中的现金付款凭证，登记现金日记账。已登记完的现金日记账，如表 6-20 所示。

表 6-20　　现金日记账

现金日记账

2018年 月	日	凭证 类别	凭证 号数	摘要	对方科目	类页	借方（亿千百十万千百十元角分）	贷方（亿千百十万千百十元角分）	余额（亿千百十万千百十元角分）
11				承前页			600000	298660	406400
11	15	现付	04	现金支付职工福利	应付职工薪酬			60000	346400
11	15	现付	05	购买印花税票	应交税费			10000	336400
				本月合计					

（1）填写月栏：11；
填写日栏：15。
（2）填写凭证类别栏：现付；
填写凭证号数栏：05。
（3）填写摘要栏：购买印花税票。
（4）填写对方科目栏：应交税费。
（5）填写借方栏：此例为空白；
填写贷方栏：100.00。
（6）填写余额栏：3 364.00。

四、日常费用核算中库存现金的结算

填写报销凭证

（一）员工差旅费报销，支付现金

1. 业务操作流程

员工差旅费报销，支付现金业务操作流程，如图 6－31 所示。

主管经理 | 报销人员 | 出纳 | 会计主管

开始

填制差旅费报销单

审批差旅费报销单内容

不通过

通过

差旅费报销单签字

差旅费报销单
交通工具发票
外地住宿发票
外地餐饮发票

审核差旅费报销单和发票内容

不通过

通过

审批差旅费报销单内容

不通过

通过

差旅费报销单签字

支付现金，领款人在差旅费报销单领款人处签字

差旅费报销单
交通工具发票
外地住宿发票
外地餐饮发票

编写现金付款凭证

填写库存现金日记账

结束

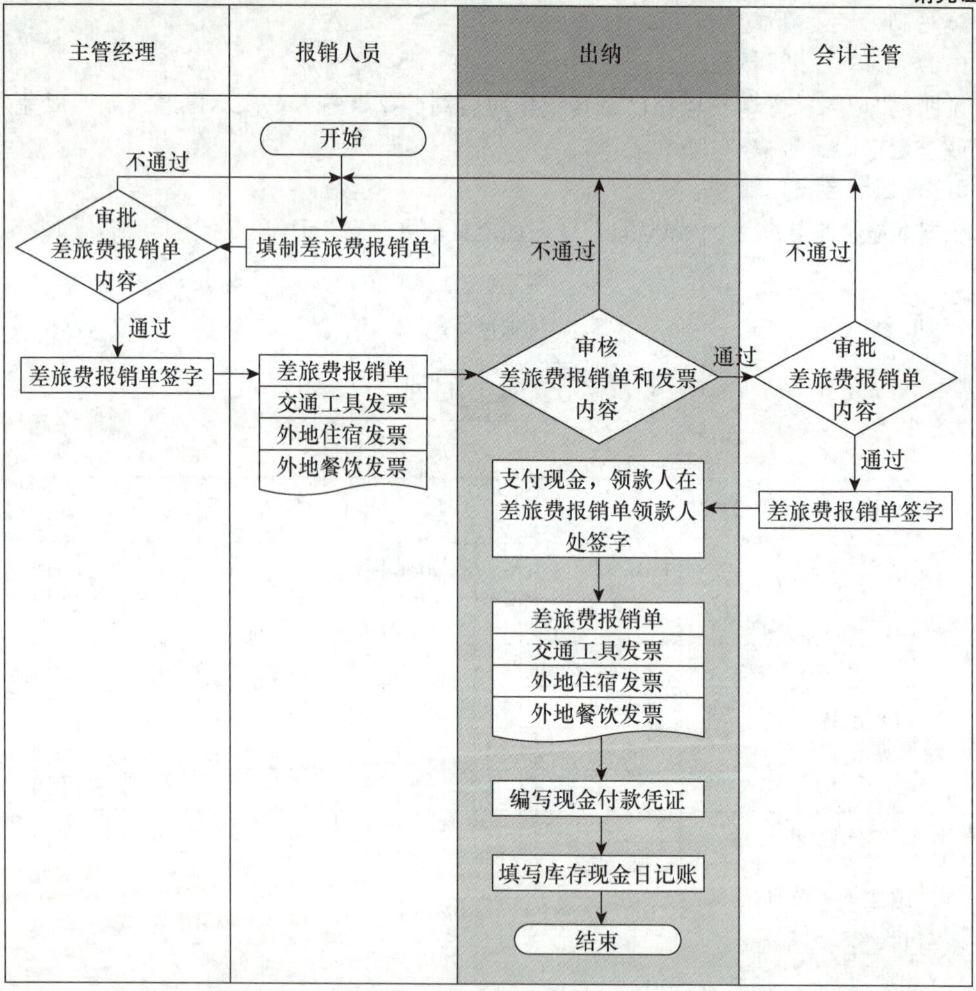

图 6－31　员工差旅费报销，支付现金业务操作流程图

费用报销：粘贴票据

流程说明：

（1）报销人员整理发票，填制差旅费报销单。

（2）出纳针对填写内容、填写格式进行初步审核，并对报销发票查验真伪，确认无误提交至会计主管处签字（重点审核：小写金额、大写金额）。

（3）会计主管审核无误后签字。

（4）出纳依据签字后的报销单金额，以现金支付报销费用。

（5）根据相应票据进行记账处理。

发票检验真伪

2. 填制差旅费报销单

【业务案例 33】员工差旅费报销，支付现金

2018 年 11 月 18 日，天津金江贸易有限责任公司销售人员李刚报销去北京出差的差旅费 773.95 元，其中：城际往返火车票 54.50 元/次，住宿费 664.95 元。差旅费报销单，如图 6－32 所示。

差旅费报销单

单位：天津金江贸易有限责任公司　　　　日期：2018 年 11 月 18 日

部门				销售部			报销人		李刚		
起讫日期				天数	起讫地点		车船费	补助	住宿费	汽车	其他费用
月	日	月	日								
10	17	10	18	2	天津	北京	109		664.95		
费用小计							109		664.95		
报销合计（大写）柒佰柒拾叁元玖角伍分							报销合计（小写）¥773.95				
总经理			宋雪				财务经理		孙春英		

审核：陈磊　　　　会计：陈静　　　　领款人：李刚

图 6－32　差旅费报销单

3. 填制现金付款凭证

【原始票据 58】差旅费报销单，参见图 6－32。

【原始票据 59】火车票，如图 6－33 所示。

【原始票据 60】发票，如图 6－34 所示。

82395614　检票口12

北京南 站　G2024　天津 站

Beijingnan　Tianjin

2018年10月18日 18:30 开　04车13B号

¥54.50元　二等座

限乘当日当次车

1205121970****1042 李刚

买票请到12306 发货请到95306

中国铁路祝您旅途愉快

16010000050305J040679 天津西售

82395614　检票口13

天津 站　G2214　北京南 站

Tianjin　Beijingnan

2018年10月17日 08:00 开　03车14A号

¥54.50元　二等座

限乘当日当次车

1205121970****1042 李刚

买票请到12306 发货请到95306

中国铁路祝您旅途愉快

16010000050305J040679 天津西售

图 6－33　火车票

已经填制的现金付款凭证，如表 6－21 所示。

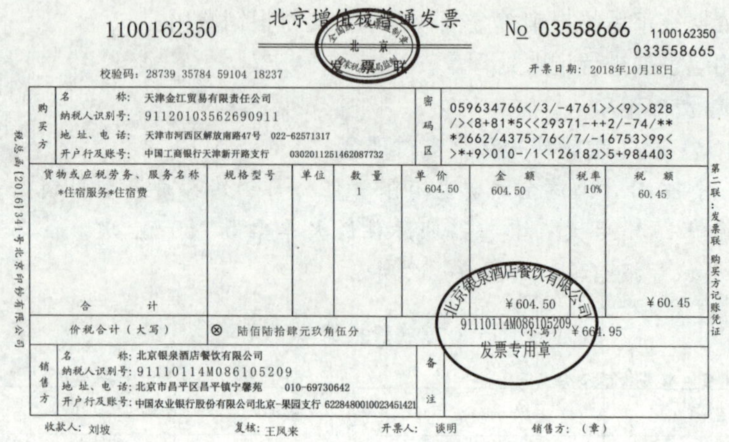

1100162350　　北京增值税普通发票　　No 03558666　1100162350 033558665

校验码：28739 35784 59104 18237　　开票日期：2018年10月18日

购买方	名　称：天津金江贸易有限责任公司 纳税人识别号：91120103562690911 地 址、电 话：天津市河西区解放南路47号 022-62571317 开户行及账号：中国工商银行天津新开路支行 0302011251462087732					密码区	059634766</3/-4761>><9>>828 /><8+81*5<<29371-++2/-74/** *2662/4375>76</7/-16753>99< >*+9>010-/1<126182>5+984403	
货物或应税劳务、服务名称		规格型号	单位	数量	单价	金额	税率	税额
*住宿服务*住宿费				1	604.50	604.50	10%	60.45
合　计						¥604.50		¥60.45
价税合计（大写）		⊗ 陆佰陆拾肆元玖角伍分				（小写）¥664.95		
销售方	名　称：北京银泉酒店餐饮有限公司 纳税人识别号：91110114M086105209 地 址、电 话：北京市昌平区昌平镇宁馨苑 010-69730642 开户行及账号：中国农业银行股份有限公司北京-果园支行 622848001002345142					备注		

收款人：刘坡　　复核：王凤来　　开票人：谈明　　销售方：（章）

税总函[2016]341号北京印钞有限公司

第二联：发票联 购买方记账凭证

北京银泉酒店餐饮有限公司 91110114M086105209 发票专用章

图 6-34　发票

表 6-21　　现金付款凭证

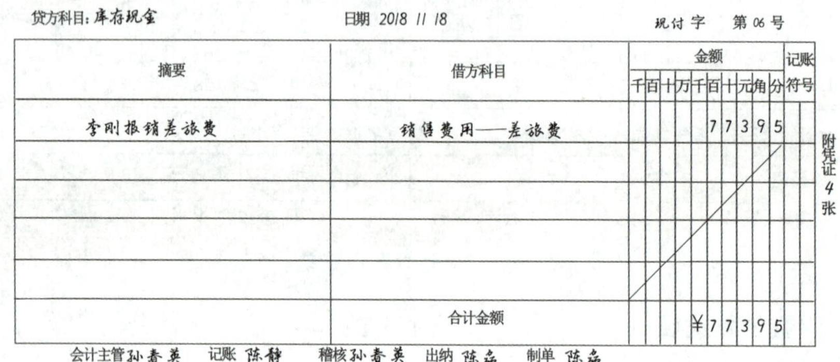

现金付款凭证

贷方科目：库存现金　　日期 2018 11 18　　现付字 第 06 号

摘要	借方科目	千	百	十	万	千	百	十	元	角	分	记账符号
李刚报销差旅费	销售费用——差旅费						7	7	3	9	5	
	合计金额					¥	7	7	3	9	5	

附凭证 4 张

会计主管 孙春英　记账 陈静　稽核 孙春英　出纳 陈磊　制单 陈磊

（1）填写贷方科目栏：库存现金。

（2）填写日期栏：2018 11 18。

（3）填写编号栏：现付字第 06 号。

（4）填写摘要栏：李刚报销差旅费。

（5）填写借方科目栏：销售费用——差旅费。

（6）填写金额栏：773.95。

（7）填写合计金额栏：¥773.95。

（8）填写附凭证张数栏：附凭证 4 张。

（9）填写会计主管栏：孙春英；

填写记账栏：陈静；

填写稽核栏：孙春英；

填写出纳栏：陈磊；

填写制单栏：陈磊。

（10）填写记账符号栏。

说明："记账符号"栏应在已经登记账簿后划"√"符号，表示已经入账，以免发生漏记或重记错误。

4. 登记现金日记账

根据本笔业务中的现金付款凭证，登记现金日记账。已经登记的现金日记账，如表6－22所示。

表6－22　　现金日记账

现金日记账

2018年		凭证		摘要	对方科目	类页	借方	贷方	余额
月	日	类别	号数				亿千百十万千百十元角分	亿千百十万千百十元角分	亿千百十万千百十元角分
11				承前页			600000	298660	406400
11	15	现付	04	现金支付职工福利	应付职工薪酬			60000	346400
11	15	现付	05	购买印花税票	应交税费			10000	336400
11	18	现付	06	李刚报销差旅费	销售费用			77395	259005
				本月合计					

（1）填写月栏：11；

填写日栏：18。

（2）填写凭证类别栏：现付；

填写凭证号数栏：06。

（3）填写摘要栏：李刚报销差旅费。

（4）填写对方科目栏：销售费用。

（5）填写借方栏：此例为空白；

填写贷方栏：773.95。

（6）填写余额栏：2 590.05。

（二）公司业务招待费报销，支付现金

1. 业务操作流程

公司业务招待费报销，支付现金业务操作流程，如图6－35所示。

流程说明：

（1）报销人员整理发票，填制报销单。

（2）出纳针对填写内容、填写格式进行初步审核，确认无误提交至会计主管处签字（重点审核：小写金额、大写金额）。

（3）会计主管审核无误后签字。

（4）出纳依据签字后的报销单金额，以现金支付报销费用。

（5）根据相应票据进行记账处理。

2. 填制报销凭单

【业务案例34】公司业务招待费报销，支付现金

2018年11月22日销售人员李刚报销招待客户的业务招待费795.00元。报销单，如图6－36所示。

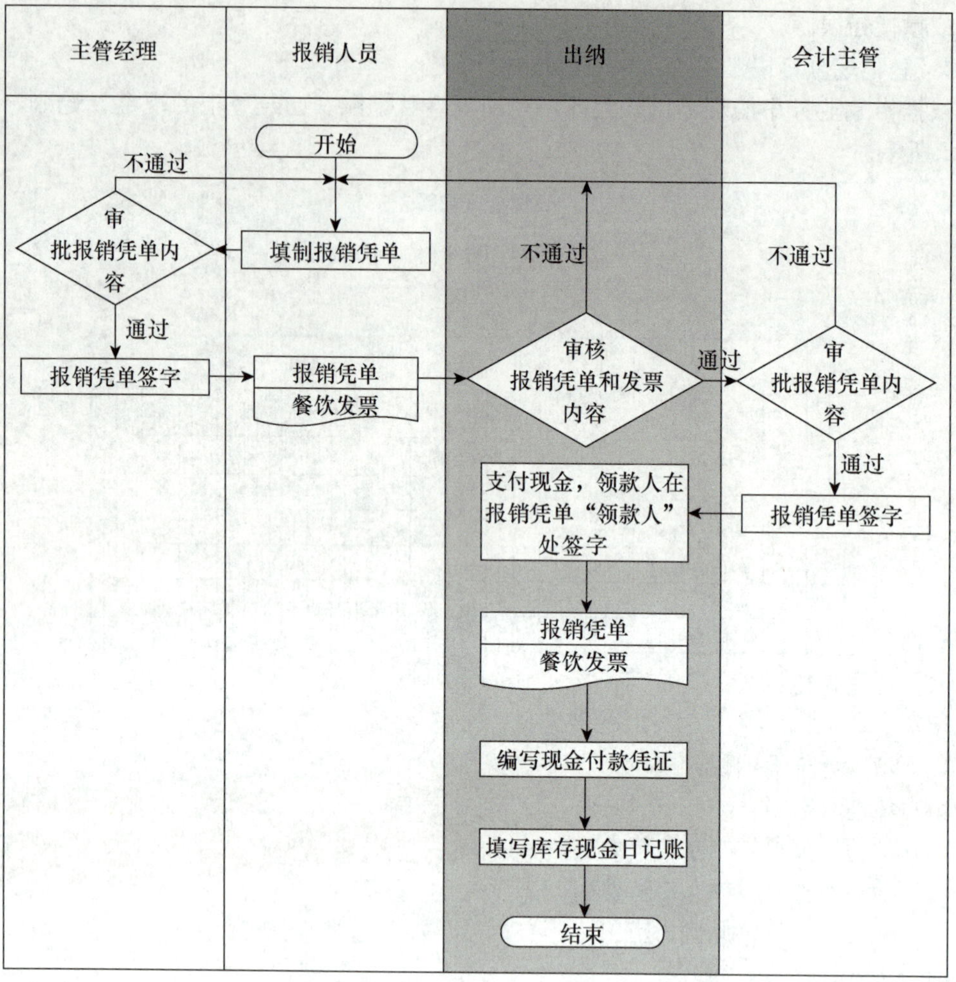

主管经理	报销人员	出纳	会计主管

开始
填制报销凭单
审批报销凭单内容
不通过
通过
报销凭单签字
报销凭单
餐饮发票
审核报销凭单和发票内容
不通过
通过
审批报销凭单内容
不通过
通过
报销凭单签字
支付现金，领款人在报销凭单“领款人”处签字
报销凭单
餐饮发票
编写现金付款凭证
填写库存现金日记账
结束

图 6－35　公司业务招待费报销，支付现金业务操作流程图

报销凭单

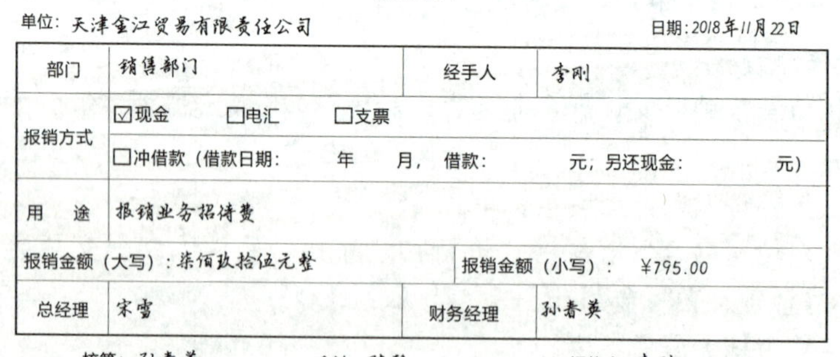

单位：天津金江贸易有限责任公司　　　　日期：2018年11月22日

部门	销售部门	经手人	李刚
报销方式	☑现金　□电汇　□支票		
	□冲借款（借款日期：　年　月，借款：　元，另还现金：　元）		
用　途	报销业务招待费		
报销金额（大写）：柒佰玖拾伍元整		报销金额（小写）：¥795.00	
总经理	宋雪	财务经理	孙春英

核算：孙春英　　会计：陈静　　领款人：李刚

图 6－36　报销凭单

（1）填写单位栏：天津金江贸易有限责任公司。

（2）填写日期栏：2018 年 11 月 22 日。

（3）填写部门栏：销售部门。

（4）填写经手人栏：李刚。

(5) 填写报销方式栏：现金。

(6) 填写用途栏：报销业务招待费。

(7) 填写报销金额（大写）栏：柒佰玖拾伍元整。

(8) 填写报销金额（小写）栏：¥795.00。

(9) 填写总经理栏：宋雪；

填写财务经理栏：孙春英。

(10) 填写核算栏：孙春英；

填写会计栏：陈静；

填写领款人栏：李刚。

3. 填制现金付款凭证

【原始票据 61】报销凭单，参见图 6-36。

【原始票据 62】发票，如图 6-37 所示。

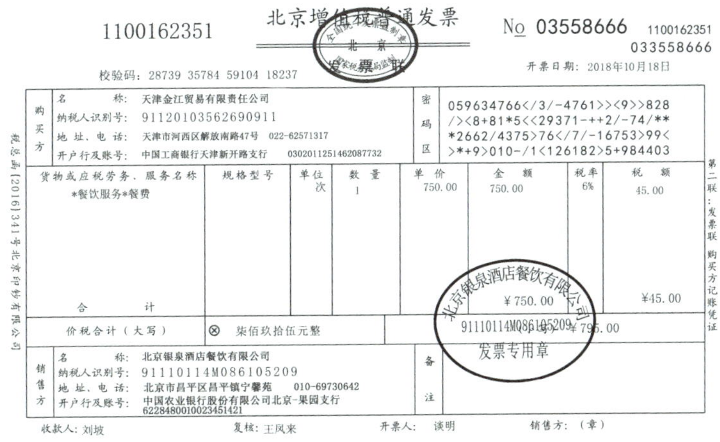

北京增值税普通发票

1100162351　　No 03558666　1100162351　033558666

校验码：28739 35784 59104 18237　　开票日期：2018年10月18日

购买方	名称：天津金江贸易有限责任公司 纳税人识别号：911201035626909 11 地址、电话：天津市河西区解放南路47号 022-62571317 开户行及账号：中国工商银行天津新开路支行 0302011251462087732	密码区	059634766</3/-4761>><9>>828 /><8+81*5<<29371-++2/-74/** *2662/4375>76</7/-16753>99< >*+9>010-/1<126182>5+984403

货物或应税劳务、服务名称	规格型号	单位	数量	单价	金额	税率	税额
*餐饮服务*餐费		次	1	750.00	750.00	6%	45.00
合计					¥750.00		¥45.00
价税合计（大写）	⊗ 柒佰玖拾伍元整				（小写）¥795.00		

销售方	名称：北京银泉酒店餐饮有限公司 纳税人识别号：91110114M086105209 地址、电话：北京市昌平区昌平镇宁馨苑 010-69730642 开户行及账号：中国农业银行股份有限公司北京-果园支行 6228480010023451421	备注	

收款人：刘坡　　复核：王风来　　开票人：谈明　　销售方：（章）

税总函〔2016〕341号北京印钞有限公司

第二联：发票联　购买方记账凭证

图 6-37　发票

已经填制的现金付款凭证，如表 6-23 所示：

(1) 填写贷方科目栏：库存现金。

(2) 填写日期栏：2018 11 22。

(3) 填写编号栏：现付字第 07 号。

(4) 填写摘要栏：李刚报销业务招待费。

(5) 填写借方科目栏：销售费用——业务招待费。

(6) 填写金额栏：795.00。

(7) 填写合计金额栏：¥795.00。

(8) 填写附凭证张数栏：附凭证 2 张。

(9) 填写会计主管栏：孙春英；

填写记账栏：陈静；

填写稽核栏：孙春英；

填写出纳栏：陈磊；

填写制单栏：陈磊。

(10) 填写记账符号栏。

说明："记账符号"栏应在已经登记账簿后划"√"符号，表示已经入账，以免发生漏记或重记错误。

表 6-23　　现金付款凭证

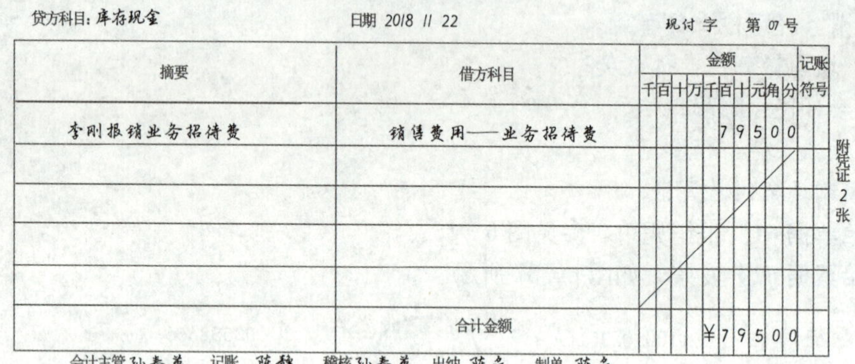

现金付款凭证

贷方科目：库存现金　　日期 2018 11 22　　现付 字 第 07 号

摘要	借方科目	金额（千百十万千百十元角分）	记账符号
李刚报销业务招待费	销售费用——业务招待费	79500	
	合计金额	¥79500	

附凭证 2 张

会计主管 孙春英　记账 陈静　稽核 孙春英　出纳 陈磊　制单 陈磊

4. 登记现金日记账

根据本笔业务中的现金付款凭证，登记现金日记账。已经登记的现金日记账，如表 6-24 所示。

表 6-24　　现金日记账

现金日记账

2018年 月	日	凭证 类别	号数	摘要	对方科目	类页	借方（亿千百十万千百十元角分）	贷方（亿千百十万千百十元角分）	余额（亿千百十万千百十元角分）
11				承前页			600000	298660	406400
11	15	现付	04	现金支付职工福利	应付职工薪酬			60000	346400
11	15	现付	05	购买印花税票	应交税费			10000	336400
11	18	现付	06	李刚报销差旅费	销售费用			77395	259005
11	22	现付	07	李刚报销业务招待费	销售费用			79500	179505
				本月合计			600000	525555	179505

（1）填写月栏：11；

填写日栏：22。

（2）填写凭证类别栏：现付；

填写凭证号数栏：07。

（3）填写摘要栏：李刚报销业务招待费。

（4）填写对方科目栏：销售费用。

（5）填写借方栏：此例为空白；

填写贷方栏：795.00。

（6）填写余额栏：1 795.05。

五、日常费用核算中银行存款的结算

（一）市场业务宣传费，转账支票支付

1. 业务操作流程

以转账支票支付广告公司业务宣传费业务操作流程，如图 6－38 所示。

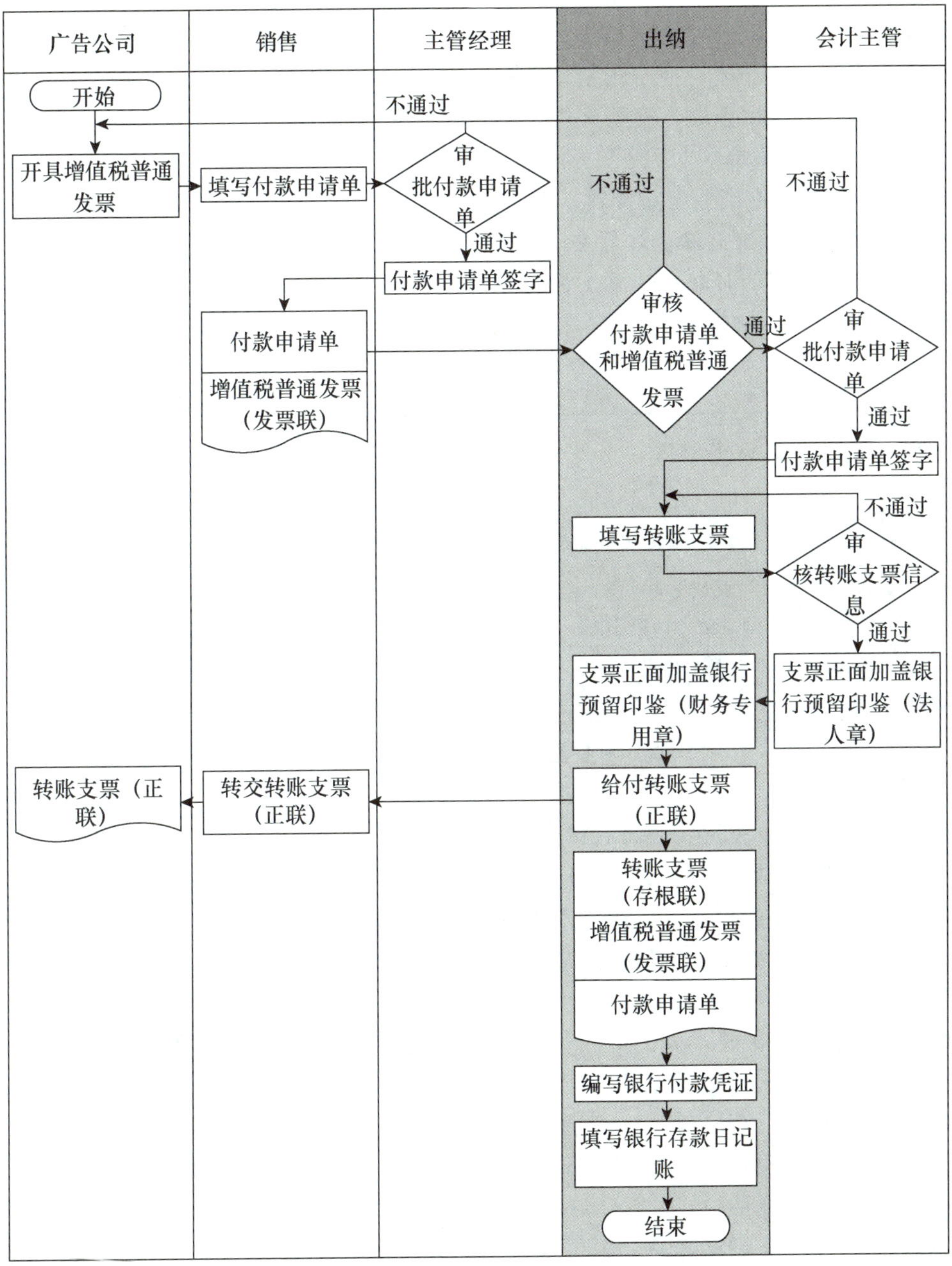

广告公司 | 销售 | 主管经理 | 出纳 | 会计主管

广告公司：开始 → 开具增值税普通发票 → （销售）填写付款申请单 → （主管经理）审批付款申请单（不通过 → 返回广告公司；通过 → 付款申请单签字）

销售：付款申请单、增值税普通发票（发票联）→ （出纳）审核付款申请单和增值税普通发票（不通过 → 返回广告公司；通过 → 会计主管审批付款申请单）

会计主管：审批付款申请单（不通过 → 返回广告公司；通过 → 付款申请单签字）

出纳：填写转账支票 → （会计主管）审核转账支票信息（不通过 → 填写转账支票；通过 → 支票正面加盖银行预留印鉴（法人章））

出纳：支票正面加盖银行预留印鉴（财务专用章）→ 给付转账支票（正联）→ （销售）转交转账支票（正联）→ （广告公司）转账支票（正联）

出纳：转账支票（存根联）、增值税普通发票（发票联）、付款申请单 → 编写银行付款凭证 → 填写银行存款日记账 → 结束

图 6－38　以转账支票支付广告公司业务宣传费业务操作流程图

流程说明：

(1) 广告公司开具增值税普通发票。

(2) 销售根据发票填写付款申请单。付款申请单应认真填写有关内容，如用途、金额、付款方式，并按要求由经办人以及各级审批部门负责人签字。

(3) 销售将填制完成的付款申请单、增值税普通发票交给出纳。

(4) 出纳收到付款申请单、增值税普通发票后审核单据金额是否相同、签字是否齐全，审核无误后交给会计主管进行审批。

(5) 会计主管审核签字后将相关单据归还出纳，出纳填写转账支票。

(6) 支票正面盖财务专用章和法人章，缺一不可，印泥为红色，印章必须清晰，印章模糊只能将本张支票作废，换一张重新填写、重新盖章。转账支票背面本单位不盖章。

(7) 将转账支票（正联）交给广告公司。

2. 填写付款申请单

【业务案例 35】市场业务宣传费，转账支票支付

2018 年 11 月 25 日天津金江贸易有限责任公司支付业务宣传费 2 000.00 元，以银行存款支付。已经填写的付款申请单，如图 6 - 39 所示。

付款申请单

付款单编号：20181125001　　　　申请日期：2018年 11 月25日

款项用途	支付业务宣传费		
付款依据（合同名称/合同号）	增值税发票NO.06523819	开票情况	☑已开票　☐未开票　☐其他
付款金额	人民币（大写）贰仟元整		人民币（小写）：¥2000.00
支付方式	☑支票　☐现金　☐银行转账　☐其他		
收款单位	天津传美广告有限公司	收款单位开户行	天津农村商业银行股份有限公司武清支行
收款账号	3580123330246O4241	联系电话	022-21473658

经手人：陈磊　　财务经理：孙春英　　总经理：宋雪　　领款人：

图 6 - 39　付款申请单

(1) 填写付款单编号栏：20181125001。

(2) 填写申请日期栏：2018 年 11 月 25 日。

(3) 填写款项用途栏：支付业务宣传费。

(4) 填写付款依据栏：增值税发票 NO. 06523819。

(5) 填写开票情况栏：已开票。

(6) 填写付款金额栏，人民币（大写）：贰仟元整；人民币（小写）：¥2 000.00。

(7) 填写收款单位栏：天津传美广告有限公司。

(8) 填写收款单位开户行栏：天津农村商业银行股份有限公司武清支行。

(9) 填写收款账号栏：358012333024604241。

(10) 填写联系电话栏：022 - 21473658。

(11) 填写经手人栏：陈磊；

填写财务经理栏：孙春英；

填写总经理栏：宋雪。

3. 转账支票的填写

已经填写的转账支票，如图 6－40 所示。

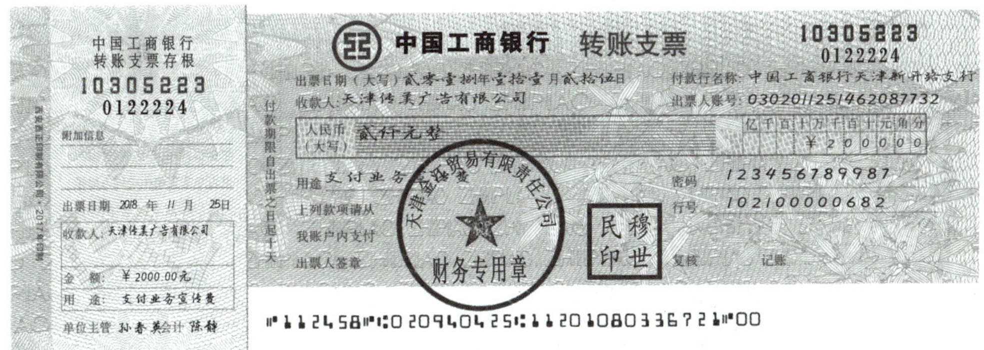

中国工商银行
转账支票存根
10305223
0122224
附加信息
出票日期 2018 年 11 月 25日
收款人：天津传美广告有限公司
金　额：￥2000.00元
用　途：支付业务宣传费
单位主管 孙春英 会计 陈静

中国工商银行　转账支票　10305223 0122224
付款期限自出票之日起十天
出票日期（大写）贰零壹捌年壹拾壹月贰拾伍日　付款行名称：中国工商银行天津新开路支行
收款人：天津传美广告有限公司　出票人账号：0302011251462087732
人民币（大写）贰仟元整　亿千百十万千百十元角分　￥200000
用途 支付业务宣传费　密码 123456789987
上列款项请从　行号 102100000682
我账户内支付
出票人签章　复核　记账

图 6－40　转账支票

(1) 正联填写出票日期（大写）栏：贰零壹捌年壹拾壹月贰拾伍日。

(2) 正联填写收款人栏：天津传美广告有限公司。

(3) 正联填写人民币（大写）栏：贰仟元整。

(4) 正联填写人民币小写栏：￥2 000.00。

(5) 正联填写用途栏：支付业务宣传费。

(6) 存根联填写附加信息栏：此例为空白。

(7) 存根联填写出票日期栏：2018 年 11 月 25 日。

(8) 存根联填写收款人栏：天津传美广告有限公司。

(9) 存根联填写金额栏：￥2 000.00 元。

(10) 存根联填写用途栏：支付业务宣传费。

(11) 存根联填写单位主管栏：孙春英；

存根联填写会计栏：陈静。

4. 转账支票盖章

正面盖章的转账支票，如图 6－41 所示。

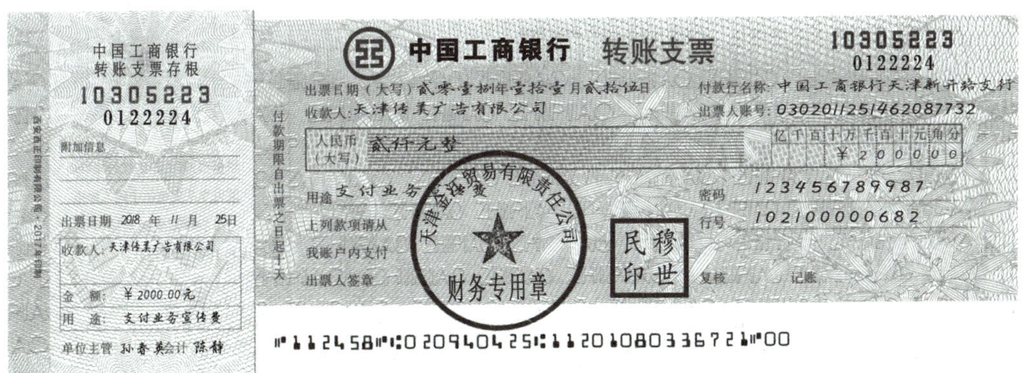

中国工商银行
转账支票存根
10305223
0122224
附加信息
出票日期 2018 年 11 月 25日
收款人：天津传美广告有限公司
金　额：￥2000.00元
用　途：支付业务宣传费
单位主管 孙春英 会计 陈静

中国工商银行　转账支票　10305223 0122224
付款期限自出票之日起十天
出票日期（大写）贰零壹捌年壹拾壹月贰拾伍日　付款行名称：中国工商银行天津新开路支行
收款人：天津传美广告有限公司　出票人账号：0302011251462087732
人民币（大写）贰仟元整　亿千百十万千百十元角分　￥200000
用途 支付业务宣传费　密码 123456789987
上列款项请从　行号 102100000682
我账户内支付
出票人签章　复核　记账

图 6－41　正面盖章的转账支票

5. 填制银行付款凭证

【原始票据 63】转账支票存根，如图 6-42 所示。

中国工商银行
转账支票存根
10305223
0122224
附加信息
出票日期 2018 年 11 月 25日
收款人：天津传美广告有限公司
金 额： ¥2000.00元
用 途： 支付业务宣传费
单位主管 孙春英 会计 陈静

图 6-42 转账支票存根

【原始票据 64】发票，如图 6-43 所示。

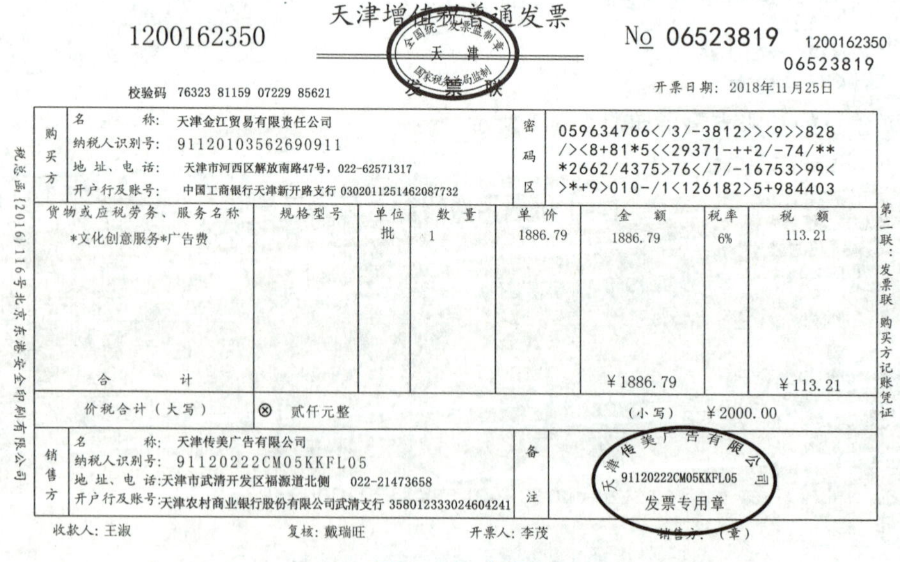
天津增值税普通发票

1200162350 发票联 №06523819 1200162350 06523819

校验码 76323 81159 07229 85621 开票日期：2018年11月25日

购买方	名称：天津金江贸易有限责任公司 纳税人识别号：91120103562690911 地址、电话：天津市河西区解放南路47号，022-62571317 开户行及账号：中国工商银行天津新开路支行 0302011251462087732					密码区	059634766</3/-3812>><9>>828 /><8+81*5<<29371-++2/-74/** *2662/4375>76</7/-16753>99< >*+9>010-/1<126182>5+984403		
货物或应税劳务、服务名称		规格型号	单位	数量	单价	金额		税率	税额
*文化创意服务*广告费			批	1	1886.79	1886.79		6%	113.21
合计						¥1886.79			¥113.21
价税合计（大写）		⊗贰仟元整				（小写）¥2000.00			
销售方	名称：天津传美广告有限公司 纳税人识别号：91120222CM05KKFL05 地址、电话：天津市武清开发区福源道北侧 022-21473658 开户行及账号：天津农村商业银行股份有限公司武清支行 358012333024604241					备注	天津传美广告有限公司 91120222CM05KKFL05 发票专用章		

收款人：王淑 复核：戴瑞旺 开票人：李茂 销售方：（章）

第二联：发票联 购买方记账凭证

税总函〔2016〕116号北京东港安全印制有限公司

图 6-43 发票

已经填制的银行付款凭证，如表 6-25 所示。

表 6-25　　银行付款凭证

银行付款凭证

贷方科目：银行存款——工行天津新开路支行（基本户）　日期 2018 11 25　　　银付 字　　第 18 号

摘要	借方科目	金额 千	百	十	万	千	百	十	元	角	分	记账符号
转账支票支付业务宣传费	销售费用——业务宣传费					2	0	0	0	0	0	
	合计金额				¥	2	0	0	0	0	0	

附凭证 2 张

会计主管 孙春英　记账 陈静　稽核 孙春英　出纳 陈磊　制单 陈磊

（1）填写贷方科目栏：银行存款——工行天津新开路支行（基本户）。

（2）填写日期栏：2018 11 25。

（3）填写编号栏：银付字第 18 号。

（4）填写摘要栏：转账支票支付业务宣传费。

（5）填写借方科目栏：销售费用——业务宣传费。

（6）填写金额栏：2 000.00。

（7）填写合计金额栏：¥2 000.00。

（8）填写附凭证张数栏：附凭证 2 张。

（9）填写会计主管栏：孙春英；

填写记账栏：陈静；

填写稽核栏：孙春英；

填写出纳栏：陈磊；

填写制单栏：陈磊。

（10）填写记账符号栏。

说明："记账符号"栏应在已经登记账簿后划"√"符号，表示已经入账，以免发生漏记或重记错误。

6. 登记银行存款日记账

根据本笔业务中的银行付款凭证，登记银行存款日记账。已登记完的银行存款日记账，如表 6-26 所示。

（1）填写月栏：11；

填写日栏：25。

（2）填写凭证号栏：银付 18。

(3) 填写摘要栏：转账支票支付业务宣传费。

表 6-26　　　　银行存款日记账

银行存款日记账

户名 中国工商银行天津新开路支行（基本户）　　账号 03020112514620877732

2018年 月	日	凭证号	摘要	对方科目	现金支票号码	转账支票号码	借方	贷方	借或贷	余额
			承前页				18763087	71085492	借	199654143
11	15	银付16	缴纳企业所得税税款	应交税费				103262	借	199550881
11	15	银付17	代缴个人所得税	应交税费				2100	借	199548781
11	25	银付18	转账支票支付业务宣传费	销售费用		0122224		200000	借	199348781
			过次页							

(4) 填写对方科目栏：销售费用。

(5) 填写现金支票号码栏：此例为空白；

填写转账支票号码栏：0122224。

(6) 填写借方栏：此例为空白；

填写贷方栏：2 000.00。

(7) 填写借或贷栏：借；

填写余额栏：1 993 487.81

（二）办公水电费，银行电汇付款

1. 业务操作流程

以银行电汇支付办公水电费业务操作流程，如图 6-44 所示。

流程说明：

(1) 管理部门经办人填写付款申请单。

(2) 经办人将填制完成的付款申请单交由主管经理审批。

(3) 主管经理审核签字后，经办人再交给出纳和会计主管审批。

(4) 会计主管审核签字后将相关单据归还出纳，出纳去银行办理电汇付款业务。办理时需填制业务委托书，并在业务委托书上加盖财务专用章和法人章。

(5) 办理成功后，银行将业务委托书回执交给出纳。

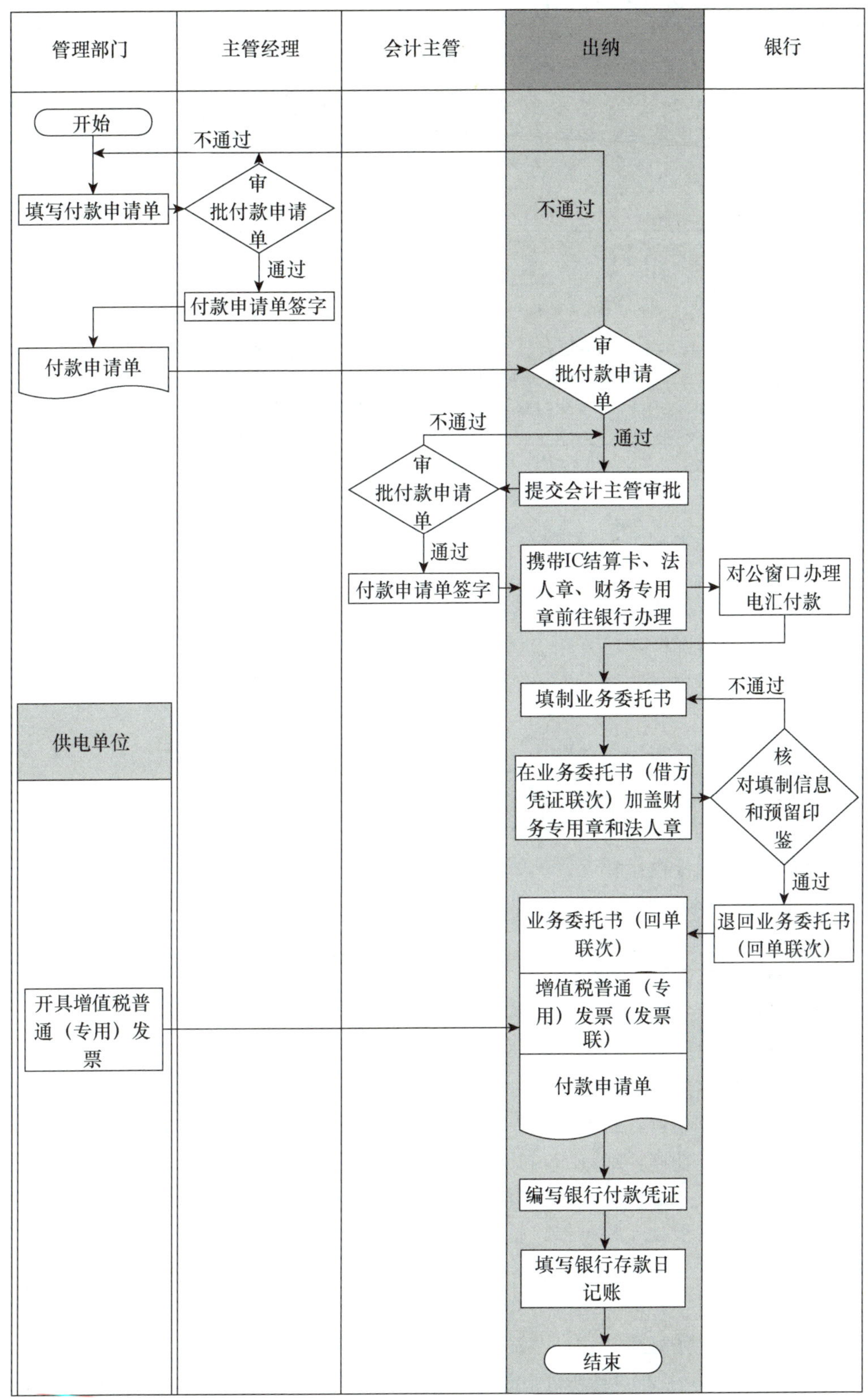

图 6-44　银行电汇支付办公水电费业务操作流程图

2. 填写付款申请单

【业务案例 36】办公水电费，银行电汇付款

2018 年 11 月 25 日天津金江贸易有限责任公司支付电费 1 413.77 元，以银行电汇支付。已经填写的付款申请单，如图 6－45 所示。

付款申请单

付款单编号： 20181125002　　　　申请日期： 2018 年 11 月 25 日

款项用途	支付办公电费		
付款依据（合同名称/合同号）	增值税发票 NO.03558667	开票情况	☑已开票　☐未开票　☐其他
付款金额	人民币（大写）壹仟肆佰壹拾叁元柒角柒分		人民币（小写）：￥1413.77
支付方式	☐支票　☐现金　☑银行转账　☐其他		
收款单位	国网天津市电力滨海供电分公司	收款单位开户行	中国建设银行股份有限公司天津海洋高新技术开发区支行
收款账号	12065690022447530917	联系电话	022-25208608

经手人： 陈磊　　财务经理： 孙春英　　总经理： 宋雪　　领款人：

图 6－45　付款申请单

(1) 填写付款单编号栏：20181125002。

(2) 填写申请日期栏：2018 年 11 月 25 日。

(3) 填写付款依据栏：增值税发票 NO. 03558667。

(4) 填写开票情况栏：已开票。

(5) 填写付款金额栏，人民币（大写）：壹仟肆佰壹拾叁元柒角柒分；人民币（小写）：￥1 413.77。

(6) 填写支付方式栏：银行转账。

(7) 填写收款单位栏：国网天津市电力滨海供电分公司。

(8) 填写收款单位开户行栏：中国建设银行股份有限公司天津海洋高新技术开发区支行。

(9) 填写收款账号栏：12065690022447530917。

(10) 填写联系电话栏：022－25208608。

(11) 填写经手人栏：陈磊；

填写财务经理栏：孙春英；

填写总经理栏：宋雪。

3. 填制业务委托书

已经填写的电汇凭证，如图 6－46 所示。

(1) 勾选业务类型栏：转账汇款。

(2) 填写委托日期栏：2018 年 11 月 25 日。

(3) 填写委托人全称栏：天津金江贸易有限责任公司。

(4) 填写委托人汇款人账号栏：0302011251462087732。

(5) 填写委托人开户行名称栏：中国工商银行天津新开路支行。

(6) 填写收款人全称栏：国网天津电力滨海供电分公司。

(7) 填写收款人账号栏：12065690022447530917。

(8) 填写收款人开户行名称栏：中国建设银行股份有限公司天津海洋高新技术开发区支行。

(9) 勾选汇款方式栏：普通。

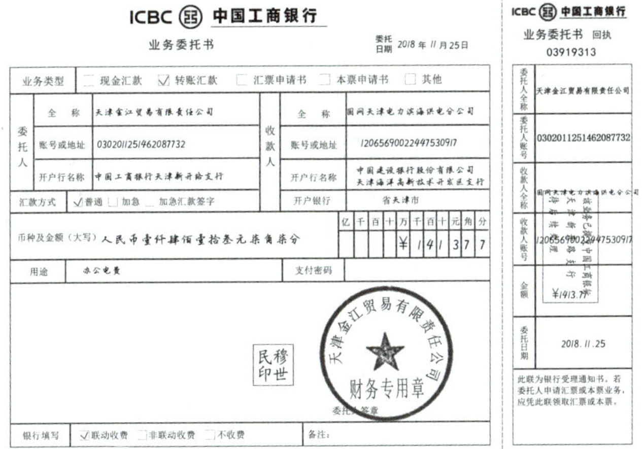

ICBC 中国工商银行
业务委托书　　委托日期 2018 年 11 月 25 日

业务类型	□现金汇款 ☑转账汇款 □汇票申请书 □本票申请书 □其他			
委托人 全称	天津金江贸易有限责任公司	收款人 全称	国网天津电力滨海供电分公司
账号或地址	0302011251462087732	账号或地址	12065690022497530917
开户行名称	中国工商银行天津新开路支行	开户行名称	中国建设银行股份有限公司天津海洋高新技术开发区支行
汇款方式	☑普通 □加急 □加急汇款签字	开户银行	省 天津 市
币种及金额（大写）	人民币壹仟肆佰壹拾叁元柒角柒分		¥141377
用途	办公电费	支付密码	
银行填写	☑联动收费 □非联动收费 □不收费	备注：	

委托人签章

业务委托书　回执　03919313

委托人全称	天津金江贸易有限责任公司
委托人账号	0302011251462087732
收款人全称	国网天津电力滨海供电分公司
收款人账号	12065690022497530917
金额	¥1413.77
委托日期	2018.11.25

此联为银行受理通知书。若委托人申请汇票或本票业务，应凭此联领取汇票或本票。

图 6-46　业务委托书

（10）填写收款人开户银行栏：天津。

（11）填写币种及金额（大写）栏：人民币壹仟肆佰壹拾叁元柒角柒分。

（12）填写小写金额栏：¥1 413.77。

（13）填写用途栏：办公电费。

4. 填制银行付款凭证

【原始票据 65】业务委托书回执，如图 6-47 所示。

ICBC 中国工商银行

业务委托书　回执

03919313

委托人全称	天津金江贸易有限责任公司
委托人账号	0302011251462087732
收款人全称	国网天津电力滨海供电分公司
收款人账号	12065690022447530917
金额	¥1413.77
委托日期	2018.11.25

此联为银行受理通知书。若委托人申请汇票或本票业务，应凭此联领取汇票或本票。

图 6-47　业务委托书回执

【原始票据 66】 增值税普通发票发票联，如图 6-48 所示。

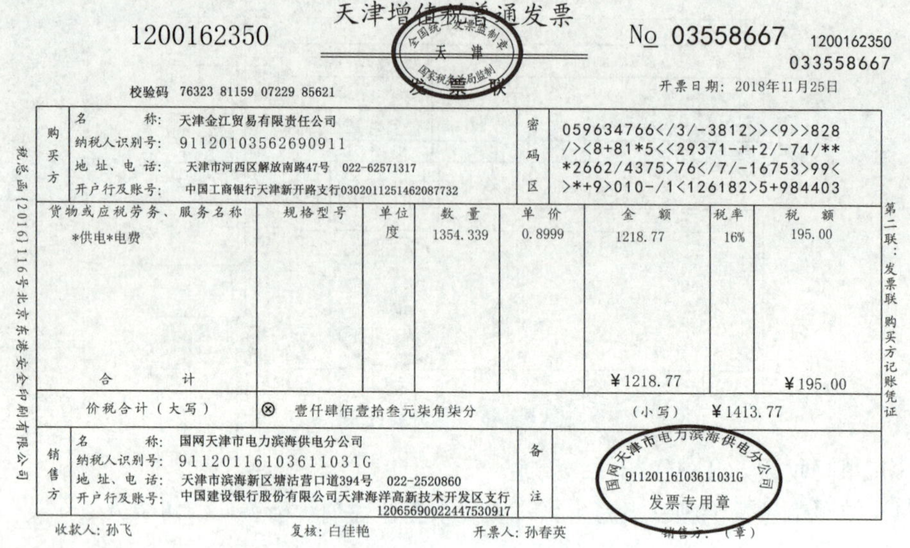

天津增值税普通发票

1200162350　　No 03558667　1200162350 033558667

发票联

校验码 76323 81159 07229 85621　　开票日期：2018年11月25日

购买方	名　称：天津金江贸易有限责任公司 纳税人识别号：91120103562690911 地址、电话：天津市河西区解放南路47号 022-62571317 开户行及账号：中国工商银行天津新开路支行0302011251462087732	密码区	059634766</3/-3812>><9>>828 /><8+81*5<<29371-++2/-74/** *2662/4375>76</7/-16753>99< >*+9>010-/1<126182>5+984403

货物或应税劳务、服务名称	规格型号	单位	数量	单价	金额	税率	税额
*供电*电费		度	1354.339	0.8999	1218.77	16%	195.00
合　计					¥1218.77		¥195.00
价税合计（大写）	⊗ 壹仟肆佰壹拾叁元柒角柒分				（小写） ¥1413.77		

销售方	名　称：国网天津市电力滨海供电分公司 纳税人识别号：91120116103611031G 地址、电话：天津市滨海新区塘沽营口道394号 022-2520860 开户行及账号：中国建设银行股份有限公司天津海洋高新技术开发区支行 12065690022447530917	备注	国网天津市电力滨海供电分公司 91120116103611031G 发票专用章

收款人：孙飞　　复核：白佳艳　　开票人：孙春英　　销售方：（章）

税总函〔2016〕116号北京东港安全印刷有限公司

第二联：发票联 购买方记账凭证

图 6-48　增值税普通发票发票联

已经填制的付款凭证，如表 6-27 所示。

表 6-27　　银行付款凭证

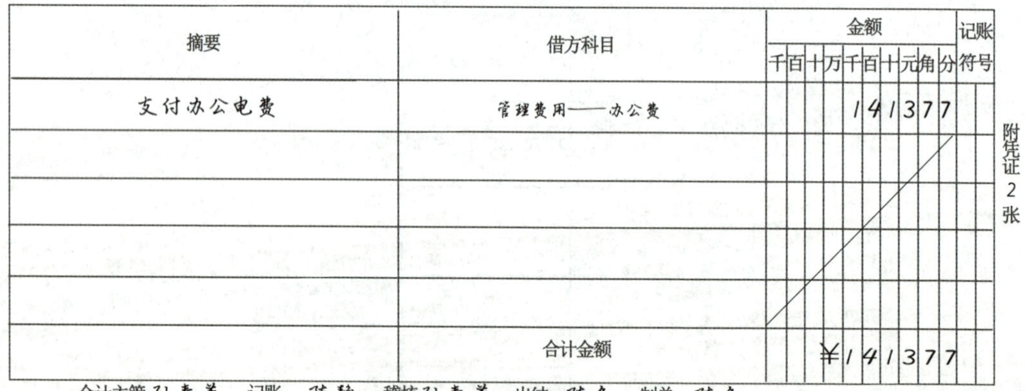

银行付款凭证

贷方科目：银行存款——工行天津新开路支行（基本户）　日期 2018 11 25　　银付字　第 19 号

摘要	借方科目	金额	记账符号
支付办公电费	管理费用——办公费	141377	
	合计金额	¥141377	

附凭证 2 张

会计主管 孙春英　记账 陈静　稽核 孙春英　出纳 陈磊　制单 陈磊

（1）填写贷方科目栏：银行存款——工行天津新开路支行（基本户）。

（2）填写日期栏：2018 11 25。

（3）填写编号栏：银付字第 19 号。

（4）填写摘要栏：支付办公电费。

（5）填写借方科目栏：管理费用——办公费。

（6）填写金额栏：1 413.77。

（7）填写合计金额栏：¥1 413.77。

（8）填写附凭证张数栏：附凭证 2 张。

（9）填写会计主管栏：孙春英；

填写记账栏：陈静；

填写稽核栏：孙春英；

填写出纳栏：陈磊；

填写制单栏：陈磊。

（10）填写记账符号栏。

说明："记账符号"栏应在已经登记账簿后划"√"符号，表示已经入账，以免发生漏记或重记错误。

5. 登记银行存款日记账

根据本笔业务中的银行付款凭证，登记银行存款日记账。已登记完的银行存款日记账，如表 6－28 所示。

表 6－28　　银行存款日记账

银行存款日记账

户名 中国工商银行天津新开路支行（基本户）　账号 0302011251462087732

2018年		凭证号	摘要	对方科目	现金支票号码	转账支票号码	借方	贷方	借或贷	余额
月	日						亿千百十万千百十元角分	亿千百十万千百十元角分		亿千百十万千百十元角分
			承前页				18763087	710854 92	借	199654143
11	15	银付16	缴纳企业所得税税款	应交税费				103262	借	199550881
11	15	银付17	代缴个人所得税	应交税费				2100	借	199548781
11	25	银付18	转账支票支付业务宣传费	销售费用		0122224		200000	借	199348781
11	25	银付19	支付办公电费	管理费用				141377	借	199207404
			过次页							

（1）填写月栏：11；

填写日栏：25。

（2）填写凭证号栏：银付 19。

（3）填写摘要栏：支付办公电费。

（4）填写对方科目栏：管理费用。

（5）填写借方栏：此例为空白；

填写贷方栏：1 413. 77。

（6）填写借或贷栏：借；

填写余额栏：1 992 074. 04。

（三）银行手续费，网银转账付款

1. 业务操作流程

银行手续费，银行存款直接划转业务操作流程，如图 6－49 所示。

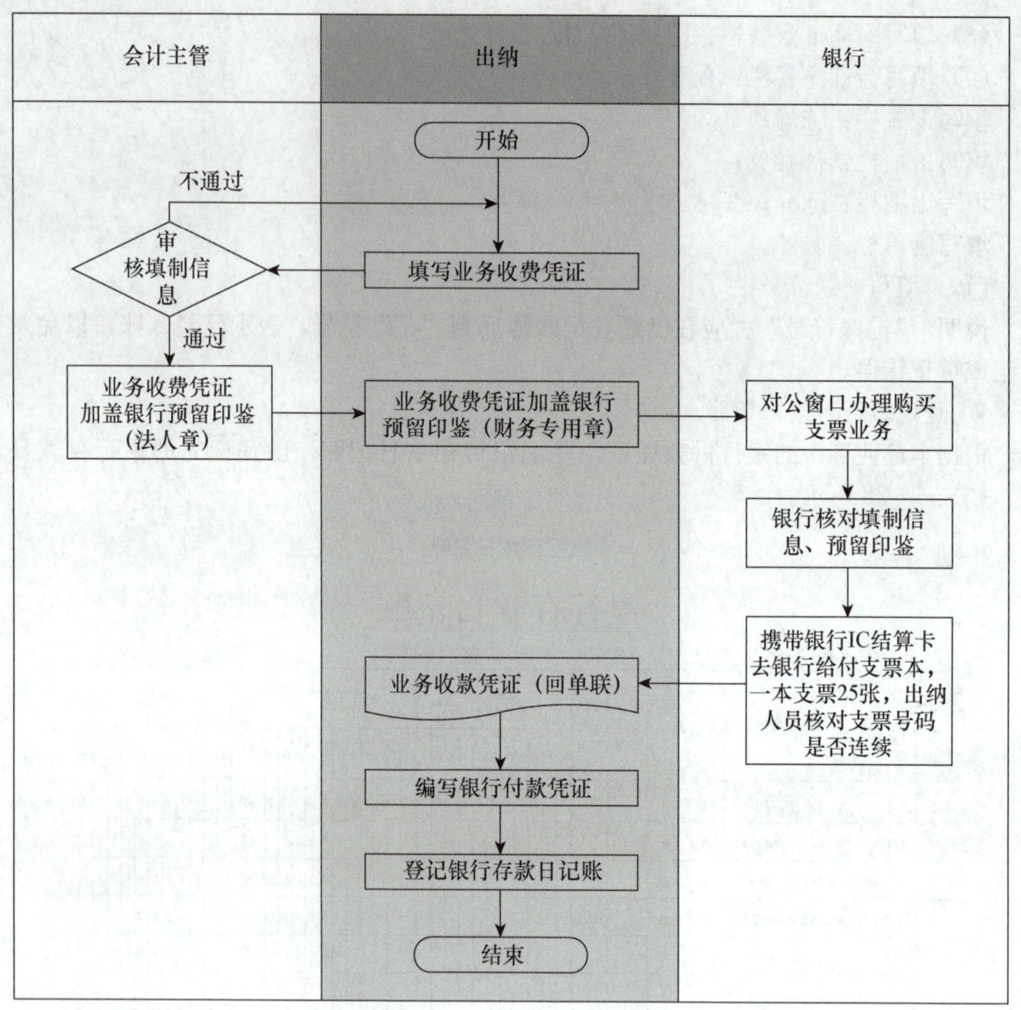

图 6-49　银行手续费，银行存款直接划转业务操作流程图

流程说明：

(1) 出纳携带银行 IC 结算卡。

(2) 出纳确认支票数量，25 张/本，并确认支票号码是否连续。

(3) 出纳注意支票上的开户行名称、出票人账号是否填写齐全。

(4) 出纳注意转账支票下方空白处有无串码。

2. 填写业务收费凭证

业务收费凭证是银行代客户办理结算或其他业务时收取费用的凭条。银行收费凭条一般一式两联，分别是银行记账凭证和客户回单。

【业务案例 37】银行手续费，网银转账付款

2018 年 11 月 26 日，天津金江贸易有限责任公司购银行转账支票、现金支票各 1 本，手续费 55.00 元，款项通过银行存款直接划转。已经填写的业务收费凭证，如图 6-50 所示。

(1) 填写付款人户名栏：天津金江贸易有限责任公司。

ICBC 中国工商银行　收费凭证

2018年11月26日

户　名	天津金江贸易有限责任公司			账　号	0302011251462087732	
收费项目		数量	单价	工本费	手续费	邮电费
转账支票		1			27.5	
现金支票		1			27.5	
金　额　合　计					55	
金额合计（大写）	人民币伍拾伍元整				亿千百十万千百十元角分 ¥5500	
划款方式　□现金　☑转账						

出纳　　复核　　记账

第一联　借方凭证及附件

图 6-50　业务收费凭证

(2) 填写付款人账号栏：0302011251462087732。

(3) 填写数量栏：转账支票为1；现金支票为1。

(4) 填写金额合计（大写）栏：伍拾伍元整。

(5) 填写人民币小写栏：¥55.00。

3. 业务收费凭证盖章

业务收费凭证盖章所需印鉴是公司财务专用章和法人章，一般由出纳人员保管法人章，财务主管保管财务专用章。业务收费凭证由出票人公司财务主管和出纳人员分别加盖财务专用章和法人章。已经盖章的收费凭证，如图6-51所示。

ICBC 中国工商银行　收费凭证

2018年11月26日

户　名	天津金江贸易有限责任公司			账　号	0302011251462087732	
收费项目		数量	单价	工本费	手续费	邮电费
转账支票		1			27.5	
现金支票		1			27.5	
金　额　合　计					55	
金额合计（大写）	人民币伍拾伍元整				亿千百十万千百十元角分 ¥5500	
划款方式　□现金　☑转账　（印章：天津金江贸易有限责任公司 财务专用章；民穆印世）						

出纳　　复核　　记账

第一联　借方凭证及附件

图 6-51　盖章的收费凭证

4. 业务收费凭证注意事项

(1) 业务收费凭证填制时必须利用复写纸套写，采用碳素墨水笔填写。

(2) 为了美观，小写金额只在合计处前加人民币符号。

(3) 大写金额前不能缺“人民币”字样。

(4) 向银行索要业务收费凭证（回单联）、业务回单。

5. 填制银行付款凭证

【原始票据 67】 业务收费凭证（回单联），如图 6-52 所示。

ICBC 中国工商银行 收费凭证

2018年11月26日

户　名	天津金江贸易有限责任公司			账　号	0302011251462087732	
收费项目		数量	单价	工本费	手续费	邮电费
转账支票		1			27.5	
现金支票		1			27.5	
金　额　合　计					55	
金额合计（大写）	人民币伍拾伍元整				亿 千 百 十 万 千 百 十 元 角 分 ¥ 5 5 0 0	
划款方式 □现金 ☑转账	中国工商银行股份有限公司天津新开路支行 2018.11.26 核算用章（09） 刘金山					

出纳　　复核　　记账

第三联 客户回单

图 6-52　业务收费凭证（回单联）

已经填制的银行付款凭证，如表 6-29 所示。

表 6-29　银行付款凭证

银行付款凭证

贷方科目：银行存款——工行天津新开路支行（基本户）　日期 2018 11 26　　银付字　第 20 号

摘要	借方科目	金额（千百十万千百十元角分）	记账符号
存款支付手续费	财务费用——手续费	5500	
	合计金额	¥5500	

会计主管 孙春英　记账 陈静　稽核 孙春英　出纳 陈磊　制单 陈磊

附凭证 1 张

（1）填写贷方科目栏：银行存款——工行天津新开路支行（基本户）。

（2）填写日期栏：2018 11 26。

（3）填写编号栏：银付字第 20 号。

（4）填写摘要栏：存款支付手续费。

（5）填写借方科目栏：财务费用——手续费。

（6）填写金额栏：55.00。

（7）填写合计金额栏：￥55.00。

（8）填写附凭证张数栏：附凭证 1 张。

（9）填写会计主管栏：孙春英；

填写记账栏：陈静；

填写稽核栏：孙春英；

填写出纳栏：陈磊；

填写制单栏：陈磊。

（10）填写记账符号栏。

说明："记账符号"栏应在已经登记账簿后划"√"符号，表示已经入账，以免发生漏记或重记错误。

6. 登记银行存款日记账

根据本笔业务中的银行付款凭证，登记银行存款日记账。已登记完的银行存款日记账，如表 6-30 所示。

表 6-30　　银行存款日记账

银行存款日记账

户名 中国工商银行天津新开路支行（基本户）　账号 030201125I462087732

2018年 月	日	凭证号	摘要	对方科目	现金支票号码	转账支票号码	借方（亿千百十万千百十元角分）	贷方（亿千百十万千百十元角分）	借或贷	余额（亿千百十万千百十元角分）
			承前页				18763087	7108549 2	借	1996541 43
11	15	银付16	缴纳企业所得税税款	应交税费				103262	借	1995508 81
11	15	银付17	代缴个人所得税	应交税费				2100	借	1995487 81
11	25	银付18	转账支票支付业务宣传费	销售费用		0122224		200000	借	1993487 81
11	25	银付19	支付办公电费	管理费用				141377	借	1992074 04
11	26	银付20	存款支付手续费	财务费用				5500	借	1992019 04
			过次页							

（1）填写月栏：11；

填写日栏：26。

（2）填写凭证号栏：银付 20。

（3）填写摘要栏：存款支付手续费。

（4）填写对方科目栏：财务费用。

（5）填写借方栏：此例为空白；

填写贷方栏：55.00。

（6）填写借或贷栏：借；

填写余额栏：1 992 019.04。

（四）银行存款利息收入，网银转账收款

1. 业务操作流程

银行存款利息收入，网银转账收款业务操作流程，如图 6－53 所示。

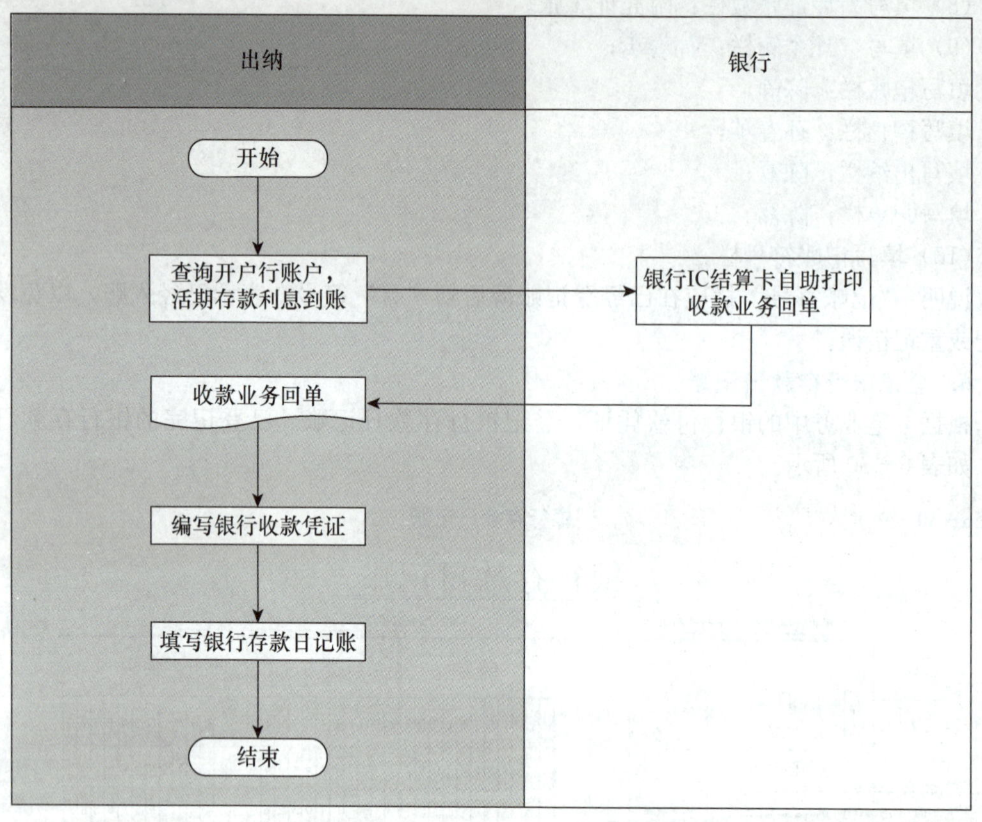

图 6－53　银行存款利息收入，网银转账收款业务操作流程图

流程说明：

（1）出纳确认银行利息已进入公司账户，前往银行自助打印收款业务回单。

（2）根据相应票据进行记账处理。

2. 收款业务回单

【业务案例 38】银行存款利息收入，网银转账收款

2018 年 11 月 27 日，天津金江贸易有限责任公司出纳去银行打印 9 月 21 日利息收入业务回单，收到基本户银行结算利息收入 30.06 元。银行利息收入业务回单，如图 6－54 所示。

3. 填制银行收款凭证

【原始票据 68】银行利息收入业务回单，参见图 6－54。

ICBC 中国工商银行　　凭证

业务回单（收款）

日期：2018年11月27日　　回单编号：18080000001

付款人账号（卡号）：0302025364028211034
付款人户名：中国工商银行天津新开路支行
收款人账号（卡号）：0302011251462087732　　小写：30.06元
金额：叁拾元零陆分　　凭证号码：0
业务（产品）种类：利息入行　　凭证种类：0　　币种：人民币
摘要：利息　　用途：　　渠道：批量业务
交易机构：0030200108　　记账柜员：00001　　交易代码：60012
起息日期：2018-07-22　止息日期：2018-09-21　利率：0.050000%　利息：30.06
计息账户账号：0302011251462087732

本回单为第1次打印，注意重复　　打印日期：2018年11月27日　　打印柜员：9　　验证码：B12629437006

图 6-54　银行利息收入业务回单

已经填制的银行收款凭证，如表 6-31 所示。

表 6-31　　银行收款凭证

银行收款凭证

借方科目：银行存款——工行天津新开路支行（基本户）　日期 2018 11 27　　银收字　第 10 号

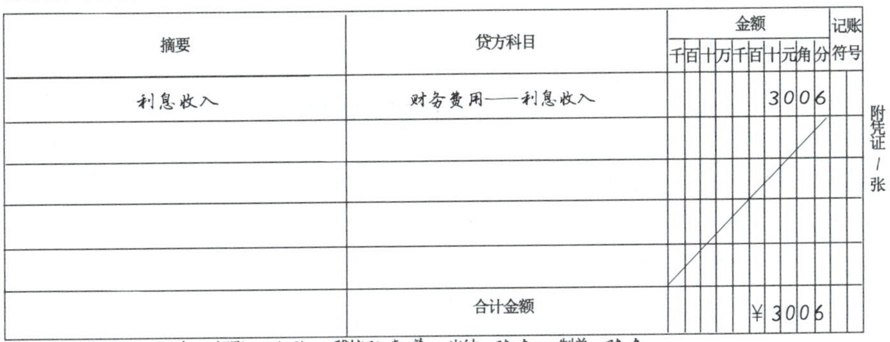

摘要	贷方科目	金额 千	百	十	万	千	百	十	元	角	分	记账符号
利息收入	财务费用——利息收入							3	0	0	6	
	合计金额							¥	3	0	0	6

附凭证 1 张

会计主管 孙春英　记账 陈静　稽核 孙春英　出纳 陈磊　制单 陈磊

（1）填写借方科目栏：银行存款——工行天津新开路支行（基本户）。

（2）填写日期栏：2018 11 27。

（3）填写编号栏：银收字第 10 号。

（4）填写摘要栏：利息收入。

（5）填写贷方科目栏：财务费用——利息收入。

（6）填写金额栏：30.06。

（7）填写合计金额栏：￥30.06。

（8）填写附凭证张数栏：附凭证 1 张。

（9）填写会计主管栏：孙春英；

填写记账栏：陈静；

填写稽核栏：孙春英；

填写出纳栏：陈磊；

填写制单栏：陈磊。

（10）填写记账符号栏。

说明："记账符号"栏应在已经登记账簿后划"√"符号，表示已经入账，以免发生漏记或重记错误。

4. 银行存款日记账

根据本笔业务中的银行收款凭证，登记银行存款日记账。已登记完的银行存款日记账，如表 6－32 所示。

表 6－32　　银行存款日记账

银行存款日记账

户名 中国工商银行天津新开路支行（基本户）　账号 03020112514620877 32

2018年 月	日	凭证号	摘要	对方科目	现金支票号码	转账支票号码	借方（亿千百十万千百十元角分）	贷方（亿千百十万千百十元角分）	借或贷	余额（亿千百十万千百十元角分）
			承前页				18763087	71085492	借	199654143
11	15	银付16	缴纳企业所得税税款	应交税费				103262	借	199550881
	15	银付17	代缴个人所得税	应交税费				2100	借	199548781
11	25	银付18	转账支票支付业务宣传费	销售费用		0122224		200000	借	199348781
11	25	银付19	支付办公电费	管理费用				141377	借	199207404
11	26	银付20	存款支付手续费	财务费用				5500	借	199201904
11	27	银收10	利息收入	财务费用			3006		借	199204910
			过次页				18766093	71537731	借	199204910

（1）填写月栏：11；

填写日栏：27。

（2）填写凭证号栏：银收 10。

（3）填写摘要栏：利息收入。

（4）填写对方科目栏：财务费用。

（5）填写现金支票号码栏：此例为空白；

填写转账支票号码栏：此例为空白。

（6）填写借方栏：30.06；

填写贷方栏：此例为空白。

（7）填写借或贷栏：借；

填写余额栏：1 992 049.10。

实训项目七　结账、对账与盘点

实训目的

1. 掌握结账、对账、盘点的方法。
2. 学会编制库存现金盘点表以及银行存款余额调节表。

实训内容

1. 结账要求与方法。
2. 库存现金日记账与总账核对。
3. 库存现金的盘点与库存现金盘点表的编制。
4. 银行存款日记账与银行对账单的核对。

实训要求

1. 关于结账、对账、盘点的方法应全面掌握。
2. 编制库存现金盘点表以及银行存款余额调节表要按步骤进行，不可省略。

一、结账的定义、要求、工作流程及方法

（一）结账的定义

结账是指在会计核算中，于期末对各账簿记录所进行的结算工作。为了总结本期的账簿记录，提供编制会计报表的资料，期末应在全部经济业务登记入账的基础上，结出各账户的本期发生额和余额。账户的结计是使用划线法结出各分类账户和明细分类账户的本期发生额与余额，包括月结和年结。

（二）结账的要求

出纳应当坚持按照日清日结的原则，对现金和银行存款的实际金额与登记的账目，进行每日下班前和每月末的结算、核验，及时纠错，确保账款、账票相符。

（三）结账的工作流程

结账的工作流程如表 7-1 所示。

表 7-1　　结账的工作流程

流程	说明
每日结账	(1) 用电话或者网上银行系统查询银行存款账户的余额，并与银行存款日记账进行核对，确认无误。 (2) 清点库存现金（保险柜和其他现金暂存处），并与现金日记账进行核对，确认无误。 (3) 发生账款不符的问题时，本着日清日结的原则，立即查清原因，并做相应调整。 (4) 向上级提交当日的现金和银行存款余额日报表。有些单位会对此进行简化，要求出纳当面或者以电话、短信、邮件等方式，向上级报告当日资金结余数额。
月末结账	(1) 将现金日记账和银行存款日记账结算出余额，并结转登记到下月账页。 (2) 按照当月所发生收支的时间顺序，整理所有凭证。通过 T 形账编制科目汇总表。 (3) 编写现金盘点表，由会计人员监盘。现金盘点表一式两份，由出纳和会计人员各执一份。另可根据上级要求再行提报。 (4) 将现金日记账和银行存款日记账转交会计人员。将已整理的本月凭证和科目汇总表移交会计人员。 (5) 承担编写银行存款余额调节表职责的，要领取银行对账单，进行对账，并转交会计人员核验。 (6) 编写出纳报告单（有些单位不作此项要求），并移交会计人员。

（四）结账的方法

1. 月结

月结时，应在该月最后一笔经济业务下面划一条通栏单红线，在红线下的“摘要”栏内注明“本月合计”或“本月发生额及余额”字样，在“借方”栏、“贷方”栏或“余额”栏内分别填入本月合计数和月末余额，同时在“借或贷”栏内注明借贷方向。然后，在这一行下面再划一条通栏红线，以便与下月发生额划清。

2. 季结

季结时，通常在每季度的最后一个月月结的下一行，在“摘要”栏内注明“本季合计”或“本季度发生额及余额”，同时结出借、贷方发生总额及季末余额。然后，在这一行下面划一条通栏单红线，表示季结的结束。

3. 年结

年结时，在第四季度季结的下一行，在“摘要”栏内注明“本年合计”或“本年发生额及余额”，同时结出借、贷方发生额及期末余额。然后，在这一行下面划上通栏双红线，以示封账。

4. 年度结账后

年度结账后，总账和日记账应当更换新账，明细账一般也应更换。但有些明细账，如固定资产明细账等可以连续使用，不必每年更换。年终时，要把各账户的余额结转到下一会计年度，只在摘要栏注明“结转下年”字样，结转金额不再抄写。如果账页的“结转下年”行以下还有空行，应当自余额栏的右上角至日期栏的左下角用红笔划对角斜线注销。在下一会计年度新建有关会计账簿的第一行余额栏内填写上年结转的余额，并在摘要栏注明“上年结转”字样。

5. 编制会计报表前

必须把总账和明细账登记齐全，试算平衡，不准先出报表，后补记账簿和办理结账。

二、库存现金日记账与总账核对

（一）核对要求

出纳应定期出具“出纳报告单”与总账会计进行核对。平时也要经常核对库存现金日记账和总分类账中库存现金的余额。

（二）核对方法

库存现金日记账是根据收、付款凭证逐笔登记的，库存现金总分类账是根据收、付款凭证汇总登记的，记账的依据是相同的，记录的结果应该完全一致。但是，由于两种账簿是由不同人员分别登记的，而且总账一般是汇总登记，在汇总和登记过程中，都有可能发生差错；日记账是一笔一笔记录的，记录的次数很多，也难免发生差错。因此，每月终了结账后，一定要将总分类账中库存现金本月借方发生额、贷方发生额以及月末余额分别同库存现金日记账的本月收入（借方）合计数、本月支出（贷方）合计数和余额相互核对，查看账账之间是否完全相符。如果不符，应查出差错出在哪一方，如果借方发生额出现差错，应查找现金收款凭证、银行存款付款凭证（提取现金业务）和现金收入一方的账目；反之则应查找现金付款凭证和现金付出一方的账目。找出错误后应立即按规定的方法加以更正，做到账账相符。

三、库存现金的盘点与库存现金盘点表的编制

（一）盘点要求

为了严格执行现金清查盘点制度，保证现金的安全完整，企业单位的现金库存必须经常与现金账余额保持一致，并且要定期清点盘查，发现问题及时查明原因加以解决。清点盘查库存现金时，要采用科学合理的方法，否则违法行为查不出来会滋长违法乱纪的行为。究竟怎样才能有效清查出库存现金的问题呢，我们在清点时一定要注意以下几点：

（1）企业单位清点库存现金时，应该由两名或两名以上人员同时进行。

（2）企业单位清点库存现金时，应将现金逐捆、逐把、逐张进行盘查清点，不能因为是捆扎好的现金而不进行细数盘点。

（3）企业单位在清点库存现金时，若发现有残缺或假钞，应提出另放并择日到银行调换或处理。

（4）企业单位在清点库存现金时，应停止收付现金业务，待所有现金清点无误后才可以办理现金收付业务。

（5）企业单位在清点库存现金时，如果出现长短款，必须及时查找原因，找出相关责任人做出赔偿。

对于待查明原因的现金短缺或长款，一般通过“待处理财产损溢——待处理流动资产损溢”科目进行会计核算，等查明原因后再进行处理，如果发现现金长短款是由记账差错或单据丢失造成的，则应更正错误或补办入账；如果属于工作失职的责任事故，则借记“其他应收款”科目；若属于无法查明的其他原因，经上级部门批准后借记“管理费用”科目；若为现金长款，又无法查明原因的，经上级部门批准转入“营业外收入”科目。

（二）库存现金溢缺的核算

实务中如果出现长短款，应立即查找原因并进行账务处理。

1. 查明原因前的账务处理

（1）属于现金短缺。

借：待处理财产损溢——待处理流动资产损溢

　贷：库存现金

（2）属于现金溢余。

借：库存现金

　贷：待处理财产损溢——待处理流动资产损溢

2. 查明原因后的账务处理

（1）现金短缺。

1）属于应由责任人赔偿的部分：

借：其他应收款——责任人

　贷：待处理财产损溢——待处理流动资产损溢

2）属于应由保险公司赔偿的部分：

借：其他应收款——应收保险赔款

　贷：待处理财产损溢——待处理流动资产损溢

3）属于无法查明的其他原因：

借：管理费用——现金短缺

　贷：待处理财产损溢——待处理流动资产损溢

（2）现金溢余。

1）属于应支付给有关人员或单位的：

借：待处理财产损溢——待处理流动资产损溢

　贷：其他应付款——××单位或××个人

2）属于无法查明原因的：

借：待处理财产损溢——待处理流动资产损溢

　贷：营业外收入——现金溢余

（三）库存现金盘点表的编制

现金盘点表

企业单位在进行库存现金盘查时，应根据盘查的实际情况填制现金盘点表，现金盘点表如表 7－2 所示。现金盘点表可以清晰明了地展现现金盘查情况，并由相关盘查人员签字。

表 7－2　　现金盘点表

编制单位：	盘点日期：	
面额	数量	金额
壹佰元		
伍拾元		
贰拾元		
壹拾元		
伍元		
壹元		
伍角		
壹角		
伍分		
贰分		
壹分		

四、银行存款日记账与银行对账单的核对

企业应当设置“银行存款日记账”，按照银行存款收付业务发生的先后顺序逐笔序时登记，每日终了应结出余额。“银行存款日记账”应定期与“银行对账单”核对，至少每月核对一次。企业账面结余与银行对账单余额之间如有差额，必须逐笔查明原因，并按月编制“银行存款余额调节表”调节相符。月份终了，“银行存款日记账”的余额必须与“银行存款”总账科目的余额核对相符。

（一）核对要求

出纳应当每月至少与银行进行一次本单位所有账户资金往来和余额的自我对账工作。

由出纳负责编制银行存款余额调节表的，还应当在接到银行对账单后立即对账，编制调节表，并接受会计人员的监督。

（二）核对方法

（1）银行存款日记账是根据收付凭证逐项登记的，银行存款总账是根据收付凭证汇总登记的，记账依据是相同的，记录结果应一致，但由于两种账簿是不同人员分别记账的，而且总账一般是汇总登记的，在汇总和登记过程中，都有可能发生差错。日记账是一笔一笔记录的，记录次数多，难免会发生差错。平时应经常核对两账的余额，每月终了结账后，总账各科目的借方发生额、贷方发生额以及月末余额如已试算平衡，一定还要将其分别同银行存款日记账中的本月收入合计数、支出合计数和余额相互核对。如果不符，先应查出差错在哪一方，如果借方发生额出现差错，应查找银行存款收款凭证和银行存款收入一方的账目。反之，则查找银行存款付款凭证和银行存款付出一方的账目。找出差错，应立即加以更正，做到账账相符。

（2）企事业单位在银行中的存款实有数是通过“银行对账单”来反映的，所以照实核对是银行存款日记账定期与“银行对账单”核对，至少每月一次，这是出纳人员的一项重要日常工作。

理论上讲，“银行存款日记账”的记录对应着银行开出的“银行存款对账单”。所以，无论是发生额，还是期末余额都应是完全一致的，因为它是同一账号存款的记录。但是通过核对，会出现双方的账目不一致的情况，原因有两个：一是双方账目可能存在记录或计算上的错误，如单位记账漏记、重记，银行对账单串户等，这类错误应由双方及时查明原因，予以更正。二是有“未达账项”的情况，“未达账项”是指由于期末银行估算凭证传递时间的差异，而造成的银行与开户单位之间一方入账，另一方尚未入账的账项。无论是记录有误，还是有“未达账项”，都要通过单位银行存款日记账的记录与银行开出的“银行存款对账单”进行逐笔核对才能发现。

具体做法是：出纳人员根据银行提供的“对账单”同自己的“银行存款日记账”进行核对，核对时，需要对凭证的种类、编号、摘要、记账方向、金额、记账日期等内容进行逐项核对，凡是对账单与银行存款日记账记录内容相同的可用“√”在对账单和日记账上分别标示，以查明该笔业务核对一致；若有“未达账项”，应编制“银行存款余额调节表”进行调节，使双方余额相等。

（三）编制银行存款余额调节表

1. 银行存款余额调节表的作用

银行存款余额调节表只能起到核对账目的作用，不得用于调整银行存款账面余额，不属于原始凭证。

另外，在银行存款余额调节表中，银行对账单指的只是银行转来的记录。

2. 编制方法

银行存款余额调节表的具体编制方法有五种，即补记法、冲销法、付项单冲法、收项单冲法和差额法。依据这些方法调节相等后的银行存款余额表示的含义不同。

（1）补记法。

补记法，即余额调节对方已增已减计算法。此种方法是将单位和银行的未达账项视为已发生处理。编制银行存款余额调节表时，在双方（单位和银行各为一方）现有余额的基础上，各自加上对方已收、自方未收的账项，减去对方已付、自方未付的账项。计算公式：单余＋银收－银付＝银余＋单收－单付。

余额含义：调节相等的银行存款余额是单位银行存款的真实数额，是当日可以动用的银行存款最大值。

（2）冲销法。

冲销法，即余额调节自方已增已减计算法。此种方法是将单位和银行的未达账项视为未发生处理。编制银行存款余额调节表时，在双方（单位和银行各为一方）现有余额的基础上，各自加上自方已付、对方未付的账项，减去自方已收、对方未收的账项。计算公式：单余＋单付－单收＝银余＋银付－银收。

余额含义：调节相等的银行存款余额随着各自未达账项的数额之差相等或不等，表示出等于实际余额、大于实际余额和小于实际余额三种结果。当双方各自未达账项数额之差相等时，调节相等的银行存款余额与第一种方法相同。当双方未达账项的收款数额之和大于付款数额之和时，调节相等的银行存款余额小于实际余额；当双方未达账项的收款数额之和小于付款数额之和时，调节相等的银行存款余额大于实际余额。

（3）付项单冲法。

付项单冲法，即余额调节对方已增、自方已减计算法。此种方法是将双方的付出未达账项视为未发生处理。编制银行存款余额调节表时，在双方（单位和银行各为一方）现有余额的基础上，各自加上对方已收、自方未收的账项和自方已付、对方未付的账项。计算公式：单余＋银收＋单付＝银余＋单收＋银付。

余额含义：调节相等的银行存款余额表示出大于实际余额。

（4）收项单冲法。

收项单冲法，即余额调节对方已减、自方已增计算法。此种方法是将双方的收入未达账项视为未发生处理。编制银行存款余额调节表时，在双方（单位和银行各为一方）现有余额的基础上，各自减去对方已付、自方未付的账项和自方已收、对方未收的账项。计算公式：单余－银付－单收＝银余－单付－银收。

余额含义：调节相等的银行存款余额表示出小于实际余额。

（5）差额法。

差额法，即余额差额调节法。此种方法是以双方余额的差额为依据，确认双方未达账项的差额是否与其相同，从而判断账簿记录的正确与否。编制银行存款余额调节表时，将双方（单位和银行各为一方）现有余额相减，同时按余额相减的顺序将双方各自未达账项分别相减。计算公式：单余－银余＝单收－单付－银付＋银付。如按照计算公式：银余－单余＝银账－单余＝银收－银付－单收＋单付，则余额与其相反。

银行存款余额调节表（与银行对账单对账）

余额含义：双方所记录的银行存款账目之差。

3. 银行存款余额调节表

银行存款余额调节表，如表 7－3 所示。

表 7－3　银行存款余额调节表　金额单位：元

开户行及账号			
项目	金额	项目	金额
企业银行存款日记账余额		银行对账单余额	
加：银行已收、企业未收款		加：企业已收、银行未收款	
减：银行已付、企业未付款		减：企业已付、银行未付款	
调节后的存款余额		调节后的存款余额	
主管：	会计：		出纳：
编制单位：			

注意事项：

调节后，如果双方余额相等，一般可以认为双方记账没有差错。调节后双方余额仍然不相等时，要么是未达账项未全部查出，要么是一方或双方账簿记录还有差错。无论是什么原因，都要进一步查清楚并加以更正，一定要到调节表中双方余额相等为止。

调节后的余额既不是企业银行存款日记账的余额，也不是银行对账单的余额，它是企业银行存款的真实数字，也是企业当日可以动用的银行存款的极大值。

根据内部控制原则，“银行存款对账单”应由出纳以外的人员取回。

主要参考文献

[1] 陈婉莹. 出纳人员岗位培训手册. 北京：人民邮电出版社，2015.

[2] 路玉麟，郑利霞，钟英. 会计出纳做账纳税岗位实战宝典. 北京：清华大学出版社，2014.

[3] 陈金翠. 会计岗位实操大全. 北京：中国铁道出版社，2016.

[4] 臧红文，张晓毅. 会计人员岗位实战演练全书. 北京：人民邮电出版社，2014.

[5] 王文莲. 新会计准则下会计核算速成. 北京：电子工业出版社，2010.

[6] 出纳训练营. 手把手教你做优秀出纳. 北京：机械工业出版社，2009.

图书在版编目（CIP）数据

出纳岗位技能训练/蒋泽生主编. —北京：中国人民大学出版社，2019.7
（财会人员实务操作丛书）
ISBN 978-7-300-26327-4
Ⅰ.①出… Ⅱ.①蒋… Ⅲ.①出纳-会计实务-教材 Ⅳ.①F233

中国版本图书馆 CIP 数据核字（2018）第 230907 号

财会人员实务操作丛书
出纳岗位技能训练
主　编　蒋泽生
副主编　余万军　肖　莹　邓　伟
Chuna Gangwei Jineng Xunlian

出版发行	中国人民大学出版社		
社　　址	北京中关村大街 31 号	**邮政编码**	100080
电　　话	010－62511242（总编室）		010－62511770（质管部）
	010－82501766（邮购部）		010－62514148（门市部）
	010－62515195（发行公司）		010－62515275（盗版举报）
网　　址	http://www.crup.com.cn		
经　　销	新华书店		
印　　刷	中煤（北京）印务有限公司		
规　　格	185mm×260mm　16 开本	**版　　次**	2019 年 7 月第 1 版
印　　张	17.25	**印　　次**	2019 年 7 月第 1 次印刷
字　　数	412 000	**定　　价**	45.00 元